纺织服装高等教育"十四五"部委级规划教材

服装市场调查与研究

鲁 成 邵 丹 高 晗 编著

扫码看本书配备的附录文件

东华大学出版社
·上海·

内容简介

本书基于国家纺织服装产业发展战略与高质量复合型管理人才培养要求，以专业性、典型性和创新性视角围绕服装市场调查研究的技术和方法展开系统性介绍，涵盖了调查问题的来源、调查问题的界定、数据类型和选择调查对象、使用自适调查的方法、调查数据的整理、调查结论与调查报告的撰写等内容。

本书文字内容深入浅出，语言生动、条理清晰，图文并茂，结合时尚消费和服装市场的前沿现象分析、热点问题导读，并辅以大量案例详细介绍各类调查工具、数据分析方法的应用过程和适用场景，强调理论知识的实际应用与有效整合。

该书凝聚了作者多年来在服装专业教学、科学研究和行业实践过程中的成果积累和丰富经验，专业特色鲜明，兼具学科交叉和美育参考价值，可作为服装院校本科生、研究生的专业教材，也可供行业领域相关专业人士、时尚爱好者阅读。

图书在版编目（CIP）数据

服装市场调查与研究 / 鲁成，邵丹，高晗编著.
上海：东华大学出版社，2025.3. -- ISBN 978-7-5669-2477-3

Ⅰ.F768.3

中国国家版本馆 CIP 数据核字第 20256SU775 号

责任编辑：杜亚玲

服装市场调查与研究

鲁 成 邵 丹 高 晗 编著

出　　　版：东华大学出版社（上海市延安西路 1882 号，200051）
本 社 网 址：dhupress.dhu.edu.cn
天 猫 旗 舰 店：http://dhdx.tmall.com
营 销 中 心：021-62193056　62373056　62379558
印　　　刷：上海盛通时代印刷有限公司
开　　　本：787 mm×1092 mm　1/16
印　　　张：22
字　　　数：528 千字
版　　　次：2025 年 3 月第 1 版
印　　　次：2025 年 3 月第 1 次
书　　　号：ISBN 978-7-5669-2477-3
定　　　价：78.00 元

作者简介

鲁成,博士,东华大学服装与艺术设计学院副教授、硕士生导师;"WWF 世界自然基金会 – 东华大学时尚产业可持续发展中心"专家;教育部学位与研究生教育发展中心首席专家;《丝绸》杂志社青年编委;旭日集团、苏美达轻纺集团等纺织服装时尚企业专家顾问。

曾出版《上海服装零售商圈白皮书》《服装品牌营销案例精选》等书籍。长期关注纺织服装企业的转型与发展、消费者变迁以及跨文化背景下的服装消费行为;与英国曼彻斯特大学、温彻斯特艺术学院、日本明治大学管理学院的教授开展合作;为政府部门、国际国内知名纺织服装企业提供咨询服务。

邮箱 lc@dhu.edu.cn,欢迎交流。

邵丹,管理学博士,东华大学服装与艺术设计学院服装设计与工程系讲师,硕士生导师。主要从事服装文化与传播、服装产业经济、时尚消费行为与消费心理、艺术创作及理论相关研究。长期关注时尚产业与服装品牌市场发展、营销战略及品牌建设,主持和参与上海市设计学Ⅳ类高峰学科研究专项基金、上海市人民政府发展研究中心决策咨询研究基地项目等科研纵向及企业横向课题,在国内外核心期刊发表学术论文二十余篇,出版《如何开家设计师品牌买手店》《服饰图案设计与应用》等书籍,主持和参与多个服装学科教改项目。

高晗，东华大学服装与艺术设计学院副教授，硕士生导师。东华大学管理科学与工程专业博士，北京大学应用经济学博士后。在国际和国内核心刊物上发表学术论文 20 余篇；出版学术专著 4 部；主持省部级课题 5 项；参与国家自然科学基金两项。

前　言

在全球化和数字化迅速发展的今天，服装产业正面临前所未有的挑战和机遇。消费者需求的多样化、快速变化的时尚潮流以及日益激烈的市场竞争，促使服装企业不断探索创新的商业模式，优化供应链，提高生产效率，以适应不断变化的市场环境。同时，伴随着环保意识的增强，可持续发展的理念日益渗透进服装行业，从生产到消费的每个环节均呈现出绿色转型的趋势。在此背景下，《服装市场调查与研究》能够帮助企业准确掌握市场动向和消费者需求，成为企业制胜的关键。

本书的撰写旨在解决当今服装市场中一些关键而又普遍存在的问题。首先，在市场需求日益分散的背景下，如何高效收集和分析消费者的偏好信息，成为了企业决策中的核心难题。其次，面对全球供应链的不确定性，如何通过市场调查实现精准的库存管理和供应链优化，以有效规避风险，也是企业亟待解决的问题之一。此外，随着电商和社交媒体的发展，市场推广渠道愈加丰富且复杂，如何在激烈的竞争中有效提升品牌知名度和忠诚度，成为了服装企业不可忽视的课题。

为解决以上问题，本书从调查问题的来源；调查问题的界定；数据类型和选择调查对象；使用合适调查的方法；调查数据的整理；调查结论与调查报告的撰写等方面的内容为读者提供市场调查思路和方法。本书共分为14章，第1~2章介绍了服装市场调查前，调查人员需要理解服装市场调查的作用与重要性，以及掌握服装市场调查的核心任务和过程；第3章介绍调查数据类型，包括二手数据与一手数据的区别、评价标准、优缺点和收集方法等；第4章介绍调查对象的选择，包括抽样设计与过程的内容；第5章介绍市场调查的分类与方法；第6~9章详细介绍各类调查研究方法的定义、解决的问题、实践运用、优缺点等内容，具体包括文案调查法、询问调查法、观察法和实验法；第10~11章介绍调查问卷、量表、访谈提纲及实验的设计方法和应用；第12~14章介绍调查数据的整理和常用的数据分析方法；第14章介绍调查报告的撰写与汇报内容。

同时，本书还结合相关的经典案例，展示了现实中企业如何通过市场调查来指导企业营销决策，以期为读者提供一个系统的市场调查方法与应用的全景视角。总体而言，本书不仅为学术研究提供了详尽的理论支持，更为服装企业在激烈的市场竞争中制定科学合理的决策提供了实用参考。无论是从事市场调查工作的专业人员，还是服装行业的管理者或服装专业的学生，本书都能为其提供具有实操性的指导和深入的洞察。

本书由鲁成、邵丹和高晗负责框架设计、统筹、收尾和修改。其中，第1章由张钰涵负责撰写；第 2 章由邵丹负责撰写；第 3 章由王嘉雯负责撰写；第 4 章由张元龙负责撰写；第 5 章由梁越负责撰写；第 6~7 章由王新凝负责撰写；第 8 章由叶泽航负责撰写；第 9 章由李心茹负责撰写；第 10~11 章由张逸云负责撰写；第 12 章由吴思雨负责撰写；第 13 章由赵婷负责撰写；第 14 章由邵丹负责撰写。由于编者水平有限，不当之处在所难免，敬请读者批评指正！

编者

2024 年 11 月

服装市场调查过程与本书导读

我们将服装市场调查的过程和阶段归纳如下图所示,图中对相关知识点和详细内容与本书各章节的对应关系进行了表述,能够帮助读者更好地理解和掌握服装市场调查的组织架构及方法工具脉络。结合市场调查的知识点,本书整理了行业实践和研究领域的各类案例,在理论与实践相结合的基础上,进一步凸显服装市场调查与研究的重要作用和必要性。

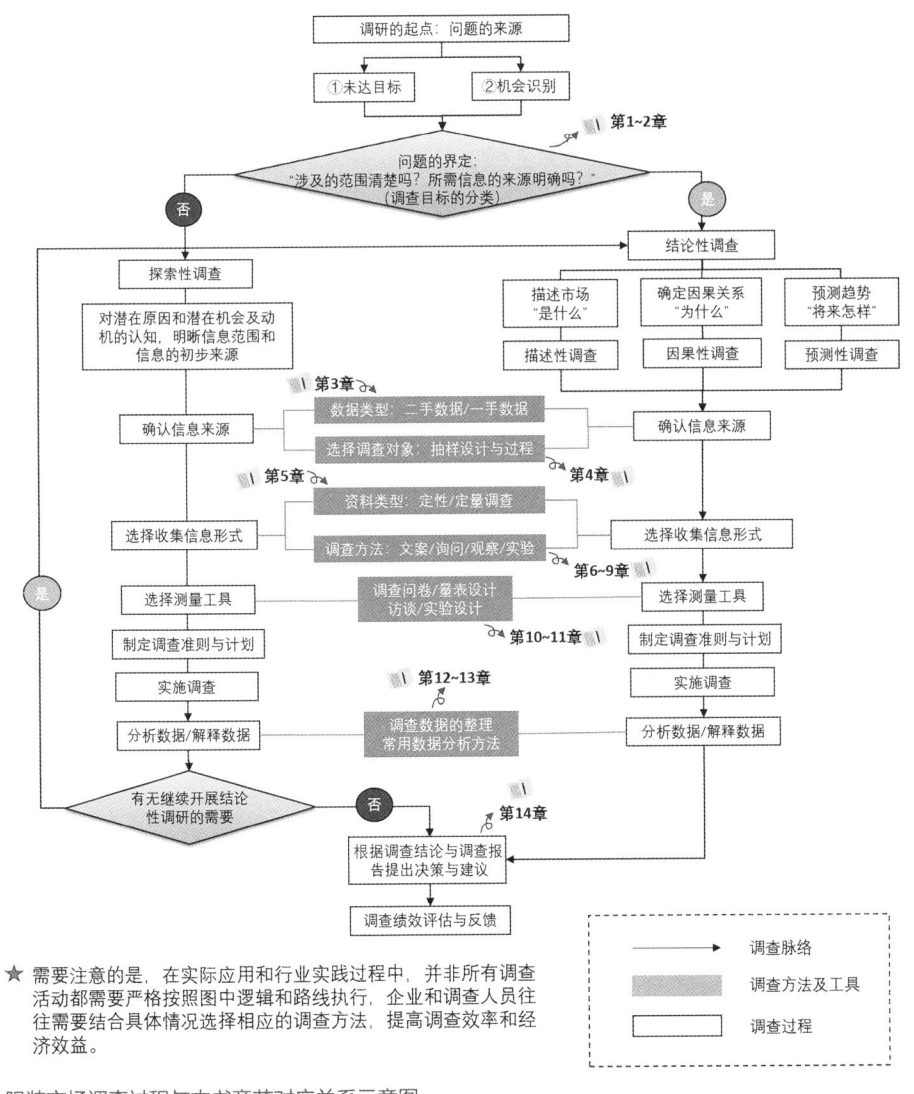

★ 需要注意的是,在实际应用和行业实践过程中,并非所有调查活动都需要严格按照图中逻辑和路线执行,企业和调查人员往往需要结合具体情况选择相应的调查方法,提高调查效率和经济效益。

服装市场调查过程与本书章节对应关系示意图

目 录

001　第 1 章　理解：服装市场调查的作用与重要性

- 003　1.1　什么是市场调查?
- 003　　　1.1.1　市场调查是对市场的研究
- 006　　　1.1.2　市场调查概念
- 006　　　1.1.3　市场调查的发展过程
- 008　1.2　服装市场调查在企业中的应用
- 008　　　1.2.1　行业调查——先了解行业，再企业战略定位
- 010　　　1.2.2　市场和消费者调查——知己知彼，方能精准营销组合
- 012　　　1.2.3　营销效果评估——营销活动的总结与反思
- 014　1.3　服装市场调查与服装行业前景

016　第 2 章　掌握：服装市场调查的核心任务和过程

- 018　2.1　市场调查系统与核心任务
- 018　　　2.1.1　市场营销信息系统
- 021　　　2.1.2　服装市场调查与研究的核心任务
- 027　2.2　服装市场调查的过程和阶段
- 027　　　2.2.1　调查的起点：营销问题的识别与界定
- 030　　　2.2.2　科学的计划：调查内容与行动准则
- 035　　　2.2.3　数据分析：一件很重要的小事
- 037　　　2.2.4　总结汇报：结束是为了新的开始

040　第 3 章　二手数据来源

- 042　3.1　二手数据与一手数据
- 043　3.2　二手数据与一手数据的区别
- 045　3.3　二手数据的优缺点和评价标准
- 046　3.4　二手数据的收集程序和方法

046	3.4.1 二手数据的收集程序
047	3.4.2 二手数据的收集方法
047	3.5 二手数据的来源与分类
048	3.5.1 企业内部数据来源
048	3.5.2 企业外部数据来源

052　第4章　选择调查对象：抽样设计与过程

054	4.1 抽样调查概述
054	4.1.1 抽样调查相关概念
054	4.1.2 抽样调查特点
055	4.1.3 抽样调查适用范围
055	4.2 抽样调查的方案设计
059	4.3 抽样调查过程——随机抽样技术
059	4.3.1 概率抽样概念
059	4.3.2 概率抽样方法
065	4.4 非随机抽样技术
065	4.4.1 非概率抽样概念
066	4.4.2 非概率抽样方法
069	4.5 抽样误差与样本容量
069	4.5.1 抽样误差
070	4.5.2 影响样本容量的因素
071	4.5.3 样本量的确定
071	4.5.4 样本容量的计算
072	4.5.5 误差的规避

076　第5章　市场调查的分类与方法

079	5.1 服装市场调查的资料分类
079	5.1.1 定性调查
082	5.1.2 定量调查
084	5.2 服装市场调查的目标分类
084	5.2.1 探索性调查

086		5.2.2 描述性调查
087		5.2.3 因果性调查
088		5.2.4 预测性调查
089	5.3	服装市场调查的方法
089		5.3.1 文案调查法
090		5.3.2 询问调查法
091		5.3.3 观察调查法
092		5.3.4 实验调查法
093	5.4	根据调查目标选择合适的调查类型

096	**第6章**	**文案调查法**
100	6.1	文案调查法的类型与作用
101		6.1.1 文案调查法的类型
102		6.1.2 文案调查法可以解决什么问题?
103	6.2	文案调查法的实践运用
105	6.3	文案调查法的优点与不足
105		6.3.1 文案调查法的优点
106		6.3.2 文案调查法的缺点

109	**第7章**	**询问调查法**
110	7.1	询问调查法的分类与定义
110		7.1.1 什么是询问调查法?
112		7.1.2 询问调查法的类型
117		7.1.3 询问调查法可以解决什么问题?
120	7.2	询问调查法的实践运用
121	7.3	询问调查法的优点与不足

129	**第8章**	**观察调查法**
131	8.1	观察调查法的定义和分类
131		8.1.1 什么是观察调查法?
131		8.1.2 观察调查法的分类和内容

139　8.2　观察调查法的实践应用
139　　　8.2.1　观察调查法可以解决的问题
141　　　8.2.2　观察调查法的实践应用
142　8.3　观察调查法的优点和不足

145　第9章　实验调查法

147　9.1　实验调查法的定义与分类
147　　　9.1.1　市场调查实验的实施条件
149　　　9.1.2　市场调查实验基本术语和实施步骤
150　　　9.1.3　实验调查法的分类
153　9.2　实验调查法的设计：实施流程与应用
153　　　9.2.1　调查实验设计的原则与思路
155　　　9.2.2　实验调查法应用与结果分析
159　9.3　实验调查法的优点和局限性

161　第10章　量表设计与应用

164　10.1　量表度量什么？
164　10.2　概念化与操作定义
166　10.3　量表的层次
169　10.4　量表的数据和统计分析
173　10.5　量表的宏观应用：综合指数评估
177　10.6　量表的微观应用：态度和意向测量
177　　　10.6.1　心理测量
181　　　10.6.2　多属性态度量表
183　　　10.6.3　行为意向量表
186　10.7　常用量表形式
186　　　10.7.1　李克特型量表
186　　　10.7.2　语义差异量表
187　　　10.7.3　瑟斯顿量表
189　　　10.7.4　古特曼量表
192　附录1　品牌个性量表（英文原文）
193　附录2　评估服务质量的SERVQUAL量表（英文原文）

第 11 章 问卷设计与应用

199	11.1	问卷设计要考虑哪些问题?
202	11.2	问卷形式结构
204	11.3	开放问题还是封闭问题?
206	11.4	常见错误
209	11.5	顺序偏差 / 逻辑结构
210	11.6	大样本问卷调查技术
210		11.6.1 问卷前测
213		11.6.2 反转问题
214		11.6.3 甄别题

第 12 章 调查数据的整理

217	12.1	调查数据整理的必要性及原则
217		12.1.1 数据整理的含义
217		12.1.2 数据整理的原则
219	12.2	数据整理的步骤
219		12.2.1 数据审核
220		12.2.2 数据的分类
222		12.2.3 数据的编码
226		12.2.4 数据的录入
229		12.2.5 数据的清洁
231		12.2.6 变量的转换
234	12.3	使用 EXCEL 做数据处理分析
234		12.3.1 EXCEL 的功能
236		12.3.2 EXCEL 的主窗口
237		12.3.3 EXCEL 的常见数据处理方法实例

第 13 章 常用数据分析方法

257	13.1	数据分析方法概述
257		13.1.1 单变量、双变量和多变量分析方法
257		13.1.2 描述性统计与推断性统计

257	13.1.3	量表
259	13.2	描述统计分析
259	13.2.1	频数分析
262	13.2.2	描述性统计分析
263	13.2.3	列联表分析
266	13.2.4	多重响应
268	13.3	统计推断分析 / 多元统计分析
268	13.3.1	信度及效度检验
273	13.3.2	单变量数据分析
280	13.3.3	双变量数据分析
295	13.3.4	多变量数据分析
298	13.3.5	多元回归分析
304	13.3.6	因子分析
308	13.3.7	聚类分析
309	13.3.8	判别分析
309	13.3.9	结构方程模型

311　第 14 章　调查报告撰写与汇报

312	14.1	调查报告的内容与结构
312	14.1.1	调查报告的基本要求和作用
313	14.1.2	市场调查报告的内容和结构
319	14.1.3	调查报告撰写的注意事项
319	14.2	研究报告的形式与表达
319	14.2.1	市场调查报告的分类
320	14.2.2	研究报告的技术
325	14.2.3	研究报告的艺术

第 1 章

理解：服装市场调查的作用与重要性

本章导读 — 内容概要、重点和难点

本章介绍了服装市场调查的基本概念及其在品牌决策中发挥的主要作用，引导学生阅读并剖析调查报告，提取其中的有效信息，培养学生从企业视角出发，利用市场调查描述市场现状和品牌营销效果，诊断品牌运营决策问题并对后续市场变化做出预测。

本章重点

理解市场调查的作用。不管企业经营管理还是学术研究，市场调查方法是科学地研究市场问题的有效手段。

本章难点

理解服装市场调查与研究具有多重角度。市场调查是以市场营销活动为核心，围绕营销活动的不同目的，从环境因素、营销战略组合因素和市场决策因素等方面探讨市场。根据企业经营中的战略定位、营销组合设计和营销效果评估的不同目的，可以分别在企业战略定位前期围绕市场定位而开展行业调查；在企业制定营销组合策略前期围绕市场和消费者开展调查；在企业营销活动后开展营销效果评估调查等。

■ 案例 1-1 败走中国的英国老牌玛莎百货

玛莎百货是英国最大的跨国商业零售集团，是英国代表性企业之一。2008年，玛莎百货开始进军中国，在上海开设了中国大陆的第一家分店。然而 2016 年 11 月，玛莎百货宣布将关闭在中国内地市场全部 10 家门店，包括开张不到一年的北京世贸天阶店。

在营销渠道上，玛莎百货沿袭了在英国的传统营销方式。中国的消费观念看重品牌，所以消费者购买时更倾向于品牌商品。而玛莎百货进入中国至今，一直使用自主品牌商业模式，希望通过自主的百货品牌来覆盖门店内的服装、食品等品牌，且对于宣传广告的重视程度不高，常用店内促销、邮件营销和微博转发抽奖的方式进行宣传，使得品牌认知程度低。

在选品和规划上，玛莎百货也对中国消费者有错误的需求认知。玛莎百货将目标客户定位于具有一定消费能力的中产阶级，然而售卖的服装款式却相对拘谨保守，颜色也以灰色、棕色为多，故被消费者评价老气、过时。同时在尺码上，玛莎百货坚持以 6、8、10 的欧码标签而非 S、M、L 的中国号型，给消费者带来了诸多不便。

像玛莎百货这样退出中国市场的品牌并不是个例。Forever21 因为价格和款式不符合中国消费者需求，两次关闭国内所有店铺；2021 年，美国环保时尚品牌 Everlane 因为不重视线下店铺运营，不建立国内仓库等问题，导致运营不善退出中国市场；2022 年，SELECTED 因为无法适应后疫情时代中国消费者消费行为的改变而宣布关闭所有在中国的门店。

为什么这些品牌会因出现"水土不服"的情况而最终退出中国市场？品牌需要做些什么，才能避免重蹈覆辙？

在正式开展企业经营之前，企业就已经开始了大量的资金与工作投入，如品牌宣传、产品设计与生产、线下店铺选址与装修、线上店铺平台搭建与流量导入等。如果等到企业正式经营之后才发现市场反应与企业预期有较大偏差，对企业来说除了是一大笔资金损失，甚至可能失去了难得的市场机遇。

对市场的调查与研究正是企业作出重大决策的重要依据。产业数字化升级和快时尚品牌的出现加速了时尚产业的更新，在需求导向的市场竞争中，品牌和平台需要了解消费者日新月异的微观需求变化以及国际竞争中的宏观市场变化，以避免在品牌竞争中淘汰。市场调查正是品牌获取市场信息和消费者需求，并进行营销决策的重要手段。正确及时地开展市场调查，对于品牌赢得竞争优势有着重要意义。

1.1 什么是市场调查？

1.1.1 市场调查是对市场的研究

> 知识回顾：什么是市场？
>
> 市场是一系列机构和流程，用于创建、沟通、交付和交换对消费者、客户、合作伙伴和整个社会都有价值的产品。

市场调查的对象是市场，市场调查既可以把握宏观市场环境与特征，比如经济和政治背景、科技水平和宗教社会文化；也可以了解微观上的市场供需变化及流行趋势，比如新一季的消费者需求偏好和社媒营销热点。

针对市场的研究主要包含四个因素。其一是不可控的环境因素，比如政策经济、科技水平、法律法规、社会及文化等；其二是营销组合因素，如4P组合、4C组合、4R组合；其三是消费群体因素，如消费者、批发商等；最后是市场决策因素，如市场细分策略、目标市场选择等（案例1-2）。

> **案例1-2　多角度的市场因素观察**
>
> 为了了解中国奢侈品消费者的数字化行为，波士顿咨询公司（Boston Consulting Group，简称BCG）和腾讯营销观察自2018年起连续合作开展市场调查与研究，通过腾讯营销大数据（文案调查）、消费者定量调查（询问调查）、腾讯广告行业百宝箱（案例研究），分析了奢侈品市场趋势。在这份报告中可以看到对奢侈品市场的多角度市场因素的调查与分析。
>
> （1）环境因素分析
>
> 如图1-1，BCG结合疫情爆发初年的阶段性环境特征，总结全球/中国奢侈品市场变化，2020年全球奢侈品市场受疫情重创，而中国率先回暖。
>
> （2）营销组合因素分析
>
> 针对4P营销组合的产品策略和渠道策略，对比不同奢侈品类及渠道的市场增

全球/中国奢侈品市场变化百分比（%，与2019年市场规模相比）

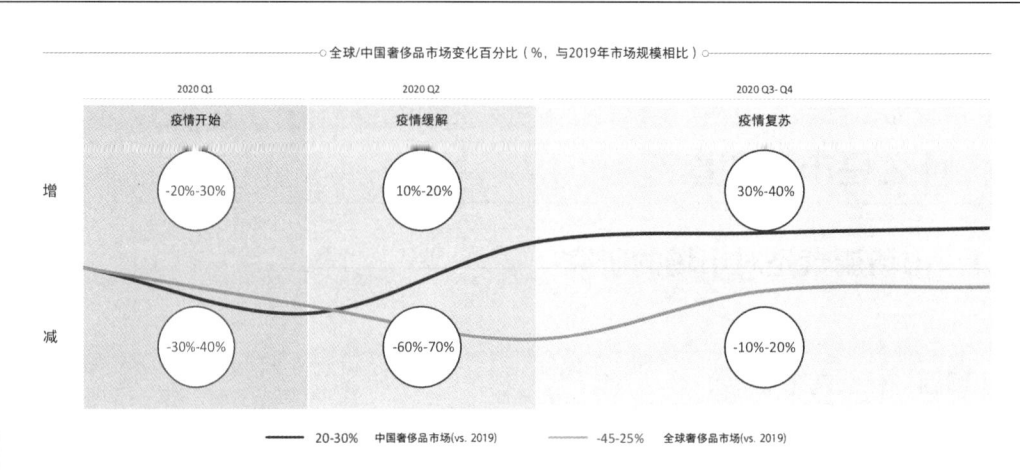

	2020 Q1	2020 Q2	2020 Q3-Q4
	疫情开始	疫情缓解	疫情复苏
增	-20%-30%	10%-20%	30%-40%
减	-30%-40%	-60%-70%	-10%-20%

— 20-30% 中国奢侈品市场(vs. 2019)　— -45-25% 全球奢侈品市场(vs. 2019)

图1-1　全球/中国奢侈品市场变化百分比

减，发现奢侈品市场整体渗透率提升，其中手袋、珠宝/手表因保值、经典抗周期等属性，渗透率提升明显；从2019年开始至今，奢侈品购买渠道结构发生了变化，线上渠道和本土消费占比跃升（图1-2、图1-3）。

（3）消费群体因素

如图1-4，BCG根据年龄和地域对消费者进行划分，对比不同群体之间的消费能力，确定奢侈品市场的消费主力军是26~30岁的年轻群体，且二线城市年轻消费者占比更高。

（4）市场决策因素分析

以巴宝莉和LOEWE为例，介绍奢侈品牌跨界合作的新决策趋势，巴宝莉和LOEWE分别通过与女团硬糖少女303及中国独立唱片音乐公司合作的方式，凸显品牌年轻化、社交化调性，拓展饭圈粉丝市场（图1-5）。

不同品类奢侈品在消费者中的渗透率[1]（%）

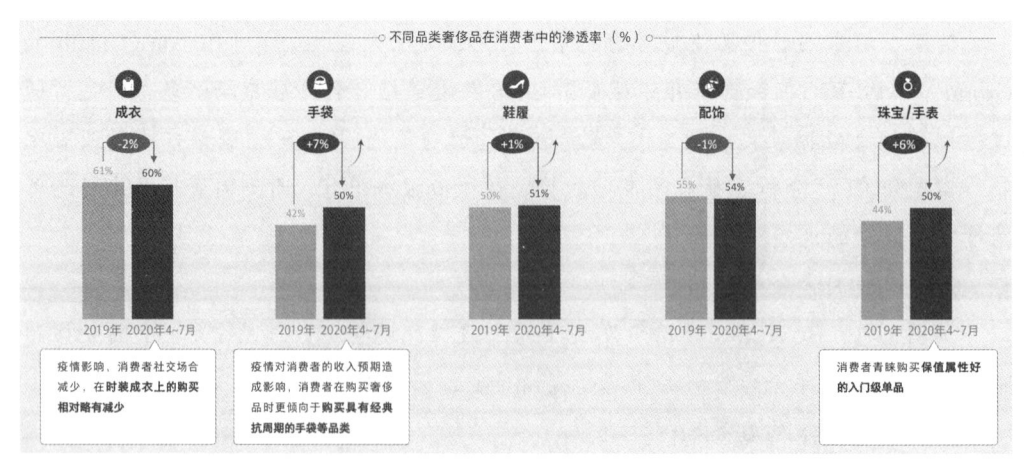

成衣	手袋	鞋履	配饰	珠宝/手表
-2%	+7%	+1%	-1%	+6%
61% → 60%	42% → 50%	50% → 51%	55% → 54%	44% → 50%
2019年　2020年4~7月	2019年　2020年4~7月	2019年　2020年4~7月	2019年　2020年4~7月	2019年　2020年4~7月
疫情影响，消费者社交场合减少，在时装成衣上的购买相对略有减少	疫情对消费者的收入预期造成影响，消费者在购买奢侈品时更倾向于购买具有经典抗周期的手袋等品类			消费者青睐购买保值属性好的入门级单品

图1-2　不同奢侈品类在消费者中的渗透率

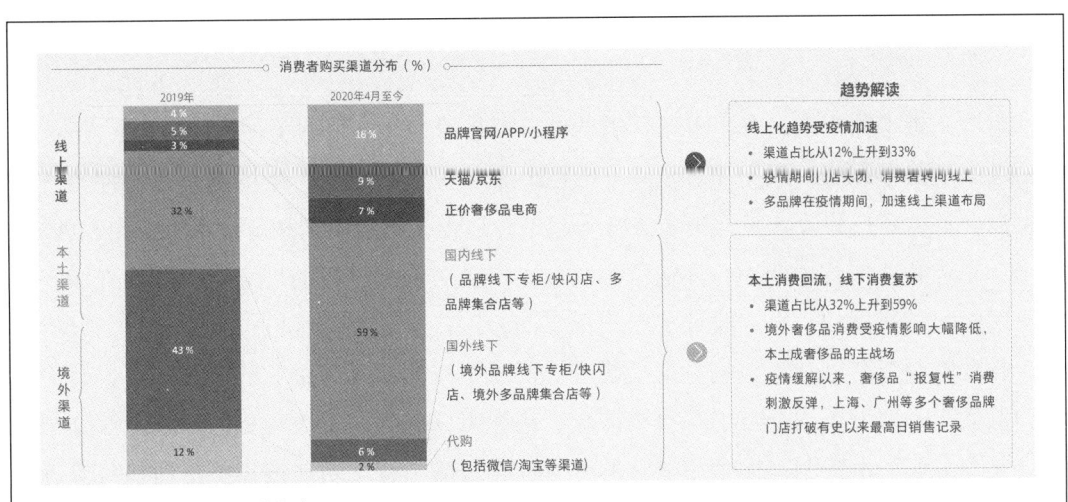

图1-3 消费者购买渠道分布

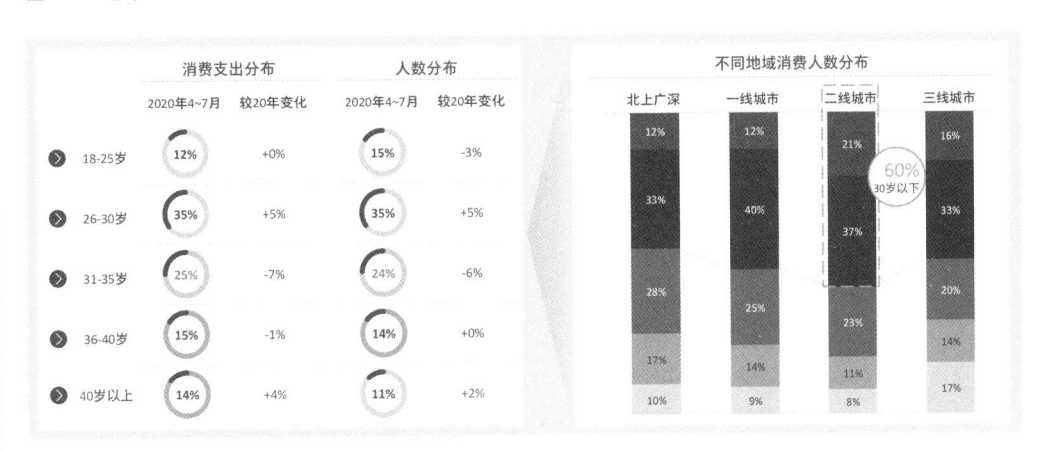

图1-4 不同地区、不同年龄消费支出分布

图1-5 品牌跨界合作多元化发展

资料来源：2020年中国奢侈品消费者数字行为洞察报告[R]. BCG＆腾讯营销洞察，2020.

1.1.2 市场调查概念

市场调查也称市场调查、市场营销调查、销售研究等。根据美国营销学会（America Marketing Association，后文简称 AMA）在 2017 年更新的定义，市场调查是一种通过信息将消费者、客户和公众与营销人员联系起来的过程，用于识别和定义市场机会和问题；制定、完善和评估营销行动；评估营销绩效；提高对营销过程的理解。市场调查指定了解决这些问题所需的信息，设计了收集信息的方法，管理并实施数据收集过程，分析结果，并发表调查结果及其影响。市场调查不仅仅是对消费者和企业的研究，而具有更广泛的意义——即市场调查是了解市场情况、认识市场现状和发展趋势的过程。综合相关定义，本书认为市场调查指运用科学的方法，有目的、有计划地搜集、整理和分析各种情报、信息和资料，把握研究对象的现状、特点和规律，从而为决策提供正确依据的活动过程。

服装市场调查则是运用科学规范的市场调查方法，对服装及相关行业的研究。由于服装行业具有时尚性强、信息更迭快速、产业链影响因素较多等特点，可以具体开展有针对性的服装行业调查、流行趋势调查、服装企业战略调查、服装商品企划调查、服装消费行为调查、服装营销效果评估等。

1.1.3 市场调查的发展过程

市场调查作为一种独立的研究方法，是随着人们对市场营销的重视逐步发展起来的。无论是在商业应用还是学术研究中，市场调查研究都大大推动了行业进步。基于概率论和数理统计的市场调查方法逐步发展成熟。随着互联网和大数据时代的到来，为市场调查的发展提供了新的发展空间。

（1）初始阶段：20 世纪之前

随着工业化与规模化生产发展到一定阶段，企业了解市场整体情况变得不那么容易。因此，有目的、系统化的市场调查研究成为了企业的新尝试。1879 年，由美国广告代理商艾尔（N. W. Ayer）对某州和地方官员进行调查以确定谷物产量的期望水平，最终目的是为农业设备制造者确定安排广告的时间。这是第一次系统的市场调查。

市场调查方法在这一阶段起步，实验方法和心理学方法被应用到市场调查领域。学术研究者大约在 1895 年进入市场调查领域。当时，美国明尼苏达大学的一位心理学教授哈洛·盖尔（Harlow Gale）使用邮寄问卷调查方法研究广告。他当时邮寄了 200 份问卷，最后收到 20 份完成的问卷，回收率为 10%。此后不久，美国西北大学的沃尔特·迪尔·斯克特（Walter Dill Scott）也开创性地开展了调查，斯克特采用实验和心理学方法来研究刚起步的广告实践。

（2）成长期：1900—1950年

进入20世纪后，激增的消费者需求和大规模生产的发展导致更大、更远市场的出现。在传统的于工作坊下兼具卖者和工匠身份的人或企业主通过自身每天与市场接触的情况一去不复返，了解消费者的购买习惯和对制造商产品的态度的需求应运而生。为适应这种需求，美国柯蒂斯出版公司（Cunis Publishing Company）在1911年设立了第一家正式的市场调查机构。该机构的调查主要针对汽车行业，因为制造商认定那些有钱并且愿意购买汽车的人都已经拥有汽车了。因此，制造商试图不断寻求新的消费者以便对其进行促销。

20世纪30年代，问卷调查法得到广泛使用。尼尔森（A. C. Nielsen）于1922年进入调查服务业，并在前人工作基础上提出"市场份额"概念以及其他的很多种服务，从而为后来成为美国最大的市场调查机构之一奠定了基础。广播媒体的发展和第二次世界大战，促使市场调查由一门不成熟的学科演变为一个定义清晰的专业。

在这一阶段，针对人口细分、广告传播、品牌测量等专门化市场调查方法被逐步开发和广泛应用。达尼尔·斯塔齐（Daniel Starch）创立了广告反应的认知测量，斯特朗（E. K. Strong）提出了回忆测量和市场调查量表。到20世纪30年代末，人们不再满足于对被调查者回答的简单分析，于是开始根据收入、性别和家庭地位等方面的差异对被调查人员进行分类和比较。20世纪40年代，焦点小组座谈在美国人罗伯特·默顿（Robed Merton）的领导下发展起来。到20世纪40年代末，随机抽样的重要性得到广泛的认可，在抽样方法和调查过程等方面取得了很大进步。

（3）成熟期：1950年之后

由卖方市场向买方市场（源于第二次世界大战后被抑制的需求）的转变要求更好的市场情报。生产者不再像以前一样能够卖掉他们生产的任何产品，生产设备、广告、存货成本的上涨以及其他一些因素使得价格失败的可能性比以往大大增加。这时，重要的是通过市场调查发现市场需求，然后生产产品满足这些需求。20世纪50年代中期，主要依据容易区分的顾客人口统计特征形成了市场细分概念。同一时期，人们开始进行动机调查，重点分析消费者行为的原因。市场细分、动机分析与先进的调查技术的结合，产生了个人心理变化和利益细分等重要创新。20世纪60年代，先后提出了许多描述性和预测性的数学模型，如随机模型、马尔科夫模型和线性学习模型。更为重要的是20世纪60年代初计算机的快速发展，大大提高了调查人员快速分析、储存和检索大量信息的能力。

大数据时代对传统的市场调查抽样方法提出了新的机遇和挑战。市场调查的数据来源不再局限于抽样式的资料收集，而可以通过对数据库中的全部数据进行分析，避免了传统抽样方法中的抽样误差问题。然而，大规模数据调查与分析已经不能简单通过人力完成，而需要提高对数据的设计分类整理能力和程序化计算能力。

1.2 服装市场调查在企业中的应用

服装市场调查在企业中可以得到广泛的应用。根据企业经营中的战略定位、营销组合设计和营销效果评估的不同目的,可以分别在企业战略定位前期围绕市场定位而开展行业调查;在企业制定营销组合策略前期围绕市场和消费者开展调查;在企业营销活动后开展营销效果评估调查等。

1.2.1 行业调查——先了解行业,再企业战略定位

> **知识回顾:什么是企业战略定位?**
>
> 企业战略定位是发展和保持公司目标和能力与不断变化的营销机会的战略匹配的过程。公司高层管理者需要决定公司的细分市场、采取的业务组合、产品定位和营销策略。

企业战略是企业为求得自身生存和稳定发展而设计的行动纲领或方案。它涉及与企业生存和发展有关的全局性、方向性、长远性和根本性问题。企业战略规划是一个管理过程,在这个过程中,需要借助宏观层面的产业调查,对当前社会的经济状况、品类进出口贸易、产业链发展、市场供需情况等做出统计分析,以帮助企业选择和组织它的业务,即根据经营环境的变化及企业自身的资源能力,对企业发展目标、达到目标的途径和手段进行总体谋划,实现企业目标、资源能力和经营环境三者之间的动态平衡,以发展或开拓企业业务,谋求满意的利润。案例1-3就是一个瑜伽行业的调查分析案例。

> **■ 案例1-3** 瑜伽行业规模扩张,女子运动板块存在供应空缺
>
> 国金证券在2022年2月27日发布的行业周报《瑜伽赛道高景气,上游纺织制造龙头充分受益》中分析了瑜伽行业的发展趋势,收集了来自北美瑜伽服饰龙头品牌Allied Market Research的全球瑜伽运动行业增速数据、北美瑜伽服饰龙头品牌lululemon的发展数据、来自艾瑞咨询的中国瑜伽行业发展数据和中国主要运动品牌的发展数据,发布了瑜伽行业的整体发展报告。

(1)"她经济"带动瑜伽运动加速渗透,lululemon高质量领跑

随着女性收入、社会地位的提高,以及对健康生活方式的追求,瑜伽运动正在加速渗透。根据 Allied Market Research 发布的报告显示,2020年全球瑜伽服装行业产值达到336.8亿美元,预计到2030年将达到702.9亿美元,未来10年复合增速7.63%。女性消费者也逐渐增加对瑜伽服饰的多元化需求,一件单品在保证专业运动功能的同时还要兼具时尚感和舒适性,以能满足日常出行和居家穿着。

北美瑜伽服饰龙头 lululemon 高质量领跑行业,业绩增长亮眼。2021财年Q1—Q3公司总营收、净利润分别实现41.28亿美元、5.41亿美元,同比分别高增54.49%、108.88%。公司已进入全面扩张阶段,根据2020年报披露,公司目前已经在超过20个国家开设520+家直营门店。

(2)国产品牌加速布局女子运动系列,市场占有率有望提升

我国瑜伽行业快速扩容,目前该运动已成为女性最主要运动方式之一。根据艾瑞咨询数据,2020年我国瑜伽行业整体规模已经达到387亿元,其中用品市场规模达到187亿元,同比增速达到20%;2023年用品市场有望扩容至218亿元。随着我国女性收入水平提升、生活方式改善,瑜伽已经成为中国女性第二大运动方式,仅次于跑步。另外,根据CBNData相关数据显示,2020年女性线上健身消费品类中,瑜伽类器械称为最受欢迎的居家健身器械(图1-6)。

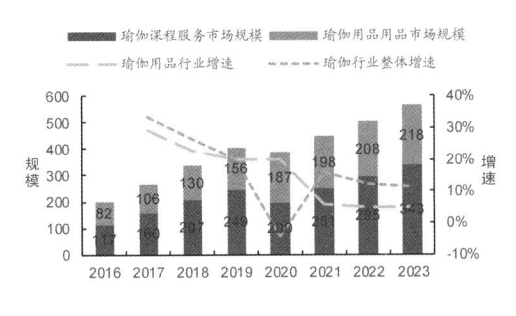

国内瑜伽市场规模及增速(亿元,%) 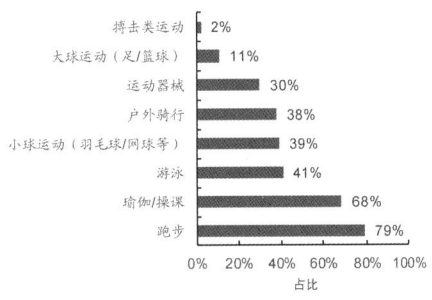　　2020中国女性参加运动方式占比(%)

图1-6　国内瑜伽行业快速扩容

国内瑜伽、健身女性人群正在快速渗透,对标lululemon的亮眼表现,我们认为随着国内综合运动品牌近几年对女子运动板块的重视,在产品设计、营销、科技研发等多个方面加大投入,未来这些品牌在该业务板块的市场份额有望提升。我们建议关注李宁、安踏体育、特步国际等品牌。

资料来源:谢丽媛.纺织品和服装行业研究:瑜伽赛道高景气,上游纺织制造龙头充分受益[R].国金证券,2022.03.18.

1.2.2 市场和消费者调查——知己知彼，方能精准营销组合

> **知识回顾：什么是营销组合？**
>
> 营销组合是指公司用于在目标市场追求理想销售水平的可控营销变量的组合。这些因素中最常见的分类是称为4P的四因素分类：产品（Product）、价格（Price）、促销（Promotion）和渠道（Place，又称分销）。

"4P"中的每一个P都是可以调整和变动的，因而它们之间可以形成许多不同的组合方式，适应复杂多变的营销环境。事实上，企业营销优势的形成，不仅与单个策略的优劣有关，而且在更大程度上取决于策略变量组合的优劣。除了品牌方自主调查外，第三方机构也会针对特定周期、节假日购物活动开展营销组合调查，总结现阶段的品牌策略和未来发展方向；或对同类型的品牌进行横向比较，启发新晋品牌。通过市场调查，企业可以将影响营销效果的因素进行有机结合，达到整体营销效果的最优，为参与市场竞争提供有力支持。

案例1-4展示了快时尚企业SHEIN在对市场营销环境与竞争态势研究基础上，有针对性地制定了品类扩张后的价格、渠道与促销策略。

■ 案例1-4　快时尚SHEIN的价格、渠道与促销策略

SHEIN的产品定位为"聚焦快时尚，为年轻人打造时尚优品"，其以快时尚女装为出发点，围绕"打造年轻人的时尚优品"进行了品类扩张，包括配饰、鞋包、家居、美妆等在内的一些领域。目前SHEIN业务主要面向欧美、中东、印度等海外市场，覆盖全球224个国家和地区，业务额年增长率近年来一直稳定在100%以上。

（1）低价策略——应对低迷经济

SHEIN与其他同期出海的快时尚品牌相比，抓住了一个系统性的机会，即海外中产阶级的消费降级。SHEIN在2008年10月成立，正逢美国次贷危机引发的全球金融危机。从2008年—2010年这三年的美国金融危机高峰期间，上层美国家庭财富平均积累涨了2%，中等收入家庭的财富中位数缩水39.8%，而底层美国人由于剩余财富较少，导致财富缩水或者增值的幅度不明显。

考虑到金融危机发生之后，中产阶级受到的冲击最为严重。SHEIN认为给他们提供便宜的衣服是一个新的商业空间，于是SHEIN主要采用DTC（直接面向消费

者）商业模式缩短渠道，构成极致性价比，用低廉的价格激发中产阶层的消费能力，从而在海外获得了成功。到 2020 年，SHEIN 的销售额已增至 100 亿美元，同比增长 250%，2020 年 6 月，该公司占美国所有快时尚销售额的 28%，几乎相当于 H&M 和 Zara 的总和。

（2）DTC 渠道策略——储蓄品牌流量池

SHEIN 自成立起，就采用 DTC 模式（即 Direct to Customer，直接面对消费者）。首先建立独立站，构筑私域流量池。SHEIN 有专门负责社媒营销的团队，官方账号遍布 Facebook、YouTube、Instagram 和 TikTok 等社交媒体平台。截至 2021 年 1 月，SHEIN 在 Facebook、Instagram 和 Twitter 等主流社交平台上，拥有超过 5 000 万粉丝。其次，通过与网红合作进行内容营销和社交营销。SHEIN 会根据自身品牌市场与目标人群，到一些服装搭配网站、社交平台上找网红，与她们进行合作。SHEIN 会给她们免费邮寄衣服，作为回报，这些网红发帖时要带上 SHEIN 品牌名字。在 YouTube 上搜索 SHEIN，能看到数以万计的开箱视频，覆盖了头部、腰部、尾部网红博主。

（3）游戏化促销策略——简单且实惠的积分抵现优惠

SHEIN 注意到一些卖家对于亚马逊平台的不满，于是打造了自己的电商平台（https://www.shein.com），并在交互设计和功能上参考了国内的游戏化电商模式，以直播、闪购和诱人的弹出窗口为特色，引导消费者滚动浏览最新产品。SHEIN 在其平台上使用了类似淘宝功能的组件，包括奖励购物者发表评论和玩小游戏的积分系统，契合了其主要消费群体——Z 时代年轻消费者的喜好。只要每日登陆 SHEIN 的 App、参与小游戏、验证邮箱、撰写商品评价等，都可以获得 SHEIN 的积分奖励，如参加买家秀竞赛（Show Contest），可以赚取 5~60 积分；参与搭配贴图游戏，可以赚取 0~1 000 积分。而这些积分在下次购买本品牌产品时可作为折扣使用，1 个积分等于 0.01 美元，SHEIN 的会员升级门槛也相对较低，只需要下 5 个订单或消费超过 300 美元，就可升级至最高级别的会员，并享受极速退款及专属的促销活动等福利，这一定程度上提高了用户复购率。

资料来源：吕明.纺织服装行业：敏捷供应链与数字化运营下的 SHEIN 模式解析 [R].开源证券，2021.7.27.

1.2.3 营销效果评估——营销活动的总结与反思

> **知识回顾·什么是营销效果评估?**
>
> 营销效果评估是测量某种营销行为或某产品所产生的数据的过程。一个营销评估标准提供的价值是有限的,但它与其他评估标准结合后可成为营销指标。

在企业开展了营销活动之后,还有必要对营销活动的效果进行评估,回顾营销活动的策划与执行情况,以及市场对营销活动的反馈,从而有助于未来开展营销活动中趋利避害。因此,在营销活动开展前,就需要考虑营销活动的评价体系,并在活动过程中收集相关数据,从而在活动结束后按照评价体系做出评估。针对营销活动效果评估的企业市场调查,包括但不限于店铺引流带来的店铺客流量变化、线上店铺页面广告的页面停留时间、产品的客户转化率、产品的销售情况、营销活动后的消费者满意度、品牌推广后的品牌知名度变化等。

营销效果评估可以通过企业自己收集数据来开展内部研究,也可以委托第三方机构调查。随着对纺织服装行业的关注,越来越多的第三方机构开展了独立的营销效果评估。案例1-5即为来自天风证券研究所的2019年8月5日对无印良品6小时暗访探店后的营销评估,并可能对该公司乃至该行业的投资产生影响。

> **■ 案例1-5** 天风证券研究所暗访武汉无印良品群星店
>
> 根据无印良品母公司发布的公司财报显示,2018财年Q3—2019财年Q4(2017年9月1日—2019年2月28日6个季度),无印良品在中国市场的营收增速分别为:30.6%、25.2%、18.1%、16.5%、9.3%、5.0%,营收增速大幅下降,中国市场业绩增长乏力。对此,无印良品也进行了一系列的改善措施:对产品进行降价,公司5年内连续降价11次;对部分产品如床品的尺寸进行了重新设计和定义,迎合中国消费者的消费习惯;引入书店、咖啡厅、餐厅甚至酒店等新场景,吸引客流,提升消费者留店时间,从而提高产品购买机率和连带率。
>
> 为了评估无印良品一系列改进措施的营销效果,天风证券神秘顾客团队3人分为2组,一组固定蹲守,一组游击观察。固定蹲守组分为两人,一人利用玻璃外门,在MUJIBOOK书店附近蹲守,观测客流;一人在收银台正前方的鞋子专区蹲守,观测买单人数及客单价;游击观察组由一人组成,主要观测客群特点、产品价格信息等(图1-7)。

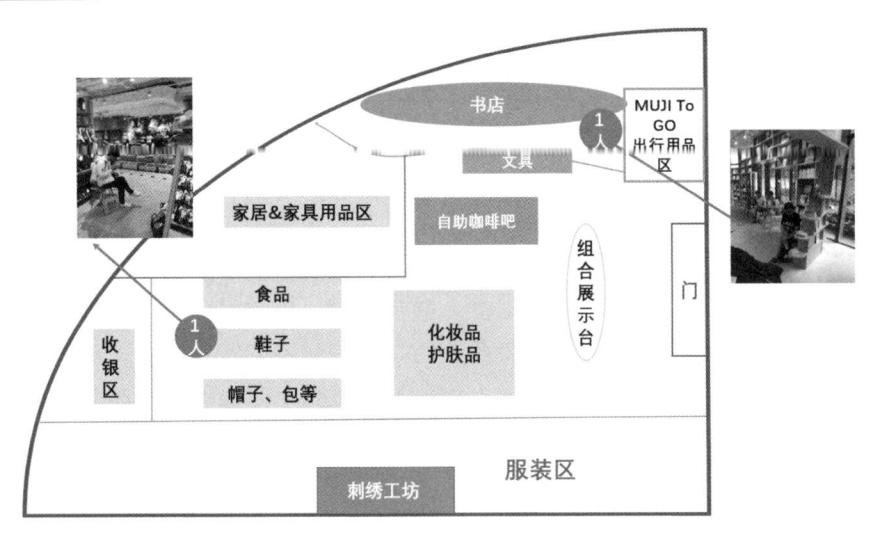

图源：无印良品草根调查，天风证券研究所

图1-7 天风证券神秘顾客分工图

团队在武汉无印良品群星城店一共蹲点了6个小时（10:00—16:00），某间门店进店人数为593人，买单人数为228人，转化率在38%左右，客单价100~150元。

1）客流按时间段来看分别是：

10:00—11:00进店人数69人，买单人数29人；

11:00—12:00进店人数87人，买单人数37人；

12:00—13:00进店人数70人，买单人数28人；

13:00—14:00进店人数98人，买单人数39人；

14:00—15:00进店人数143人，买单人数53人；

15:00—16:00进店人数126人，买单人数42人。

从总体来看，无印良品的销售情况较好，略超出此前预期。

从客单价来看，团队选取在蹲点过程中采集的29单买单信息进行计算。29单总成交价为4 222元，由此团队推算客单价在100~150元。

最终团队做出如下结论：对于无印良品来说，降价确实对于终端销售有促进作用，说明消费者目前更倾向拥有高性价比的产品，对于过高的品牌溢价，消费者在支付时变得更加谨慎，好产品＋合理的价格才是消费者的首选。而门店新场景的搭建对于引流和提升产品购买潜力有积极的促进作用。

资料来源：吕明，郭彬.纺织服装行业：无印良品6小时暗访探店，告诉你到底卖的好不好！[R].天风证券，2019.08.05.

1.3 服装市场调查与服装行业前景

纺织服装作为典型的传统制造行业,一直与劳动密集型行业、流水线生产相关。因此,生产线规模化、产品订单批量化成为纺织服装行业长期以来发展的追求目标。而规模化加工虽然为中国的纺织服装行业带来了成本优势,也约束了纺织服装产品供应向多样化和个性化发展。随着我国纺织服装产业向高端供应链的转型升级,从出口加工型向满足人民群众美好生活的需要转型,将出现以下行业趋势与需要,为服装市场调查带来了新机遇和新挑战。

（1）数字化推动纺织服装产业转型升级

未来服装生产将走向数字化时代。智慧工厂的出现将为产业链带来变革。3D技术、机器人作业、自动化技术应用的数字化方案将得到应用。射频识别（RFID）技术运用到服装生产线管理领域,改写了全球现行吊挂生产线不能同时生产小批量、多品种、各类复杂服装的历史,解决了传统服装行业从缝制到后道等各工序在生产过程中的管理"瓶颈"。

数字化的时代趋势意味着未来在纺织服装产业中的信息获取将变得容易,也带来了信息冗余、海量信息的数据挑战。服装企业的业务流程非常复杂、繁琐,许多服装企业每天需要处理成百上千的库存单位,并管理海量的款式、结构、客户标识等数据。在这种复杂性极高的管理过程中,以精确预测、采购管理、生产计划和分销管理为特点的供应链管理就显得尤为重要。服装市场调查与研究将能为产业链的精细化管理提供有效的帮助。

（2）后疫情时代与元宇宙时代融合带来新的消费场景

以互联网零售为基础,疫情推动了线下消费全面转向线上消费。随着后疫情时代对线上消费场景的蓬勃发展,纺织服装行业基本实现了从线下场景为主的零售转变为以线上场景为核心的新消费。与此同时,元宇宙（Metaverse）概念的兴起,进一步将线上生活推向了新时空。元宇宙是指利用科技手段进行链接与创造的,与现实世界映射与交互的虚拟世界,具备新型社会体系的数字生活空间。元宇宙本质上是对现实世界的虚拟化、数字化过程,需要对内容生产、经济系统、用户体验以及实体世界内容等进行大量改造。元宇宙的生活构建将进一步推动生活场景数字化。服装市场调查与研究在新消费场景洞察中将发挥积极作用。

总之,在产业数字化升级、消费结构升级、消费场景变化的大背景下,中国的时尚产业发展迅猛,我国纺织服装业的升级转型、服装市场供需动态变化等问题都需要通过服装市场调查描述现象、诊断问题并预估趋势，为产业和品牌发展的各类决策提供重要支持。

思考与练习

1. 服装市场调查与研究能够解决服装产业中的哪些问题？请举例说明。
2. 根据个人对服装产业发展趋势的理解，讨论服装市场调查研究需要重点注重哪些方面？

参考文献

[1] AMA. Marketing [M]. AMA Dictionary, 2017.

[2] AMA. Marketing research [M]. About AMA: Definition of Marketing, 2017.

[3] 陈凯. 市场调查与分析 [M]. 北京：中国人民大学出版社，2016.

[4] 小卡尔·麦克丹尼尔. 当代市场调查 [M]. 北京：机械工业出版社，2011.

[5] 吴小丁，张舒. 商品流通研究的市场营销学理论渊源探析 [J]. 外国经济与管理，2011，33（3）：35-42.

[6] 加里·阿姆斯特朗. 市场营销学 [M]. 北京：机械工业出版社，2013.

[7] AMA. Marketing mix [M]. AMA Dictionary, 2017.

[8] AMA. Marketing measurement [M]. Marketing Dictionary, 2018.

第2章

掌握：服装市场调查的核心任务和过程

本章导读 — 内容概要、重点和难点

如前所述，服装市场调查是营销活动和市场研究中不可或缺的重要环节和有效手段。在本章，我们将进一步梳理服装市场调查的核心任务和过程，明确市场调查能够解决的关键性问题，并就如何科学地选择恰当的方法规划、实施市场调查进行梳理和归纳。

本章重点

理解营销信息和市场调查的重要性；明确市场调查是一个科学严谨需要合理规划与选择合适方法的过程；明确市场调查的核心任务：市场探索、发掘和解决营销问题以及营销绩效评估。

本章难点

掌握营销信息系统各构成部分的相互关联与作用，进而掌握市场调查核心任务；深入理解服装市场调查过程的特征和要求：以科学的规划与实施计划为前提，制定规范合理的行动准则，进而有目的、有效的收集相关信息并进行数据梳理，通过精准概括和总结，对现阶段的问题提供相应的决策依据，并在调查过程中发现新的问题。

■ **案例 2-1** 市场会说话，我们要怎么听？

> "中国人首次进入自己的空间站。某国潮品牌'宇航员'元素的首发新品项链受到超过 10 万人追捧并购买，'宇航员'限量玩偶首发 2 小时内售罄。"
>
> "年轻人的生活中少不了一杯'珍珠奶茶'。老字号珠宝首发'珍珠奶茶'新品吊坠，发售后仅 30 分钟售罄。"
>
> "中国各个城市个性多元。国潮品牌结合城市'性格文化'打造的潮流新品首发，占据热度榜单 TOP1。年轻人把家乡情怀、家乡个性穿在身上。"
>
> "中国原创比肩国际，国潮品牌腕表凭借从设计到技术的原创包揽国际多项大奖，圈粉年轻人，占据百搭腕表热度榜单 TOP1。"

以上是来自"得物 APP"与新华网"新华睿思"2021 年发布的《国潮品牌年轻消费洞察报告》中的一组信息，各大品牌推出新品在短时间内售罄，成为潮流单品热度榜单榜首，圈粉年轻消费者无数。文化自信的提升和国民经济飞速发展，促使"国潮"成为了主流的消费热潮与流行风尚，也成为市场上极其重要的消费导向和文化现象。

然而，并非所有国潮产品和品牌都能够获得市场和消费群体的青睐。相关调查数据显示，2021 年"双十一"期间，上衣上印有"CH""China""中国"等字样的单品超过 1 200 种。某电商平台"男装排名前 100"的服装品牌中，显示有至少 86 家均推出国潮元素的服装产品，部分产品销售情况却不尽如人意。某知名品牌旗舰店推出的印有中国汉字的连帽上衣在整个"双十一"期间销量不足 200 件。

产品热卖品牌备受瞩目的背后，是企业对市场环境与消费动向信息的及时掌握和合理应用，对设计元素、流行趋势与消费喜好及文化背景的精准把控。作为决策人员，对趋势、导向和现象的前瞻与敏锐洞察十分重要，此外，如何适时适地向目标消费群体提供心仪的产品，选择什么样的推广渠道与市场发售推广方案，产品热卖之后该如何更新或补充，销售数据和运营信息之外如何去挖掘更多潜在问题和机遇？……如何解答这些品牌运营过程中不断出现的问题，支持品牌决策的关键性信息从何而来？这些问题背后的答案都蕴藏于市场自身的语言里，而市场调查就是市场语言的翻译机与放大器。

选择科学合理的方法有针对性精准地展开信息收集与分析，是当前市场调查中值得关注和思考的核心问题之一。基于前述市场调查的作用和重要性，本章我们将进一步剖析服装市场调查的核心任务和实施要领。

2.1　市场调查系统与核心任务

市场调查，又被称之为营销调查、营销调查，是为了解决企业开展营销活动而做的市场调查。对于企业来说，市场调查的核心系统是市场营销信息系统。

2.1.1　市场营销信息系统

在明确调查的核心任务之前，我们必须要了解不同市场信息之间如何相互影响和构成相应的运行系统，并指导企业制定相应营销决策。

服装消费需求和购买动机隐秘难测，甚至消费者自身在面对琳琅满目的服装产品和品牌信息时，都难以准确表达其真实需求和喜好。对服装企业而言，虽然借助互联网技术的发展，信息的采集、传递速度与规模都呈现出几何级别的增长，信息获取变得更加便捷，但要从庞大冗杂的市场信息、用户信息和市场数据中去粗取精，去伪存真，需要借助有效的收集、分类、分析和评估手段，才能够将市场信息转化为具有重要价值的消费市场洞察，及时精准地向营销决策制定人员提供参考。因此，企业必须要建立有效的营销信息系统（图2-1），适时向管理者提供正确的信息，使用这些信息为企业创造效益。

> **定义和概念：营销信息系统（Marketing Information System，MIS）**
>
> 指能够评估信息需求，开发所需信息并帮助决策人员利用信息生成顾客和市场洞察，进而验证其有效性的人员和程序。

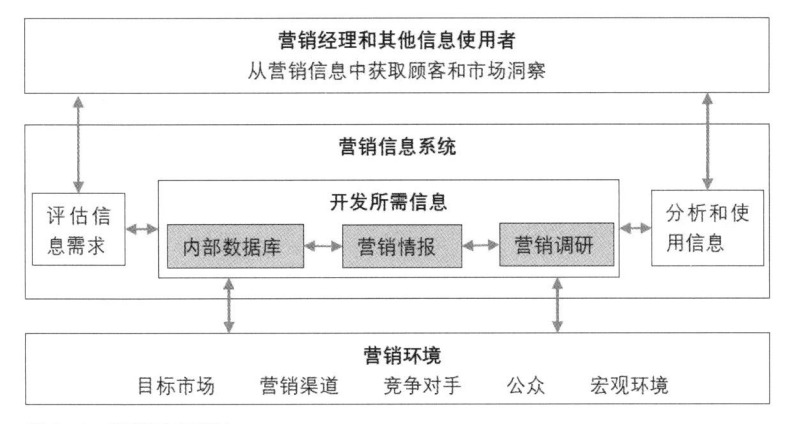

```
┌─────────────────────────────────────────────────────────┐
│           营销经理和其他信息使用者                       │
│        从营销信息中获取顾客和市场洞察                    │
└─────────────────────────────────────────────────────────┘
┌─────────────────────────────────────────────────────────┐
│                    营销信息系统                          │
│            ┌──────开发所需信息──────┐                    │
│  评估信    │内部数据库│营销情报│营销调研│  分析和使      │
│  息需求    │          │        │        │  用信息        │
└─────────────────────────────────────────────────────────┘
┌─────────────────────────────────────────────────────────┐
│                    营销环境                              │
│    目标市场  营销渠道  竞争对手  公众  宏观环境          │
└─────────────────────────────────────────────────────────┘
```

图 2-1　营销信息系统

如图 2-1 所示，营销信息系统服务对象是信息使用者以及企业各个部门的管理人员，由信息使用者提出信息需求，包括对所需信息正确性、必要性的评估与确认，以及对获取信息所需成本的综合考量；随后系统在一定的营销环境作用下通过内部数据库、营销情报收集和营销调查开发所需信息，进而帮助信息使用者也即管理人员分析和利用信息制定营销决策。市场营销人员所需信息可以通过内部数据库、营销情报和营销调查获取。

（1）内部数据库

内部数据库是基于企业内部网络作为信息来源所获取的各类消费者和市场信息的集合。数据库来源多样，包括营销部门、销售部门、财务部门、营销合作伙伴渠道提供的各类数据。企业营销管理人员通过分析这些信息，比较计划和实施情况差异，可以及时发现企业的市场机会和存在的问题。相对其他信息来源，内部资料获取较为容易，但对营销决策的参考性有限，且数据库的建立和管理需要耗费大量精力和资源，才能够保障数据信息的实时更新和完备有效。

（2）营销情报

营销情报是指企业对外部营销环境中与消费者、竞争者和市场发展相关的公开可得信息的收集和分析。企业可以从各种途径取得营销情报信息，例如查阅各种商业报刊、文件、网络信息，监测消费者和竞争对手，或直接与员工、供应商、经销商交谈等方式；也可通过雇用专家收集有关的市场信息或向情报供应机构购买市场信息。在进行营销情报收集的过程中，需要注意自身信息保护以及采取合法合理手段获取情报。

（3）营销调查

除了普通消费者、竞争者和市场情报之外，就服装品牌而言，有针对性地结合特定市场和目标群体制定营销决策及相关活动是企业经常面临的问题，且随着流行趋势与新兴营销模式的出现，企业需要解决特定问题的数量和频率大大提升。营销调查是系统地设计、收集、分析和报告特定营销情况有关的各类数据，针对确定的市场营销问题收集、分析和评价有关的信息资料，并对研究结果提出正式报告，供决策者有针对性地用于解决特定问题。企业所面临的问题不同，所需要进行市场研究的内容也呈现差异，需要根据实际情况灵活调整。从信息来源和作用来看，营销调查填补了内部数据库、营销情报未能涵盖的信息缺口，大大提高解决具体营销问题的针对性，更重要的一点在于，营销调查的时效性能够随营销问题和企业需求而及时调整和更新，这对企业而言意义重大。

"开发所需信息"综合了营销环境影响、内部数据、公开营销情报和特定问题的营销调查，在企业决策过程中起到了决定性的参考作用。在营销管理活动中，营销信息系统整合了企业运行所需的各类信息，系统的运行需要借助人员、工具和信息分析处理发挥其作用，信息处理的过程包括了对信息的收集、归类、分析、评估和传递等阶段和部分，并要及时将有效信息传递给决策者，进而发挥其指导作用和参考价值。

区别于其他品类，服装产品构成要素复杂，受市场环境、流行趋势、气候变化等因素的影响，呈现市场需求变化频繁的特点。此外，服装企业数量众多，市场竞争十分激烈，因此也对服装营销领域的管理者和决策人员提出了更高的要求。围绕服装产品开展的一系列经营活动，旨在通过解决"如何为消费者提供什么样的服装产品"这一核心问题获得市场认可进而获利，营销调查对消费喜好的及时洞察、对消费需求的精准把控、对用户反馈的收集以及对市场潜在需求挖掘引导，是服装产品销售和企业达成经营目标的重要活动之一。

案例 2-2　时尚市场消费者的多元与多变

《2021中国时尚产业消费研究报告》对全国多个城市各年龄层消费者展开的调查结果表明，不同年龄层对时尚、时尚消费的理解有着明显的差异，在购买时尚产品时考虑的主要因素丰富多元，但在总体上也呈现出一定的共性特征和趋势。

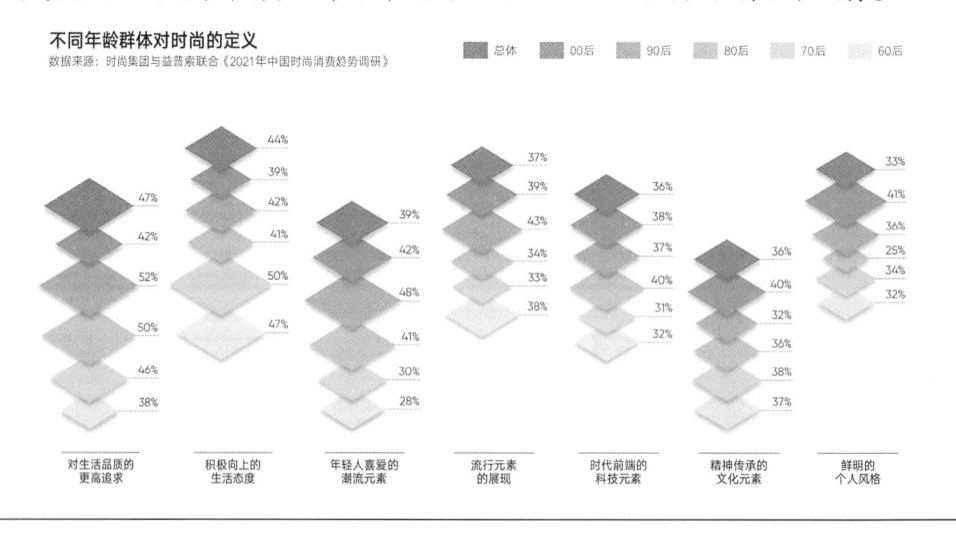

不同年龄群体对时尚的定义
数据来源：时尚集团与益普索联合《2021年中国时尚消费趋势调研》

类别	总体	00后	90后	80后	70后	60后
对生活品质的更高追求	47%	42%	52%	50%	46%	38%
积极向上的生活态度	44%	39%	42%	41%	50%	47%	30%	28%
年轻人喜爱的潮流元素	39%	42%	48%	41%		
流行元素的展现	37%	39%	43%	34%	33%	38%
时代前端的科技元素	36%	38%	37%	40%	31%	32%
精神传承的文化元素	36%	40%	32%	36%	38%	37%
鲜明的个人风格	33%	41%	36%	25%	34%	32%

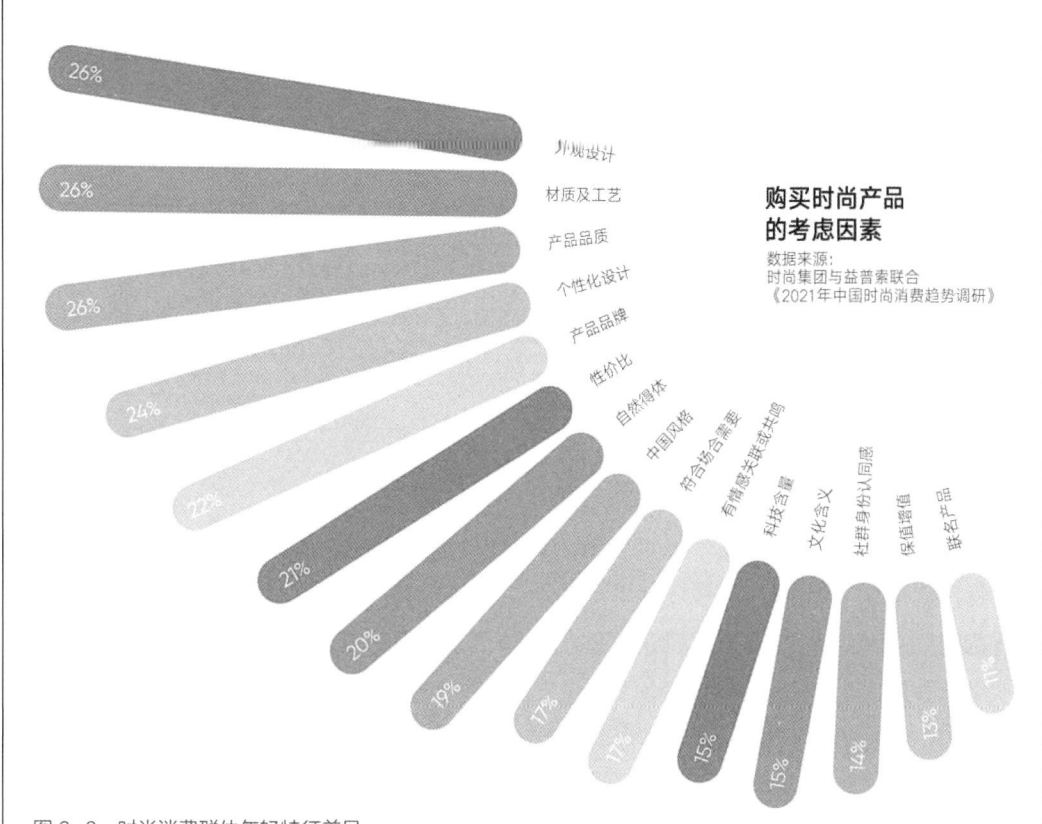

图 2-2 时尚消费群体年轻特征差异

如图 2-2 所示的行业研究咨询报告调查结果为企业提供了来自时尚领域广泛信息范围内的消费特征差异，作为营销情报，能够为企业明晰时尚市场目前呈现的消费喜好特征，然而具体到不同时尚品牌，消费者在购买行为和喜好等方面的特征仍然需要结合更有针对性的营销调查进行探索。

资料来源：清华（青岛）艺术与科学创新研究院时尚产业研究中心，时尚集团. 2021 中国时尚产业消费研究报告 [EB/OL]. 2022.04.

2.1.2　服装市场调查与研究的核心任务

如图 2-3 所示，由于服装产业链结构复杂，层次多元，各个环节的实施主体通过实体商品的转移和信息的传递产生相应价值，进而实现企业生存发展与提升。企业适应复杂多变的市场环境和消费需求，必须基于消费反馈信息和营销活动的效果持续调整产品策略和企业发展战略。

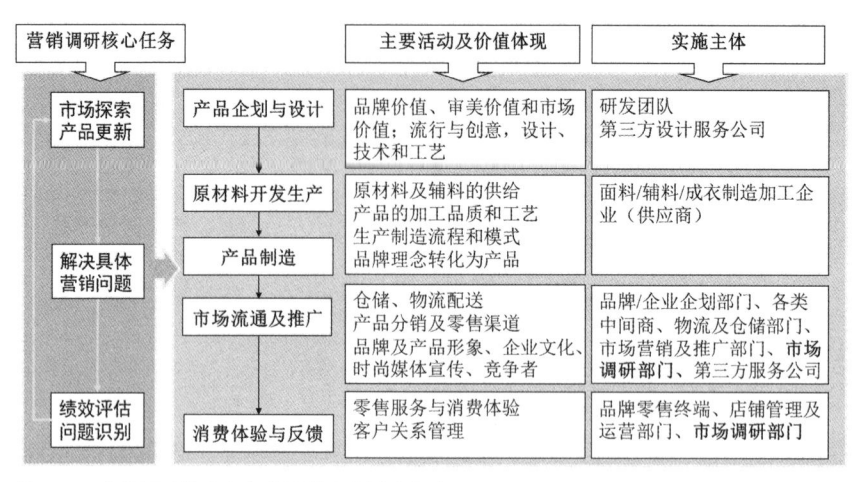

营销调研核心任务		主要活动及价值体现	实施主体
市场探索产品更新	产品企划与设计	品牌价值、审美价值和市场价值；流行与创意，设计、技术和工艺	研发团队 第三方设计服务公司
解决具体营销问题	原材料开发生产	原材料及辅料的供给 产品的加工品质和工艺 生产制造流程和模式 品牌理念转化为产品	面料/辅料/成衣制造加工企业（供应商）
	产品制造		
	市场流通及推广	仓储、物流配送 产品分销及零售渠道 品牌及产品形象、企业文化、时尚媒体宣传、竞争者	品牌/企业企划部门、各类中间商、物流及仓储部门、市场营销及推广部门、**市场调研部门**、第三方服务公司
绩效评估问题识别	消费体验与反馈	零售服务与消费体验 客户关系管理	品牌零售终端、店铺管理及运营部门、**市场调研部门**

图 2-3 营销调查核心任务在服装产业链中的体现

参考服装市场调查的概念界定、服装产品开发和企业发展不同阶段的规律和核心任务，我们将服装市场调查的核心任务划分为三类，贯穿于品牌营销活动当中，由市场机会与营销问题识别、解决具体营销问题、营销活动评估与绩效监控构成。三类任务需要就不同类型和内容的信息进行收集、整合分析，进而为品牌决策提供支持。

（1）市场机会与营销问题识别

服装产品作为日常生活必需品，在满足服装基本服用性能（例如保暖、透气排汗、保护身体及皮肤避免外界伤害等）的基础上，受季节、流行趋势、社会经济、文化背景等因素影响，结合不同消费群体的个性化需求与喜好呈现多元化的特征，当下信息时代和新兴技术更加丰富了市场竞争模式与营销工具，同时也对管理人员提出了更高的要求。

初创品牌在竞争激烈的时尚市场寻求生存空间，成熟品牌调整品牌战略和产品策略以保持品牌生机与活力，经历低迷过后的品牌复苏积极发掘新市场新目标客群，企业发展的不同阶段都需要对瞬息万变的市场环境、内部发展状况和竞争态势等相关信息和行业数据保持持续积累和更新。服装市场调查的核心任务之一是通过各类调查方法获取信息，综合分析未来市场发展趋势以及可能存在的竞争机遇和挑战，对市场需求进行预估和判断，开展特定消费群体的有针对性数据收集（如产品使用反馈），结合企业经营数据与市场规模相关信息，在市场探索和产品更新的过程中帮助企业准确定位，把握市场机会，明晰战略发展方向。

此外，企业还需要根据所掌握的信息，分析和判断实施营销调查的必要性，进行营销问题界定，在对投入时间和费用有明确计划和预算的前提下开展营销调查活动，制定精准有效的营销方案。

案例 2-3　识别市场机会过程中的挑战与新生：后疫情时代的设计师品牌

在近十年时尚行业发展进程中，设计师品牌以其独立自主、灵活性高、设计风格独特、消费人群小众定位和个性化精细的服务受到市场的关注，越来越多的时尚高等院校毕业生选择加入设计师品牌或创立自己的品牌，设计师品牌数量和市场规模快速提升，在鼓励创业和吸纳就业方面有着突出的贡献。

新创设计师品牌和设计师工作室数量逐年递增，在2010年至2013年间设计师品牌数量增长达到高峰，中国中产阶级的时尚消费力逐渐释放，但国际奢侈品牌却为了降低运营风险而收缩了在中国的扩张步伐，市场对本土成衣设计师品牌的需求和接纳度明显提高，与独立设计师产业链相关的品牌集合店、Showroom 也开始蓬勃发展。

2020年受新冠疫情影响，时尚行业整体增速放缓，形成较为严峻的态势，部分企业在疫情期间受到的影响尤为严重，对企业带来了极大的考验，但同时也加速了时尚产业线上线下融合的变革，互联网、信息化和数字化工具在疫情期间和产业恢复过程中发挥了突出的助力作用。在疫情的影响下，直播、工厂直销、私域流量带货等多渠道营销和零售模式的迅速普及，也带动了一批企业的创立和发展。在5G大数据新时代，面对多变的时尚市场需求、激烈的市场竞争以及时尚产业链这一复杂构造和各个环节之间互相制约的现实状况，设计师品牌需要有效利用互联网和数字化工具提高竞争力，拓展资源渠道和增进信息互动，企业的价值创造活动关键在于增加价值链中的技术、资金、信息的完整有效程度和及时性，利用环境优势与有利条件，提高市场竞争力和风格独特性。

时装设计师拥有更加个性化的主张，聚集了一批忠实的消费者，相比传统商业品牌，设计师品牌在个性化、产品附加值、文化内涵方面更具优势，更易将现有消费者转化成"铁粉"。但是设计师缺少数据和流量的获取与管理工具，在新零售和移动互联时代，如何做好内容营销，实现营销内容的数字化，是连接消费者的关键。比如，如果消费者通过手机查看和预定服装，能获得更适合自己的款式或穿搭推荐，能获得设计师的专业建议，这对提高消费者黏性将大有裨益。

做好设计、进行发布、召开订货会再到卖货，时装设计师的传统工作模式是从货到场再到人。而新零售给我们的启示就是用C2B的设计态度，把人放在核心位置，一切从人出发，从消费者出发，我们必须充分了解和重视消费者的需求，我们的工作模式将转变为从人到货再到场。设计师品牌可以既拥有鲜明的个性符号，又尽可能满足多数群体的需求。有些设计师可能会担心服装走量就会失去风格，其实大可不必，即便是基本款的服装单品，也应该先了解大众需求再加入自己的风格和独特细节，这是新零售时代必须要考虑的，也是设计师必过的一关。

综合以上内容，后疫情时代的设计师品牌在识别市场机会和营销问题的过程中，可以从哪些角度获取信息并分析呢？

资料来源：
［1］华丽志.中国独立设计师品牌生态报告（第一版）[EB/OL]. 2017.04. http://news.efu.com.cn/newsview-1294858-1.html.
［2］王翔生，阿春.疫情当前：8位专家解读时尚行业生存战[EB/OL]. 2020.02.26.

（2）解决具体营销问题

在解决服装品牌所面临的具体问题的过程中，营销调查提供了最为直接有效的信息支撑。营销调查是提供顾客和市场洞察的正式研究，帮助品牌了解顾客消费动机、购买行为和满意度等。

在服装行业，通过营销调查解决企业发展不同阶段的具体问题十分常见，全球化和网络时代将消费者与企业和产品之间的相互关系和沟通模式变得日趋复杂，社交媒体使得消费模式、商业运作模式和市场运行节奏产生了极大的变化，营销问题也随之不断产生。诸如产品结构调整、品牌及产品推广策略、广告策划、各类公关活动、运营过程中的各类瓶颈问题等，都需要通过市场调查与消费者及相关环节人员展开详细询问交流，为决策人员和管理者制定营销方案和计划提供重要参考，结合市场需求调整企业战略。在解决营销问题的过程中，也有企业委托专业调查机构协助就某个营销问题建立合作项目，短时间内获取来自目标市场和消费群体的大量反馈信息，从中寻求解决方案并予以实施。

■ **案例2-4** 从中国文化长出来的奢侈品牌SHANG XIA上下为何要"改头换面"？

基于中国文化的奢侈品牌将以何形态出现和壮大？每个人心中或许都有不同的答案，但任何的设想和愿景都需要实践来检验，并与消费者发生真实的联系。蒋琼耳女士与法国爱马仕（Hermès）集团共同创立的SHANG XIA上下公司对这个命题已经进行了超过十年的深入探索和大胆尝试。2021年9月，公司宣布任命首位时装创意总监——Yang Li，并在10月巴黎时装周隆重亮相了他执掌的第一季作品。同时，品牌宣布推出全新LOGO。

根据BCG波士顿咨询公司公布的《中国奢侈品市场数字化趋势洞察报告（2021年版）》，2021年成衣以平均69%的渗透率成为增长最快的品类。

2021年时尚品类毋庸置疑正在成为时尚品牌增长最快或最大业绩占比的部门之一。以爱马仕集团为例，截至2021年的第一季度，其成衣和配饰部门销售额同比增长51%，同期皮具和马具部门销售额同比增长23%。

2022年初爱马仕品牌在欧洲建立了专门的时尚设计团队，集结了来自韩国、中国、比利时、法国、英国、意大利等多个国家的年轻优秀设计师。这次对华裔设计师Yang Li的任命，特别是他的个人先锋风格和传统东方审美的反差，更是成为行业关注的热点。

Yang Li："我认为人们谈到中国总是把目光放在过去，但事实上，中国有很多新的事物、技术、理念可以去展示，这正是我希望向全世界展示的。东方的当代性，不仅是年代上的新与旧，更是现实与虚拟空间的交融。我希望将这种反差用当代的视角去表达，碰撞出一些全新的东西。"

作为对于中国年轻人当代生活方式的洞察，在最新一季的包袋中，Yang Li特别设计了专门用来放苹果数字产品air tag的小型隐藏式口袋。打开现在的品牌官方网站，我们看到主页完全以能够自由放大、缩小的图片形式呈现，Yang Li希望以当代年轻人更喜欢的视觉语言，通过适合电脑和手机浏览习惯的图片流，来展示SHANG XIA上下在数字化时代对时尚的理解。

在宣布任命Yang Li的同时，SHANG XIA上下此次还发布了品牌全新标志，以镜像创意诠释了品牌多元化的特质——"上"与"下"的对立共生构成了SHANG XIA上下的名字，代表着一种从对立与和谐中诞生的风格和文化，植根于中国，又真实反映当下的世界。

资料来源：刘隽.从中国文化长出来的奢侈品牌SHANG XIA上下为何要"改头换面"?. https://luxe.co/post/176068:2021.11.10.

（3）营销活动评估与绩效监控

通过前两项核心任务我们发现，营销调查是品牌发掘营销问题和制定解决问题方案的有效工具，然而在获取、处理、储存和传递调查信息以及实施营销活动的过程中，相关费用和成本将明显上升。企业决策所产生的最终效果如何，营销活动中各项成本支出是否发挥了最大价值，结合相应的市场调查手段，获取来自市场洞察、产品销售数据和消费者反馈等信息，能够对营销活动的最终效果和实施过程进行绩效评估与监控，及时调整后续营销策略与方案，避免由于决策失当而带来的经济效益或品牌价值损失，也是考量管理人员和决策人员工作能力的重要工具之一。

案例 2-5　IP 营销：自带流量与粉丝的营销策略

消费市场逐渐年轻化，消费者从物质消费转向情感性消费，注重情感体验和商品情绪价值，这是在消费升级大背景之下中国消费市场的主要特征。在规模化到个性化的新消费时代，IP 所表现出的消费引导力以及对客户价值的创造力日益突出，新一代年轻消费者已然成为 IP 的忠实拥护者。服饰行业通过推出各类 IP 商品，在单款效能和流量利用等方面收到了明显的效果和提升。《2020 中国品牌授权行业发展白皮书》调查统计结果表明，IP 授权产品的销售额普遍高于无 IP 授权的同类产品（图 2-4）。

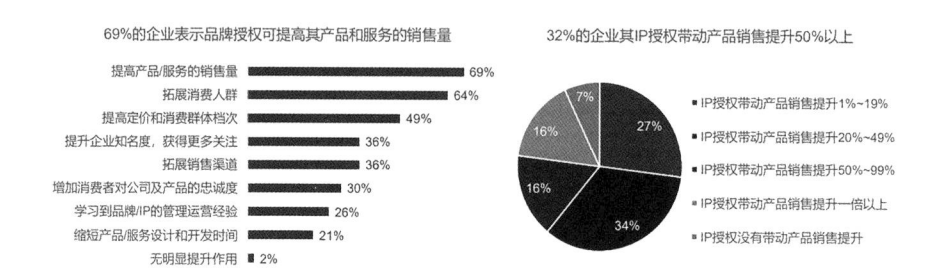

图 2-4　IP 授权对企业提升效果调查结果

品牌借助 IP 营销活动拓展年轻消费群体，打造品牌转型升级，进行破圈层年轻一代全面渗透。市场洞察和款式测试对联名效果的测量都起到十分重要的参考作用（图 2-5）。

案例：太平鸟 × 飞跃联名合作

以知名女装品牌太平鸟为例，为拓展年轻群体，打造品牌转型升级，进行破圈层年轻一代全面渗透，太平鸟在2020年上半年通过IP优选与飞跃联名，经过市场洞察及测款，1.0产品上新后销售迅速过千万，赢得了年轻消费者的喜爱，品牌为满足消费者需求，进而打造飞跃2.0产品延续IP生命周期，2.0产品上新后，单品销售额达到行业TOP10，该系列产品更是进一步突破年轻人群圈层，帮助品牌吸引更多新生代消费者。

图 2-5　市场洞察和款式测试对联名效果测量结果

资料来源：阿里研究院《2021 天猫服饰 IP 白皮书》

2.2 服装市场调查的过程和阶段

服装市场调查要经过四个阶段,分别为:调查的起点(营销问题的识别与界定)、科学的计划(调查内容与行动准则)、数据分析(一件很重要的小事)、总结汇报(结束是为了新的开始)。

2.2.1 调查的起点:营销问题的识别与界定

服装市场调查需要科学的规划与实施计划为前提,制定规范合理的行动准则,进而有目的、有效地收集相关信息并进行数据梳理,通过精准概括和总结,对现阶段的问题提供相应的决策依据,并在调查过程中发现新的问题。

对营销问题的界定是实施调查研究的首要步骤,只有当企业需要制定决策,但没有合适的信息去指导决策制定时,才需要实施营销调查。

> **定义和概念:营销问题**
>
> 营销问题是指管理人员或客户所面临的情境。这是要求管理者在不同决策之间进行选择的情境,决策的制定能够解决特定的问题。

(1)营销问题的来源

未达目标。当品牌实际表现与预期存在差距,或是方案策略在实施过程中未达到理想效果,例如产品销售目标与实际销售状况之间的差异、市场推广和营销活动未达到预期收益等。

机会识别。对市场机会的识别往往被理解为可能产生的问题,也即潜在问题,或没有及时意识到的有利情况、取得进展的机会或取得改进的机会。

(2)营销问题的识别与界定

基于问题来源,可以就相应的目标构建控制和检测系统,进而帮助管理人员判断目前是否面临了目标未达成的问题;而机会识别则需要管理人员对市场和竞争对手具有敏锐的洞察力和丰富的经验,或依靠专业人员与机构对机会进行评估,及时发现机会的存在。

不同类型的营销问题对应有不同的决策方案,作为前提条件,我们必须清晰地就营销问题进行界定,从行业、竞争对手、产品或服务、市场、目标客群等角度入手,确定问题所涉及的范围和关联组织架构，此过程需要结合内部及外部的数据资料进行综合分析和判断，对可能的原因展开归纳，进而选择合适的调查方案。

> **案例 2-6** 实践：如何开展品牌营销问题的分析与识别
>
> 在一个关于运动潮牌的调查实践活动中，研究小组选择 CONVERSE 品牌作为调查对象，通过品牌二手资料收集以及消费者调查，对其发展战略进行了问题识别与分析。
>
> 2019 年 4 月，CONVERSE 宣布将重返专业篮球鞋市场。青年文化和篮球文化相互联系，作为真正从篮球起家的百年老牌，CONVERSE 希望参与其中，与球场内外的年轻人建立联系。显然，在经典帆布鞋热度减缓的当下，CONVERSE 期望通过重拾自家的篮球基因，重新赢得年轻消费市场的关注。然而这一发展方向也面临着诸多风险挑战。鉴于发展战略与市场认知之间存在的差异，为了发现需要解决的核心问题，研究团队在调查活动开展期间（2019 年 4 月—5 月）进行了二手资料的收集。
>
> 1. 篮球市场环境分析
>
> 各大运动品牌在 NBA 联盟的占比榜单，在很大程度上反映出整体市场情况。多达 62.6% 的 NBA 球员选择穿着 NIKE 战靴上场，若加上 Jordan 品牌，这一比例高达 72%。此外，Adidas 占得 15.8%，Under Armour 和 PUMA 分别获得 4.6% 和 2.1% 球员的青睐，篮球鞋市场已近饱和。2018 年 3 月，PUMA 宣布时隔 17 年重返专业篮球鞋市场。除了签约多名潜力新秀和拿下勇士中锋考辛斯作为头牌，PUMA 还成为 NBA 联盟官方市场合作伙伴。除此之外，谋划重返篮球市场的还有 New Balance。调查前的不久，这家美国老牌刚刚签下猛龙当家球星科怀·伦纳德。而在集团内部，NIKE 品牌及 Jordan 品牌的篮球地位较为强势，故 Converse 将面临较大竞争。
>
> 2. 品牌自身状况分析
>
> （1）反应敏锐度。1980 年前，众多早期 NBA 球员穿着 CONVERSE 球鞋。随后 NIKE、Adidas 和 Reebok 等品牌纷纷崛起，老牌 CONVERSE 在产品技术和设计上由于反应不及时而远远落后。20 世纪 90 年代起，CONVERSE 发展大不如前。NIKE 将其收购后重新定位，品牌以娱乐营销的方式进入市场，从专业篮球鞋品牌蜕变为休闲时尚潮牌。
>
> （2）生产技术。1990 年代起，篮球产品的衰落使得 CONVERSE 一蹶不振。NIKE 收购 CONVERSE 后将技术含量较低、价格相对廉价的 CONVERSE 篮球鞋作为 NIKE 的低端产品。由于在篮球鞋上的生产技术上无法达到市场上其他品牌的高

度，关于技术的宣传也不再受重视，CONVERSE逐渐淡出篮球鞋市场。

（3）NIKE主线压制。NIKE入主之后，CONVERSE被NIKE视为篮球市场上的"跳板"，依靠其在篮球领域的资源和自己本身具备的技术实力，过去10余年，NIKE很快在NBA站稳脚跟。而CONVERSE的篮球优势和运动属性被削弱之后，逐渐被边缘化。

所收集的信息表明，调查品牌在市场环境和内部都存在一定的局限性和发展障碍。在整理和归纳案头研究资料的同时，研究小组还对CONVERSE目标消费者进行了问卷调查（图2-6），调查发现与上述现象较为吻合，品牌发展存在的问题进一步得到明晰（图2-7）。

图2-6 目标消费者调查结果

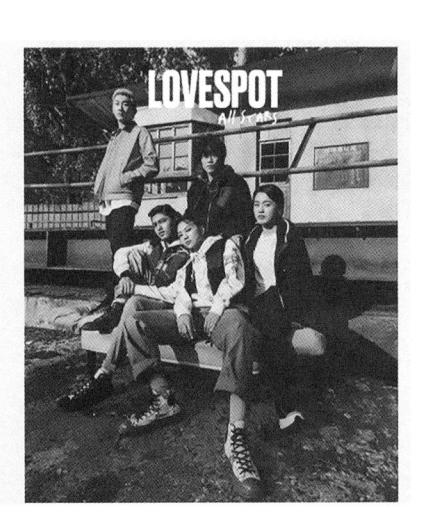

图2-7 通过调查识别问题

资料来源：2021年"服装市场调查与研究"课程学生实践调查报告，结论仅供参考。

2.2.2 科学的计划：调查内容与行动准则

在明确调查问题的基础上，营销人员需要确定具体的调查内容。我们可以通过提出问题的方式来对某一调查项目的具体调查内容进行确认。例如结合已经界定好的营销问题，需要收集哪些信息、向谁收集信息、以什么样的形式收集信息、收集信息的过程中需要使用哪些调查工具和测量尺度等。在解答上述问题的过程中，逐步形成市场调查的方案计划，明晰调查内容。

（1）确认信息的来源

这里要解决的是"向谁收集信息"的问题，也即谁拥有调查所需的各类资料。例如在对某个品牌当季产品购买喜好展开调查，了解畅销和滞销原因的过程中，就需要通过对近期购买或进店的消费者调查，了解产品喜好和认知情况。当确定可以从哪里获得相关信息后，还需要思考如何准确地寻找到受访人员，这将涉及调查的准确性、及时有效性以及调查成本等方面的问题。此外值得注意的是，并非所有受访者都会积极配合调查并提供调查人员所需的信息和真实想法，需要调查人员以科学合理的调查方法、灵活巧妙的交流沟通技巧，尽可能利用好所有准确的信息来源。本书的第三章和第四章将详细介绍调查信息数据的来源以及如何选择调查对象。

> **知识拓展与延伸：甄别问卷**
>
> 为了避免错误的信息来源对后续调查带来影响，调查人员可以在正式的、完整的问卷调查内容确定之前，或是在调查问卷、访谈提纲中设计相关题项，对被访者是否符合自己问卷调查的人群进行筛选，进而保障信息来源的可靠性和准确性。
>
> 例如在服装品牌认知与喜好度调查的题项中，调查人员设计了如下问项：
>
> Q1. 请问您知道以下哪些品牌？（可多选）
>
> | | | |
> |---|---|---|
> | A. 海思堡（ASPOP） | B. BNX | C. 百家好（Basic House） |
> | D. 地素（DAZZLE） | E. ESPRESSO | F. 衣恋（ELAND） |
> | G. H. ESPRIT | H. 伊华欧秀（EVAOUXIU） | I. MANGO |
> | J. HIRST | K. 摩安珂（MO & CO） | L. MIGAINO（曼娅奴） |
> | M. VERO MODA | N. on & on | O. 欧时力（Ochirly） |
> | P. ONLY | Q. Season Wind | R. theory |
> | S. U.G.I.Z. | T. W.DoubleuDot | U. 其他 |

以上问题旨在了解消费者对相关女装品牌的认知度。在消费者继续作答其他问题之后，在问卷中出现了以下题项：

Q15 请问您购买过以下哪些品牌服饰？（可多选）

A. 海思堡（ASPOP）	B. BNX	C. 百家好（Basic House）
D. 地素（DAZZLE）	E. ESPRESSO	F. 衣恋（ELAND）
G. H.ESPRIT	H. 伊华欧秀（EVAOUXIU）	I. MANGO
J. HIRST	K. 摩安珂（MO & CO）	L. MIGAINO（曼娅奴）
M. VERO MODA	N. on & on	O. 欧时力（Ochirly）
P. ONLY	Q. Season Wind	R. theory
S. U.G.I.Z.	T. W.DoubleuDot	U. 其他

Q15 题调查消费者对相关品牌的购买情况，同时也对消费者作答的认真程度进行了一定的检验。两题在选项内容上保持一致，由于可选择品牌较多，如果受访者没有认真思考和回顾自己的购买经历，或是作答态度敷衍，在问卷回收和数据录入时，研究人员会发现答卷中部分样本出现了购买过但不知道该品牌，或知道与购买过的品牌在选项上完全不一致的情况，进而对问卷进行了筛选与核对，一定程度上保证了调查结果的真实有效性。

在市场调查的过程中经常会发现这样的现象：受访者因为不知道问题的真相，或是某种原因或环境的影响，并未表达出其真实想法，或者消费者本人根本不知道自己的具体需求。在信息收集的最初阶段，作为营销和调查人员，必须要尽量保障受访者所提供的信息能够为解决营销问题提供有价值的参考和帮助。

资料来源：本书作者课题研究项目资料。

（2）收集信息的形式与测量工具

信息内容的收集将在未来帮助决策人员形成相关决策和解决方案，并进一步影响企业或组织架构的发展与运行。因此，除了对信息来源的确认之外，我们还需要有科学的信息收集方法和度量准则。此外，为了能够使测量过程科学客观且高效，在尽可能节省资源消耗的前提下，调查人员应当就测量工具进行合理的选择和应用。

在营销调查的过程中，需要通过定性或定量的方式对信息进行汇总和归纳。同时，针对不同营销问题和营销决策需求，信息收集所采用的方法不同，在服装市场调查活动中，参考不同的分类标准，有多个类型调查方法分别适用于不同的问题和场合。我们用不同的"变量"来区分不同的信息类型和具体表现，以此描述市场和消费者群体中存在的各类现象，在长时间的学科研究与行业实践进程中，渐渐形成了一些常用的操作或测定方法对变量展开测量，可以通过查阅相关文献资料或工具书籍，以及成熟的研究案例，明确量表的适用范围。此外，在构建调查内容的过程中，特定行业领域的术语、词汇以及消费者对某一过程或现象的语言描述，也将通过定性研究中的相关研究范式和方法予以整理和归纳。

在这一环节需要强调和引起重视的是，所选择的信息收集形式和测量工具必须保证调查人员对受访者提出相关问题时能够使其进行有针对性地回答或阐述，能够结合数据分析和信息整理的方法获取有效结论。关于调查信息的分类与不同调查方法，本书将在第 5 章至第 11 章中展开详细介绍。

知识拓展与延伸：经典的市场研究方法及工具

表 2-1 列出了基于定性和定量这两个基本的信息类型及在信息收集过程中不同的调查类型和目的所对应的调查方法和工具。这些工具长期以来在研究和实践领域都得到了充分的应用和验证。

表 2-1　定性调查与定量调查的调查方法比较

比较项目	定性调查	定量调查
调查类型	探索性	描述性、因果性
调查目的	对潜在原因和动机得到定性的认识	对总体的数量特征进行推断
常用方法	深度访谈、焦点访谈、投射技术	问卷调查，观察法，实验法
分析类型	主观性、解释性	统计性，摘要性
抽样方式	判断抽样	随机抽样，配额抽样
样本量	小样本	大样本
调查结果	产生一个初步概念	得到可以指导行动的结论

此外，在调查咨询行业中，也常常利用已有数据库就相关问题进行信息收集，这些常用信息和数据库一定程度上能够节约时间和资源，也是企业在明晰营销问题和市场环境探索的过程中各类参考资料的重要来源。但需要注意的是，在使用已有数据库之前，需要明确数据的采集方式、统计口径、数据颗粒度和时效性。

> ● **示例：欧睿 passport 数据库与尼尔森零研数据库的比较**
>
> 欧睿的数据因体量较大所以更关注总体，而尼尔森的数据则更聚焦。
>
> ● 采集方式：欧睿的数据来自案卷研究、公司研究与分析、店铺访谈、与业内人士进行行业访谈及市场分析。同时会对国际行业层面的数据进行协调、控制、编

辑，以最终确定研究方法，产品定义及数据输出的统一性与可靠性。尼尔森数据来自POS机后台数据、一手走店数据，再通过专有模型进行计算。

- 渠道范围：欧睿数据体量大，不仅包含线下零售数据，还包含线上、批发以及特通渠道；尼尔森仅有线下零售数据。
- 覆盖范围：欧睿数据覆盖范围更大，如尼尔森在西北地区仅覆盖省会城市，而欧睿可覆盖全省各个城市。
- 覆盖品类：欧睿几乎涵盖所有品类，尼尔森以快消品为主。
- 数据颗粒度：欧睿虽覆盖地区较广，但无法划分省份，只能展现全国数据，无法确定强势区域与弱势区域；欧睿产品只细分到品牌，尼尔森数据可细分到产品最小存货单位、价格带等。
- 更新周期：欧睿数据库数据更新频率每年一次，尼尔森数据库数据更新频率每月一次。

资料来源：本书作者课题研究资料。

（3）调查工作开展的准则与计划

为了确保调查研究工作按照已经明确了的各项调查内容和信息收集要求执行，在给定的前提条件下采取有组织高效的调查活动，在调查工作开展前，需要制定相应的行动标准和计划。在后续的调查实施过程中，该计划将成为重要的参考和决策依据。

调查方案和计划中应当包含以下核心内容：数据和信息收集的质量评估控制准则拟使用的调查方法、对信息收集过程中可能存在的障碍的预判和对管理人员或组织架构提出的要求、调查结果最终的呈现方式、调查成本预算，以及调查活动的时间计划表。此外也有可能涉及关于职业道德的内容，例如企业机密保护、调查中的伦理道德规范等。品牌或企业往往会在与调查机构签订合同时，或下属营销调查和市场洞察部门开展调查研究项目之前，以调查计划书的形式明确上述内容。

■ 案例2-7 调查方案与调查项目进程管理

企业在实施调查研究活动前，会就调查项目方案进行研究审核与确认，为的是能够有的放矢，在全员明确调查工作任务的前提下，高效开展各项工作内容，因此调查方案的拟定和发布必不可少。图2-8展示的是服装品牌就某一类原产国产品消费喜好与认识度制定的定量研究调查方案，清晰概括了调查目的、方法、样本量、时间计划等关键性信息。

研究方法	详细内容及说明							
调查目的	量化目标消费群体的服饰消费行为特征、品牌认知度和接受度情况，媒体接触和使用习惯等方面的信息							
样本所在城市	上海		北京		广州		总计	
计划样本数量	180		180		180		540	
样本性质	性别		网购经历		年龄			
	男	女	有网购	未网购	18～23 岁	24～27 岁	28～31 岁	32～35 岁
完成时间	9 月 1 日—9 月 3 日							
受访者核心条件及筛选要求	■ 年龄在 18～35 岁之间，各年龄层至少有 15% 的占比； ■ 男女至少各占 30% 以上的比例； ■ 近 6 个月内有 1 次以上单价在 500～1 500 元的服饰消费经验； ■ 近 6 个月内有网购服饰单价 500～1 500 元之间消费经验占配额 20% 以上； ■ 要求受访者的学历、职业分布合理； ■ 非敏感行业（服饰生产销售、调查、广告、传媒等）。							

图 2-8　某品牌定量研究调查方案

同时企业也可以通过各类进程管理和项目管理工具、软件对调查工作进度展开跟进，包括实践、责任归属、具体任务等内容，并结合现实条件和情况对计划进行灵活调整和及时修改。图 2-9 是使用管理图表甘特图进行项目进程控制的示例。图 2-9 所示中，项目成员及管理者均能实时对调查进程及任务进行监控，实现直观高效的调查项目管理。

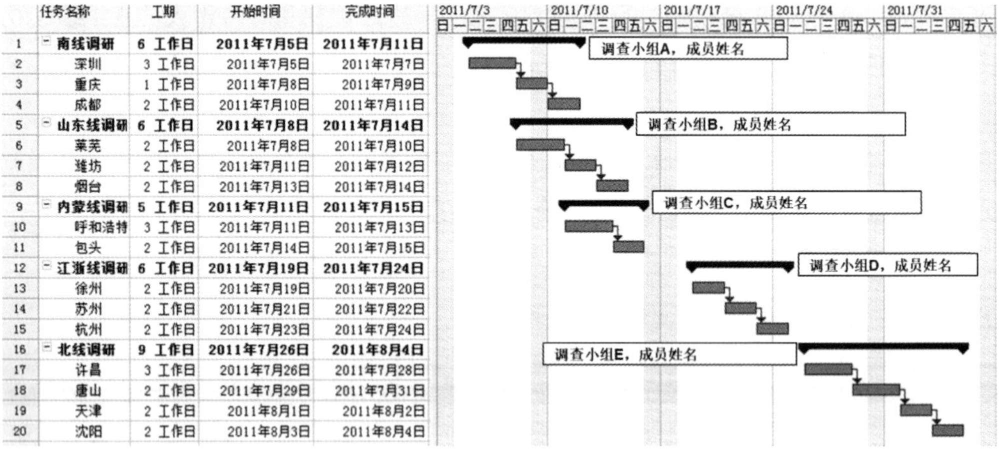

	任务名称	工期	开始时间	完成时间
1	− 南线调研	6 工作日	2011年7月5日	2011年7月11日
2	深圳	3 工作日	2011年7月5日	2011年7月7日
3	重庆	1 工作日	2011年7月8日	2011年7月9日
4	成都	2 工作日	2011年7月10日	2011年7月11日
5	− 山东线调研	6 工作日	2011年7月8日	2011年7月14日
6	莱芜	2 工作日	2011年7月8日	2011年7月10日
7	潍坊	2 工作日	2011年7月11日	2011年7月12日
8	烟台	2 工作日	2011年7月13日	2011年7月14日
9	− 内蒙线调研	5 工作日	2011年7月11日	2011年7月15日
10	呼和浩特	3 工作日	2011年7月11日	2011年7月13日
11	包头	2 工作日	2011年7月14日	2011年7月15日
12	− 江浙线调研	6 工作日	2011年7月19日	2011年7月24日
13	徐州	2 工作日	2011年7月19日	2011年7月20日
14	苏州	2 工作日	2011年7月21日	2011年7月22日
15	杭州	2 工作日	2011年7月23日	2011年7月24日
16	− 北线调研	9 工作日	2011年7月26日	2011年8月4日
17	许昌	3 工作日	2011年7月26日	2011年7月28日
18	唐山	2 工作日	2011年7月29日	2011年7月31日
19	天津	2 工作日	2011年8月1日	2011年8月2日
20	沈阳	2 工作日	2011年8月3日	2011年8月4日

图 2-9　使用甘特图对调查进程监控

资料来源：本书作者课题研究资料。

2.2.3 数据分析：一件很重要的小事

数据分析是市场调查的常见工作内容，事实上对服装企业的日常运行和工作流程而言，数据分析都是一项持续进行的活动，并且为企业决策提供了客观的参考依据。

就市场调查环节而言，数据分析在明晰营销问题和信息收集等阶段都不可或缺，数据分析的结果是对原始信息材料的深度挖掘和特征归纳，通过调查活动收集来的各类信息也必须通过正确的数据分析才能直观地表述具体营销问题，指导管理人员决策。

不同类型的信息和原始数据在分析整理的过程中，需要注意选择合适的分析方法，力求科学合理，能够有针对性地解答营销问题，同时控制和分析研究过程中存在的各类误差。不恰当的数据分析方法，会为调查活动带来极大的资源浪费，甚至导致错误的营销决策。目前用于各类信息分析和数据处理的方法和工具十分丰富，甚至通过算法设计实现智能化操作，为分析人员在技术操作层面提供了极大的辅助，但并非能够完全取而代之。因此作为数据分析人员，仍然需要保持冷静思考、细心谨慎的工作态度，避免带来企业损失、负面问题和消极影响。

> **■ 案例 2-8　定性研究中的数据分析**
>
> 通过定性或定量调查，研究人员能够获取分析问题所需的各类资料，然而资料的形式多样，数据量庞大，需要通过科学的方法进行整理方可了解存在的现象和问题，同时，为了深度挖掘数据背后所反映的潜在问题和规律，往往还需要在数据整理的过程中，通过各种数理统计或归纳演绎的方法，捕捉现象背后的本质。尤其是在定性研究的过程中，我们得到的往往是大量的文字描述或访谈资料，通过数据清洗、信息编码和关键信息提取，使复杂冗长的访谈信息成为直观的信息统计资料，便于管理人员和决策者第一时间掌握关键信息。
>
> 为了探究消费者品牌成瘾的影响因素，调查人员就某服装品牌类型消费者进行了深度访谈，通过整理访谈内容提取出关键信息并按照不同因素类型进行了汇总，如表2-2、图2-10所示。
>
> 表2-2　品牌成瘾的促进因素汇总及结论（部分）
>
> | 序号 | 促进因素 | 受访者评价 | 部分结论 | 表现人数 |
> |---|---|---|---|---|
> | 1 | 认可品牌设计 | ①有潮流元素
②最好看的 | 快时尚品牌商品的设计感、潮流感是吸引消费者喜爱品牌的重要原因 | 5 |

序号	促进因素	受访者评价	部分结论	表现人数
2	认可商品质量	① 性价比高 ② 对质量放心	在保证商品低价的同时，快时尚品牌也应注意商品质量的把控，是消费者选择服饰品牌及商品时优先考虑的因素	5
3	实体店购物氛围	① 无压迫感 ② 服务很棒	受访者认为快时尚品牌店铺内自由度高，无特定导购陪同，但又能随时找到导购咨询信息的购物氛围能让他们更放松，享受购物氛围	5
4	价格	① 价格亲民 ② 性价比高 ③ 促销季超低价	快时尚品牌消费者对价格敏感度高。如何在同类品牌中把握商品定价及促销价始终是品牌方在建立及维系消费者——品牌关系的重要关注点	5
5	舒适性	① 面料舒适 ② 穿着亲肤	商品面料质感好、舒适性高，能有效提高消费者的服饰商品满意度。因此，控制成本的同时选择优质面料与工艺能有效提升消费者满意度	4
…	…	…	…	…
12	他人认可	朋友的肯定与赞扬	获得他人的认可能帮助消费者提高对品牌及商品的好感。因此，品牌社群的建立与维护在该维度中体现出重要性	3

受篇幅限制，此处仅罗列了小部分经过整理的访谈信息，冗长的文字内容无法直接就研究结果予以呈现，需要耗费大量时间阅读且规律特征无法凸显。

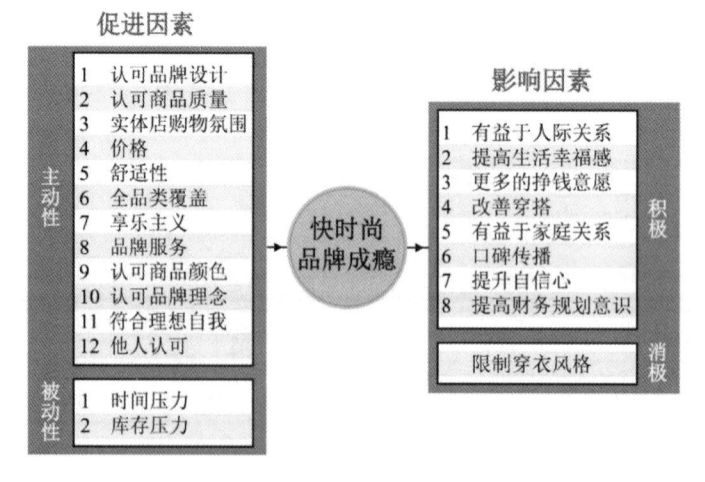

图 2-10　品牌成瘾定性研究信息编码后的关系图谱

> 随后调查人员进一步对上述信息进行信息编码、赋值与归类整理，围绕品牌成瘾的影响因素进行分析，并最终得到了以上关系图谱，简明地阐述了品牌成瘾的相关影响因素和特征归类情况（图2-10）。
>
> 资料来源：王奕禹.服饰品牌成瘾及消费者特征探究[D].东华大学，2021.12.

以上调查案例为我们从定性研究的角度说明了数据分析的重要性，本书第12章、第13章的相关知识点和案例会就调查数据分析内容进行详细的介绍。

2.2.4 总结汇报：结束是为了新的开始

解决营销问题，制定企业决策并予以实施，标志着本轮调查活动的结束。

通常在企业或品牌与调查研究机构部门合作的最后，会以调查成果汇报或调查研究报告的形式向委托方陈述调查研究的最终结论并提出相应的建议。调查报告是对调查过程中获取的信息发布的重要资料，将研究成果、营销建议、研究结论以及其他重要信息传递给决策人员，成为制定决策的依据。它一方面是调查研究团队工作的结晶，也是能够清晰完整地阐述整个调查项目的最佳载体，相较研究工具和调查方法，决策者往往更加倾向于直接根据调查报告所提供的信息做出相关判断。因此，调查报告的内容承载了与决策者有效沟通的重要责任，这不仅仅依赖于整个调查活动的科学设计和严格实施，同时报告表述的图文形式、语言文字的精炼规范、结构与逻辑的清晰等，都将在最终的研究报告中发挥重要的影响和作用。

信息技术和数据统计类图表制作工具在当今的市场调查报告中起到了很大的作用，包括各类可视化图表、文字处理软件等，大大提高了报告撰写和陈述问题的效率，在行业领域得到了广泛的应用。

调查活动即将结束的时候，也是审核与评估调查研究团队工作绩效和调查设计等工作的阶段。最初的营销问题是否得到了有效的信息和结论，营销决策是否在市场上起到了预期的效果和作用，在调查实施的过程中，对最初的计划和调查设计是否有一定的调整和修改，调查活动所产生的各类消耗与预算之间的差异等。通过对调查项目的总结，发现在调查设计、人员组织架构等方面的改进空间，或是值得持续推广的经验，在后续的营销调查活动中作为借鉴和参考。本书第14章将详细介绍有关调查报告撰写的方法、工具和注意事项。

■ **案例 2-9** 服装市场研究报告的技术和艺术

　　读图时代和数字化工具为研究报告的呈现带来了更多可能性，一方面丰富了研究成果的呈现形式，也使得阅读研究报告变得不那么枯燥乏味，甚至能够从中激发新的灵感。然而无论展现的方式如何变化，作为决策者或管理人员，关注的核心仍然是调查研究的结论。时尚产品本身就赋予了这个商业体系和产业链技术与艺术相融合的特质，因此，在与服装消费者相关的研究报告中，我们同样能够感受到理性的分析与感性的设计并存，这也是时尚市场调查的专业特征和与众不同之处（图 2-11）。

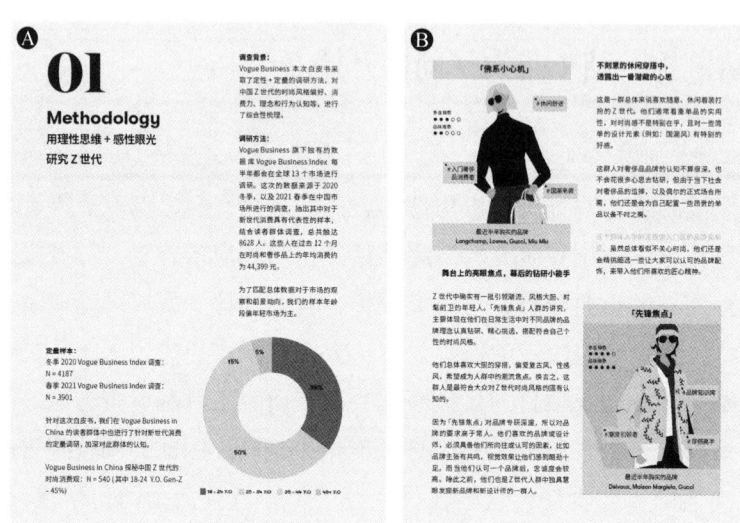

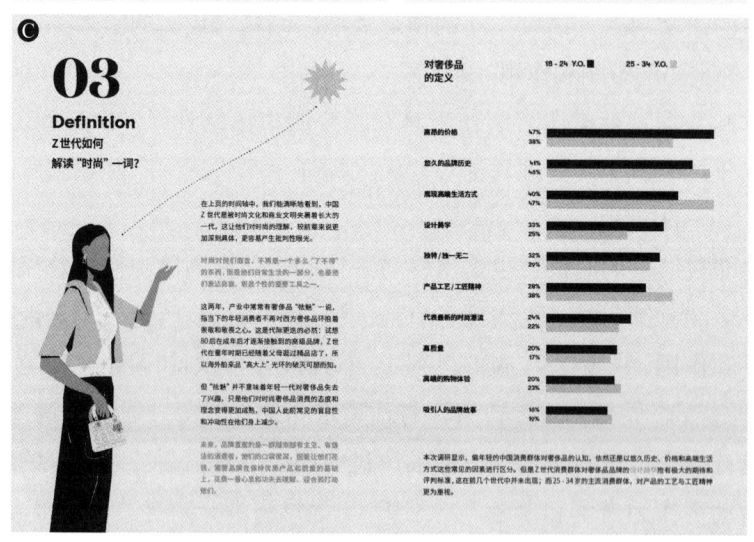

图 2-11　内容与设计并重的调查报告

资料来源：Vogue Business 中国团队. 解码中国 Z 世代的时尚消费观 [EB/OL]. 2021.

思考与练习

1. 思考和观察：服装市场调查的核心任务在行业实践领域中是如何体现的？
2. 总结：服装市场调查各个阶段分别有哪些注意事项？

参考文献

[1] 阿尔文·伯恩斯，罗纳德·布什.营销调查（第7版）[M].北京：中国人民大学出版社，2017.

[2] 菲利普·科特勒，加里·阿姆斯特朗.市场营销原理（全球版第15版）[M].北京：清华大学出版社，2019.

[3] 刘国联.服装市场调查[M].上海：东华大学出版社，2018.

[4] 杨以雄.服装市场营销[M].上海：东华大学出版社，2015.

第3章

二手数据来源

本章导读 // **内容概要、重点和难点**

市场调查是收集营销数据的行为过程。服装市场调查的方法根据来源可以分为两大类：一类是收集二手数据的调查方法，一类是收集一手数据的调查方法。收集二手数据的调查方法比较简单，本章将着重介绍二手调查数据来源，一手数据来源与收集方法多样，将在后续几章详细一一介绍。

本章重点

了解一手数据和二手数据的区别；掌握一手数据和二手数据的区别；掌握二手数据的优缺点和评价标准；掌握二手数据的收集程序和方法；了解二手数据的来源与分类。

本章难点

结合服装市场调查研究的主题，能够利用一手数据和二手数据的特点设计数据获取方法，灵活制定二手数据的收集方案。

案例 3-1　数字时代的二手数据——海澜模式的库存挑战

根据海澜之家公司的历年财报数据，2014 年度（并表第一年），海澜之家的库存余额 61.3 亿元，同比增长 35.4%，其中，代销商品库存余额 36.2 亿元，同比增长 10.4%；自有商品库存余额 20.1 亿元，同比增长 70.6%。到 2017 年度，海澜之家的库存余额 86.7 亿元，同比微降 1.9%，其中，代销商品库存余额 42.4 亿元，同比降 11.1%；自有商品库存余额 39.4 亿元，同比增长 7.9%。直至 2018 年上半年，海澜之家的库存余额高达 90.2 亿元，同比增长 3.9%。

海澜之家的百亿库存到底是如何形成的呢？

百亿库存只是最终结果，要解决如此海量的库存问题，必须要明白这批巨额库存到底是如何形成的，然后再根据具体原因去思考、寻求解决办法。

在数学层面，库存＝产品采购量－产品销售量。强调一个概念，在这个公式里，库存为 0 的情况，即产品采购量＝产品销售量，是指在一季产品销售结束时，当季产品的采购量能全部卖完，从而实现经营意义上的季节零库存，但并不是指财务上到了季末节点成为零库存，否则那么多专卖店内的铺场货品又该怎么算呢？在全年产品按 4 季 4 次开发的前提下，财务意义上的零库存，是要做到一年 4 次左右的存货周转次数，就等同于经营意义上的零库存经营了。

企业经营的最高水准，就是产品的采购量＝产品的销售量。如果采购量大于销售量（计划太盲目），或者销售量小于采购量（销售能力偏弱），都会产生库存，这两种结果都说明一家公司的经营管理有问题。

以 2018 年上半年为例，海澜之家的库存总额为 90.2 亿元（账面余额）。这个库存总额通过以下方式计算得出：将采购量（90.2 亿元的库存量加上 59.4 亿元的销售量）减去销售量（59.4 亿元），结果为 90.2 亿元，也就是说库存多出了 90.2 亿元。当然，需要注意的是，这个数据是财务意义上的。如果我们将店铺中的实际货品剥离出来看，至少也可以认为多出了近 90.2 亿元减去 72.9 亿元的一半，即 50.3 亿元的库存（这里的 90.2 亿元代表账面上的实际库存，而 72.9 亿元是半年内的销售成本，除以 2 表示半年的两个季节。这样的计算方式更准确地反映了实际的库存情况）。

为什么会产生这么多的剩余库存呢？这就涉及库存形成的底层逻辑，即如何确定一季或一年的产品采购量和销售量。我们知道，理想的结果是采购量和销售量相等，或无限接近，因为一旦出现正差就会产生库存，出现负差就会导致缺货，这都是不好的经营状况。

数学公式看起来简单，但在企业的实践运营中，情况要复杂得多。产品的采购量，也可称为计划投产量（即计划量，下同）。通常，计划量包含两部分，一部分是已有的库存量，一部分是新投入的采购量。

计划量是根据历史销售数据以及未来增长计划等因素进行计算的。在假设（历史）销售价格稳定的前提下，计划量的计算公式为销售量除以产销率。产销率则是同一周期内实际销售量与计划投产量的比例，以百分比表示。

以某季产品为例，假设实际投产量为1万件，销售量为6 000件，那么该公司的产销率为：产销率 = 6 000 / 10 000 * 100% = 60%（产销率可以用于单品、品类或总量的计算，但在计算时要确保口径的一致）。产销率的高低直接影响着采购量与销售量两个数字的关系：产销率越高，采购量与销售量越接近；产销率越低，两者之间的差距就越大。

在大多数中国服装企业中，计划量（即采购量）的实际推导逻辑通常基于历史产销率。例如，假设某公司历史的产销率为50%（加权平均），而未来的销售计划为10万件（基于历史实际销售量乘以增长率），那么为了满足10万件的销售目标，就需要采购20万件的产品（10万件除以50%）。这种计算方式导致在计划形成之初，库存就已经开始积累，因为产销率实际上隐含着库存率，这正是整个中国服装行业所面临的现实问题。

节选自：陶卫平. 品牌帝国——9个时尚品牌的经营哲学 [M]. 上海：上海交通大学出版社，2019.

3.1 二手数据与一手数据

市场调查是收集营销数据的行为过程。市场调查的方法根据数据来源可以分为两大类：一类是收集二手数据的调查方法，一类是收集一手数据的调查方法。收集二手数据的调查方法比较简单，本节将讲述这种方法。收集一手数据的调查方法比较复杂，本教材把一手数据的收集分为四种：文案调查法、询问调查法、观察法和实验法。本章3.2节及后续几章将对一手数据收集方法展开详细的介绍。

二手数据也叫现成数据，是为其他的目的而收集并可以被用于正在研究问题的数据。因为二手数据的收集既快又省，所以其在市场调查中得到广泛应用。一般而言，如果收集二手数据能够解决问题，就无须再去收集一手数据。不过，二手数据常常不适用或适用的二手数据常常不存在，因此研究者不得不去收集一手数据。

当前社会上特别关注的大数据，实际上是一种二手数据。不过，大数据与过去所说的二手数据有一个重要区别，那就是它包括大量的非结构化或半结构化的数据，也即非正式的、个性化的、难以计量的、难以直接用信息系统处理的数据。而过去所说的二手数据，主要是结构化的数据，也即正式的、非个性化的、可计量的、便于通过计算机和数据库技术处理的数据。比如，零售店的 POS（销售终端）数据，是结构化的数据；而零售店中顾客的购物行程图、长相、面部表情等则是非结构化的数据。非结构化或半结构化的数据需要经过预先处理，如清洗、分类、打标签等，才能进行分析。

3.2　二手数据与一手数据的区别

一手数据和二手数据具有各自的特征，在优、缺点上存在互补性，因此，高质量的市场调查总是需要两者结合。在实际市场调查过程中，一般总是先收集二手数据，在二手数据不足或者需要验证时，才着手一手数据的收集。

与一手数据相比，二手数据可以在更短的时间内迅速便捷地收集到，且成本相对较低。二手数据与一手数据的区别具体见表 3-1。

表 3-1　一手数据和二手数据的区别

	一手数据	二手数据
技术	使用问卷法、观测法、实验法、消费面板数据、店铺数据等原始数据收集方法	使用内部和外部数据来源，如企业数据、政府公开数据等
成本	数据收集过程费时费力，需要深入研究收集环境	数据收集过程经济、快速，因为数据是公开发布、可获得的，但研究人员必须知道哪里可以获得最可靠的数据
数据信度	信息是从原始来源收集的，因此更准确、有效和可靠	数据来源于别人的研究，在应用之前需要事先评估和验证数据的可靠性
数据性质	定量、定性数据	定量数据为主
数据与研究的匹配度	收集的数据根据研究人员的需要进行调整，是个性化的；数据是根据组织或公司的真正需求收集的	数据来源于先前的研究，可能符合也可能不符合现在研究的要求；需要对数据进行分析、过滤和验证
主要用途	相关性研究、因果研究	探索性研究、描述性研究

除此以外，二手数据还包括以下特点：

① 有助于明确调查主题。二手数据在探索性研究中起着非常重要的作用。例如，某服装品牌要调查其在顾客心目中的形象。通过收集二手数据可以发现，该服装品牌的顾客包括零售顾客和团体定制客户，如此调查主题可改为测量该服装品牌在零售顾客和团体定制客户中的形象。

② 可以提供一些解决问题的方法。管理者所面对的问题，以及下达给市场调查者的问题，很大程度上不可能是从未遇见的，很可能曾经有人研究过同样的或类似的问题。有时，二手数据能直接符合研究的主题，从而不需在当前的调查中重复类似的问题。例如，许多行业都有生产商名录，记载了生产商的地址、市场、产品名录、工厂数量、主要领导的姓名、员工数量及销售水平等信息。若一家为服装供应链企业进行咨询的公司需要有关潜在客户的地区性简介，就可以利用原材料生产商名录来编写这份简介，而无须收集一手数据。

③ 可以提供收集一手数据的备选方法。二手数据可以作为后续调查方案的参照基础。为提高一手数据收集工作的效率，市场调查者应广泛吸取提供不同收集方法的信息。例如，要为一个欲开拓网上业务的企业设计调查方案，在设计问卷之前就可以参考中国互联网络信息中心的一项研究报告——《××××年中国网络购物市场研究报告》，报告中有抽样方法的介绍，设计问卷时也可以参阅报告。这样，不仅抽样方法和问卷可以借用，而且还可以将研究结果与上述报告中的数据进行比较。

④ 提醒市场调查者注意潜在的问题和困难。除了提供方法外，二手数据还能暴露出潜在的危险。例如，某种调查方法不受欢迎、样本选择有困难或被调查者有敌对情绪等。假设，调查者计划进行一项衡量某种特定运动功能产品的满意程度的研究，通过查阅一项对行业专家的调查，发现电话调查的拒绝率很高。那么，这位调查者应将原定的电话调查改成线下店铺问卷，并对回复者给予奖励，以提高响应率。

⑤ 提供必要的背景信息以使调查报告更具说服力。二手数据能为设计调查方案提供大量的背景信息。它能够粗略地概括出潜在的顾客和非顾客、产业数据、新产品所需的特别广告、购买者在描述该产业时所使用的语言方式，以及新产品和已有产品的优缺点等。了解目标消费者使用语言的方式，有助于组织问卷的语言，使被调查者更准确、更全面地理解问卷。有时二手数据能提供对调查资料的进一步分析，或者是对当前的发现提供支持，从而丰富调查发现。较权威的二手数据还可帮助验证样本的有效性。

3.3 二手数据的优缺点和评价标准

（1）二手数据的优缺点

二手数据的优点体现在它有助于迅速解决调查人员面临的问题，节省时间、降低成本。二手数据的主要缺点是，调查者面临的问题和调查目标是独特的，而二手数据是事先收集的，两者不完全匹配。

（2）二手数据的评价标准

如果你使用的是二手数据，就需要对二手数据进行评估和筛选。在对二手数据进行评价之前，调查者首先必须弄清楚以下 6 个问题（6W）。

① 是谁收集的资料（Who）

对于这个问题，调查者可以了解三方面内容。首先弄清楚这个二手数据是从哪来的，收集者是谁，因为二手数据的来源是其正确性的关键，不同的组织所能得到的资料以及对数据质量的把握都不同。可以从以下三点着手：首先是向业内人士请教，间接地了解他们对该二手数据和数据收集机构的评价；其次是检验报告本身，胜任的公司一般都会详尽地叙述所使用资料的收集程序和方法；第三是接触该公司的委托方，判断他们对这家机构提供的报告质量满意度如何。

② 调查的目的是什么（Why）

不同的目的会影响数据的倾向性，了解二手数据最初的调查动机可以帮助我们判断数据的质量。因此，作为二手数据的收集者，最理想的情况是获取与自己的调查目标相一致的二手数据，这些数据具有更高的价值。

③ 收集的是什么数据（What）

调查主题可以通过多种途径收集到许多研究资料，例如，市场潜力、销售排行榜、经济影响、居民生活水平等方面的内容都有比较多的相关资料。二手数据的收集者必须了解所收集数据的具体内容，不能盲目地加以使用。

④ 数据是如何收集的（How）

数据的收集方法是评价二手数据质量的另一个重要标准。数据的准确性和合理性产生不同的影响，数据收集方法的缺失往往影响二手数据质量的最终评价。因此，调查者必须了解二手数据获得的方法，是邮寄问卷、电话访问，还是个人访谈等。

⑤ 资料是什么时候收集的（When）

调查时间、调查时的社会背景不同对数据资料的质量有影响。此外，数据收集的时间也会影响资料的价值，有些类型的过期数据常常是没有利用价值的。

⑥ 收集的二手数据资料和其他同类数据资料是否一致（Whether）

二手数据可能存在一些潜在的质量问题，要完全识别这些问题是不容易的，最好的办法是再收集一些同类的可以用做比较的资料，从而了解资料的一致性状况。

结合上述6个问题的基础上，调查者可进一步评价二手数据的质量，一般有以下4个准则。

① 准确性。收集到的二手数据必须准确、真实、完整，避免资料内容的虚构、歪曲或以偏概全，一般要求收集的二手数据有关于来源、形成过程等内容的相关说明。

② 时效性。二手数据可能不是当前的资料，其发表时间可能远远迟于收集时间。部分市场调查需要反映研究对象当前情况的二手数据，时间越近，越有价值。

③ 切题性。辨别二手数据最初的研究目的，把为了特殊利益关系或为了进行宣传而出版发表的资料，以及与目前调查目的不符、相冲突的调查资料都过滤掉。

④ 权威性。所收集的二手数据必须有一定的深度和实际内容，对于泛泛而谈、缺乏权威的资料应该慎用或少用。因此，调查者一般使用权威机构发布的材料。

3.4 二手数据的收集程序和方法

3.4.1 二手数据的收集程序

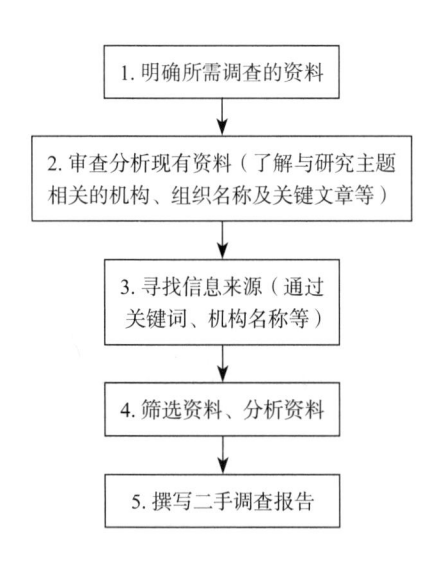

图3-1 二手数据的收集程序

1. 明确所需调查的资料
2. 审查分析现有资料（了解与研究主题相关的机构、组织名称及关键文章等）
3. 寻找信息来源（通过关键词、机构名称等）
4. 筛选资料、分析资料
5. 撰写二手调查报告

一般地，当展开服装市场调查时，我们按照图3-1的流程收集数据及资料。第一步，明确调查所需的资料。因服装行业具有其特殊性，所以我们需要了解国内外服装市场和企业的发展态势、地区纺织服装产业集群发展特征、流行趋势以及宏观产业数据等信息。第二步，审查分析现有资料。确定收集数据资料的方向后，我们仍需了解与调查主题相关的人物姓名、行业组织名称、关键文章、开放报告、公开数据来源等信息。第三步，寻找信息来源。通常我们在收集二手资料数据时会遇到一个问题，就是我们看到的数据资料往往经过多次"转手"，需抱以"求索"探究精神找寻原始二手数据的真实出处。第四步，筛选资料和分析资料。这是数据汇编整理的过程，数据资料是我们的调查报告和论文的事实论据中相当大的部分，整理、筛选、分析是此步的重中之重。第五步，撰写二手调查报告。其中论据即"数据资料"，论点即"报告主题"，论证即"摆证据链"，遵照此三点将为最终二手调查报告提供一个真实客观的服装产业的视野。

3.4.2　二手数据的收集方法

（1）文献资料筛选法

指从各类文献资料（科研报告、会议文献、论文、专刊文献、档案文献、政府政策条例文献、内部资料以及地方志等）中分析和筛选出与企业生产经营有关的信息和情报的一种方法。

（2）研究报告分析法

指调查人员平时从各种公开报告上所刊登的与企业经营和市场有关的文章、数据分析和收集情报信息的一种方法。

（3）情报联网法

指企业在全国经营范围内或国外有限地区内设立情报联络网，使情报资料收集工作的触角伸到四面八方的一种方法。

（4）国际互联网法

指调查人员通过国际互联网收集所需情报信息的一种方法。国际互联网有两个重要的信息源：一是公司、组织机构、个人创设的推销或宣传他们的产品或服务的网站；二是由对特殊主题感兴趣的人们的论坛。

（5）广告收集法

指通过收集其他厂商免费赠送产品目录、说明书等资料获得"文案"资料的方法，企业还可以根据自己需要的内容通过书信索取、询问、现场搜集、接受赠阅等获得这些资料。

3.5　二手数据的来源与分类

根据服装市场调查二手数据的收集渠道形式，将二手数据分为企业内部数据和企业外部数据（图3-2）。

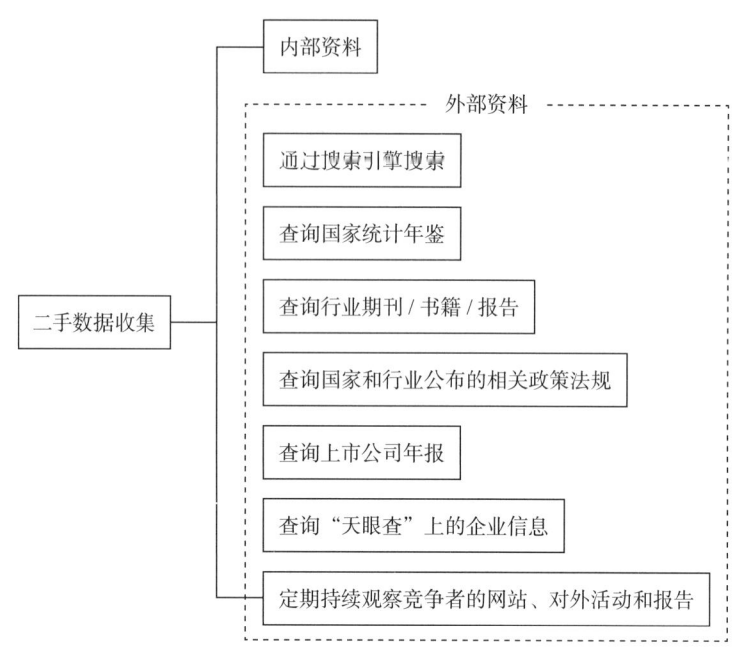

```
二手数据收集 ─┬─ 内部资料
              │
              └─ 外部资料 ────────────────────────────────
                 ┌──────────────────────────────────┐
                 │ 通过搜索引擎搜索                  │
                 │ 查询国家统计年鉴                  │
                 │ 查询行业期刊/书籍/报告            │
                 │ 查询国家和行业公布的相关政策法规  │
                 │ 查询上市公司年报                  │
                 │ 查询"天眼查"上的企业信息          │
                 │ 定期持续观察竞争者的网站、对外活动和报告 │
                 └──────────────────────────────────┘
```

图3-2 二手数据的来源与分类

3.5.1 企业内部数据来源

企业内部数据是指企业内部各种与生产和销售有关的数据记录。包括凭证（如发票、订货单、提货单等）、财务成本资料、统计资料、工作报告、用户来往信函、电函以及购销合同、企业推销员或采购员甚至质量检验员的信息资料等。解决服装企业市场营销问题时，往往先从企业内部数据分析着手。例如，服装企业准备下一季度向市场推出服装新品种时，先要对企业内部现有服装产品的销售额、品种、色彩、款式、成本、价格以及批发商、零售商和顾客的信息反馈等各种数据进行整理分析，以便决定投产、销售何种服装品种和产品组合最能受到顾客欢迎并使企业获得最佳经济效益。

3.5.2 企业外部数据来源

（1）通过搜索引擎进行信息搜索

例如，2022年10月份，我们想了解近几年男装行业市场的发展前景以及未来趋势，在搜索引擎中输入主题词"男装行业"，进而搜索引擎智能联想到"中国男装行业产销需求与预测分析报告前瞻"，查看前瞻产业研究院《中国男装行业产销需求与投资预测分析报告》，其中男装市场规模及预测、线上线下销售比例、消费群体等信息，让我们对男装市场有了一个初步认识。

(2) 查询国家统计年鉴

政府机关公布的有关政策、方针、法律、指标数据。

(3) 查询行业书刊

服装中外文期刊、报纸、文献，如研究类中文期刊《纺织学报》《丝绸》《北京服装学院学报》(自科版)、《毛纺科技》《东华大学学报》(自科版)等。

(4) 查询行业专项报告

行业专项报告一般是由校企合作项目、研究院所、咨询公司等机构出具，其优势是团队庞大、数据有深度、更新快等，常用的收集数据渠道是：阿里研究院、腾讯研究院、CBNdata、WWD等。

(5) 查询上市公司财报

比较常用的是CSMAR和WIND两个查询上市公司财报数据端口。WIND针对金融业的投资机构、研究机构、学术机构、监管部门机构等不同类型客户的需求，WIND资讯开发了一系列围绕信息检索、数据提取与分析、投资组合管理应用等领域的专业分析软件与应用工具。通过这些终端工具，用户可以从WIND资讯获取到及时、准确、完整的财经数据、信息和分析结果。

(6) 查询"天眼查"上的企业信息

天眼查是商业查询平台，可以查询企业上市信息、企业背景、企业发展、司法风险、经营风险、经营状况、知识产权等300多种数据维度。

(7) 查询国家和行业公布的相关政策

例如，自2015年起，国家出台了一系列政策鼓励和规范服装行业有序、健康发展。"十四五"时期，服装行业政策规划频发，进一步完善了中国服装行业政策体系，保障了行业的稳定发展和持续动力（表3-2）。

表3-2　2021—2035年中国服装行业发展目标

政策	时间	目标
《中华人民共和国国民经济和社会发展第十四个五年规划和2035年远景目标纲要》	"十四五"时期	开展中国品牌行动，保护发展中华老字号，提升自主品牌影响力和竞争力，率先在服装等消费品领域培育一批高端品牌
		行业增长目标。"十四五"期间，规模以上服装企业工业增加值保持稳定增长，服装出口占全球市场份额保持基本稳定，服装行业增长方式加速从规模速度型向质量效益型转变

续表

政策	时间	目标
《中国服装行业"十四五"发展指导意见和2035年远景目标》	"十四五"时期	品牌发展目标。"十四五"期间，服装产品质量不断提高，品牌文化内涵和影响力持续提升，品牌培育管理体系进一步完善，打造一批市场认可度高、美誉度好的知名品牌，重点培育3~5个具有全球时尚话语权的国际品牌，培育千亿级以上品牌价值产业集群
		可持续发展目标。"十四五"期间，围绕产品生命周期，形成绿色设计、绿色生产、绿色营销、绿色消费的可持续发展生态，重点形成服装产业绿色制造体系，突破一批废旧服装回收利用关键共性技术，提升服装纤维循环利用水平
		科技创新目标。"十四五"末，服装行业规模以上企业研究与试验发展（R&D）经费投入强度达到1%，每万人有效发明专利拥有量达到25件，各大品类智能生产线建设不少于10条
	2035年	在我国基本实现社会主义现代化国家时，我国服装行业要成为世界服装科技的主要驱动者、全球时尚的重要引领者、可持续发展的有力推进者。关键核心技术特别是数字化、网络化、智能化发展取得颠覆式突破，我国服装科技创新水平位列世界一流行列。构筑世界时尚话语权新高地，形成一批具有全球影响力、引领力和竞争力的知名品牌和产业集群，把中国服装行业建设成对全球有创造、有贡献、有推动的时尚强国。服装行业社会责任深度推进，可持续时尚发展体系初步建成

（8）定期阅览行业竞争者的网站和店面等

行业竞争者的动态。例如，某调查团队想了解国外知名运动服装品牌在可持续方面做过哪些推广和行业内各大品牌市场占比份额，可以从"竞争者"视角去关注：竞争对手发布了什么新产品、竞争对手有什么新的营销活动、哪些媒体对竞争对手进行了报道、竞争对手有哪些负面信息等。

有关行业竞争者公开发表的资料。包括：中外文期刊、报纸、文献和研究报告等；政府机关公布的有关政策、方针与法令、指标、图表数据等；市场研究机构、咨询机构、广告公司等单位发行的商业性刊物；相关行业和系统如服饰协会、香港贸易发展局等发行的市场动态、行情信息或产品目录等；其他企业单位寄送的产品样本、说明书和宣传资料，因特网信息等。

思考与练习

1. 一手数据和二手数据有哪些区别?
2. 二手数据可从哪些渠道获取?

参考文献

[1] 前瞻产业研究院. 2021年中国男装行业市场现状及发展前景分析 两大因素驱动男装市场规模高速增长[EB/OL]. https://bg.qianzhan.com/trends/detail/506/220516-55031f37.html.

第 4 章

选择调查对象：抽样设计与过程

本章导读　内容概要、重点和难点

抽样是市场调查中使用频率最高的一种调查方式。它是按照某种原则和程序，从总体中抽取一部分单位，通过对这部分单位进行调查所得到的信息，达到对总体情况的了解，或者对总体的有关参数进行估计。

本章重点

抽样调查分为随机抽样和非随机抽样，两者各有优缺点；抽样调查方案设计的内容包括调查总体、建立抽样框、决定抽取样本的方法、确定样本容量、做出抽样计划。

本章难点

随机抽样技术主要有简单随机抽样、系统抽样、分层抽样、整群抽样；非随机抽样主要有便利抽样、判断抽样、配额抽样、滚雪球抽样；确定样本容量时要考虑误差的大小和调查费用的安排，要在两者之间找到一种平衡；抽样误差的大小主要取决于调查总体各单位之间的差异程度、样本容量和抽样方式。

案例 4-1　品牌价值和品牌实力分析——来自抽样调查的证据

不断变化的消费者需求和行业压力正在改变服装行业的现状，英国品牌金融咨询公司 Brand Finance 每年都会针对全球 36 个国家 29 个行业的 5 000 个最有影响力的品牌发布调查报告——通过量化手段和计算工具，给出当年品牌价值增长最快、估值较高的各个产业品牌。

在服装市场的品牌价值方面，根据 Brand Finance 的数据显示，服装行业前 50 名品牌中，奢侈品服装品牌的总品牌价值今年增长了 21%（从 1 030 亿美元增长到 1 250 亿美元），运动服装品牌今年增长了 10%（从 680 亿美元增加到 740 亿美元），而快时尚品牌则下降了 7%（从 440 亿美元下降到 410 亿美元）。

每个品牌的实力会影响购买消费，消费者对品牌实力的认同主要取决于自我的感知。由此，该机构发起了一项品牌实力指数的定量抽样调查研究，涉及超过 10 万名消费者问卷调查，覆盖 25 个行业和 37 个国家的 4 000 多个品牌。该指数借鉴了平衡计分卡[1]原理，具体数据从市场营销投资指数（营销人员为创建品牌忠诚度而部署的广泛认可的因素）、利益相关者股本指数（不同利益相关群体对品牌的认知）、业务绩效（量化市场的财务指标）方面研究得出。针对服装奢侈品行业结构特点和品牌的特色性，服装行业的品牌实力指数从品牌投入、品牌资产和品牌绩效进行了测算，同时测度时也考虑了服装品牌的排他性、口碑推荐和价格溢价的现实商业问题。

该调查报告一定意义上挖掘了"品牌"中的隐藏价值，因为品牌是每家公司最重要的无形有价资产之一。同时，该报告也为服装企业了解品牌、评价品牌以及利用品牌信息带来更多利益。

资料来源：Brand Finance，品牌价值——2022 年最具价值和实力的服装品牌年度 50 强报告（英），2022.

---

[1] 平衡计分卡（Balanced Score Card，BSC），是常见的绩效考核方式之一，平衡计分卡是从财务、客户、内部运营、学习与成长四个角度，将组织的战略落实为可操作的衡量指标和目标值的一种新型绩效管理体系。

4.1 抽样调查概述

在服装市场调查中，受到人力、经费、时间或其他因素的影响，通常我们无法对全部调查对象进行逐一调查，因此较多采用抽样调查的方法。例如某品牌想要了解某一产品的流行趋势，需要对18～25岁的女性展开调查，但由于调查条件的制约，无法对所有满足年龄条件的女性调查，因此研究确定随机抽取500名进行调查，这种调查方法就是抽样调查。

4.1.1 抽样调查相关概念

抽样调查：抽样调查是从全部调查研究对象中，抽选一部分单位进行调查，并运用概率统计方法，从样本数据推算总体相应的特征。

总体与样本：总体是指所要研究对象的全体，它由研究对象中所有性质相同的个体组成。样本是总体的一部分，是按照一定程序或方法从总体中随机抽取的部分个体。例如上述案例中，18～25岁的女性就是总体，随机抽取的500名就是样本。

抽样目的：抽样调查的目的在于通过分析随机抽取的样本从而推断出总体的情况。

抽样框：抽样框是样本总体的具体表现，通常，抽样框是一份包含所有样本单位的名单，给每一个样本编上一个号码，就可以按一定的随机化程序进行抽样。

抽样误差：抽样误差也称为抽样方差，是由于抽取样本的随机性造成的样本值与总体值之间的差异，使得通过调查得出的对总体的某一特征的推断与总体实际特征之间存在差距。

置信区间：置信区间是指可能包含实际的总体平均数的区域（处于上限和下限之间区域的数），即总体平均数的可能范围，从这个范围就可能找到样本的平均数。

4.1.2 抽样调查特点

抽样调查的特点可以概括为以下几点：

① 经济性好。抽样调查能节约调查的人力、物力和财力，从而大大降低调查的费用。特别是当调查总体较大时，抽样调查的单元只占其总体的一小部分，因而节约费用的特点表现得尤为突出。

② 时效性强。有些调查具有很强的时效性，要求在较短的时间内完成并提供调查

数据。与全面调查相比，抽样调查所调查的单元少，数据采集和汇总整理的工作量较小，因而可以更快地提供调查结果。因此对于时效性要求比较强的调查，通常采用抽样调查的方法。

③ 适应面广。对有些事物或客观现象，需要通过调查掌握其数据，但又不能进行全面调查，必须采用抽样调查，如居民的家庭收支状况、电视节目的收视率。观察或测试具有破坏性的事物，如显像管的寿命、种子的发芽率等，这些项目的调查只能采用抽样的方法。

④ 准确性高。虽然抽样调查只调查总体中的一小部分，用部分的调查结果推断总体，存在着抽样误差，但这只是问题的一个方面。抽样调查节约费用、时效性强，在某些情况下，还会得到比全面调查更准确的结果（这是因为一项调查的误差来自多个方面，全面调查由于参与的人员多、涉及范围大，因此虽然没有抽样误差，但在数据采集和数据汇总整理过程中却有产生其他误差的更大可能性）。所以，调查规模并不是越大越好。与全面调查相比，抽样调查的工作量小，这就为使用素质较高的工作人员并对他们进行深入的培训创造了条件。此外，可以对调查过程实施更为细致的监督、检查和指导，使抽样调查所得到的数据质量比同样的全面调查数据质量更高，调查的总误差更小。

4.1.3 抽样调查适用范围

一般情况下，抽样调查主要有以下适用范围：

① 有些事物在测量或试验时有破坏性，不可能进行全面调查。如，服装厂在进行拉力测试等对服装具有破坏性的质量检验时，不可能将所有的服装都一一进行检查。

② 总体范围大、单位数目多，实行全面调查非常困难。如我国18~25岁的女性总数庞大，分布又广，难以对他们的服装消费行为进行全面调查。

③ 当被调查总体中的单元无限多时，事实上不可能进行全面调查。如统计服装厂生产时的污水排放量、污染气体排放量等。

4.2 抽样调查的方案设计

通常，抽样调查方案设计的流程如图4-1所示。从界定调查课题到获得调查结论，这些步骤之间有着紧密的联系，且涉及调查计划的所有问题。下面我们对下述抽样调查流程进行详细说明。

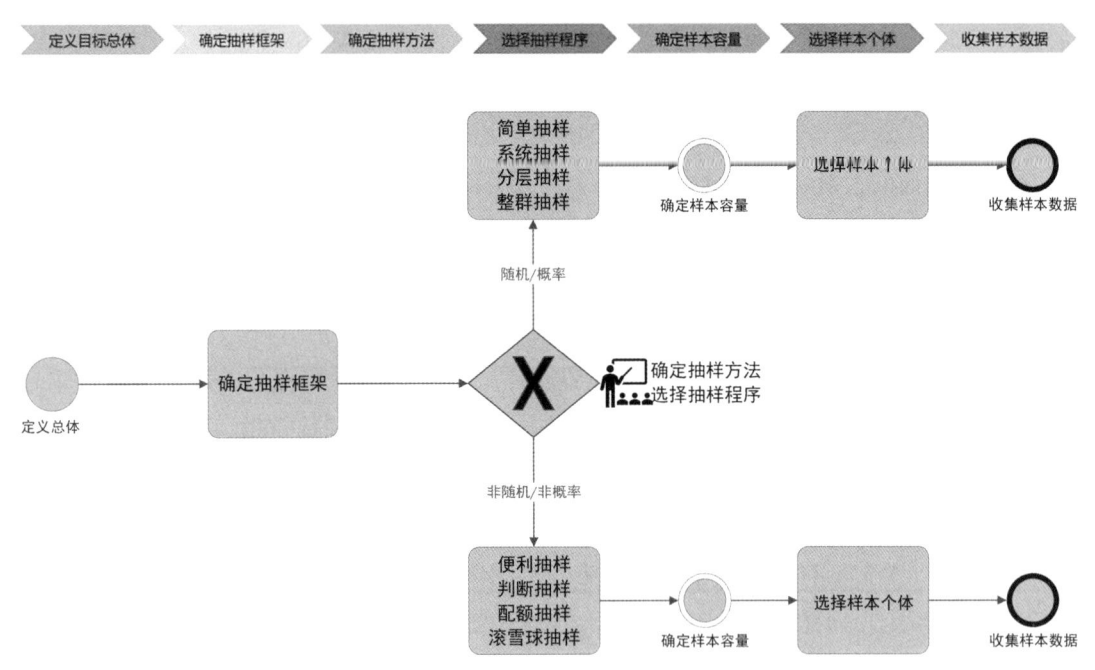

图 4-1 抽样调查的流程

（1）定义目标总体

明确调查的全部对象及其范围是抽样调查的前提和基础。目标总体是指抽样设计者根据调查目的界定的调查对象的集合体。目标总体的界定就是明确在实施抽样时哪些对象应包括在内，哪些对象不应包括在内。调查目的和范围对定义目标总体具有关键作用。回答描述总体关键特征的问题，是确定目标总体的常用方法。例如，在对某服装品牌消费者意见的调查中，调查对象是女性消费者，并细化到"18岁以上、30岁以下的女性消费者"。这样调查时什么人属于调查对象，什么人不属于调查对象就比较容易判断了。抽样调查虽然只对总体中的一部分单位进行调查研究，但它的最终目的是从这部分样本单位所体现的特征来推断其所属总体的特征，以发现总体的特征及规律。

然而，调查总体的确定，并不像想象中的那么容易。比如，要了解购物中心顾客的惠顾与购买行为，该如何确定调查总体呢？实际上，要准确地界定一个总体，必须包括四个要素，即抽样单位、抽样元素、抽样范围和抽样时间。

抽样单位：总体中个体类型，个人、家庭还是企业单位或其他什么类型；

抽样元素：个体的特征，包括人口统计特征、行为甚至心理特征等；

抽样范围：个体的地理位置，即区域范围；

抽样时间：调查的标准时点或时期。

■ **案例 4-2** 关于服装企业抽样调查的概念举例

在某服装企业关于其下某品牌购买量的调查中，调查总体可以定义为：在中国境内，过去三年中所有采购定制过该品牌服装的事业单位、企业单位和零售群体。其中，总体的定义包含这四个要素：

- 抽样元素/抽样单位：所有采购定制过该服装的事业单位、企业单位和零售群体；
- 抽样范围：中国境内；
- 抽样时间：过去三年中。

再如，在该企业关于某种类型服装价格的调查中，调查总体可以定义为：2022年9月1日到30日，上海市各大商场中某服装品类每一种竞争品牌的价格。在这个例子中，总体的定义包含的四个要素如下：

- 抽样元素：该服装品类每一种竞争品牌的价格；
- 抽样单位：大商场；
- 抽样范围：上海市；
- 抽样时间：2022年9月1日到30日。

正确地界定总体是抽样程序的第一步，也是重要的一步，它关系到所得信息是否可靠和信息量大小的问题。缺少这四个元素中的任何一个，抽样的总体界定就不清楚了。比如上面国内社会集团服装购买量的例子中，如果把总体定义为"在中国境内，过去三年所有购买过该服装的"，就变成了不完整的调查总体了。

（2）确定抽样框架

确定抽样框架就是要求我们依据已经明确界定的总体范围，收集总体中全部抽样单位的名单，并对名单进行统一编号（个体编号），建立供抽样使用的抽样框，其目的是为了准确、方便地抽样。抽样框就是用于抽样的被调查对象的详细名单，在没有现成名单的情况下，可由调查人员自己编制。个体编号就是对调查总体中的每个个体进行编号。若调查的范围过大，总体中的个体单位过多，则编号的工作量也会加重，所以应尽量缩小调查范围，简化编号工作。但倘若调查总体很大且无法压缩，则可以结合使用随机抽样中的分层和分群抽样方法，减少编号的工作量，也可以采用非随机抽样方法，来减少编号环节。

通常，总体和抽样框不一定完全一致，有时这种不一致性可以忽略不计，但大多数情况下，调查人员必须处理抽样框误差。

（3）确定抽样方法

这一步骤的主要任务是要先明确抽样技术是选择随机抽样还是非随机抽样，然后再确定具体的抽样方法。在选择具体抽样方法时，需要根据调查任务、调查对象、精度要求、操作可实施性、非抽样误差的控制、经费预算等因素综合考虑决定。

最基本的抽样方法分为随机抽样和非随机抽样两种。非随机抽样是依据调查人员的主观判断，即由调查人员决定哪些个体包括在样本中，所以每个个体被抽中的概率是未知的，同时这也使得其抽样误差无法估计。虽然非随机抽样不能推断总体和计算抽样误差，但在实际调查中仍常被使用，如包装测试、概念测试、名称测试及广告测试等，研究主要集中于样本给出各种不同应答的比例。随机抽样的抽样单位是按照已知概率随机抽取的，故抽样误差可以运用统计方法来估计。因此随机抽样适用于需要对总体给出很准确的估计的情况，例如估计市场占有率、整个市场的销售量、某区域的电视收视率、全国性的市场跟踪研究，以及用户的心理特征和人口分布的研究等。

（4）选择抽样程序

根据选定的抽样方法，选择合适的抽样程序，具体的抽样步骤见本书4.3.2及4.4.2节。

（5）确定样本容量

样本容量的大小影响的不仅有检测结果的精度，还影响检验实施过程所耗费的人力物力，因此抽样调查前确认样本容量十分重要，目前，有三种较为常见的方法。

经验法：一般情况下，为了保证抽样结果的可靠性，样本至少应该是总体的5%；

成本法：根据调查的预算反向推算最大能接受的样本容量，但此方法无法保证调查的精度，因此一般在对精度没有要求的情况下使用；

置信区间法：通过确定需满足的置信水平（一般情况下为95%），以及满足最大允许误差的大小，来确定所需的最小的样本个数。这个方法在具有较高估计精度要求及调查费用预算明确的市场调查中使用。本书4.5.3及4.5.4节将会详细介绍这种方法及其应用。

（6）选择样本个体

当确定了样本容量后，就需要按照事先制定好的抽样步骤选择样本个体。这是抽样调查的具体实施过程，也是所需工作量最大的一步。选择样本个体时最基本的原则就是遵循事先决定好的抽样方式与具体步骤，尽量做到准确无误，将抽样误差降到最低。当选择随机抽样的方法时，只需做到严谨无误即可；而采用非随机抽样的方法时，此时会受到主观因素的影响，应做到考虑周全，减少个人主观的偏向性。

（7）收集样本数据

选择好样本个体后，就需要对选择的所有样本个体进行数据收集与归纳，这是整个抽样调查流程的最后一步。这一步是对之前一系列抽样调查工作的总结，如果经过归纳后出现有问题的样本个体，还可以回到上一步重新选择样本个体，做到查缺补漏的效果。

其次，对目标样本的数据进行收集与归纳也是为接下来的数据分析工作起到了很好的铺垫作用。

4.3 抽样调查过程——随机抽样技术

4.3.1 概率抽样概念

概率抽样也称随机抽样，是指在调查总体样本中的每一个个体都具有同等被抽中的可能性。概率抽样以概率理论和随机原则为依据来抽取样本，使总体中的每一个个体都有一个事先已知的非零的被抽中的概率，排除了人的主观因素的影响，使样本更具客观代表性。同时，这种已知的非零概率有助于用统计分析来判断抽样误差。概率抽样中依据调查对象的性质和研究目的的不同，又可以分为简单随机抽样、系统随机抽样、分层随机抽样、整群随机抽样。

4.3.2 概率抽样方法

（1）简单随机抽样

简单随机抽样又称为纯随机抽样或完全随机抽样，它是按照随机原则，从调查总体中不加任何分组、划类、排序等先行工作，直接抽取调查样本，如图4-2。这种方法的特点是调查总体中的每个样本被抽中的概率相等，完全排除了抽样中主观因素的干扰；缺点是没有充分利用总体所提供的信息，而且当总体单位很多时，对所有单位进行编号是很困难的。简单随机抽样适用于总体单位数较少、总体单位标志变异度较小的情况。

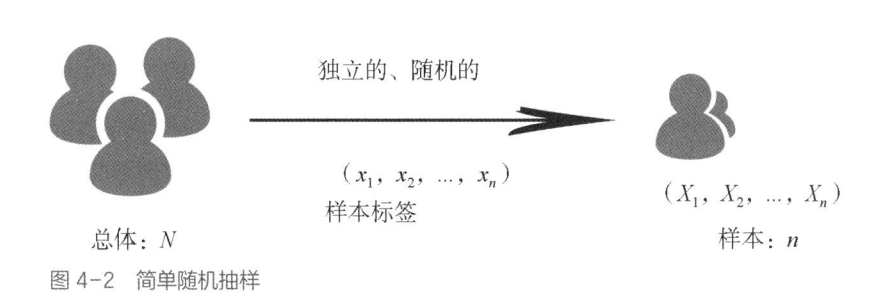

图 4-2 简单随机抽样

在简单随机抽样条件下，抽样概率公式为：

$$抽样概率 = 样本单位数 / 总体单位数$$

例如，如果总体单位数为100，样本单位数为4，那么抽样概率为4%。

简单随机抽样的优点在于简单易懂，并且满足概率抽样的一切必要的要求，保证每个总体单位在抽选时都有相等的被抽中的机会。简单随机抽样是最基本、最符合随机原则、使用范围最广的方法。但是，简单随机抽样也会遇到"样本可能分布不均匀"以及"没有好的抽样框"等问题。

在市场调查活动中最常使用的简单随机抽样技术是抽签法和随机数字表法。

1）抽签法

抽签时先将总体中的每个个体单位编上序号，以确定一个抽样框，再把抽样框中的每个编号做成号码标签，将标签充分混合均匀后，每次随机抽取一个，签上的号码对应样本中的个体单位。可以选用质（重量、颜色、大小、外观、表面平整度、触感、材质）皆相同的圆球、竹签、吸管或卡片做标签，将其依次编号标记，尽可能混合，使其编号没有任何顺序存在。依据抽样设计随机选出 n 个标签，根据选出的标签的编号，找出相同编号的基本单位，这 n 个标签对应的基本单位，即为简单随机抽样的样本。

在具体实施过程中，抽中的单位可以是放回的（重复抽样），也可以是不放回的（不重复抽样）。重复抽样允许一个单位被抽中的次数多于一次，不重复抽样则意味着一个单位被抽中后，就不能被再次抽中。一般情况下，不重复抽样得到的结果更精确，实际操作也方便。抽签法简便易行，当总体的个数不多时，适合采用这种方法，如案例4-3。

■ 案例4-3 简单随机抽样——抽签法

某企业为了调查某批服装产品的生产质量情况，拟从总数为2 600件的服装成品中抽选一个500件服装成品组成的简单随机样本进行质量检验。我们可以分三步进行。

第一步，将该批服装成衣进行编码，编号依次为0001~2600，从而形成一个抽样框。

第二步，对于这样一个 $N=2\ 600$ 的总体，采取简单随机抽样方式抽选出 $n=500$ 件的简单随机样本。

第三步，采取抽签的方式抽样。准备2 600张卡片，写上所有服装的抽样框编号，将这些卡片充分搅拌均匀，然后在排除任何主观因素的条件下取出500张卡片，以卡片上号码所代表的500件服装作为样本，这就是一个随机的抽样过程，所选方法简单，但这种方法当总体个数很多时不适用。此外，这种方法的等概率性在较大程度上依赖于个体（卡片）是否搅拌均匀，假如一堆卡片没有充分搅拌均匀，就会造成随机性较差的结果。

2)随机数字表法

随机数字表法也称乱数表法,是先把总体各单位编号,根据编号的最大数,即总体单位数,来确定使用随机数表中若干行或若干列数字,然后从任意行或任意列的第一个数字起,可以向任意方向数,遇到属于总体单位编号范围内的号码就选为样本单位,直到抽够预定的样本单位数为止。

随机数表是由摇码机或电子计算机自动生成的,表内每组数码是由0~9十个自然数随机排列组成的,两位数、三位数、四位数都很常见。运用随机数表进行简单随机抽样时,先由总体单位总数决定需要使用的随机数表位数。例如,N=12 000,所需要的随机数表位数即为5位;N=1 556,所需要的随机数表位数即为4位。

利用随机数表可以方便地进行简单随机抽样。例如,拟在900人中抽取20个样本时,首先将总体单位按1~900编号,最大编号为900,是三位数,故所需要的随机数表位数是3位,然后从其中任何一个数字开始从左到右(或从右到左)、从上到下(或从下到上)连续(或间隔相同位数)进行抽样。假设从第12行第1个位数开始,从左到右,每三个数一组编码,并且将超过900的编码舍去,所保留的20个样本编号则为抽取的样本。

简单随机抽样方法简单直观,是其他随机抽样方法的基础,从理论上说它是最符合随机原则的,而且抽样误差的计算比较简明。但是这种方法在实践中的运用具有一定的局限性。第一,当调查样本数量过多时,给每个个体编号,去构造一个可供抽取样本的抽样框非常困难,实施起来也很麻烦,既费时又费力。第二,这种抽样方法忽略了总体已有的信息,降低了样本的代表性。例如,在许多调查总体中,男女的性别比例是确定的,如1:1,采用简单随机抽样进行抽样,抽出来的男女性别比例可能与总体的真实比例相差很大。所以在市场总体较小、总体内某项特征差异比较大的情况下,不能直接使用简单随机抽样抽取样本。

(2)系统抽样

系统抽样又称等距抽样或机械抽样,同简单随机抽样一样,使用系统抽样必须获得一个总体的目录。首先把总体按照一定的顺序排列起来,然后按照一定的间隔抽取样本,如图4-3。其具体的操作流程如下。

第一步,将总体单位随机排列,并进行编号。需要注意的是,给定的号码没有任何实际意义,仅仅是一种符号。

第二步,计算抽样距离k。用总体单位数目(N)除以样本单位数目(n),$k=N/n$。

第三步,随机确定抽样起点,即第一个样本。确定抽样起点的方法有两种:①从总体中用简单随机抽样方法抽出一个编号j;②根据确定的抽样距离把总体分成n段,在第一段(编号为1-k)中,用简单随机抽样方法抽取一个号码,假设为r,r是等距抽样的起点。

抽样距离k

图 4-3 系统抽样

第四步，按抽样距离抽取所有样本。在确定了第一个样本之后，每隔一个抽样距离 k 抽取一个样本，直到抽出全部的样本单位为止。

需要注意的是，抽样距离 k 若不是整数时，应取为整数，可以用最接近的整数来表示抽样距离。

例如，为了解大学生对某服装品牌的好感度，从某校110名学生中用系统抽样的方法抽取10个学生进行消费者调查。先将这些学生进行编号，然后计算抽样距离，则抽样间隔 $k=110/10=11$，那么先在001~011之间按简单随机抽样抽取一个数，假设是006，即第一个样本单元，然后每隔11取一个数字，那么抽到的样本编号依次是006、017、028、039、050、061、072、083、094、105，而这些样本编号所对应的学生就组成了此次调查的样本。

总体单位的排列顺序可以用与调查项目无关的标志为依据，即按无关标志排队例如姓氏笔画、地理位置等，按无关标志排序时系统抽样相当于简单随机抽样；也可以与调查项目直接或间接相关的标志为依据，即按有关标志排序，如在职工家庭收入调查中，先按总收入或平均工资由低到高排队，然后再抽取调查样本单位。按有关标志进行排序时，系统抽样相当于分层抽样。

系统抽样与简单随机抽样相比，可使被选单位比较均匀地分布在总体中，尤其当被研究对象标志值的变异程度较大，而在实际工作中又不可能抽选更多的样本单位时，这种方法更为有效。此外，系统抽样相对于简单随机抽样的另一个优势就是经济性，系统抽样比简单随机抽样更为简单，所花时间与费用也更少。因此，系统抽样是市场调查中应用最广的一种抽样方法。

但系统抽样也有一定的局限性，具体表现为：

① 运用系统抽样的前提是要有全体及总体的每个单位的有关资料，特别是按有关标志排队时，往往要有较为详细具体的资料，这是一项复杂细致的工作。

② 当抽选间隔和被调查对象本身的节奏性相重合时，就会影响调查的精度。如对某商场每周的商品销售量进行抽样调查，若抽取的第一个样本是周末，抽样间隔是7天，那么抽取的样本单位均为周末。而往往在周末商品销售量最大，这样就会发生系统性偏

误，从而影响系统抽样的代表性。

（3）分层抽样

又称分类抽样、类型抽样、类别抽样，是将总体所有单位按照某些重要特征或标志（如年龄、职业、地区等）进行分类（层），然后在各类（层）中采取简单随机抽样或其他抽样方式抽取样本单位，这些样本单位合起来构成总体的样本，如图4-4。分层抽样有两种：等比例类型抽样与不等比例类型抽样。等比例分层抽样是把总体分类后，在每种类型中抽取样本单位比例相同；不等比例分层抽样是把总体分类后，在每种类型中抽取样本单位比例不同。

分层抽样充分地利用了对总体的已有认知，尽可能地将同一类型的单位归为一类（层），因此类（层）内差异小，具有同质性；类（层）间差异大，具有异质性。这样从每层中抽取部分样本组成的样本整体就具有很好的代表性，因此抽样精度高于简单随机抽样。另一方面，分层抽样将类（层）看作子总体进行抽样、层指标估计、误差计算，并通过加权方式构成总体指标的估计量及其误差，各层的估计量和误差受到权数的控制协调，克服了由于各层抽样的个数不协调造成的偏差，也大大地提高了调查的精度。有时事先对总体一无所知，当在调查中发现样本属于不同类型时，可将样本进行事后分层估计，即根据调查所得的信息对样本进行重新分类，再按照分层抽样的步骤进行。

分层抽样便于组织管理，在对总体参数的估计中，对各层的参数也进行了相应的估计，所以对各层的数据分别有调查要求的调查，分层抽样是一个理想的调查方法。由于各层之间有较大的差异，所以对不同的层，可能有差异较大的方差，有不同的调查费用和不同的调查精度，分层抽样是将其各层看作彼此独立的子总体进行。

分层抽样的具体操作步骤如下：

第一步，通过一定的方法或者标准（一般为人口统计信息，也可根据具体研究内容制定分类标准）对总体进行分层，每层样本构成一个子总体；

第二步，独立地在各层进行简单随机抽样；

第三步，根据抽样结果估计子总体参数，然后对所有子总体参数的估计值进行加权，最终得到总体的参数估计值。

分层抽样适用于总体内部有不同类型单位集团的总体，便于了解总体内不同类别（层次）的情况或对其进行单独研究；有时为了管理和实施上的方便，也会采用分层抽样。分层检验是应用上最为普遍的抽样技术之一，在服装领域也不例外，例如：某大型服装公司对其员工的工作满意度进行调查，由于公司员工数量众多，将按照不同工作部门进行分层，如设计部、采购部、财务部等；然后根据确定的样本容量和一定的比例在各个部门（层）中抽取样本，所有部门抽出的样本构成了总体样本，最后对其进行详细的调查。此示例中，分层抽样的调查方式不仅节省了人力、财力、物力，而且调查者可

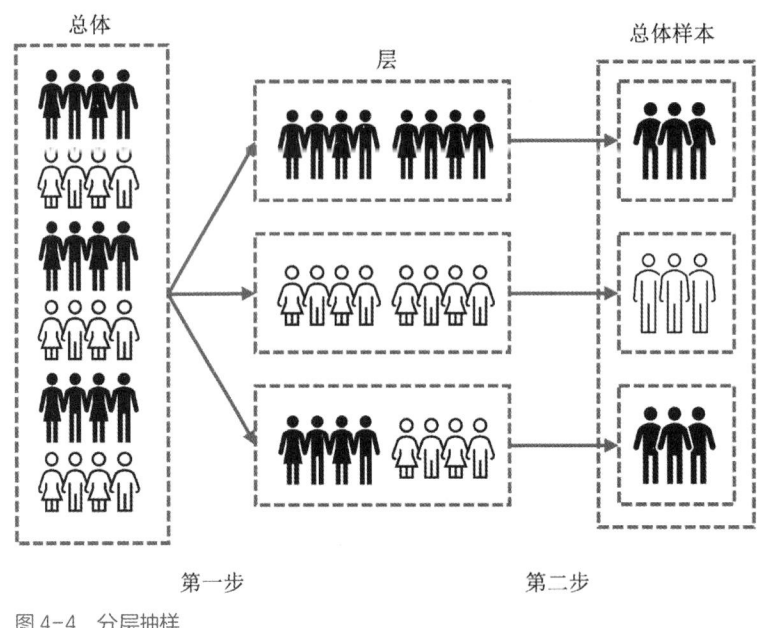

图 4-4　分层抽样

以掌握各个部门的满意度情况，便于进一步的研究。

（4）整群抽样

又称聚类抽样，将总体划分为许多不相重合的子群体，每一个子群为一个抽样单位，按某种抽样方式从中抽取若干个群，形成"一个群"的随机样本，然后对抽中的群内所有单位都进行调查，这种抽样组织形式称为单级整群抽样。

整群抽样实施起来简单便利，节省人力、财力、物力。它没有总体单位最终的抽样框，而是通过将抽样单位由个人转换成群体，使由简单随机抽样和分层抽样所不能进行的抽样调查成为可能，扩大了抽样的应用范围，但这个特点也导致了样本分布不均匀，代表性较差。与其他抽样方法相比，相同样本数，整群抽样的误差较大，所以精度一般低于简单随机抽样；分析整群样本的资料，如抽样误差、统计推断、假设检验也要比其他抽样方法复杂。在操作中需要注意，影响整群抽样误差的主要是群间方差，分群时应使群内方差尽可能大，群间方差尽可能小。

整群抽样方法的运用，需要与分层抽样方法区别。

分层抽样是将抽样单位按某种特征或某种规则划分为不同的层，然后从不同的层中独立、随机地抽取样本。当某个总体是由若干个有着自然界限和区分的子群所组成，且不同子群相互之间差很大、每个子群内部的差异不大时，则适合于分层抽样的方法。

整群抽样是将总体中若干个单位合并为群，抽样时直接抽取群，然后对选中群中的所有单位全部实施调查。当不同子群之间差别不大，而每个子群内部的异质性比较大时，则特别适合采用整群抽样的方法（图 4-5）。

图 4-5 整群抽样

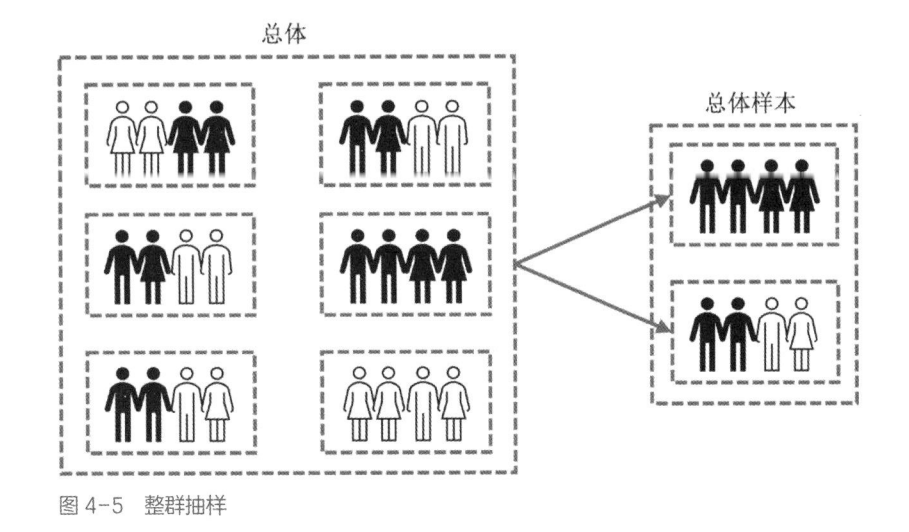

抽样过程可分为以下几个步骤：

第一步，先将总体分成若干个互不重叠的部分，确定分群的标注；

第二步，根据各样本量，确定应该抽取的群数；

第三步，采用简单随机抽样或系统抽样方法，随机抽取若干个群，要求每个群尽可能地代表总体；

第四步，对这些抽取的群内所有个体或单元均进行调查。

整群抽样方法适用于大规模、大范围的调查。在难以获取完整的总体名单时，或有时获取得到但所需费用十分昂贵时，抽样的应用范围被限制，这种情况下，整群抽样获得抽样框就容易得多。以服装相关的某项市场调查为例：对某高中学生进行校服满意度相关的调查，以一个班作为一个群；随机抽取几个班，然后对这几个班的全部学生进行调查。

4.4 非随机抽样技术

4.4.1 非概率抽样概念

非随机抽样也称非概率抽样，是指研究者根据自己的主观意愿、判断或是否方便来抽取调查对象的一种抽样方法。非概率抽样不遵循概率均等的原则，其总体中每一个个体被抽中的概率都是未知且无法计算的。因此，非概率抽样的样本代表性往往较小，产生的误差却往往很大，而且误差无法估计。非概率抽样很少用于大规模的正式研究中，通常是在正式研究前期的探索性研究中被使用。非概率抽样根据抽样特点可以分为便利抽样、判断抽样、配额抽样、滚雪球抽样。

4.4.2 非概率抽样方法

（1）便利抽样

便利抽样也称任意抽样，是一种以便利为原则，采用无目的且随意的方式进行的抽样调查活动。调查者通常直接利用现有纸质和电子版资料来抽取样本，或者街头偶遇的方式来选取调查单位。比如街头随机拦截路人对其进行服装购买意向的调查，随机拨打电话号码进行民意调查，通过在报纸、杂志附加问卷的方式对读者进行的调查等都属于便利抽样。

便利抽样的优点是简便易行，省时省力，能在短时间内获取所需要的数据信息，而且在很大程度上可以节省调查经费，具有很高的效率，是一种很好的能为正式研究提供参考数据的抽样方法。其缺点是得到的样本偏差较大，不能有效地从样本推断总体。

（2）判断抽样

判断抽样又称立意抽样，它指的是调查者根据调查目标凭借自己对调查对象的了解以及经验与主观判断，有意识地从总体中选取某个"有代表性"的样本，也即样本由若干被认为有代表性的个体所组成。例如，研究者要对疫情期间欧洲奢饰品牌在中国的销售情况做调查，通过咨询服装品牌营销专业的教授，最终选取了LV、CHANEL、Burberry、Gucci、Dior五个品牌作为调查对象。判断抽样选取样本的标准带有较大的主观性，因此所选取样本的代表性好坏往往与判断者的判断能力、实际经验及对研究对象总体的熟悉程度有很大关系。

判断抽样的优点是可以充分发挥判断者的专业能力、经验优势和已掌握的有关信息，避免产生极端的偏误，特别是当判断者对研究对象的情况比较熟悉、判断者的分析判断能力较强、研究经验比较丰富时，采用这种方法往往十分方便。其缺点是主观随意性较大，误差难以计算和控制，一旦判断者的主观判断出现偏差，则很容易引起较大的抽样偏差。该方法适用于样本总体规模量较小、样本不易分门别类或是人力物力有限的情况。

（3）配额抽样

配额抽样也称定额抽样，是指调查者先将总体按不同特性分类或分层，然后按比例分配各类（层）应该调查的个体数，最后在各个类（层）内以便利抽样或判断抽样方法选取样本单位。我们通常把作为分类依据的样本不同特性称为控制特性，其可以是市场调查中消费者的性别、年龄、职业、教育程度，也可以是被调查服装品牌的品牌风格、受众人群、所属国家等。

配额抽样虽然在形式上与分层抽样很接近，都是先将样本总体按照控制特性分成不同类或层，但两者在每类或每层进行抽样采取的方式是截然不同的，分层抽样采取的是随机抽样，完全排除主观因素，属于概率抽样；而配额抽样采用的是具有主观性的便利抽样或判断抽样，属于非概率抽样。

配额抽样根据分配样本数额做法的不同可以分为两类：

1）独立控制配额抽样

独立控制配额抽样是指调查人员只对样本独立规定一种特征（或一种控制特性）下的样本数额。独立控制配额抽样是根据调查总体的不同特性，对具有某个特性的调查样本分别规定单独分配数额，而不规定必须同时具有两种或两种以上特性的样本数额。因此，调查员就有比较大的自由去选择总体中的样本。

■ **案例 4-4** 独立控制配额抽样

上海市市场调查部门要对管辖范围内的 200 家服装企业的疫情期间销售情况展开调查，确定样本容量为 100 家，并决定以公司规模、主营品类、主销方式 3 个分类标准，采用独立控制配额抽样，最终 3 个类别的配额比例如表 4-1 所示。

表 4-1 独立控制配额抽样分配表

公司规模	分配到的数额	主营品类	分配到的数额	主销方式	分配到的数额
1~10人	50	男装	40	线上	60
10~50人	30	女装	50	线下	40
50人以上	20	童装	10		
合计	100	合计	100	合计	100

从表 4-1 可以看出，对公司规模、主营品类、主销方式 3 个分类标准分别分配了相应的配额，三者之间互不干扰，即调查人员在抽取不同规模的企业单位是不需要考虑其他两个分类标准，同理，在抽取不同主营品类与主销方式的样本时也不需要考虑另外两个分类标准。

如案例 4-4 可以看出，这种方法的优点是简单易行，调查者不需要做过多的考虑；缺点是调查者选择样本时容易有倾向性，有可能会偏向某种类型而忽略其他类型，容易导致样本代表性不强。

2）相互控制配额抽样

相互控制配额抽样是指在按各类控制特性独立分配样本数额基础上，再采用交叉控制安排样本的具体数额的抽样方式。交叉控制配额抽样对每一个控制特性所需分配的样本数都做了具体规定，调查员必须按规定在总体中抽取调查单位，各个特性都同时得到了控制，从而克服了独立控制配额抽样的缺点，提高了样本的代表性。

> ■ **案例 4-5** 相互控制配额抽样
>
> 案例 4-4 中如果采用相互控制配额抽样，就必须对公司规模、主营品类、主销方式三个控制特性同时规定样本配额数，分配方式如表 4-2 所示。
>
> 表 4-2 交叉控制配额抽样分配表
>
> | | 男装 | | 女装 | | 童装 | |
> | --- | --- | --- | --- | --- | --- | --- |
> | | 线上 | 线下 | 线上 | 线下 | 线上 | 线下 |
> | 1~10人 | 12 | 8 | 15 | 10 | 3 | 2 |
> | 10~50人 | 7 | 5 | 9 | 6 | 2 | 1 |
> | 50人以上 | 5 | 3 | 6 | 4 | 1 | 1 |
>
> 从表 4-2 可以看出，交叉控制配额抽样将每一个控制特性都考虑其中，并对每一个控制特征所分配的样本数额做了具体详细的规定，这种方法有效规避了调查者选择样本时的偏向性，一定程度上增强了样本的代表性。

（4）滚雪球抽样

滚雪球抽样又称裙带抽样、推荐抽样，指的是以滚雪球的方式，通过接触少量样本，再通过这些少量样本逐步获取更多样本。其基本步骤是先选取少数符合条件的样本个体，在访问他们获得所需信息的同时请他们提供另外一些属于调查目标总体的个体的信息，然后再从提供的个体信息中选取第二批样本个体作为调查对象，并请第二批被调查者提供其他更多的符合目标总体的样本个体，以此类推，像滚雪球一样，使样本容量逐步扩大，直到达到一定的数量。当调查特殊的样本总体时，由于对总体可能缺乏了解，没有现成的抽样框作为参考，且所调查的个体往往不容易获取，此时最适合采用滚雪球抽样方法进行抽样。

例如，要调查街舞爱好者对服装配饰的爱好偏向，采用便利抽样的方式去街上一个个问是否为街舞爱好者就十分麻烦，反而通过到附近的街舞室去访问该舞室的学员就比较方便且高效，然后再请他们介绍一些一起学习街舞的同学或朋友，进而一步步将雪球滚起来，最终就会得到一个符合条件的样本总体。

滚雪球抽样的优点是可以有针对性地找到被调查者，而不至于"大海捞针"，并且这种方式极大地节约了调查成本。其局限性是要求样本单位之间必须有一定的联系并且被调查的样本单位愿意提供这种关系，否则将会影响这种调查方法的进行和效果。滚雪球抽样也有比较大的选择偏见风险，因为被调查的个体与他们推荐的个体可能具有比较大的特征相似性。

4.5 抽样误差与样本容量

样本容量是指在抽样调查中确定的样本单位数量。抽样误差是指抽样调查所得的样本值与总体值之间的差异。在抽样调查的过程中，样本容量的大小会影响抽样误差，样本容量过小，抽样误差较大，但样本容量过高，虽然抽样误差会随之减少，但抽样调查的费用也会增加。因此样本容量的确定通常是调查对抽样误差和调查费用的折中选择。

4.5.1 抽样误差

（1）影响误差大小的因素

抽样误差是反映样本代表性程度的指标，其大小受以下三个因素的影响：

① 调查样本中个体之间的差异程度：在相同条件下，抽样调查得到的样本个体之间的差异越大，抽样误差就越大；样本个体之间的差异越小，抽样误差也越小。如果样本个体之间无差异，抽样误差也就不存在。

② 样本容量：通过调整样本数量可以控制抽样误差的大小。在相同条件下，样本容量越大，抽样误差就越小；反之，抽样误差则越大。

③ 抽样方法：不同的抽样方法产生的抽样误差大小也不一样。通常情况下，分层随机抽样比简单随机抽样的抽样误差小，整群随机抽样误差又比分层随机抽样误差小。

（2）抽样误差的估算

采用不同的抽样方法，抽样误差的估算方法也不一样。但各种不同的抽样方法都是以简单随机抽样为基础的，因此可以把简单随机抽样误差的计算方法作为其他抽样方法误差计算的基础，简单随机抽样的抽样误差计算公式：

$$\mu = \frac{\sigma}{\sqrt{n}} \quad \text{公式4-1}$$

式中：μ 为抽样误差；σ 为总体标准差；n 为样本个体数量。

在实际的抽样调查中，往往由于不知道总体标准差 σ 而无法计算抽样误差 μ，所以常用样本标准差 S 代替 σ 进行计算。样本标准差 S 可以根据抽样结果来计算，计算公式为：

$$S=\sqrt{\frac{\Sigma(x_i-\bar{x})^2}{n-1}} \qquad 公式4-2$$

式中：x_i 代表样本观察值；$\bar{x}$ 代表样本平均值。

4.5.2 影响样本容量的因素

（1）数理统计方面影响样本量的因素

① 总体中个体之间的差异程度，即样本总体标准差的大小。前述样本标准差 S 是在计算抽样误差 μ 时替代总体标准差 σ 的，而总体标准差 σ 则是用来说明总体中个体之间的差异程度的。总体标准差越大，所需的样本量通常也很大。

② 允许误差数值的大小。允许误差是根据抽样调查所得数据估计总体参数所允许的误差范围，用 Δx 表示。允许误差与样本量的平方根大致成反比，允许误差越小，样本量越大；反之，允许误差越大，样本量越小。允许误差 Δx 在抽样调查中通常是事先规定的。

③ 概率度 t 和置信水平的大小。概率度值的大小是指对抽样误差范围估计可靠程度的大小。可靠程度在统计学中称概率度，可根据标准正态分布表由给定的置信水平 $F(t)$ 查出相应的概率度 t 值。可靠程度要求越高，置信水平越高，则 t 越大，所需样本量也应越多。

④ 抽样方法。不同的抽样方法对样本量的要求也不太相同。在相同条件下，不重复抽样比重复抽样需要的样本量少一些。采用类型抽样和等距抽样比简单随机抽样的样本数目少些。

（2）管理方面影响样本量的因素

① 调查精度要求。通常情况下，调查精度越高，需要抽样误差越小，这意味着样本量也需要增大，同时成本也更高。

② 经费预算。经费预算是影响样本量的一个十分重要的因素，投入的经费预算越高，能获取到的样本量则越大。事实上，样本量是经费与调查可靠度之间的某种折中平衡。

（3）调查实施方面影响样本量的因素

① 样本回答率。样本的回答率是指调查对象对所提出的问题的回答情况。有时问卷设计中存在一些问题可能会导致回答率降低，缺少样本量，从而无法进行下一步分析，

此时应该适当增加样本量以弥补这一问题。

② 问卷的回收率。调查表的回收率或访问的成功率高低也是影响样本的重要因素。在回收率低的情况下，应适当增加样本数量。

4.5.3 样本量的确定

一般而言，样本量太小会影响结果的可靠程度，样本量越大，调查的结果越接近总体情况、越可靠。但是样本量过大，又容易造成调查费用的增加以及人力、物力的消耗问题。因此，样本量的大小对于研究十分重要。确定样本数量从以下几个角度出发：

① 根据置信区间测算样本量。用样本量来控制抽样误差是通过样本量的置信区间方法来实现的。我们可以通过制定要接受的用于均值或比例估计的置信区间的宽度，然后求解产生该置信区间所需的样本规模。在社科研究领域，通常使用95%的置信区间，即某个分布中95%的值将落入的区间范围。

② 基于假设检验的样本量。如果想要在假设检验中拥有足够的统计检验效力，从而在假设正确的情况下达到统计意义，可以通过以下步骤来实现样本量的确定：首先，确定用于检验假设的数据检验方法（即t检验、F检验或其他）；其次，估计我们想在检验中获得的数值（样本量除外）；最后，得到所需的样本量。

③ 根据经费预算测算样本量。假设每个样本单元的调查费用相等，将研究项目的预算，减去项目的固定成本（如设计费用、宣传费用等），然后将剩余预算除以每次调查的调查费用（如调查人员差旅费、礼品费等），可以获得基于经费预算的样本量。

④ 参考同类调查。若很难从理论层面上把握样本量的多少，可以参考以往同类型的调查，或竞争对手进行调查时采用的样本量，从而大致确定样本的数量。在服装市场调查中，样本量通常是测量题项的10倍以上，且至少需要200个样本。

4.5.4 样本容量的计算

通过上述内容了解了总体标准差σ、允许误差Δx、置信水平F_t、概率度t等概念后，就可以计算抽样误差μ和样本容量n。在实际抽样调查中，允许误差Δx和置信水平F_t通常事先给定，总体标准差σ一般用样本标准差S代替，而样本标准差S可通过预调查获得，或直接采用过去调查的经验数据。

样本容量的计算公式是根据允许误差Δx的公式推导而来，即允许误差公式为：

$$\Delta x = t \cdot \mu \qquad \text{公式4-3}$$

将式 4-3 代入抽样误差的公式 $\mu=\dfrac{\sigma}{\sqrt{n}}$，可以得出计算样本容量的公式：

$$n=\left(\dfrac{t\sigma}{\Delta x}\right)^2=\dfrac{t^2\sigma^2}{\Delta x^2} \qquad 公式\ 4\text{-}4$$

例如，某服装公司准备采用简单随机抽样调查 18～25 岁的年轻女性每月在服装消费上的支出情况。已知该群体平均每人月服装消费支出的标准差为 50 元。

问题：

① 如果抽取 500 人进行调查，计算抽样误差。

② 如果要求以 95% 的置信水平推断总体，且允许误差为 5 元，计算调查的样本容量。

解：

① 已知条件：$\sigma=50$，$n=500$，求抽样误差 μ。

$$\mu=\dfrac{\sigma}{\sqrt{n}}=\dfrac{50}{\sqrt{500}}=2.24（元）$$

② 已知条件：F_t 为 95%，$t=1.96$，$\Delta x=10$，$\sigma=50$，求样本容量 n。

$$n=\dfrac{t^2\sigma^2}{\Delta x^2}=\dfrac{1.96^2\times 50^2}{5^2}=384（人）$$

即要达到题中所规定的抽样要求，需要抽取 384 名年轻女性进行调查。

4.5.5 误差的规避

在抽样调查过程中会产生各种误差，有些是由于抽样调查本身，有些是由人为原因造成的，则误差可以分为抽样误差和非抽样误差。

（1）抽样误差的控制

1）抽样误差产生的原因

① 调查总体内部差异过大。因为抽样调查只能研究调查总体内的一部分对象，所以如果调查总体内部差异过大，就会导致抽样误差过大，抽样总体的方差和标准差可以反映总体内部的差异情况，我们在进行抽样调查时，抽取的样本一定要可以反映总体的情况。

② 抽样调查样本容量过小。在抽样调查过程中，如果样本容量过小，则调查出的结果不能很好地反映总体情况。样本容量越大，就越能提供更多反映总体的信息，但是如果样本容量过大，就会加大工作量，耗费人力物力，因此，选取合适的样本容量十分重要。

③ 抽样方法和抽样组织方式不科学。不同的抽样方法所能反映总体的情况也不相

同，如果我们采取重复抽样的方法，那么产生的误差比不重复抽样要小，抽样的组织方式也能影响抽样调查中产生的误差，常见的抽样组织方式有随机抽样调查、分层抽样调查、等距抽样调查和整群抽样调查。

2）减少抽样误差的方法

前面讲过，抽样分布越离散，抽样误差越大，从总体中抽取样本的代表性平均就越差，用样本指标估计总体指标的误差平均就越大，反之亦然。因此，在组织抽样调查时，要尽可能减小抽样误差，将抽样误差控制在研究问题所允许的范围内，使样本对总体有足够代表性。结合影响抽样误差的因素，可从以下几个方面来减少抽样误差。

① 正确确定样本容量。由于抽样误差的大小与样本单位数目多少成反比，与总体单位之间的标志差异程度成正比，故若总体单位差异大，则抽取的样本数应该多一些，反之亦然。同时，抽取的样本数量大小与调查成本有关，样本越大，费用越高。综上，确定样本容量要综合考虑抽样误差的允许范围、总体的差异程度和调查预算等因素。

② 准确选择抽样方法。选择正确的抽样方法有利于提高抽取样本对总体的代表性，减少误差。在选择抽样方法时，要基于调查目的和要求，调查所面临的主客观、内外部条件进行权衡。一般条件下，随机抽样法适用性更大。

③ 加强对抽样调查的组织领导，提高抽样调查工作的质量。要严格培训承担抽样调查工作的人员，对抽样工作持有科学严谨的态度。抽样方法要适当，工作程序要规范，严格按照所选用的抽样方法的要求进行操作，确保整个抽样工作科学合理。

（2）非抽样误差的控制

1）非抽样误差产生的原因

非抽样误差产生的原因很多，从抽样设计、调查问卷的制定、调查人员的素质到调查数据的处理，每一个环节都可能出现误差，主要包括登记性误差、设计误差和调查误差。

① 登记性误差。登记性误差是在调查过程中，由于工作出现失误而造成的误差。产生登记性误差的主要原因可以归纳为两类：一类是因为计量手段具有局限性，难以绝对符合实际而产生的误差；另一类是因为登录、计算、抄报、汇总数据有误或者被调查者没有诚实回答问题等所产生的误差。

② 设计误差。设计误差指在抽样设计阶段产生的误差。产生设计误差的主要原因是使用的抽样框有缺陷或者是调查问卷设计不科学。在实际中，一个理想的抽样框有时是很难取得的，如果采用了有缺陷的抽样框，就必然会产生抽样框误差。抽样框误差主要来自调查总体单位与目标总体单位的差异、抽样框陈旧及使用有误差的辅助信息。这样有可能会导致丢失目标总体单位、包含非目标单位，或两者并存。调查问卷设计不科学，如问卷设计缺乏应有的技巧和提问艺术、主题不明确、重点不突出、条理不清楚、逻辑

性较差、提问不够清晰明确等；还有的调查问卷在设计过程中只考虑研究者的方便，不顾被调查者的实际情况，或问卷内容过于庞杂、存在许多敏感问题、问题选项不清晰等，所有这些都会导致非抽样误差。

③ 调查误差。调查误差是指在调查过程中产生的误差。这种误差从其产生的人员来划分主要包括调查人员误差和被调查人员误差两种。调查人员误差的产生是由于调查工作过失和故意舞弊所致，如调查者自身的素质不高、工作粗糙、登录马虎等所造成的误差都属于调查者的误差。故意舞弊是指调查者为了自己省事，根本没有按照调查方案的规定进行调查，而是随意编造甚至篡改调查资料。被调查者误差产生的原因有很多，包括：由随机抽样所确定的被调查单位在具体调查时没有接受调查从而产生的无回答；被调查者对问题的理解发生差错，或是因为被调查者回答不清、回答有困难；由于调查的问题涉及被调查者的利益而故意错答；由于调查的问题涉及一些敏感性的问题或是提问方式不当而拒绝回答；被调查者对一些问题没有正确的判断和见解，人云亦云；被调查者由于受调查员自身观点的影响而没能真正表达自己的观点；被调查者由于受经济利益的驱动有意歪曲事实等。

2）规避非抽样误差的方法

① 科学设计调查方案。抽样调查过程是一项系统工程，事先必须进行周密设计，制定出科学的调查方案，才能在调查的过程中减少非抽样误差。科学地设计调查方案，应着重从抽样框和问卷设计两方面考虑。在抽样框方面，要求设计者在编制抽样框之前必须对调查总体的分布结构有一定的认识，在抽选样本之前，要对抽样框加以检查，发现可能存在的问题，进行识别和处理，并采取一定措施加以补救。在问卷设计方面，要求设计者在设计问卷时要做到所提问题除了要符合调查主题外，还要考虑能否使被调查者完全明确调查的意图并乐意配合做出正确的回答。

② 重视对调查员的挑选和管理。在抽样调查中，需要调查员直接同社会上形形色色的人打交道，如果调查员在调查中不善于和不同类型的人打交道，不讲究访问技巧和措辞艺术，就不可能得到被调查者的有效配合。如果调查员缺少实事求是的工作态度和责任心，没有吃苦耐劳的精神，就不可能取得准确的统计资料。因此对调查员的挑选和管理是一项重要工作，也是减少调查误差的一个关键。选择调查员应从专业知识、道德品质、应变能力等方面入手，选择那些思想和业务素质较好、工作能力强的人员，还应该加强对调查人员的管理，要建立行之有效的约束机制，防止调查人员弄虚作假。

③ 提高调查人员的整体素质。抽样调查对调查人员的素质有较高的要求，它要求调查人员不但要有较高的专业造诣、高度的责任感、良好的职业道德和高度的敬业精神，而且还要有较强的实际工作能力。一是要有实事求是的工作态度和责任心，二是熟悉调查目的和内容，三是能掌握并熟练地运用各种科学的调查方式、方法和技术，四是能够

准确无误地处理数据信息。

④ 采用多种途径，减少被调查者误差。抽样调查要求被调查者能够提供准确、完整的资料，但在实际调查时，由于各种原因，往往会遇到不回答或故意回答错误的情况，从而导致被调查者误差的发生。针对这一情况，一方面要采取适当的方式教育、感化被调查者，使其对调查能有正确的认识，愿意与调查者有效配合；另一方面还要采取有效的方法，减少被调查误差的产生。对于一些涉及个人隐私和商业秘密问题的调查，可以采用随机化回答技术和对被调查者提供的资料保密等来提高回答率。对于被调查者有意无意提供了有偏差的数据而产生的误差，可以采用与有关记录核对、逻辑性检查或用重新调查进行核对等方法对调查的资料进行修正。

思考与练习

1. 什么是抽样框？
2. 什么是概率抽样和非概率抽样？它们各自的特点和作用是什么？
3. 举例说出两个概率抽样的例子和两个非概率抽样的例子，并说明其之所以采用概率抽样或非概率抽样的原因。
4. 谈谈你对目前服装市场调查中误差规避的看法。如何对这些抽样误差进行控制？

参考文献

［1］简明，金勇进，蒋妍等.市场调查方法与技术（第4版）[M].北京：中国人民大学出版社，2021.
［2］李国强，苗杰.市场调查与市场分析（第三版）[M].北京：中国人民大学出版社，2022.
［3］李灿.市场调查与预测[M].北京：清华大学出版社，2012.

第5章

市场调查的分类与方法

本章导读 / **内容概要、重点和难点**

市场调查是一项基于合理规划与科学计划开展的活动,要考虑恰当的方式方法、成本支出、人员安排、时间效率等多个因素的影响,进而保障调查活动的科学、精准、高效,达到调查目的。本章将对市场调查常见分类和方法展开总括性介绍,帮助读者明晰不同分类和方法在市场调查中的应用范围以及如何选择恰当的方法开展调查活动。

本章重点

掌握服装市场调查资料的分类和不同类别的具体内容,明晰定性和定量调查在资料和数据特征上的差异;掌握服装市场调查分类标准以及各个类目下的调查方法具体内容,明确不同方法的适用条件及场景。

本章难点

服装市场调查受产业结构、市场变化、调查对象、产品特征等方面的影响,在调查方法的选择上尤为重要,为及时反映市场现象,挖掘市场机会,反映企业存在的问题,对调查实施的效率也有着较高的要求。对调查人员而言,需要在实践过程中准确、及时判断和科学选择合理经济高效的最佳调查方法,辨析不同调查方法之间的差异,这有赖于对基础理论知识的掌握和实践应用提升训练。

在市场调查活动实施的过程中,可以供调查人员选择和使用的方法很多,在阅读学习众多调查研究案例和咨询研报的过程中我们发现,对不同的市场领域和不同的调查目的而言,方法的选择直接影响最终呈现的成果内容和数据类型,进而影响观者对相关主题内容的认知和了解程度,最终影响企业决策。不同的调查方法在经济效益、时间成本等方面也呈现出一定的差异和特点。因此,选择科学合理经济高效的调查方法是调查开展的重要基础和前提之一。本章我们就市场调查的基本分类和主要方法展开概括性介绍和梳理。在后续章节中,将详细介绍各类方法的内容、特征和应用。

■ 案例 5-1　咨询机构研究报告的调查和信息收集

艾瑞咨询在对闲置高端消费品零售行业展开市场研究的过程中,首先梳理了研究框架及研究范畴,明晰闲置高端消费品和高端消费品零售的概念,进而结合研究内容特征对该行业领域展开相应的信息收集和调查分析。

调查内容涉及线上和线下零售,以及现阶段行业驱动的各类因素(政府、消费者、市场、企业),调查信息繁复多样,要如何保障经济和时间效率的前提下有效开展调查最终达成调查目标?我们结合报告呈现的内容来梳理调查逻辑。

如图 5-1 至图 5-5 所示,通过公开资料收集整理、行业相关的企业及政府事业单位专家领导访谈、消费者问卷等调查方法获取有效信息,结合企业前期研究成果的梳理,最终形成和发布了《中国闲置高端消费品零售行业研究报告》。在涉及行业发展和市场现状阐述的内容板块,报告借鉴和引用了来自贝恩咨询、BCG、TM 腾讯营销洞察等市场研究咨询机构以及政府公开报告、公开资料等文献资料,梳理政

图 5-1　公开资料收集整理:闲置高端消费品零售行业驱动因素分析

第 5 章　市场调查的分类与方法

闲置高端消费品零售行业政策梳理

序号	政策名称	发布部门	发布时间	政策内容
1	《关于促进绿色消费的指导意见》	国家发展改革委员会	2016.4	鼓励个人闲置资源有效利用，有序发展网络约拼车、自有车辆租赁、民宿出租、旧物交换利用等，创新监管方式，完善信用体系。
2	《循环发展引领行动》	国家发展改革委员会	2017.5	探索闲置房屋、闲置车辆、**闲置物品的分享使用方式和分时租赁**的新型商业业态。鼓励专业分享平台建设，完善信息安全保障措施和信用评价机制，实现分享商品、信息、服务的在线交易。
3	《关于促进分享经济发展的指导性意见》	国家发展改革委员会	2017.7	支持和引导各类市场主体积极探索**分享经济新业态新模式**。
4	《关于加快建立健全绿色低碳循环发展经济体系的指导意见》	国务院	2021.2	促进商贸企业绿色升级，培育一批绿色流通主体。有序发展出行、住宿领域共享经济，**规范发展闲置资源交易**。
5	《十四五循环经济发展规划》	国家发展改革委员会	2021.7	完善二手商品流通法规，建立完善车辆、家电、手机等二手商品鉴定、评估、分级等标准，规范二手商品流通秩序和交易行为。鼓励"互联网+二手"模式发展。

来源：商务部、国家发展改革委网站，艾瑞咨询研究院自主研究及绘制。

图 5-2 公开资料收集整理：行业政策梳理

受益于中国经济快速发展带来的中国消费者购买实力增强，奢侈品消费壁垒被打破，由过去专属于特定人群购买的商品向国民商品转变，中国奢侈品消费者规模扩大。随着80后、90后消费者逐渐掌握消费能力，奢侈品消费群体年轻化趋势显现，《2020年奢侈品消费者调研》中，30岁以下奢侈品消费者占比达到50%，较2019年提升2%，他们的消费贡献接近半数，达到47%。年轻消费者将奢侈品消费作为一种品质生活方式和自身对时尚态度的表达，据贝恩《2020年中国奢侈品市场》调研，Z世代消费者（出生于1995年至2009年的消费者）相较其他年龄层消费者，更为热衷追求时尚。对奢侈品消费接受态度良好的年轻消费群体为中国奢侈品消费带来新的消费增长动力。

2020年4-7月奢侈品消费者年龄分布和消费支出分布分析

年龄	人数分布	消费支出分布
18-25岁	15%	12%
26-30岁	35%	35%
31-35岁	24%	25%
36-40岁	14%	15%
40岁以上	11%	14%

来源：BCG、TMI腾讯营销洞察《2020年奢侈品消费者调研》，艾瑞咨询研究院自主绘制。

消费者购买奢侈品的目的分析

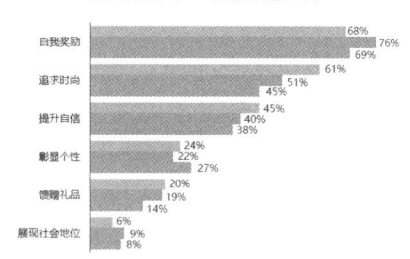

目的	Z世代	千禧一代	中老年
自我奖励	68%	76%	69%
追求时尚	51%	61%	45%
提升自信	45%	40%	38%
彰显个性	24%	22%	27%
馈赠礼品	20%	19%	14%
展现社会地位	6%	9%	8%

来源：贝恩、天猫《2020年中国奢侈品市场：势不可挡》，艾瑞咨询研究院自主绘制。

图 5-3 内部资料收集：前期研究成果梳理

闲置高端消费品零售行业发展瓶颈分析

正品鉴定标准执行缺失
- 中国闲置高端消费品零售行业本身存在正品鉴定标准执行缺失的问题
- 一方面，由于执行难度高，闲置高端消费品鉴定复杂，行业本身玩家众多，交易行为发生过于碎片
- 另一方面，行业内鉴定机构相对力量较弱，无法提供足够的鉴定服务

高端人才不足，培养机制不健全
- 中国闲置高端消费品零售行业发展到现阶段，由于行业自身特征和闲置消费品类的自身差异，需要专业化水平高、行业认知积累丰富的高端人才来持续助力行业发展
- 但目前来看，行业内从业人员素质良莠不齐，行业内高级人才资质认定有待重视，行业培养机制并不健全，从而成为行业发展的一个瓶颈

境外闲置高端消费品流入受阻
- 闲置高端消费品零售面临增值税进项税困难，目前国内缺乏较为明确的关于闲置资源进项税无关规定，这为企业税收减负带来阻力
- 中国闲置高端消费品零售行业中有一部分商品供给来源于境外的回收渠道，其回国后的关税税务、境内流通成为了行业目前进一步合规健康发展的约束条件

来源：专家访谈、公开资料，艾瑞咨询研究院自主研究及绘制。

图 5-4 专家访谈：行业发展瓶颈分析

2019年中国网购用户线上非计划性消费占整体网上消费比重

- 10%以下：13.9%
- 11%–20%：17.2%
- 21%–30%：20.6%
- 31%–50%：21.0%
- 51%–70%：17.3%
- 71%–90%：7.1%
- 91%以上：3.1%

来源：样本N=1002，于2019年11月通过UserSurvey形式调研获得，艾瑞咨询研究院自主研究及绘制。

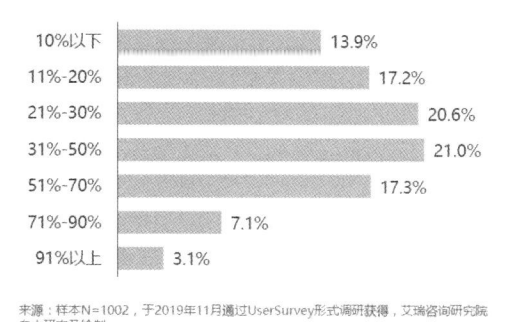

图5-5 消费者问卷调查：非计划性消费占比情况

策，对消费群体特征等现象进行深度剖析，突出了行业领域特征和存在的问题。在具体行业发展瓶颈分析的过程中，通过专家访谈深度解析行业发展瓶颈产生的原因和表现，进而为行业领域提供参考。为具体说明线上非计划性购买的用户具体消费情况，选择抽样调查、用户调查问卷发放的方式进行数据收集，为线上电商场景业态的选择提供了重要参考。

资料来源：艾瑞咨询《中国闲置高端消费品零售行业研究报告》，2021.11.

5.1 服装市场调查的资料分类

按市场调查的资料和数据类型不同，市场调查可以分为定性调查和定量调查。

5.1.1 定性调查

定性调查即针对某些难以量化测量的问题以定性的方式开展调查与研究活动，从而获得研究对象的想法、感受等方面较深层信息的探索性研究方法。主要用于了解目标人群有关态度、信念、动机和行为等相关问题(如消费者的消费理念、消费行为、偏好等)。定性方法的取向强调以研究者本人为研究工具，在自然情境下采用多种资料收集方法对社会现象进行整体性探究。期间，被调查者不受任何给定备选答案的约束，根据自己的看法抒发观点，能够充分反映被调查者的认识层面和真实情况，由此帮助调查者了解目标人群的实际意愿,并深入探究有关问题的解决方案。

这种调查方法的特点是灵活的、非结构化的,获得的资料种类丰富,有利于理解某种现象的多样性与差异性,弥补定量调查的不足,但通常获得的样本较少且依赖调查人员的访问技巧和专业水平。主要包括小组座谈、深度访问、投射技术等。

（1）小组座谈

小组座谈是定性调查中主要的形式之一。小组座谈通常由8~10名具有代表性的采访对象组成。这些采访对象围坐在一起,由训练有素的调查员担任主持人,按照事先拟定好的小组座谈大纲,用大约1~2个小时的时间对采访对象进行引导、启发,以获得对某一主题的详细认识的方法。其关键要素是主持人、被访对象和座谈会大纲。

■ 案例5-2　焦点小组在市场研究中的应用

在一项关于"橱窗展示对奢侈品牌个性传达影响研究"中,研究人员立足于消费者感性认知和视觉观察的视角,通过定性调查焦点小组的方法对橱窗设计中的个性象征和特点进行深入探析,将同类别消费者放在一组进行讨论,旨在较为深入且集中地了解特定年龄段或职业的群体对案例奢侈品的购买行为、品牌个性的了解、橱窗这一视觉装置的印象与看法,得出更加具体的结论。结合焦点小组调查结论,进一步明确橱窗展示对消费者的影响和作用,研究设计思路如图5-6所示。

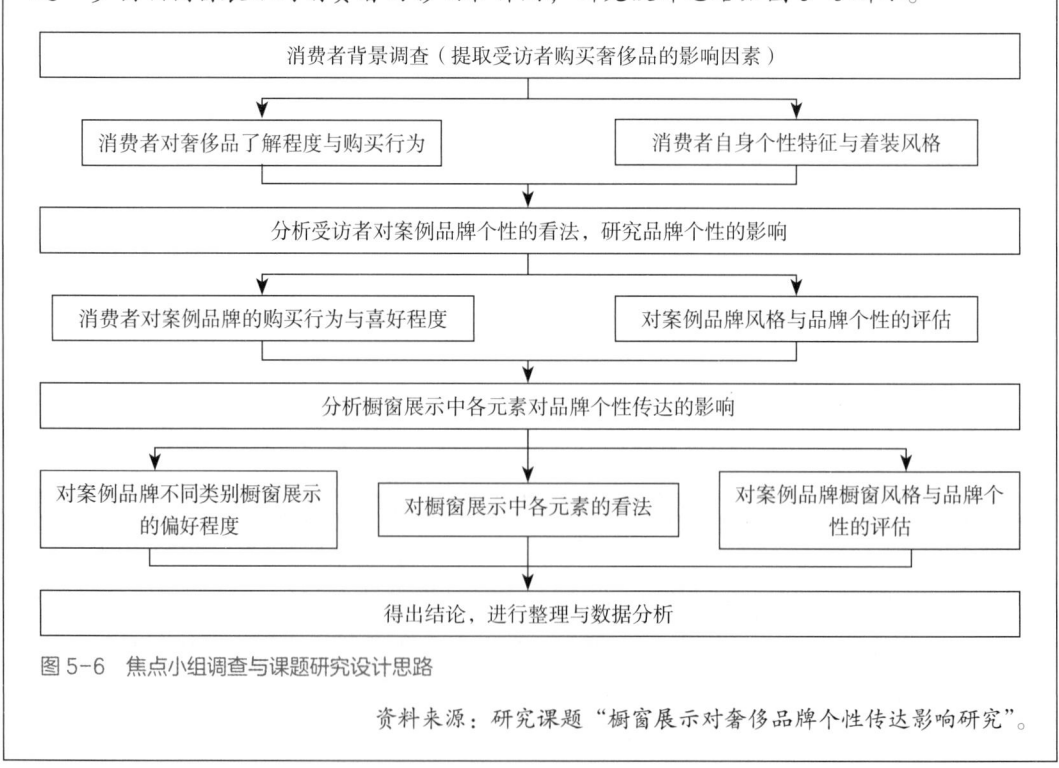

图5-6　焦点小组调查与课题研究设计思路

资料来源：研究课题"橱窗展示对奢侈品牌个性传达影响研究"。

（2）深度访问

深度访问指的是调查者直接面对调查对象，对其思想、态度、意见、知识等情况进行调查访问的调查活动。在服装市场调查中常被用于探测消费者内心的情感和动机。通常由调查人员选取一位或一组调查对象，事先准备好访问的主要问题或重点，向被访者进行提问。其优点是回答不受时间和问题的限制，访问者可以随机应变；缺点为费时和不适用较大范围的调查。

■ 案例 5-3 深度访谈，对话的力量

随着信息技术和互联网的日益成熟，共享经济蓬勃发展，其共享形式之一就是二手转让的产品再次流通，二手交易市场逐渐发展壮大。奢侈品作为二手市场中发展迅速的品类，持续吸引了一部分消费者的关注。然而就其市场规模和消费群体来看，仍然较为小众，其消费动机和心理也存在较为个性化的特征。

在一项关于"千禧一代二手奢侈品消费行为"的研究中，研究人员通过深度访谈，对二手奢侈品的消费者展开了有针对性的调查，进而了解其消费动机和需求特点，为二手奢侈品市场研究提供了具有参考价值的信息和资料。图5-7为访谈过程中整理的文字信息。

分组	动机分类	相关描述
二手奢侈品消费组	理性动机	"我们公司是做高档男装的，所以平时穿戴都不能显得廉价，而且要经常更新自己服装的款式，不能一直穿同一件。我自己的工资不足以支撑奢侈品的经常性消费，而且也太不划算了，所以我就去购买二手。"（1号受访者） "因为我个人很喜欢手表，而大牌的手表自己暂时没能力消费，遇到实在很喜欢的款式就去买二手的了。"（2号受访者） "其实我觉得买二手很划算，因为二手完全能满足自己对产品的需求而且能省下不少钱。"（3号受访者） "我买二手的奢侈品还挺勤的。有一次是先在专柜买了个包包，那个包是可以更换包体上的配件的，就跟换了个新的款式一样。后来腻了那个款式，又想买新款式的配件，觉得去专柜买太不划算了，就买了几个二手的。"（5号受访者）
	求新动机	"现在的产品更新换代速度太快了，新产品层出不穷，所以我遇到自己很感兴趣的新品会买二手回来试试，还挺有意思的。"（2号受访者） "有时候会想尝试新的牌子，但是又怕踩雷，所以通常先买二手回来试试。"（3号受访者） "我买二手的奢侈品还挺勤的。有一次是先在专柜买了个包包，那个包是可以更换包体上的配件的，就跟换了个新的款式一样。后来腻了那个款式，又想买新款式的配件，觉得去专柜买太不划算了，就买了几个二手的。"（5号受访者）
	自我享乐动机	"现在的产品更新换代速度太快了，新产品层出不穷，所以我遇到自己很感兴趣的新品会买二手回来试试，还挺有意思的。"（2号受访者） "现在买个新的东西可能用几天就不喜欢了，像什么墨镜啊、包包啊，买个二手的玩玩就好了，也是图个乐子嘛。"（5号受访者）
	社交动机	"在我的部门大家都会有几件奢侈品，自己也总要融入团体嘛。"（1号受访者） "我的工作需要经常穿正装，而且有时要去比较高端正式的场合。所以我会买一些大牌西装，但是像包包啊、领带啊什么的小物件我会买二手的，毕竟省钱嘛。"（3号受访者）

图 5-7 访谈过程中的文字信息整理

资料来源：研究课题"橱窗展示对奢侈品牌个性传达影响研究"。

（3）投射技术

以间接方式收集个人的态度及人格结构方面材料的心理测验方法，又称投射测验。投射技术来源于临床心理学，以非结构化、间接的方式提问，要求调查对象解释别人的行为而不是描述自身行为，间接反映相关情境下他们自身的动机、态度或感受。通过给予被试者某些含糊不清的刺激，使被试者对此有所反应，诱导被试者对外界事物投射出他们的内在态度、情感、价值、动机和需求。常常与焦点小组、深度访谈、问卷调查等结合使用。

小资料：调查方法的比较与分析

作为定性调查的常用方法，焦点小组和深度访谈一定程度上能够挖掘更为全面、有针对性的用户观点和结论，但由于其访谈特点的差异，两种访谈方法都存在各自的优势和局限性（表5-1），在实践过程中需要结合实际情况灵活调整和选择恰当的访谈方法进行资料收集。

表5-1 焦点小组访谈与深度访谈比较

	焦点小组访谈	深度访谈
特点	一对多的访谈 "群动力""头脑风暴"	一对一的深入访谈
优点	信息收集更为丰富广泛，信息收集速度快，效率高，单位成本相对较低，容许对收集信息的过程密切监测	消除群体压力，信息更为真实可靠，谈话更为自由，获取信息更为深入，适宜敏感问题或有利益冲突群体调查，访谈时间地点安排更为便利
缺点	群体压力的影响可能导致信息的真实性 不适宜对敏感问题进行调查 不适宜竞争者或有利益冲突群体进行调查 访谈时间地点安排不够灵活	缺乏让被访者产生思想碰撞的群动力 一对一使得客户不能参与其中 一对一使得信息获取成本高、速度慢

5.1.2 定量调查

定量调查是指针对需要进行数量估算的调查课题（如顾客满意度、需求研究或品牌评估研究，品牌认知度、美誉度研究等），是通过对有关调查数据的收集、处理和统计分析，得出调查结论或找出解决问题的方案的调查与研究活动。定量调查的核心工作在于对有关数据的收集以及据此开展的统计分析。定量调查的前提是研究者对某个调查课题已经有了相当的认识,从而可以明确地定义所需要描述的信息。定性调查的结果具体告诉"多少""多大",找出群体的共性规律,通常回答"是什么"的问题。

定量调查的特点是客观的、结构化的,可以将定性的问题描述变成定量的数据结果,从而保证信息传递的一致性。定量调查通常是在事先设计调查问卷的基础上进行大范围的研究,通过大量、快速地收取数据进行结果反馈。其优点为快速、广泛且人均成本较低,但它对于样本的数量和代表性有一定的要求:通常来说,样本量越大,抽样存在的误差就越低;样本的代表性越强,数据的质量就越高。这样通过分析数据得出的结果往往具有较高的真实性和可信度。定量调查适合的方式主要包括电话访问、拦截访问、产品留置测试等。

(1)电话访问

电话访问指的是由访问员基于调查问卷或测试量表内容通过电话向受访者询问问题、搜集信息的方法。电话访问无须和受访者直接接触,可以方便快捷地开展访问从而大大节省时间和费用。缺点是无法出示图片等视觉材料。

(2)拦截访问

拦截访问是通过在商店大堂或商业街上拦截被调查者从而寻求交谈机会、完成调查问卷和收集信息的调查方式。这类方法操作简便,成本不高,但有非随机抽样的缺点,且交谈时间不宜过长。

(3)产品/问卷留置测试

把待测试的产品放在消费者家里或其他自然的使用环境里,让消费者按自己的习惯使用产品然后进行回访了解消费者对产品的评价。通常应用于快消品行业。

综上,定性调查和定量调查虽然是作为市场调查中两种不同的调查方法,但对于同一个研究课题,往往需要两种方法结合应用,从而发挥两种调查方法的各自优势。一般的,对于两种调查方法的结合运用有两种模式:1)先进行定性调查,以此为研究者提供方向,明确研究的问题,辨识问题的影响因素及可能原因;为定量调查提供研究的内容和框架;为定量调查的问卷设计提供所需要的描述信息;2)后进行定量调查,目的是为了进一步验证定性研究的结论或更好地解释定性调查的研究结果。

小资料:定性调查与定量调查在样本量和用途上的差异比较(行业经验值)

某商业综合体就体验业态发展项目展开定性和定量调查,在调查过程中对研究的样本数量和研究核心目的整理如表5-2所示。可以看出定性调查和定量调查在样本数量要求、研究方法和能够解决的问题上都存在一定的差异,在调查项目中需要科学合理地选择正确的方法,灵活应用。

表 5-2 定性调查与定量调查比较

研究方法	定性调查				定量调查		
	桌面研究	焦点座谈会	实地走访及访问	深度访谈	随机短问卷	2层体验业态拦截访问	网络问卷
样本数量	国内外相关资料,了解相关较新颖的体验业态、内部相关数据、案例参考	6场(按年龄进行分组)	标杆企业或品牌(不少于20家),针对部分进行沟通访谈了解具体情况	不超过35个合作商户,以及其他业内资深人士	500份单项目样本量	300份单项目样本量	500份全国范围
研究核心目的	收集初步标杆及对相关调查项目的现状、定义,企业内部关键数据挖掘	挖掘消费群体对体验类业态的潜在及未满足需求	了解标杆企业实际情况,部分进行现场考查和体验,深入了解相关信息	了解合作企业情况,提供相关合作方分析信息;了解行业情况,探查标杆类似业态	针对企业整体目标客群的行为,以及消费群体定位	针对体验业态消费者了解其评价和相关行为	对前期结论进行再次论证,测试部分体验业态

5.2 服装市场调查的目标分类

5.2.1 探索性调查

探索性调查又称探测性调查、初步调查,是调查人员在调查初期尚未明确要调查哪些具体内容时而进行的简单调查。探索性调查以采取尽可能简单的方法、花费尽可能少的时间为原则,以明晰问题为主要目的,对服装市场环境及其他相关因素进行初步探索,从而识别出需要进一步调查的具体问题,同时为探寻解决问题的途径而获取数据资料,为正式深入调查做好准备。

总的来说,探索性调查适用于解决如下几种问题:第一,探寻潜在的问题或机会。比如,当服装公司准备向市场推出新的产品系列时,可以通过探索性调查来评估消费者的反应;第二,确定企业所面临问题的状况与可能的影响因素。某个服装品牌面临产品销量下降的问题时，可以采取探索性调查来找出导致该现象的原因；第三，探寻有关的新观点或新假设。此外，在确定可行性方案时，可以先采取探索性调查进行小规模测试。

案例 5-4　时尚买手店何去何从——由观察市场开始的研究活动

我国服装设计师品牌买手店自 2010 年开始快速成长，无论是数量和规模上均呈现出激增态势，然而随着同类型业态竞争日趋激烈，设计师品牌买手店如何提升竞争力，保持持续良性发展成为新阶段的问题。

为明晰目前的市场发展特征和存在的瓶颈，课题组自 2016 年起对这一市场展开了持续的观察和研究，在研究的起始阶段，主要对市场规模、行业运行特点和代表性品牌店铺展开了各类信息收集和调查，为后续研究的基础信息铺垫起到了十分关键的参考作用。

在探索阶段，课题组主要通过文案调查和定性调查的方法收集并汇总了相关资料数据，包括买手店地理分布、不同城市买手店发展状况等，为后期有针对性地开展实地调查提供了重要的参考（图 5-8）。

一线城市买手店的整体规模和数量要远大于二三线城市，随着近几年买手店数量的增多，其地域分布也从北京、上海等一线城市扩展到杭州、重庆、成都等新一线城市。

经验丰富、财力雄厚的连卡佛、I.T、Shine 等大型品牌连锁买手店争先涌入二三线城市；一些后起之秀紧跟商业地产的建设，迅速进入二三线城市的市场。相较上海、北京等地，二三线城市竞争较小，而伴随着消费者个性化意识的崛起、购买力的提升，这些城市发展潜力巨大。

从地域角度，上海仍旧是买手店最为活跃的城市，得益于经济发展得天独厚的优势，上海一直是中国买手店前沿、顶尖设计师品牌的大本营，从原先最先入驻的财力雄厚的具有一定影响力的如连卡佛、ATTOS、LEGLEE 和 JOYCE 等连锁型买手店，到如今吸引着年轻一代的潮牌蜂拥而至，如 N 的 N 次方、HeyJewe、

我国服装类买手店地理分布情况					
	哈尔滨	5	贵阳	11	南通	1
	长春	2	昆明	21	苏州	1
	沈阳	9	南宁	7	常州	1
	大连	6	广州	48	上海	155
	北京	168	佛山	2	杭州	54
	天津	16	深圳	40	温州	22
	太原	2	武汉	13	宁波	13
	济南	1	厦门	3	金华	3
	青岛	14	福州	6	台州	4
	西安	6	泉州	2	湖州	1
	成都	46	南京	20	嘉兴	4
	重庆	27	无锡	3	舟山	2

资料来源：观潮时尚网《中国买手店研究报告 2016 版》

图 5-8　文案调查和定性调查：收集背景资料

ALTER、OOAK 等，可谓是买手店的聚集地，消费者对于买手店的关注也成为国内买手店发展的有利契机。

资料来源：观潮时尚网《中国买手店研究报告 2016 版》，2016.09。

5.2.2　描述性调查

描述性调查是以描述总体情况或部分现象的属性为主要目标而展开的，需要通过对市场信息的收集和分析，对事物进行描述，从而获取到相应的市场信息，是服装市场调查中最普遍、最常见的一类形式。相比探索性调查，描述性调查更深入和仔细，它以调查人员明确了调查问题为前提，以大量代表性样本的调查结果为基础，回答了各种类型问题的答案，如谁、什么、什么时候、什么地方等。

描述性调查通常用于如下几种情形：第一，描述某些群体的特征。比如，服装企业想了解目标消费者的年龄、性别、地理位置的趋势，可以展开描述性调查。第二，估计某个特定群体在某种消费行为特征中的群体比重。比如，估计 Z 世代消费者购买国潮品牌的比重，可以通过描述性调查来实现。第三，确定消费者对品牌或产品的理解和反应。如要确定消费者对产品价格、质量、款式等的反应，或者消费者对品牌风格的认知等可以展开描述性调查。第四，确定各种变量对服装品牌营销相关问题的关联程度。比如，要确定人均可支配收入与品牌购买频率之间的关系可以采取描述性调查。

> ■ **案例 5-5**　品牌究竟给了消费者怎样的印象？
>
> 在对"传统文化语境下国潮品牌视觉识别特征探索"的研究过程中，研究人员通过问卷调查的方式就不同国潮品牌的风格认知进行了评分和描述，进而分析了国潮品牌在风格表达方面的差异和特点。
>
> 从三个品牌风格的雷达图（图 5-9）可以看出：L 品牌在朴素高调、雅致狂放、温和豪放、简洁繁复、简约缤纷上的得分明显高于 C 品牌和 H 品牌，且高于 3 分，说明相比 C 品牌和 H 品牌，L 品牌给国潮消费者的印象更偏向高调、狂放、豪放、繁复、缤纷；H 品牌在朴素高调、清秀洒脱、简洁繁复、简约缤纷、中庸拔萃上的得分明显低于 L 品牌和 C 品牌，且得分低于 3 分，说明相比 L 品牌和 C 品牌，H 品牌给国潮消费者的印象更偏向朴素、清秀、简洁、简约、中庸；C 品牌在精美粗犷、

热烈婉约、温和豪放、雅致狂放上的得分明显低于L品牌和H品牌，且低于3分，说明相比L品牌和H品牌，C品牌给国潮消费者的印象更偏向精美、热烈、温和、雅致。

评价方式

- 计算三个国潮品牌在13对感性词汇上的**平均得分**，得到被调研者对3个品牌的风格意向认知，根据结果制作雷达图。

风格比较

- 相比L品牌和H品牌，**C品牌**给国潮消费者的印象更偏向**精美、热烈、温和、雅致**；

- 相比C品牌和H品牌，**L品牌**给国潮消费者的印象更偏向**高调、狂放、豪放、繁复、缤纷**；

- 相比L品牌和C品牌，**H品牌**给国潮消费者的印象更偏向**朴素、清秀、简洁、简约、中庸**。

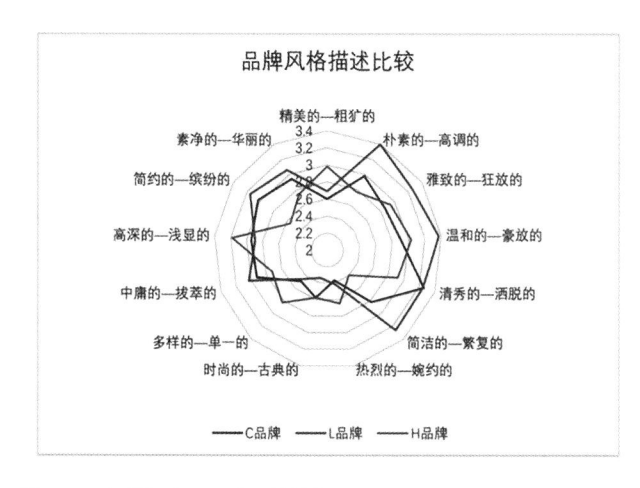

图 5-9　问卷调查：品牌风格比较

资料来源：项目研究课题"传统文化语境下国潮品牌视觉识别特征探索"。

5.2.3　因果性调查

因果性调查是在完全明晰调查问题的基础上，为深度挖掘关联现象或变量之间的关系以及导致一定现象产生的原因所进行的调查。因果性调查是服装市场调查中的一种常用方法，它可以用于检验或确定不同市场营销因素之间的内在关联，构建理论模型。因果性调查强调科学性，因此采取该调查方法时要考虑有关市场变量的相关性、出现时间的顺序以及量化的因果关系模式。

描述性调查可以说明某些现象或变量之间的关联，但要说明某个变量如何影响其他变量的变化，则需要借助因果性调查来实现。比如，要明晰广告对品牌产品销售额或品牌消费者态度的改变是否有显著影响以及影响程度如何，就要通过因果性调查来实现。

■ **案例 5-6** 拥抱可持续时尚，道阻且长？

贝恩公司（Bain & Company）发布的研究报告《品牌如何拥抱可持续时尚机遇》中，贝恩联手世界自然基金会（WWF）访问了来自7个国家（中国、法国、德国、意大利、日本、英国和美国）的近5 900名时尚消费者，通过调查发现：可持续时尚虽然仍有很长一段路要走，但越来越多消费者正成为可持续时尚发展观念的拥护者，品牌可以利用这一机遇加速在该领域的发展。根据对可持续时尚发展的看法，全球时尚消费者可分为从可持续发展倡导者到冷漠消费者五种不同的角色，其对环境的关注和参与可持续行为的意愿各不相同，且消费者采取可持续行动的意愿与其实际行为之间存在差异。

数据表明，大约65%的时尚消费者关心消费对环境的影响，但只有大约15%的时尚消费者表示会在购物等行为中践行可持续性观念。可见在态度和行为上，可持续时尚仍然有较多需要努力和亟待提升的空间。

通过调查问卷探究态度行为差异的原因，得到如下结果。

可持续性虽然名列六大首要购买驱动因素之中，但指数明显低于如价格、产品合身性和款式等其他更具象的因素。

耐用性和质量两项指标也与消费可持续性密切相关，它们直接影响并延长产品的生命周期。约有64%消费者表示，他们愿意为可持续性更好的服装支付更多费用。

从未或几乎不购买可持续服装的消费者中，有三分之一的人表示，影响他们购买可持续性产品的原因在于他们不清楚如何获得品牌的可持续信息，或在通常购物的场所难以找到可持续商品，这一问题在出生于20世纪20~60年代的消费者中较为显著。

此外，价格高昂也是阻碍购买可持续商品的原因之一，这一点在年轻消费者中更为普遍。整体来看，年轻一代对可持续性的关注更为强烈，且总体保持增长，这将是品牌在快速增长的可持续产品市场中确保竞争优势、赢得份额的机遇所在。

资料来源：贝恩公司研究报告《品牌如何拥抱可持续时尚机遇》。

5.2.4 预测性调查

预测性调查通常建立在因果性调查结果的基础之上，利用事物之间已建立的因果关系或数学模型，用某个特定事物或多个事物的变化趋势推断另一事物或另外多个事物的变化趋势，及其对服装企业市场营销相关活动的影响。通过预测性调查可以实现品牌产品市场需求预测、消费者对某种产品的需求变化趋势预测等。

服装企业在制定营销战略时，需要了解自身所处市场的总体情况和各类细分市场的发展变化趋势，并以此信息为依据来制定有助于自身发展的营销战略。此时，预测性调查所得到的结果便能提供相对全面、客观的依据。

5.3 服装市场调查的方法

服装市场调查的方法主要有：文案调查法、询问调查法、观察调查法、实验调查法。在使用调查方法时，应根据调查目的、时间、经费、问项精度要求以及借鉴经典案例来选择合适的方法，由此得到服装企业经营决策需要的依据和数据信息。调查工具有访谈纲要、FG（Focus Group，亦称焦点小组或小组访谈）、调查问卷等，工具的设计应周密、详尽、简要而有序。随着科学技术的发展，服装市场调查的实验方法除了传统的对比实验外，还可借助先进的仪器设备，如眼动实验等手段进行科学的调查研究。

5.3.1 文案调查法

文案调查法（Desk Research Survey）通常又称间接调查法、资料分析法或室内研究法，是指调查者通过收集各种历史和现实资料，对资料进行整理、分析，得到与调查目的有关的各种信息的一种调查方法。

文案调查法能够为实地调查的开展创造条件，可主动发现市场问题并为服装企业提供重要参考。文案调查法既可作为市场调查方法单独使用，为服装企业发展决策提供依据，也可作为实地调查的基础和补充，与实地调查方法相互依存和促进。文案调查法是利用服装企业内部和外部、过去及现在的有关资料，运用统计理论加以汇总分类整理，用以分析服装市场供求或销售变动情况，经过综合研究、判断，探测其未来趋势。

文案调查法在应用的过程中，收集资料的方式比较简单，在短时间之内就可以获得大量的信息资料，组织工作的时候也不是非常的烦琐，因为是二手资料的缘故，在收集的过程中，相对也更加的容易，此外这种调查方法所花费的成本也相对较低。所以这种方法可以在很大程度上节约人力、物力和财力的支出，且不受时空限制。

但是文案调查法也存在着比较明显的不足，二手资料是按照原来的调查目的去收集和整理的，所以在这一过程中也就不一定能够充分地满足问题研究的实际需要。首先，二手资料是以往工作中的数据资料,所以在时间上存在着一定的滞后性。其次,二手资料在准确性上可能存在着一定的问题。基于上述特点,我们在使用二手资料之前一定要对其自身的准确性和可靠性进行研究和审核,在这一过程中一定要提高研究目的的针对性,从而也提高了其在时间上的优势,在调查的过程中一定要注意对其全面性和系统性的把握。

文案调查的渠道主要有三类:企业内部资料、企业外部资料和互联网资料。这三类资料的收集渠道在本书第三章中已有详细表述。实施文案调查法首先需要根据调查目的明确所需的调查资料,然后审查与分析现有资料,再根据所需资料分类查找,然后进行资料的筛选和分析,最后撰写文案调查报告。

5.3.2　询问调查法

询问调查法是将所要调查的事项以当面、书面或电话的方式,向被调查者提出询问,以获得所需要的资料,是市场调查中最常见的一种方法。询问调查法主要可以用下列几种方式进行。

① 电话调查:电话调查的方式通常就是指调查者通过给被访问者打电话的方式进行访问,从而也就可以更好地对市场调查的资料进行收集和整理的一种有效的方法。在应用的过程中是采用电话随访的方式,方便快捷。在访问的过程中访问者可能会得到比较详细的回答,但是也有可能会访问不到容易接触的对象。电话调查也存在不足,在调查的过程中,对被调查者所说的内容不能完全判断其真实性,所以这种调查方式比较适合使用在社会热点、焦点问题或者是民意调查工作中。

② 面谈调查:面谈调查包括入户面访、街头拦访以及电脑辅助面访。面谈调查的方式在原始资料收集的过程中是最为常见也最为普遍的一种调查方法,这种调查方法比较适合使用在项目调查相对较为烦琐和复杂的产品测试或者是广告效果测试抑或是消费者满意度调查当中。这种方法在应用的过程中能够充分地体现出调查的深度和广度,在调查的过程中可以充分地体现出非常强的直接性和灵活性,这种方式所获得的调查结果也相对比较准确,访问者可以通过一定的技巧来获得被调查者的回答,或者是当作二次访问的材料。但面谈调查往往需要花费较高的费用,需要较长的时间完成。且其实施的过程中对访问人员个人素质存在着非常高的要求。气候、调查时间和被访问者的心态和情绪都会对访问的质量产生重大的影响。

③ 留置问卷调查:留置问卷调查实际上就是调查者将调查问卷直接以面对面的方式交给被访问者,在填写调查问卷之前,一定要首先说明项目调查的主要目的和要求,被调查者自行填写调查问卷,按照两者约定好的时间再收回。这种调查方式调查结果的回

收率相对比较高，被调查者的意见不会受到调查者的影响，问卷中的问题可以根据调查的需要来设置，被调查者可以在填写的时候充分的思考，防止因为时间过短而出现仓促交卷的情况，但是这种方式在地域上会受到一定的限制，不能在大范围实行，使用的时间比较长，而且这一过程中需要花费大量的费用。

④ 网络调查：网络调查也称网上调查，是指企业利用互联网了解和掌握市场信息的方式。网络调查包括电子邮件调查、网页形式调查、网上随机弹出问卷调查、网上在线座谈会调查、自助市场调查等。网络调查具有很多传统调查方法无可比拟的优势：时间短、费用低、组织简单；调查结果的客观性高；采集信息的质量可靠；没有时空、地域限制；巨大的二手资料数据库等。

5.3.3 观察调查法

观察调查法是调查者到现场凭自己的视觉、听觉或借助摄录像器材，直接或间接观察和记录正在发生的市场行为或状况，以获取有关信息的一种实地调查法。这种方法不需要被调查者提问，而是在被调查者不知的情形下进行有关的调查；调查者凭自己的直观感觉，从侧面观察、旁听、记录现场发生的事实，以获取所需要的信息。

在采用观察法时，应注意采用适用的记录技术，记录技术的好坏直接影响着调查结果。观察调查要选择良好的记录技术，以便减轻观察者的负担，不致因忙于记录而顾此失彼。准确及时无错漏地记下转瞬即逝的宝贵信息及事项的变化情况，能加快调查工作的进程，便于资料的整理及分析。观察法具有自然、客观、准确的优点，实施过程直接、简单易行，间接接触被调查者，有利于消除沟通障碍，应用范围广泛。

观察调查法虽可提供较为客观和正确的资料，但它只能反映客观事实的发生经过，而不能说明发生的原因和动机。同时，观察调查法需要大量观察员到现场做长时间观察，调查时间较长，调查费用支出较大。因此这种方法在实施时，常会受到时间、空间和经费的限制，比较适用于小范围的微观市场调查。且观察结果的可重复性较低，难以验证。

观察调查法的概念包括四种观察状况：人观察人，人观察现象，仪器观察人和仪器观察现象。通过观察进行市场调查可以获得有关市场上的消费行为和各种信息。具体地讲，观察的内容包括：

① 人的行为。如生活方式、购买行为和语言行为，谈话内容，表达行为，说话的声调、语气、语速和面部表情以及肢体语言所表述的"无声语言"。

② 空间和位置关系。人们交际时保持的距离，商场的顾客流向和逗留区位。

③ 持续时间。顾客购买产品的时间或购买某个产品的平均时间，顾客在刺激物和广告牌前平均逗留的时间等。

观察法的记录方法有：

① 观察卡片：观察卡片或观察表的结构与调查问卷基本相同。

② 符号：符号是指用符号代表在观察中出现的各种情况。

③ 速记：速记是用一套简便易写的线段、圈点等符号系统来代表文字进行记录的方法。

④ 记忆：记忆是指在观察调查中，采取事后追忆的方式进行记录的方法。

⑤ 机械记录：机械记录是指在观察调查中运用录音、录像、照相、各种专用仪器等手段进行的记录。

使用观察法，第一步是进行观察设计。根据观察目的和观察目标选择观察方法和途径，制定观察计划。第二步是实施观察调查。进入观察现场，做好观察记录。第三步是观察资料的分析和处理。

> ■ **案例 5-7** 零售品牌卖场观察调查小结
>
> 休闲品牌 H 卖场特点：空间宽敞、动线明确、货品有序、色彩丰富、橱窗新颖，其店铺属于百货仓储式陈列，店铺空间的利用主要是用来存储。店铺陈列注重动线的布置，非常注意人流量大的情况下人群环岛的速度，很多陈列都是围绕这一点布置的。他们整个店铺的陈列和谐统一，不仅仅只限于简单的侧挂、正挂或叠示，在色彩和数量上都尽量接近"色量平衡"。
>
> 店铺产品较为丰富，陈列的区域除了女装、男装和童装之外，还有配饰的陈列区（通常会布置在收银台附近）。两家门店的店员数量都较少，集中分布在收银台与换衣间。店员化淡妆，无固定着装，形象为20～28岁的年轻人。实行自主选择服务，顾客有需要可以找员工帮忙解决，不需要的话可以自己随意选择。
>
> 顾客换衣率为10分钟3～7人，女装慢男装快。
>
> 资料来源：本课题组学生作业，服装零售店铺考察实践。

5.3.4 实验调查法

实验调查法是将自然科学中的实验求证理论移植到市场调查中，在给定的条件下，通过实验对比，对市场经济现象中某些变量之间的因果关系及发展变化过程，加以观察分析的一种调查方法。进而有控制地分析、观察某些市场现象之间的因果关系和相互影响程度，取得客观可靠的数据，便于定量分析。

实验调查法应用范围非常广，主要用于验证市场变量间因果关系的假设，研究有关自变量对因变量的影响或效应。例如：广告、产品、包装、陈列、渠道等对销售，消费者偏好，品牌形象等的影响。实验法也可应用于网络，如通过改变网络店铺设计、促销方式、服务方式、广告投放等来测试这些因素对销量的影响。

实验法的最大特点是把调查对象置于非自然的状态下开展市场调查。实验法的调查结果具有较强的客观性和实用性；实验法可以主动进行试验试制，并较为准确地观察和分析某些现象之间的因果关系及其相互影响；也可以探索在特定的环境中不明确的市场关系或行动方案；实验结果也具有较强的说服力，可以帮助决定行动的取舍。但市场中的可变因素难以掌握，实验结果不宜相互比较。

常用的实验法主要有事前事后对比实验、对照组同实验组对比实验、随机对比实验等。这几类实验方法在选择实验单位上都有一个共同点，即都是按照判断分析的方法选出。在对调查的对象情况比较熟悉、实验单位数目不多的条件下，采取判断分析法选定实验单位，简便易行，也能够获得较好的调查效果。但是当实验单位很多，市场情况十分复杂时，按主观的判断分析选定实验单位就比较困难。这时可以采用随机抽样法选定实验单位，从而保证实验结果的准确性。

除了上述常用的实验方法以外，在开发新产品，选定产品的规格、款式、型号时，还使用一种小规模市场实验的方法。通过小规模市场实验、试销，在销售客户和使用对象中听取意见，了解需求，收集市场信息资料。具体做法是：第一，选定一个小规模的实验市场，它的条件、特性要与准备进入的市场有较强的相似性；第二，选定新产品或新设计的产品规格、款式、型号，在这个小规模市场上试验销售；第三，进行销售结果分析。根据结果决定是投产扩大规模，还是放弃新产品，选定某一种款式。这样，有助于提高决策的科学性，明确生产经营方向。

5.4　根据调查目标选择合适的调查类型

市场调查的方法和类型多样，调查人员需要根据研究目标选择合适的调查类型和方法。综合本章所介绍的调查分类和方法，根据不同的标准对服装市场调查进行分类，按照调查与预测的目标将服装市场调查分为如下四种类型：探索性调查、描述性调查、因果性调查和预测性调查。为便于读者理解，从特点、目的、适用阶段、资料来源、可采用的调查方法对四类调查类型进行了比较和梳理，如表5-3所示。

表 5-3 不同调查类型的比较

按调查目标分类	特点	具体目标	适用阶段	资料和数据来源分类	可采用的调查方法
探索性调查	灵活、费时少、非正式调查	探寻潜在问题及影响因素	调查设计初始阶段，尚未明确具体问题	定性调查 定量调查（二手数据为主，必要的一手数据）	文案调查法 询问调查法 观察调查法 实验调查法
描述性调查	数据信息全面，以明确调查问题为前提，以大量代表性样本的调查结果为基础，正式调查	描述市场总体或部分情况及影响其表现可能的原因	明确问题且需要了解事物的表现	定性调查 定量调查	
因果性调查	控制变量、正式调查	确定变量间的影响方式及程度	明确问题且需要查明不同事物之间的关联	定性调查 定量调查	
预测性调查	应用理论模型、正式调查	推断事物随另一事物变化的趋势及程度	需要对事物表现的变化趋势进行估计	定性调查 定量调查	

调查的初始阶段，研究人员尚未明确具体的研究问题，适合进行探索性调查；当研究人员意识到了问题，但对其有关情形缺乏总体性的认知时，通常需要采取描述性调查；当研究人员需要对问题进行更严格的定义或对问题进行量化研究时，则需要采取因果性调查；当研究人员想知道事物未来发展趋势时，可依据因果性调查的结论进一步采取预测性调查。

通常情况下，前述连续的调查过程存在相互关系，但并非每个问题都以探索性调查开始，从预测性调查结束，要取决于研究的具体问题。此外，在调查的各个阶段还将涉及到具体收集资料和调查方法的合理选择（图 5-10）。

思考与练习

1. 不同目标的市场调查分别适用于解决服装品牌发展过程中的哪些问题？
2. 请结合本章课程内容，选择一份市场调查研究报告，分析该项研究中使用了哪些调查方法？并就调查逻辑和调查方法进行整理归类。

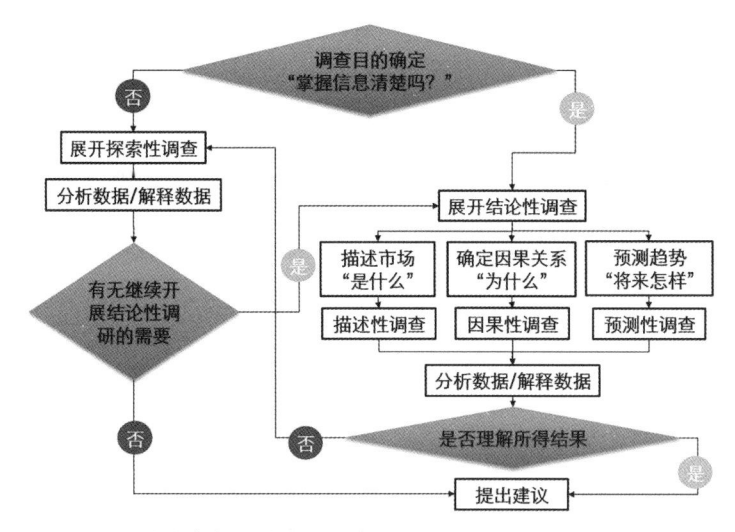

图 5-10　调查方法选择逻辑关系示意图

参考文献

［1］陆雄文. 管理学大辞典 [M]. 上海：上海辞书出版社，2013:14.

［2］陈向明. 质的研究方法与社会科学研究 [M]. 北京：教育科学出版社，2013.

［3］于洪彦. 略谈消费者行为的定性调查与定量调查 [J]. 当代经济研究，2000(10):39-43.

［4］刘建明. 宣传舆论学大辞典 [M]. 北京：经济日报出版社，1993.

［5］袁世全. 公共关系辞典 [M]. 上海：汉语大词典出版社，2003.

［6］王海山，王续琨. 科学方法辞典 [M]. 杭州：浙江教育出版社，1992:262-263.

［7］邵琪伟. 中国旅游大辞典 [M]. 上海：上海辞书出版社，2012:65-66.

［8］刘小川. 产品研发中市场调查的方法与价值分析 [J]. 企业管理与发展，2017(4): 154-156.

［9］FRY H G, McNAIR S. Data gathering by long distance telephone[J]. Public Health Records，1958(73): 831-835.

［10］严文娟. 产品留置测试探索 [J]. 工业设计研究，2018(6):406-411.

［11］宁秀君. 市场调查与预测（第三版）[M]. 北京：化学工业出版社，2019.

［12］姚小远，杭爱明. 市场调查原理、方法与应用 [M]. 上海：华东理工大学出版社，2015.

［13］张西华. 市场调查与数据分析 [M]. 浙江：浙江大学出版社，2019.

［14］庄贵军. 市场调查与预测（第二版）[M]. 北京：北京大学出版社，2014.

第6章

文案调查法

本章导读 // **内容概要、重点和难点**

本章介绍了文案调查法的基本概念及其在服装市场调查中发挥的重要作用，引导学生借助各种已有数据资源，在进行初级研究之前，通过文案调查法对于市场调查的基本问题和方向进行了解和计划。

本章重点

掌握文案调查法所能解决的问题；理解文案调查法的优点与不足；能够使用文案调查法开展研究。

本章难点

灵活掌握文案调查法的实践运用。

■ **案例6-1** 韩国东大门市场——从批发市场到潮流中心

Zara、Forever21、H&M等都是在全世界范围内流行的国际快时尚品牌，然而，以Zara为首的快时尚品牌却接连在韩国受挫。2016年，Forever21在韩国的市场占有率低于0.1%。旗下拥有H&M、COS等品牌的海恩斯莫里斯集团（Hennes &

Mauritz AB）的市场占有率仅为 0.4%，相比之下，其在全球市场的份额为 1.3%。而根据 Zara 的投资者关系报告，2011 年至 2016 年间，Zara 在韩国的店铺数量增长 26%，尽管这个数字已经很高，但其增速仍远低于其他亚洲国家。为何快时尚品牌在韩国屡屡受挫？给我国本土快时尚品牌又带来了哪些启示？

为了综述性地分析信息，Ka-Leung Karen Moon 等人采用了文案调查法，对韩国东大门时装市场的供应链运作结构及其竞争力的关键驱动因素进行了研究。"东大门（Dongdaemun）"的韩文意思是"大东门"，指的是位于韩国首尔特别市城墙东面的大门。在 20 世纪早期，东大门周边地区发展成为一个开放的市场，主要出售食品和日常生活用品。在这样的历史背景下，其自 20 世纪中期以来，一直是韩国最大的非品牌服装批发中心，继 2014 年令人惊叹的建筑地标东大门设计广场开业后，更是吸引了世界各国的游客和时尚买家。结构上，东大门时装城由材料供应、服装制造、批发、零售等四大产业组成，相关的材料供应商和缝纫工厂都位于东大门中心 2 公里半径内。从"旧"市场到"新"市场，韩国东大门打出一套快、潮、变的组合拳，以快速的产业链反应能力占领市场，以走在时尚前沿的潮流输出树立名气，以顺应时代发展的变通策略保持生存，最终成功实现转型升级与更新发展。

如今，我国服装消费市场已经从大众时代，进入品质多元化消费新时代，随着年轻消费者审美升级，很多同质化严重的国际快时尚品牌接连退出中国，也使我国本土品牌迎来新的发展机遇。韩国东大门的成功转型给我国本土服装品牌带来了启发，即形成快速产业链反应能力、大力支持本土新锐设计师、顺应时代发展利用新销售形式拓宽销售渠道等。

资料来源：Moon K, Lee J Y, Lai S. Key drivers of an agile, collaborative fast fashion supply chain: Dongdaemun Fashion Market[J]. Journal of Fashion Marketing & Management, 2017, 21(3).

什么是文案调查法？

文案调查法（Desk Research）又被称为桌面调查、案头研究、二级研究、文献研究等。文案调查法是研究人员收集、查看、阅读、检索、筛选有关研究主题的公开可用数据，通过回顾以前的研究结果，获得关于研究主题的初步想法和对于该领域的广泛理解。

为什么要做文案调查？

在进行实地考察、开发产品、可用性测试或任何研究项目之前，了解人们过去所做的相关的研究和信息都是有意义的。尽管一般不会有人开展了一模一样的研究活动，但可以肯定有人曾试图解决相关问题。因此，回顾相关研究是了解该领域的最快和最便宜的方式。

进行文案调查有助于帮助研究人员更了解这个领域，进行更有效的沟通，取得更大的进展。

① 如果不知道以前研究进展到什么程度，研究人员就不知道是否有新的发现。

② 当与客户、领导、老师或其他利益相关者沟通时，做过文案调查将使得汇报听起来更加有说服力。如果没有进行过相关研究，就难以避免会提出愚蠢或无关紧要的问题，或者不再被委以重任。

③ 不做准备性研究是对参与者时间的不尊重。难道真的想浪费宝贵的沟通时间用于本可以通过自己查阅资料就能获知的信息上吗？如果开展了文案调查，这些时间就可以用来放在难点问题的讨论上，使得工作的效率加倍提升。

■ **案例 6-2** WGSN 在线时尚预测和潮流趋势分析

服装企业为了设计出满足消费者喜好的服装，在每一季产品设计前，就可以通过购买 WGSN 趋势预测分析公司的预测报告，透过潮流趋势分析、商业信息以及累积的报告和图片，为时尚行业提供趋势预测、创意灵感和商业资讯，帮助服装企业了解消费者行为和生活方式，稳步打造产品，然后在恰当的时机推出适宜的产品。

由于文案调查是一种二次研究，其中数据是从书籍、文章和报告等来源收集的。因此，对于想要收集有关其主题深入信息的研究人员来说，这是一种非常普遍的研究方法。文案调查可以快速轻松地进行，是获取大量信息的一种经济有效的方式。但是，学习有效地进行文案调查很重要，这样才能充分地利用现有的数据。

■ **案例 6-3** 时尚穿衣搭配的资料来源——Chicisimo

时尚这个话题对女性而言是永不过时的。有不少创业公司都在深挖这个领域，并赢得了投资者的青睐。Chicisimo，这个来自西班牙的女性穿衣搭配社区在创业初期就获得了 80 万美元的天使投资，这都是源于它对于数据的快速更新。

用户在 Chicisimo 可上传穿衣搭配的照片，并标注出所穿服装的品牌，评价和分享他人的搭配，讨论时尚话题。Chicisimo 还给品牌开设了专页，用于呈现该品牌最近在 Chicisimo 中最受欢迎的搭配。值得注意的是，Chicisimo 并没有像国内的搭配网站一样，从一开始就强调电商流量的转化。Chicisimo 是在为人们提供衣服搭配平台的同时，利用由此收集到的数据进行分析，对用户行为生成统计数据，由此获知时尚品牌市场状况，各时尚单品之间的关系。

如图 6-1，通过对图片中的服装搭配进行关键词提取：周末穿搭、Zara 的 T 恤、H&M 的短裤、舒适的风格，形成各时尚单品、穿着风格和环境之间的关系图。

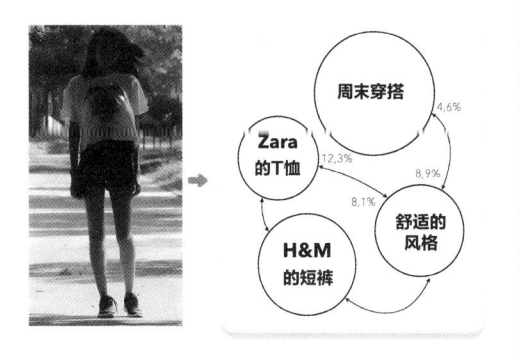

图 6-1 对穿搭图片进行关键词提取

Chicisimo 的成功在于数据更新迅速，并从中了解到了整个社区对信息的反应，这体现了 Chicisimo 提供的服务是动态的。其建立的时尚社交图（Social Fashion Graph）是世界服饰的全球布局，反映出人们如何通过穿着，在各种品牌中建立联系。大数据领域的专家，多年来在硅谷的大数据初创公司工作的 Gabriel 举例道："你选择穿一件 BCBG 的连衣裙，搭配 J.Crew 的夹克，悄无声息中，你就为这两个牌子建立了联系，你的行为将反映到这份图表中。"这个社交图表是动态的，随时根据当下人们搭配的变化而变化。Chicisimo 将各种品牌、单品、颜色、国家、人群的联系建立了不同图层，建立各种搭配、各种品牌之间的联系，从中捕捉规律，并将这些经验介绍到社区中，为时尚人士提供参考。

比如，通过对时尚社交图的分析，Chicisimo 从中得出 Zara 在美国提供电商服务的一年后，其美国市场渗透率翻了一番；时尚人士更青睐小众牌子；80% 的搭配次数中，我们并未穿着排行榜前 20 的品牌。在大数据背景下，这些数据成为了服装设计方向的指南针，时尚零售商提供动态数据，帮助其更加了解消费者的喜好。

如图 6-2，通过发布服装穿搭，Chicisimo 建立了个人的时尚衣橱，总结了服装品牌在时尚衣橱中所占的比例以及

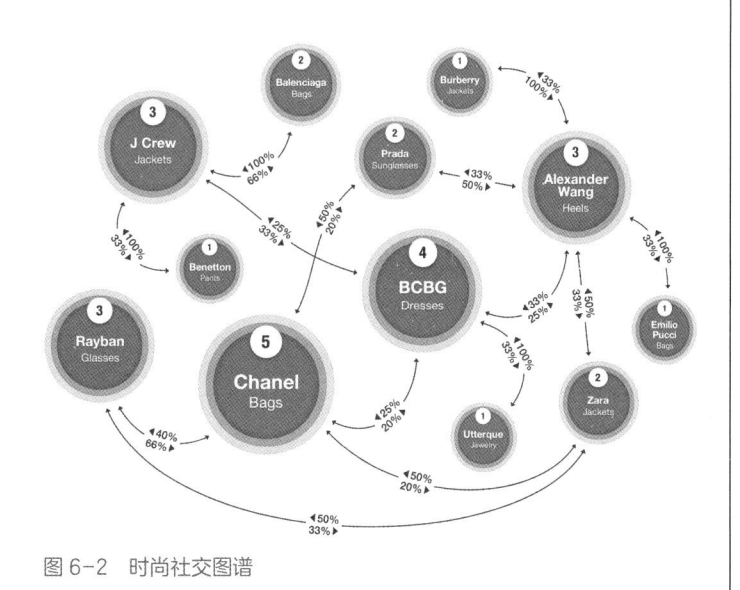

图 6-2 时尚社交图谱

各个品牌之间的联系。为时尚零售商提供动态数据,体现了各个品牌在不同国家消费者中的穿搭频率,帮助其更加了解消费者的喜好(图6-3)。

USA 2012 DATA			2011 DATA	
Position/Brand		% of times fashionista wear a brand	Position	% of times
1	Forever21	25%	1	27%
2	H&M	18%	2	15%
3	Zara	15%	3	7%
4	Target	5%	4	6%
5	J Crew	6%	14	2%
6	Steve Madden	5%	5	5%
7	Asos	5%	20	2%
8	Gap	4%	12	3%
9	Urban Outfitters	4%	7	4%
10	Old Navy	4%	9	3%

UK 2012 DATA			2011 DATA	
Position/Brand		% of times fashionista wear a brand	Position	% of times
1	Zara	32%	4	13%
2	Topshop	22%	3	16%
3	H&M	21%	1	21%
4	River Island	10%	6	8%
5	New Look	10%	5	13%
6	Primark	10%	2	18%
7	Asos	7%	7	7%
8	Ray ban	4%	-	-
9	Chanel	4%	-	-
10	Mango	4%	10	2%

图6-3 不同国家消费者穿搭频率的动态数据图

资料来源:

[1] 36氪. 穿衣搭配社区Chicisimo获80万美元天使投资[EB/OL]. https://36kr.com/p/1640562343937, 2012-7-12.

[2] Ifanr爱范儿. Chicisimo:大数据解答时尚搭配[EB/OL]. https://www.ifanr.com/203452, 2012-11-26.

[3] Chicisimo. Taste graphs will transform fashion-Fashion Taste API. [EB/OL] https://blog.chicisimo.com/tag/social-fashion-grah/, 2019-4-10.

6.1 文案调查法的类型与作用

> **知识回顾:初级研究和二级研究**
>
> 从广义上讲,有两种类型的研究活动:初级研究(Primary Research,深入研究环境采集第一手数据,又称之为一级研究)和二级研究(Desk Research,获取已公开的二手数据)。具体内容可以回顾本书第3章。
>
> 初级研究的好处是亲历研究现场,获得近距离、具象的、可通过眼耳鼻舌身

全面感知的信息。然而，在一些情况下，研究人员难以亲身调查获得某些领域信息，或者由于调查方式不合适或调查范围有限的情况下，自己开展初级研究获得的数据不足以说明整体，此时通过二级研究更能高效地获得信息。而且，互联网已经为研究方法和应用开辟了新的可能性。随着全球互联网格局的不断发展和互联网在工业市场渗透率提高，互联网研究（大数据或人工智能）正在成为更加关键的研究工具。

6.1.1 文案调查法的类型

文案调查法是研究人员收集、查看、阅读、检索、筛选有关研究主题的公开可用数据，通过回顾以前的研究结果，获得关于研究主题的初步想法和对于该领域的广泛理解。数据信息包括但不限于各级政府部门发布的政策；各级统计部门发布的有关统计资料；各行业协会发布的行业资料；各类媒体提供的相关信息；各类研究机构的各种调查报告、研究论文；互联网在线数据库等。值得注意的是，文案调查法对于资料的广泛性、全面性、针对性、时间性、系统性和准确性也有较高的要求，因为这些资料决定了研究结果的准确性。

文案调查法根据资料来源可以分为两种类型：内部文案调查法（Internal Desk Research）和外部文案调查法（External Desk Research）。内部文案调查法的信息来源往往来自企业或组织内部提供的信息，包括企业信息、经营业务资料、统计资料、财务资料等。这些信息需要从内部和现有的组织资源里获取，通常是受委托的，相对来说低成本和高效。外部文案研究使用的信息则是来源企业或组织外部，包括互联网上在线数据；各级各类政府部门公布的有关社会、金融和经济方面的资料；咨询机构、行业协会提供的市场信息情报；国内外相关书籍、刊物等上公开发表的文献；媒体提供的相关市场信息等。这种类型需要通过从外部资料中搜集已有信息，因此信息数据内容和形式往往会受限信息采集方的既有结果，但也能在很大程度上解决信息获取难的问题。

■ **案例6-4** 对于Zara的快速反应，企业内部员工具有重要作用

快时尚品牌的经典代表Zara，从设计概念成形到实物上架，仅仅需要五周的时间，周转速度极快，对传统零售商形成了强烈的冲击。那么Zara是如何快速获取市场信息和快速反应的呢？其中一个原因得益于其店铺的工作人员。

> 菲利普·科特勒在《营销管理》中提到："没人比企业的员工拥有更多的机会接触到顾客，更清楚地了解公司产品、服务和品牌了。"在Zara的柜台和店内各个角落都有摄影机，Zara的工作人员会随身带着可记录的设备。当客人向店员说出他们对产品的评价时，这些看似随意的评价，很快被汇报给了分店经理，经理则通过Zara内部全球信息网络，每天至少两次把这些信息传递给总部设计人员，总部做出决策后立刻传送到生产线，改变产品样式，或者调整销售策略，对于市场销售情况和消费者喜好进行实时的把控。

从企业的角度来看，文案调查是进行市场或产品调查必不可少的一个过程，而且由于其低成本和高效，往往是开展调查的首选方法。这种方法：①有助于更好地理解某个领域。在进行实地考察、初样开发、可行性测试等新项目之前，了解过去所做的与产品领域相关的工作，并从中收获。②更快地发现机会。通过回顾过去的情况，可以发现数据中的差距和待解决的问题。③节省更多资金。大部分数据都是免费的，或者仅需支付微不足道的费用。互联网上有很多信息可供公司或组织用来满足他们的研究需求。但是，需要选择一个可靠的网站来收集信息。④节省更多时间。减少与研究参与者对于现有问题的探讨时间，将时间用在更有意义的地方。⑤使后面的研究更有意义，数据更加准确。文案调查是每一种研究的起点，可在文案调查的基础上结合初级研究，使研究数据更加可靠。

6.1.2　文案调查法可以解决什么问题？

在开始任何产品设计项目之前，都应将文案调查用作研究方法。特别是如果可以利用现有的信息数据，了解以前的研究和专家对特定主题的看法总是具有建设性的。

从服装企业开发新产品的角度，其中对于流行趋势信息的把握中，文案调查法和观察研究法的结合是最适宜的。

对于影响消费者购买服装新产品行为因素的调查，它们的调查既有静态的分析又有动态的观察。可以首先运用文案调查法对当地文化环境进行了解。利用网络资源，相关报刊，甚至通过电视影像资料，了解当地人们的民俗风情、生活习惯、宗教信仰等，为设计环节提供理论的保障。

文案调查法还可以应用于服装品牌风格的调查，一个品牌的社会背景可能是影响其风格确立的最主要因素。因此，对于开发服装新产品的品牌来说，调查当下的社会背景最好的方式就是文案调查法。时事新闻、报刊，以及现在传播速度最快的网络资讯，都是文案调查法最直接的资料。这一方面的文案调查，其专业性要求不高，毕竟不需要精确的数据和详尽的资料来证实当时的社会背景。调查者只需要大概了解当下的社会环境、经济环境、文化环境，知晓最近有哪些国内外大事件的发生。

> **知识拓展：**
>
> 据了解，国际上著名的流行预测咨询机构和出版物有法国趋势研究机构（PROMOSTYL）、流行趋势联合会（Trend Union）、《卡琳》（*Carlin*）、《世界各地流行趋势》（*Here & There*），这些都是流行趋势咨询机构（出版物）。流行预测期刊有《纺织观察》（*Textile View*）、《国际纺织品》（*International Textiles*）和意大利国际纺织品流行趋势（*Collezioni Trends*）。国内较权威的流行预测期刊有《国际纺织品流行趋势》。
>
> 国际上权威的流行趋势发布机构有法国 Promosty 时尚咨询公司、美国 Fashion Snoops、英国预测机构 WGSN（全称 Worth Global Style Network）、美国国际棉花协会（Cotton Council International，简称 CCI）、潘通色彩咨询机构（PANTONE）等。越来越成熟的国内市场，如今也有自己的流行趋势发布机构：中国国际服装服饰博览会、中国国际时装周、中国流行色协会、中国流行面料工程等。从以上出版物、期刊、发布机构的媒体信息中，用文案调查法可以探寻到每年秋冬季和春夏季服装各个领域的流行趋势讯息。无论是翻阅杂志、书籍，还是浏览趋势发布的专题网站，都可以收集到大量的、最新的服装流行资讯。

6.2 文案调查法的实践运用

文案调查研究方法从其本质上而言是源于归纳法(Inductive Method)的运用，即从特定情景出发，通过系统地调查特定案例来推断和归纳出普适性较强的研究结论。以下是进行文案调查法的5个步骤：

第1步：定义研究目标

Bryman 和 Bell 强调："若没有研究问题或仅有不成熟的研究问题将会影响研究项目的整体质量。"拥有明确的研究问题既可以引导研究方法的选择，也可以为实地调查、数据收集和分析指明方向，有效地防止项目在研究过程中偏离方向。此外，Collis 和 Hussey 指出，归纳性研究通常从一个相对宽泛的研究问题入手，然后在推进研究进程的过程中逐渐缩小研究问题的范围，不断凝练和聚焦研究问题。

因此，如果有一个预定义的研究目标，进行文案调查研究将变得容易得多。如果不确定研究的目标，则应列出要研究的所有问题，保证研究集中在找到所有这些问题的答案上。遵循从一般研究到精确研究主题的逻辑。最后，大致了解要收集多少信息，以便知道何时进行下一步研究。

第 2 步：建立理论框架

研究人员需要根据研究目标建立假设性的理论框架，该框架将作为文案调查研究的理论基础和结构框架。理论框架集合了从以前的研究中所获得的相关概念，并为最终理论的形成提供了初步框架。Yin 认为这些概念是理论构建和创新所必不可少的基础，因为每个概念都代表了一个值得进行深入探究的重要理论议题。为了形成一个完整的理论框架体系，研究人员还需要关联相关概念并进行分类，最终形成关键主题和次主题的初步划分。

然而，以上的讨论并不代表初步理论框架必须尽可能的全面和完整。如果花费太多的时间和精力去创建尽可能详细的初步理论框架，则研究人员在具体的数据分析中很可能不愿再对其做出重大的调整，从而影响了研究项目的科学性和客观性。更为严重的是，Strauss 和 Corbin 认为详尽的初步理论构架可能会"束缚""扼杀"，甚至"麻痹"研究人员的分析意识，还可能在构建理论的过程中产生严重的理论偏见。因此，研究人员必须认识到初步理论框架的暂时性和初步性，且在这个阶段所出现的理论、观点和概念都不一定会出现在最终的理论中。

第 3 步：确定数据来源和收集现有数据

研究人员在选择数据来源时，应评估数据的真实性和可靠性。为此，Bryman 和 Bell 提出了一套评价体系，包含四个维度：真实性、可信度、代表性和意义。在具体操作时，可以通过提出如下 4 个问题来逐一评估案例报告：

① 真实性：数据真实且有可靠来源吗？

② 可信度：数据有错误或失真吗？

③ 代表性：该数据是同种类型中的典型现象吗？如果不是，那是否具有较高的非典型性？

④ 意义：所提供的数据清晰易懂吗？

值得注意的是，由于获取和分析的数据来源于其他研究人员，在后续撰写研究报告时，需要清晰地标注所有的数据资料来源，这样既方便信息审核，也是对他人数据资产的尊重。关于调查数据的来源和内容可以参见本书第 3 章，有详细介绍。

第 4 步：合并和比较

收集数据后，研究人员应该对样本进行汇总、分类，以便信息不会重复，为之后的案例分析做好准备，并以可访问的格式将其放在一起，确保从真实来源收集数据，以免妨碍调查。

第 5 步：分析数据

分析收集的数据并确定是否已回答所有问题。如果没有，请重复该过程以更深入地挖掘实际想法。

6.3 文案调查法的优点与不足

6.3.1 文案调查法的优点

（1）价格低廉

进行文案调查研究的第一个好处是它几乎不需要任何费用，只需要有桌面和互联网连接就可以进行此类研究。如果企业在创业初期，那么可以理解其进行初步研究的预算很低。因此，文案调查是了解要进入的细分市场以及市场上对产品需求的最佳选择。

（2）有助于做出明智的决策

营销在每项业务的成功中都起着至关重要的作用，一家公司会花费大量资金来推销他们的产品。通过文案调查法收集的数据使组织或公司对后面初级研究的有效性有所了解。因此，当企业希望更好地了解该领域时，他们可以做出更好的决策，使管理人员能够了解消费者的需求，可以为他们的产品和服务制定有效的营销计划。

（3）帮助寻找新的机会

通过文案调查研究，企业可以了解市场上可用的商机。他们可以分析市场竞争，并可以通过这种方式定位他们的产品，以便他们能够增加市场份额。

（4）进行时间更短

文案调查研究可以在比初级研究更短的时间内进行。在技术的帮助下，使用公共资源，可以在很短的时间内收集大量可靠的信息。

（5）有助于集中研究

很多时候，管理者面临着一个重点研究课题的问题。在这种情况下，进行初步研究将会浪费时间和资源。这些公司可以聘请专家或使用第三方组织的服务来帮助其进行文案调查研究。

6.3.2 文案调查法的缺点

（1）数据的不可靠性

依靠通过文案调查研究收集的数据有一定的风险，虽然数据是现成的，但必须评估现有资料的可信度和真实性。并非所有辅助数据资源都会提供最新的报告和统计信息，因为政府组织不会定期更新其数据，他们的统计数据和数据库每年更新一次或两次，所以在时间上存在着一定的滞后性。即使数据是准确的，也可能不是最新的。

（2）难以找到具体数据

文案调查研究的另一个缺点是，无法找到研究主题的准确数据。文案调查有助于建立对研究主题的理解，但仅根据文案调查研究成果得出结论是不可取的。

（3）无法控制参与者和研究方法

在文案调查研究中，收集或分析的数据基于其他人进行的研究。因此，作为研究人员，无法控制研究参与者及其使用的方法。

（4）对研究人员要求较高

要求调查研究人员具有较扎实的理论知识、较深的专业技能，否则难以从二手资料中提炼获取出有效信息。

■ **案例 6-5** 了解消费文化行为对于中国服装品牌发展的重要性

随着我国经济和文化软实力的不断增强，国潮已经突破消费领域，在社会各个行业及领域全面盛行。据人民网研究院联合百度发布的《2021国潮骄傲搜索大数据》报告显示，2016年，境外品牌关注度占比55%，高于国内品牌；而到了2021年，中国品牌实现全面反超，关注度占比75%，是境外品牌的3倍。这体现了我国文化软实力的显著提升，我国本土消费者特别是"Z世代"展现出强大底气和文化自信。

刘元风通过文案调查法与专家访谈相结合的方法，从历史发展的角度，收集与整理历史传承形成的北京服装消费文化。将中等收入阶层作为研究对象，重点考察20世纪初至新中国成立（反"传统"变革期）、新中国成立初期至1978年（大众趋同期）、1979—1984年（开放混杂期）、1985—1991年（享受攀比期）、1992—1999年（融合多元期）以及2000年至今（时尚个性期）6个发展阶段中，北京服装消费环境的发展变迁、服装选择偏好的发展变迁、中等收入阶层的服装消费心理变迁以及生活形态发展与变迁等，并提出促进中国服装消费文化成熟发展的可行方法。

中国服装品牌要抓住机遇，要成为服装消费文化市场培育的发起者与倡导者，

> 充分重视提升服装文化、培育服装消费市场的必要性,引导消费者建立正确的服装消费观念,只有这样,才能形成中国服装消费文化的良好氛围,并以创新的手段进行文化的对外传播,在对外文化交流中获得更多更大的主动权和话语权,在世界塑造中国的良好形象。
>
> 资料来源:刘元风.北京服装消费文化的变迁[J].纺织学报,2009(3):5.

思考与练习

1. 文案调查法属于一手资料研究和二手资料研究中的哪一种?这两种研究有何不同?
2. 文案调查法适合于研究怎样的问题?
3. 文案调查法中的资料获取可以从哪些方面考虑?
4. 文案调查法的主要过程与注意事项。
5. 在使用文案调查法时,要注意如何发挥这种方法的优点、规避缺点带来的风险?

参考文献

[1] Bryman A, Bell E. Business Research Methods[M]. Oxford: Oxford University Press, 2003.

[2] Collis J, Hussey R. Business Research: A Practical Guide for Undergraduates and Postgraduate Students[M]. Hampshire: Palgrave McMillan, 2003.

[3] Yin R. Case Study Research, Design and Methods[M]. Newbury Park, CA: Sage Publications, 1994.

[4] Strauss A, Corbin J. Basic of Qualitative Research: Techniques and Procedures for Developing Grounded Theory[M]. London: Sage Publications, 1998.

[5] 牛红亮.政府信息公开中公共图书馆与档案馆优势比较及角色定位[J].理论导刊,2010(03):83-85.

[6] 温兆阳,肖文陵.当下服装设计与消费者的新型互动[J].设计,2016(01):134-135.

[7] 赵盈盈.服装新产品开发中的市场调查方法研究[D].北京:北京服装学院,2008.

［8］［美］菲利普·科特勒. 营销管理（第 15 版）[M]. 何佳讯，译注. 上海：格致出版社，2016.

［9］Bednarowska Z. Desk research — exploiting the potential of secondary data in market and social research[J]. Journal of Marketing and Market Studies, 2015, 7: 18-26.

第7章

询问调查法

本章导读 // 内容概要、重点和难点

本章介绍了询问调查法的基本概念及其在服装市场调查中发挥的重要作用，引导学生使用不同询问调查中的组合方法进行市场调查，询问调查法作为市场调查中最常用的方法之一，对于市场情况、消费者行为的调查提供了更加直观的数据。

本章重点

根据不同调查问题使用不同的询问调查法，可以获得更严谨或更灵活的调查结果，对于后面的产品开发、营销推广等起到相应的作用。

本章难点

进行询问调查的过程中，研究人员要根据不同的人群、不同的场合，使用不同的询问调查技巧，对于想要获得的调查结果会起到事半功倍作用。同时，在询问调查过后，研究人员需要对记录的询问调查内容进行梳理总结，提炼出其中有代表性、对于调查问题有意义的信息。

> **案例 7-1** 日本世界时装企业的"活情报"
>
> 世界时装企业（World Co., Ltd., 日文名称：株式会社ワールド）是一家总部位于日本神户的服装公司，该企业不以自己的企业名称生产服装，而是拥有许多品牌来销售其服装。在 20 世纪 60 年代创业时的零售企业发展中，其成为日本有代表性的大型企业，靠的关键是第一手"活情报"。他们在全国 81 个城市用户集中的车站、繁华的街道开设侦探性专营店，陈列企业全部产品，给用户以综合印象，售货员的关键任务是观察用户的采购动向。事业部每 7 天安排一天时间全员出动，3 人一组、5 人一群，分散到各地调查，有的甚至到竞争对手的商店观察用户情绪，向售货员了解情况，找店主聊天，调查结束后，当晚回到企业进行讨论，分析用户消费动向，提出改善的新方法。全国经销该企业时装的专营店和兼营店均制有用户登记卡，具体记载每一个用户的年龄、性别、体重、身高、体型、肤色、发色、爱好、癖好、健康情况、家庭成员、家庭收入、使用什么化妆品、常去哪家剪发店、现时穿着及家中存衣的具体情况，这些卡片经过信息网络储存在企业信息中心，企业只要依据卡片信息就能判定用户眼下想买什么时装，以后有可能添置什么时装。
>
> 其市场调查中的第一手资料来源就是采用访谈法中的直接访谈和间接访谈的方法，更加直观地了解到消费者需求和企业产品销售情况，且能够迅速反映市场变化。
>
> 资料来源：公司官网 https://corp.world.co.jp/english/company/

7.1 询问调查法的分类与定义

7.1.1 什么是询问调查法？

询问调查法（Questioning）是社会学研究中一种搜集资料的方法，又被称为访谈调查法、直接调查法等，属于初级研究中的一种方法，其收集到的数据是定性研究和定量研究的结合。"询"是探望、寻求的意思；"问"是指询查、追究。询问调查法是调查人员通过走访、电话、邮寄、留置问卷和座谈等方式，向调查者发问或征求意见来搜集所需市场信息的一种调查方法。它是社会调查研究中使用得最为普遍的方法之一。

> **知识回顾：什么是初级研究？**
>
> 初级研究（Primary Research），指深入研究环境采集第一手数据，又称之为一级研究。与之相对应的是二级研究（Desk Research，获取已公开的二手数据）。

询问调查法属于现代社会学研究中实地调查法的一种。实地调查法可以追溯到19世纪末西方兴起的社会改革运动。在这场运动中，许多社会学者试图系统地描述城市贫民的生活状况，以便改善其生活条件。于是，掀起了一场到实地去进行观察询问的社会调查运动。以后，这种方法传入美国芝加哥学派。芝加哥学派的著名学者斯莫尔、托马斯、帕克、米德等人在社会改革活动和城市生活研究中，应用了直接观察和询问方法，广泛地收集资料、撰著文章。其中，影响较大的当推帕克1916年发表的《城市》一书。此后，询问调查法越来越受到社会学研究者的重视。当代社会随着系统论、信息论、控制论这些现代科学方法论的出现，随着电子计算机的应用和普及，使询问调查法产生了理论新、方法新、手段新的特点。对询问调查研究提出了理论系统化、方法科学化、手段现代化、人员知识化的要求。时至今日，询问调查法已成为社会调查研究中一种比较完善的方法。

> **延伸阅读：芝加哥学派和帕克的《城市》**
>
> 19世纪末，大量移民涌入工业城市芝加哥，使得它短时期内成为人口仅次于纽约的美国第二大城市。移民带来了多种文化，也引起了社会失序，芝加哥动荡不安，社会犯罪率高升，社会整体受到严重挑战。面临这种情况，芝加哥大学社会学系的学者们将研究焦点转向自己身边的城市，把芝加哥当成"社会实验室"，深入研究这所城市的各个角落。由于这些学者具有相似的研究兴趣、共同的研究方法，因而被称为社会学里的"芝加哥学派"，研究成果不断涌现，直至20世纪30年代中期，一直是美国社会学的主流。
>
> 芝加哥学派的著名学者斯莫尔、托马斯、帕克、米德等人在社会改革活动和城市生活研究中，应用了直接观察和询问调查法。帕克指导自己的学生走出教室，进入田野，跟普通市民进行交谈，观察他们的言行并且记录，广泛地收集资料、撰著文章。1916年帕克发表《城市》一书集中性地反映了城市研究中具体的概念、理论和方法论指导，对整个芝加哥社会学派地形成奠定了坚实地学术基础，而其中的研究方法更是延续到了后面社会学问题的研究中，并且作为非常重要的研究方法之一。应当说，社会学芝加哥学派对社会问题的态度，并非社会主义式的革命，而是具体

问题导向的改良,它并非是一种道德哲学或者可以用之于社会改革的调查工具,而是一种科学事业。对帕克来说,社会学研究要更加严格、更加科学地检验各种正在发展中的社会科学命题,注重收集第一手资料,《城市》则是专门指导人们用科学方法来从事城市研究的指南。

参考文献:
[1] [美] 罗伯特·帕克. 城市 [M]. 北京: 商务印书馆出版社, 2016.
[2] 陈阳. 大众传播学研究方法导论(第二版)[M]. 北京: 中国人民大学出版社, 2015.

7.1.2 询问调查法的类型

询问调查的方式是多种多样的。我们站在不同的角度,可以将它分为各种不同的类型。根据对询问过程的控制程度,可以分为结构式询问和无结构式询问。根据询问者与被询问者之间的接触方式,可以分为直接询问和间接询问。根据一次被询问的人数,可以分为个别询问和集体座谈。

(1)结构式询问与无结构式询问

结构式询问又称为标准化询问、导向式询问或控制式询问,这是一种高度控制的询问,其要求是要按照事先设计好的、有一定结构的问卷进行询问。这种询问的特点是选择询问对象的标准和方法、访谈中提出的问题、提问的方式和顺序,以及对被询问者回答的记录方式都是统一的。问卷是结构式询问的主要工具。在询问过程中,由询问者按照事先制作的问卷提问。

结构式询问通常是封闭式的,可以是二分法的,这意味着要求参与者对每个问题回答"是"或"否",或者多项选择。虽然开放式结构式询问确实存在,但并不常见。通过按设定的顺序提出固定的问题,研究人员可以比较统一前后被调查者之间的回答。这可以帮助发现问题并突出显示进一步研究的重点,并且可以成为有用的解释性或探索性研究方法。

结构式询问最适合在以下情况下使用:研究人员已经对研究主题有了非常清晰的理解,能够拥有一个设计强大的结构化问题的表格;企业或研究人员在时间或资源方面受到限制,需要有效地分析数据;所研究的问题在被调查者之间是高度平等的,且环境条件保持不变。

结构式询问的过程分为三个步骤。

第一步:设定研究目标和研究目的。在开始结构式询问之前,研究人员必须检查并明确整个询问过程的重点和目标。换句话说,询问的重点是什么,研究人员想获得的目标是什么。同时，必须检查并弄清楚是否将结合问卷等方式在询问过程中作为辅助调查。最好提前列一个计划表，其中包含研究人员将在询问调查过程中提出的所有问题。

第二步：设计所提出的问题。当面试开始时，确保计划表中的问题是否正确是非常重要的。结构化询问是标准化的，并且具有固定的格式。因此，这些问题也将以特定的方式提出，即答案的范围是有限的。这也可能意味着每个人都将接受询问，并将被问及具有相同顺序和相同方式的相同问题。特别注意结构化问题的顺序和措辞，在结构式询问过程中，他们必须保持不变，且保证是封闭式问题或非常简单的开放式问题。当满足以上条件时，调查的可靠性和一致性将会提高。

第三步：召集参与者。根据调查的主题，可以使用一些采样方法，如自愿响应抽样，在校园内发布传单并根据响应查找参与者；对特定年龄、种族、民族、性别认同或感兴趣的其他特征进行分层抽样；对一组已经知道要包含的特定参与者进行判断抽样。

样例：结构式询问格式

结构化面试中提出的问题示例：

① 您多久使用一次我们的产品？
一周 / 一个月 / 一年
② 您喜欢使用我们的产品吗？
喜欢 / 不喜欢 / 一般
③ 您推荐我们服务的可能性有多大？
很大可能 / 有可能 / 极不可能

无结构式询问又称非标准化询问。它与结构式询问相反，事先不制定表格、问卷和询问程序，只需要拟定出一个大致的询问提纲，由询问者给出某些问题，与调查对象自由交谈。被询问者可以随便提出自己的意见，在访谈过程中，又可能形成一些新的问题与见解，拓展、深化询问者对问题的了解。其中，心理投射法就是一种无结构的间接询问形式，可以鼓励被调查者将他们对所关心问题的潜在动机、信仰、态度或感情投射出来。在投射法中，并不要求被调查者描述自己的行为，而是要他们解释其他人的行为。在解释他人的行为时，被调查者就间接地将他们自己的动机、信仰、态度或感情投射到了有关的情景之中。因此，通过分析被调查者对那些没有结构的、不明确而且模棱两可的反应，他们的态度也就被揭示出来了。和心理学中的分类一样，投射法可分成联想法、结构法、完成法和表达法。

■ **案例 7-2** 心理投射法示例

① 联想法

单词联想投射法（Word Association Tests）是联想法中的一种，其目标是确定与活动/品牌相关的首要因素。在使用这个方法之前，可以先做一个热身运动。例如："如果我提到海滩这个词，你会想到什么？"被试者可能会按照"放松、比基尼、沙滩、城堡、家庭时间、野餐等"的思路回答，然后研究人员可以继续问与研究相关的实际问题。然后，还可以将其可视化到词云中时，通过使用 WordArt（WordArt.com，一个在线词云生成器）这样的在线词云，将数据信息以具有艺术感和可视化的方式呈现出来，如图 7-1 所示。

② 结构法

结构法不仅仅是对刺激做出反应，而是要求参与者从刺激中创造一些东西，这些创作可以是故事或图像（如图 7-2）。这种投射法用于通过在白纸上绘制抽象形式来理解参与者对品牌的看法或感受。有时，他们还会在页面上看到一个空白的思维气泡图，并被要求用自己对品牌的看法来填充这个气泡图。这种方法对于捕捉个人对品牌的看法很有用，尤其是"这会让你感觉如何？"对于最初可能不愿在一群陌生人面前表达自己的情绪的参与者来说，这是一种简便的方法，因为他们还可以以第三人称的身份提出自己的观点，例如"这就是我觉得大多数客户对这种服务体验的反应"。

图 7-1 词云图示例

③ 完成法

在这种投射法中，给参与者提供一个不完整的故事或句子，要求参予者提供一个结尾。这种方法可以有效地用于市场研究，以了解满意度或他

图 7-2 思维气泡图

们与某个品牌或产品的关系。研究人员向参与者展示任何形式的不完整产品，要求受试者以他们喜欢的任何方式填写空白，只要他们的回答符合一定的理性标准。然后，研究人员进行主观分析，以确定参与者的冲突、态度和动机。

句子完成法是投射法和问卷法的结合，通过问卷，参与者可以获得句子的开头（称为句干），然后以对他们有意义的方式完成。句子完成法可以用来评估各种结构，包括动机和态度。通过只提供句子的开头，研究人员给出了主题，但参与者自由地根据自己的意愿做出回应。由于没有确定的答案，用户被要求快速回答，获取其第一反应。

④ 表达法

品牌拟人化是表达法中最有趣的方法之一。品牌拟人化是指"如果某品牌长出了胳膊和腿，变成了一个人，他们会是谁/什么样的人？"。所有联想和拟人化都需要根据品牌的意义来提出，即如何展示品牌个性和特征。可以将品牌与名人进行比较，或者可以建立与品牌属性一致的个性和特征。通过营造"派对上的品牌"，可以了解它在更广泛的品牌环境中的存在方式。谁（品牌）会和谁（品牌）说话，他们将如何互动，哪个品牌将扮演哪个"角色"？品牌拟人化提供了对品牌属性富有情感化的见解，并且通常用于更好地理解品牌个性。

（2）直接询问与间接询问

直接询问，就是询问者和被询问者直接进行面对面的交谈。这种询问方式，又有"走出去"和"请进来"两种。"走出去"，即询问者到调查对象当中去进行实地询问；"请进来"就是询问者将调查对象请到指定的地点进行询问。"走出去"的好处是有利于询问者在交谈的同时对实地进行观察了解，加深感官的印象，用情境帮助对问题的理解。"请进来"的方法是实施无结构式询问中"重点集中法"（把调查对象安排到一种特殊的情境中，例如看一场电影、听一段广播）的必要手段。

间接询问，就是询问者通过电话或问卷等形式对调查对象进行的询问。电话询问调查是由调查人员根据事先确定的抽样原则抽取样本，用电话向被调查者询问，以搜集有关资料的一种调查方法。问卷询问可通过邮局传递、社交平台分享等方式进行。如今，随着网络的快速发展和计算机的普及，出现了一种新型的依靠网络访问固定样本的线上调查方式。网络访问固定样本是基于自愿原则招募而来的愿意完成网络调查的网络访问人群，存在一个潜在的受访者的样本数据库，在未来的数据收集中，如果数据库中的人群被选中，他们将愿意配合完成调查。

知识拓展：

　　网络调查数据平台：国内有问卷星、问卷网、Credamo 见数、麦客 CRM、腾讯问卷、调查派、金数据等；国外有 Question Pro、Qualtrics、Google form、Typeform 等网络数据平台。

　　以上采用线上方式来做用户的需求调查，完成问卷编辑、问卷分发、收集数据、分析数据的过程。网络调查数据平台不仅拥有非常丰富的问卷形式，同时还具有强大的数据分析功能，为企业和研究人员在进行市场调查时提供了便利以及节省了大量的调查费用。

（3）个别询问与集体座谈

　　个别询问，也被称作深层访谈法，是以个体作为对象 1 对 1 的询问。这种询问的长处在于能够根据询问对象的特殊性区别对待。比如可以根据被询问者的职业、教育程度、性别、年龄以及民族等不同因素来掌握询问的技巧；同时，由于询问者与被询问者之间的距离较近，便于双方的沟通，询问结果的真实性与可靠性较大。

　　集体座谈，也被称为焦点小组调查法，即将许多调查对象集中在一起同时进行询问。这是一种比个别询问层次更高、难度更大的调查方法，它的优势在于参与者之间可以进行自然对话和讨论。一般来说，集体座谈最好采用半结构式询问，这样有利于把握方向与重点，有利于局面的控制。对参加座谈会的人数也有一定的要求，一般以 5～7 人为宜，最多不超过 10 人。集体座谈法还包括头脑风暴法，其出自"头脑风暴"一词，又称智力激励法、BS 法、自由思考法，是由美国创造学家亚历克斯·奥斯本于 1939 年首次提出的一种激发性思维的方法。参加人数一般为 5～10 人，最好由不同专业或不同岗位者组成；会议时间控制在 1 小时左右；设主持人一名，主持人只主持会议，对设想不作评论；设记录员 1～2 人，要求认真将与会者每一设想不论好坏都完整地记录下来。采用头脑风暴法组织群体决策时，要集中有关专家召开专题会议，主持者以明确的方式向所有参与者阐明问题，说明会议的规则，尽力创造在融洽轻松的会议气氛中进行主持者一般不发表意见，以让专家们"自由"提出尽可能多的方案。头脑风暴法可分为直接头脑风暴法（通常简称为头脑风暴法）和质疑头脑风暴法（也称反头脑风暴法）。前者是在专家群体决策中尽可能激发创造性，产生尽可能多的设想的方法；后者则是对前者提出的设想、方案逐一质疑，分析其现实可行性的方法。

　　询问调查法的分类及访谈方法、特点、常用技巧详见表 7-1。

表 7-1 询问调查法的分类

访谈分类依据	访谈方法	特点	常用技巧
对询问过程的控制程度	结构式	问题是高度控制的,提前设计好并具有一定结构	问题通常是封闭式的,需提前选择询问对象的标准和方法;设计好访谈中提出的问题、方式和顺序
	无结构式	只需拟定大致的提问提纲,自由交谈,问题较为发散	调查环境要相对轻松,能够让被调查者自由地表达想法;需要专门的、训练有素的调查人员
询问者与被询问者之间的接触方式	直接询问	和被询问者直接进行面对面的交谈,将观察作为辅助调查	可以采用安排调查对象到一种特殊的情境中,例如看一场电影、听一段广播等必要手段
	间接询问	通过电话、问卷或邮寄等形式对调查对象进行的询问,如今较多采用线上平台进行调查	需预先确定好抽样原则和样本,根据不同形式设计问卷,问卷问题应有一定逻辑,由易到难
参与询问调查的人数	个别询问	以个体作为对象1对1的询问,可以根据个别调查者的特殊性进行特定提问	可以设法在个人层面上与受访者建立联系,这将有助于收集有关该主题的更多详细信息,也可以要求被访者解释答案
	集体座谈（焦点小组）	许多调查对象集中在一起同时进行询问,比个别询问难度更大,需要有一个主持人做观察和记录	创造高效轻松地调查环境,采用半结构式询问,有利于把握方向重点以及局面的控制;主持人通常不发表观点,仅观察和记录

7.1.3 询问调查法可以解决什么问题？

采用恰当的方法和手段进行市场调查，是实现调查目的的关键。只有运用恰当的调查手段，科学的调查方法，通过调查收集到的资料才能及时、准确、全面。通过前文内容，了解到询问调查方法中有问卷访谈、电话访谈、网络访谈、焦点小组访谈、邮件访谈等。询问调查法被应用在很多领域，如制定营销策略、产品开发、企业管理和供应链管理等（表7-2）。下文中将举例说明。

表 7-2 询问调查法的适用性

适用领域	访谈方法	适用解决问题
企业产品开发	焦点小组、直接询问、间接询问	前期了解目前的市场需求,和消费者建立联系,让消费者参与到产品设计中。在新产品投入市场初期,检验消费者对于新产品的反馈,适时修改后面的产品和营销策略。后期,巩固消费者,维持消费者与品牌之间的黏性

续表

适用领域	访谈方法	适用解决问题
企业营销策略的制定	深度访谈法、焦点小组	了解整个行业市场环境和竞争对手情况,以制定适合自身品牌和产品的营销策略
企业人力资源管理	直接询问法、间接询问法	帮助企业更好地完善企业管理制度,更好地满足员工的需求,切合实际地激励员工努力工作,提高员工满意度和忠诚度
企业供应链管理	直接询问法、焦点小组、间接询问法	对供应链管理中的员工胜任力进行分析,从而使其更好地应对供应链的流程中一系列在不同环节内和不同环节间的意外事件

（1）制定营销策略

在企业制定营销策略时，可以应用深度访谈法和焦点小组法。深度访谈法可以了解整个行业市场环境和竞争对手情况，以制定适合自身品牌和产品的营销策略。焦点小组法则可以用来了解该行业市场消费者的需求和喜好，能够洞悉蓝海市场，以及验证已有的营销策略是否有效。张耀鸿在研究网络游戏产业整合营销传播工具时，使用深度访谈法和焦点小组法对中国大陆和中国台湾两岸的在线网络游戏进行对比研究。通过对各个游戏公司负责整合营销传播企划与执行工作的从业人员进行深度访谈，了解了其在顾客面、企划面、财务面、执行面和绩效评估六个方面的差异和特点。之后，通过焦点小组访谈法就消费者角度了解网络游戏玩家们接收网游营销传播信息主要来源以及对于网络游戏传播渠道的偏好度，以佐证网游厂家们的营销传播媒体策略是否切中消费者群体的需求以及两者间是否存在认知上的落差。因此，在企业制定营销策略时，各类访谈方法的结合能够使得企业更好地制定适合自身品牌基调和满足消费者需求的营销策略，从而塑造企业形象的独特性和差异性，提高企业核心竞争力。

（2）企业产品开发

对于产品开发，询问调查法在产品生命周期前期、中期和后期都能够帮助企业了解市场和消费者喜好，从而对产品进行研发和改进（表7-3）。在开发服装新产品前期准备阶段，其运用的主要方法是焦点小组访谈法和直接询问法。企业为了贴近消费者，以达到深入了解消费者的服装需求的最终目的，必须与消费者有着超于购买行为的、更近距离的、更深层次的接触。焦点小组访谈法可以看出某种需求是否得到在场大多数消费者的赞同；而直接询问法的一对一访谈形式和轻松融洽的气氛，让每一位被调查者对服装的需求表达得更加清晰透彻，企业从而可以更准确地把握消费者心理。在产品生命周期的导入期阶段，为了更好地传达品牌理念，表现产品性能，通常采用直接询问和间接询问相结合的方法。销售人员直接在店铺或商场内做试用、试穿活动，面对面地与消费者沟通，观察消费者对于产品的感官评价，从而可以及时地反馈给产品开发部门进行修改和创新。除此之外，还可以结合间接询问法，对于体验过的消费者进行问卷或电话回访，询问他们对于使用产品后的评价，从而对于后续的产品生产提供新的改进方案。在产品生命周期的成熟期阶段，产品销量仍有增长，但增长缓慢，同时随着类似产品的增多，竞争十分激烈。为了巩固消费者，维持消费者与品牌之间的黏性，研究人员可以采用间接询问的方法，通过电话、邮递等方式与消费者建立联系，调查他们对于产品使用的情况，以及是否会回购，可以提出对于产品的意见和建议，让消费者参与到产品设计中，拉近与品牌的距离。同时，为了表示感谢，可以附赠一些小饰品或新产品小样，提高消费者对于品牌的好感度，以维持老顾客，并寻找新顾客。

表 7-3 询问调查法在产品开发各个阶段所解决的问题

市场调查阶段	访谈方法	适用解决问题
开发新产品阶段	集体座谈、直接询问	了解目前的市场需求；和消费者建立联系，让消费者参与到产品设计中
产品导入期阶段	直接询问、间接询问	在新产品投入市场初期，检验消费者对于新产品的反馈，适时修改后面的产品和营销策略
产品成熟期阶段	间接询问	巩固消费者，维持消费者与品牌之间的黏性

（3）企业人力资源管理

在企业管理尤其是人力资源管理中，询问调查法是一种运用广泛的研究方法，在企业的招聘、绩效管理、培训、劳动关系管理、工作分析、薪酬等方面都有所涉及。管理者通过使用询问调查法与员工进行交流，使其了解员工的想法、工作表现、工作态度等，从而制定管理方案或改进管理制度，来达到企业经营的目标。询问调查法在企业人力资源管理中的应用主要包括培训需求分析、绩效管理和工作分析三方面。培训需求分析是企业管理者通过面对面访谈法了解培训对象的工作技能、专业知识、工作态度表现等方面的信息，从而进行培训需求分析，制定培训需求方案。在绩效管理中，直接询问调查法是企业中最常见的绩效反馈形式，通过绩效面谈，员工知道了自己在过去工作中取得了哪些进步，还有哪些需要自己改进的不足之处，使自己在以后的工作中提高工作效率。在工作分析中，询问调查法是传统工作分析的方法之一，也是目前国内企业运用最为广泛、最成熟、最有效的工作分析方法。它主要是访谈人员根据访谈计划与员工面对面进行交流，收集岗位信息的一种方法。除此之外，企业通常还会使用匿名的间接询问法如问卷调查等，了解员工对于薪资、工作环境、同事关系、心理状况等较为敏感问题的态度，间接询问法可以使得企业更深层次地了解员工需求，从而提高员工幸福感和满意度，帮助企业塑造更好的企业形象。因此，询问调查法使企业能了解到员工对于企业的看法、员工的工作表现和工作态度、员工的人际关系状况和员工对自己工作的满意度和薪酬的满意度等。这些信息，促使企业更好地完善企业管理制度，更好地满足员工的需求，切合实际地激励员工努力工作，发挥自身最大的价值去为企业创造更大的价值，让企业与员工共同发展。

（4）企业供应链管理

供应链管理在企业运营管理中有着非常重要的地位，尤其是企业在整合内外部资源、降低运营成本、提升客户满意度、发挥自身核心优势等方面具有突出的作用。供应链管理的根本目标是实现企业利益最大化和供应成本最小化，也就是实现供应链价值的最大化。狭义角度的供应链则是指企业内部从产到销整个过程中形成的价值链。供应链管理具有速度快、灵活好、定制化、信息化、高效率的特点。与其他部门管理不同的是，在供应链的流程中会有一系列在不同环节内和不同环节间的意外事件发生。企业在进行供应链管理中通常会引用胜任力的概念，胜任力是一种表现个人或团队在某个岗位上从事工作能力的用"特征"表示的综合范畴。它可以被界定是多种"特征"的集合，包含了潜在的、隐含的和持久稳定的个体特征；也可以被解读为个体在具体岗位工作的行为特征；还可以被认为是前述两种观点之和，并且这些特征会随着部门和岗位的不同而发生变化。在进行员工胜任力特征提取时通常会采用询问调查法中的焦点小组法、行为事件访谈法和问卷调查法。其中，行为事件访谈法是一种通过不限讨论话题，令受访者对过去事件进行回顾的谈话方式，是揭示胜任力特征的主要工具。这是一种结合关键事例法的访谈方式，重点是请受访者回忆过去半年或一年内在工作上本人感到最成功或最失败的事件，其中包括了对具体场景或情况的描述、参与者、当时采取的行为、当时个人的感觉或看法以及最后的结果，整个描述过程必须是完整包含前述各部分内容。通过行为事件访谈法提取获得大量的胜任力行为特征后，可以借助焦点小组法，来聚焦在已有的内容上进行有针对性的意见表达，避免了盲目讨论，提高了信息收集的效率。最后，通过问卷调查法快速了解参与被试者的基本信息情况。

7.2 询问调查法的实践运用

询问调查过程大体可分为三个阶段，即开始阶段、主要阶段和结束阶段。要取得询问调查的成功，需要在访谈过程的各个阶段和各个环节采用一定的技巧。

（1）询问开始阶段

询问开始阶段所面临的问题主要有两个：一是如何做好询问前的准备工作；二是如何选择和接近询问对象。

询问调查准备工作，询问者应对自己的研究目的有较深入的了解，要达到什么样的调查结果，准备提哪些问题，重点在哪里等，并选择适当的询问方式，据此制作出相应的问卷或调查大纲。选择询问的具体对象，询问对象的选择要符合询问内容的需要。同时，要取得询问对象的信任，如自然地接近对方、通过寻找共同点来接近对方、正面直接接近对方（即开门见山，说明来意）、隐蔽式地接近对方（即不暴露自己的身份和调查目的）等。

（2）询问的主要阶段

① 按照事先拟订的提纲逐个进行询问，防止偏离询问提纲，如采用问卷方式进行调查，则可按问卷所列问题的先后顺序进行询问。

② 在询问过程中，对需要引导和追问的问题，研究人员要做必要的引导和追询。在询问开始和询问过程中，如果涉及被调查者个人收入、婚姻状况等隐私问题，应强调为其保密，这既是取得真实资料的前提，也是调查者讲求职业道德应遵循的原则。

③ 对于一些被调查者较为敏感的问题，在必要或时间允许的情况下，可从被调查者关心的话题开始，逐步缩小询问范围，最后问及所要了解的问题。

④ 在询问调查中，调查者要始终采取公平、中立的立场，应给被调查者留下这样的印象，即你对事对人都未带有任何偏见，也不希望左右别人的态度和思想。

⑤ 调查人员应讲文明、有礼貌，用语准确、贴切、恰当，不能以审讯或命令的口吻提问，不要随便打断对方的回答，或对其回答流露出任何鄙视或不耐烦的表现，更不能使用一些令对方忌讳、反感的语言。

（3）询问结束阶段

询问结束阶段是整个询问的最后一个环节，这个环节也很重要，不能忽视。

首先，在询问结束时，调查者应迅速重温一下询问结果或迅速检查一遍问卷，避免遗漏重要项目，找出回答中出现的各种问题。其次，在询问结束时，通常还应再征求一下被调查者的意见，了解他们还有什么想法、要求等。最后，还要真诚感谢对方对调查工作的支持，如在开始时做出馈赠物品承诺的，在回答了问题并检查合格后，须将物品赠送他们。如果是追踪调查，还要争取得到被调查者进一步的配合。

7.3 询问调查法的优点与不足

询问调查法由于调查方式多种多样，其各有不同的优缺点，需要根据调查目的和调查资源条件加以选择。整体而言，调查方法之间的优缺点比较汇总见表7-4。

表 7-4 询问调查法的优缺点

访谈分类	访谈方法	优点	不足
对询问过程的控制程度	结构式	调查者能充分把握调查过程,保证了调查结果的可靠性;在回答问题之外可以观察被询问者的态度行为,分辨出被询问者回答问题的真伪,提高调查质量	缺乏弹性,难以灵活地反映复杂多变的社会现象;由于高度控制,难以对问题进行深入的探讨,不利于充分发挥询问者和被询问者的积极性和主动性
	无结构式	发挥调查双方的主动性和创造性,适应千变万化的客观情况;可以发现原来没有考虑到的新情况、新问题,有利于拓展和深化对问题的研究	研究所获得的调查数据深而不广,可能存在严重的解释偏差,难以进行定量分析;对于调查人员有较高的专业要求
询问者与被询问者之间的交流方式	直接询问	问题回答率高、能深入了解情况、可以直接观察被调查者的反应等,能够获取较为真实、具体、深入的资料	样本较少,需要较多的人力、物力和时间,并且面对面的调查,通常因为缺乏隐秘性而导致受访者回避敏感问题或回答相反的答案
	间接询问	调查方式灵活,时间短、速度快、节省经费,覆盖面广,利于隐私和敏感问题的回答;能够快速获取大量的样本	回复率低,问题不能过于复杂;难以判断被调查者的代表性,难以控制回答的过程,难以了解影响回答的因素
参与询问调查的人数	个别询问	问题探察深入,通过连续询问鼓励访谈对象阐述、解释所作的回答;询问结果的真实性与可靠性较大	一个访谈人员一天可能只能访问一个或几个被访者,同时可能会遭遇拒绝和突发情况,增加了调查的费用和时间
	集体座谈(焦点小组)	调查范围广泛,过程高效迅速,获得的资料更为完整和准确;节约人力、时间和资金	被调查者可能会产生从众心理;对一些敏感性问题,被询问者难以回答或选择回避

(1)结构式询问和无结构式询问优缺点比较

对于结构式询问,调查者能够对调查过程充分把握,从而保证了调查结果的可靠性;同时,由于询问者介入了整个询问情景,能够在回答问题之外对被询问者的态度、行为进行仔细观察,分辨出被询问者回答问题的真伪,有利于准确评估资料的效度与信度,提高调查质量。它的不足之处是,这种询问方法缺乏弹性,难以灵活地反映复杂多变的社会现象;由于高度控制所致,难以对问题进行深入的探讨,不利于充分发挥询问者和被询问者的积极性和主动性。

无结构式询问或半结构式询问的方式,有利于发挥询问者和被询问者双方的主动性和创造性;有利于适应千变万化的客观情况;可以了解到原设计方案中没有考虑到的新情况、新问题，获得结构式询问无法获得的丰富资料；有利于拓展和深化对问题的研究。与结构式询问相比，无结构式询问的最大优点是弹性大，但是，这种询问所获得的资料主要是质的资料而不是量的资料，也就是说深而不广，对询问结果难以进行定量分析，其信度不高而效度高。此外，这种方法要求询问者具有较高的专业素质，方能驾驭千变万化的情况。

（2）直接询问和间接询问优缺点比较

对于直接询问调查，由于调查双方可以面对面交谈，受访者可以提供有关所讨论主题的详尽细节。调查人员可以设法在个人层面上与受访者建立联系，这将有助于收集有关该主题的更多详细信息，从而改善响应。访员也可以要求被访者解释不清楚的答案。同时，随着网络科技的发展，通过腾讯会议、Zoom 等在线媒体，无论询问者和受访者之间的距离和他们对应的时区如何，在线询问都可以一键式地进行交流，访问者可将所有收集的数据直接输入笔记本电脑或任何其他类似设备。处理时间减少，而且访调员不必携带实物问卷，只需将问题输入笔记本电脑即可，便捷且节约成本。然而，直接询问也有不足：样本会比较少，需要较多的人力、物力和时间，并且面对面的访谈，通常因为缺乏隐秘性而导致受访者回避敏感问题或回答相反的答案，难以分辨问题的真伪。

对于间接调查的方式，电话询问调查的优点：时间短，速度快，节省经费；覆盖面广，可以对任何有电话的地区、单位和个人进行调查；适宜访问不易接触到的被调查者；回答率高，被调查者不受调查者在场的心理压力，涉及到私人方面或敏感性问题时能畅所欲言。电话调查法的缺点：电话提问受到时间限制，询问时间不能过长，内容不能过于复杂，故只能简单问答，无法深入了解有些情况和问题；无法针对被调查者的性格特点控制其情绪，如对于挂断电话的拒答者，很难做进一步的规劝工作。间接询问调查具有匿名性强、回答的质量高、被询问者敢于暴露真情实感、有利于敏感性问题的回答、节省时间等优点。缺点是回复率低、难以判断回复者的代表性、难以控制回答的过程、难以了解影响回答的因素等。而线上调查相比传统调查，其有着明显的优势，线上调查可以节约时间和财力，能快速获取大量且多样的样本。由于这些优点，许多机构都在构建、扩充和完善这样的样本数据库。但是，网络访问固定样本的本质是非概率样本，样本单元的入样概率（相对于更大的目标总体）未知，因此无法得到传统的抽样推断理论的支持。

（3）个别询问和集体座谈优缺点比较

对于个别询问调查，是以个体作为对象 1 对 1 的询问。这种询问的长处在于能够根据询问对象的特殊性区别对待。比如可以根据被询问者的职业、教育程度、性别、年龄、民族以及所属的阶级阶层等不同因素来掌握询问的技巧；同时，由于询问者与被询问者之间的距离较近，便于双方的沟通，询问结果的真实性与可靠性较大。但与集体座谈相比，这种询问耗时费资。

集体座谈方法获取的信息比较广泛而迅速，获得的资料更为完整和准确；由于同时询问若干人，因而还可以节约人力、时间、资金。但是，集体座谈也常常容易产生一种"团体压力"，在从众心理的支配下，使个人可能违心地顺从多数人的意见而不敢表示异议；由于这是一种"大庭广众"式的询问，对一些敏感性问题，被询问者难以回答；与个别询问相比，集体座谈的深度不够。而集体座谈法的访谈过程较焦点小组访谈法更容易实施，对主持人没有太多要求。缺点是访谈结果较焦点小组访谈法差一些。

在实践中，不同的调查方式侧重点不同，调查人员可以根据市场调查的任务和要求运用科学的方法，有计划、有组织地收集市场调查资料。另外，也可以将各种方法结合运用以达到更好的调查效果。

■ 案例 7-3 消费者感知服装品牌创新概念图

我国的服装产业经过几十年的快速发展，涌现出了一大批如森马、太平鸟、欧时力等国内知名休闲服装品牌，值得正视的是，虽然我国已经成为世界上最大的服装生产、消费和出口国，却称不上服装强国，本土服装品牌的影响力和竞争力仍与国际知名品牌存在较大差距，品牌和产品创新不足是重要原因之一。然而，消费者的感知创新能力尤为重要，能够积极影响消费者对产品和企业的评价，可以为企业带来持续的竞争优势。目前国内外对于感知创新的研究大多聚焦于产品层面的"感知产品创新"，而非聚焦于品牌层面探究"感知品牌创新。"Quellet（2006）首先在感知创新中引入品牌概念，将其定义为"消费者对一个品牌能够从事和支持新颖性、新理念、新尝试和创新过程的感知"。

高广明和鲁成等从我国消费者视角探究对服装品牌创新性的感知问题，采用自由联想和品牌概念地图的方法，以休闲服装品牌为案例，构建了"创新的休闲服装品牌"的品牌概念地图。自由联想是开放式访谈的一种，是最有效地描绘品牌联想的一种方法，当呈现一个刺激词语后，调查对象尽快写出其头脑浮现的词语或事实。文章在启发阶段，205名调查对象被要求选择一个他/她们认为具有创新性的休闲服装品牌，并回答："当您想到这个休闲服装品牌时，您的脑海中首先会联想到什么？"要求调查对象写出不少于6个关于这个创新品牌的词语或语句，启发阶段的品牌联想词语统计结果如图7-3所示。

然后，通过直接（面对面）访谈方法，让调查对象参与个人品牌概念地图的绘制任务，研究人员进行信息收集和编码工作。最后，通过对编码数据进行聚合，构建了消费者感知休闲服装品牌创新性的共识品牌概念地图，如图7-4所示。通过自由联想法与品牌概念地图更清晰地揭示了"创新的休闲服装品牌"在消费者心中的网络结构，为服装企业管理者进行自主品牌创新提供了理论参考。

频数	创新的品牌联想（$n=205$）		
118	时尚		
52	舒适		
39	潮牌		
33	美观		
31	品质	款式	
30	年轻		
28	设计		
26	个性		
25	色彩	创新	
19	材料	活力	新颖
18	休闲	独特	
13	高端	营销	价格
10	简约	大气	品牌
7	优雅	风格	Logo
6	炫酷	阳光	
4	多元	自由	

图7-3 品牌联想词语统计结果

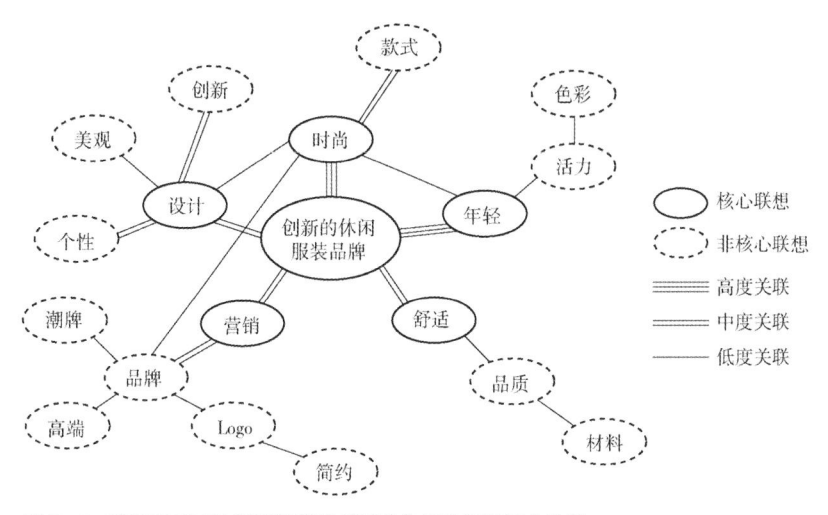

图7-4 消费者感知休闲服装品牌创新性的共识品牌概念地图

资料来源：

[1] Quellet J F. The mixed effects of brand innovativeness and consumer innovativeness on attitude towards the brand[C]//Proceedings if the annual conference of the Administrative Sciences Association of Canada. 2006, 27(3): 310-324.

[2] 高广明，鲁成，鲁怡东. 消费者对休闲服装品牌创新性的感知——基于品牌概念地图方法[J]. 北京服装学院学报（自然科学版），2020，40（03）：62-68.

案例 7-4 面向供应链例外事件管理行为的访谈调查方法设计

随着时代的发展，企业管理者们越来越认识到供应链管理能力是企业的核心竞争力之一。不论企业所处何种行业，生产或销售何种商品，只有在保证企业正常运转的前提下才能实现企业的盈利目标。供应链是指由多方企业共同参与协同完成核心组织的业务流程所形成的价值链。然而，随着供应链的全球化发展和 ERP（企业资源计划，Enterprise Resource Planning）等信息技术的应用，使得供应链管理者面对的环境更为复杂，对于供应链例外事件的监控与处理也更加困难。企业应用信息技术之后，基层管理人员数量会随之减少，原有的人工监控变为电子监控，无法做到及时反馈例外信息。由于电子计算机的程序化，也使得供应链的灵活性降低。企业业务的扩大和发展，数据库中会堆积大量信息，一些传统信息或信号会阻碍供应链例外事件的快速识别并及时做出决策。

孙余鸿通过结合例外事件及其管理特性与访谈调查方法建立供应链例外事件管理行为的访谈调查体系。访谈方法设计如下：在访谈对象的选择上，确定了在调查前期以高层管理人员为主要访谈对象，调查中后期以中层管理人员为主要访谈对象。以此既保证了例外事件管理行为调查的核心问题的挖掘，又可揭示核心问题的普遍性和重要性。访谈调查的事前准备如表 7-5 所示。

表 7-5 访谈调查事前准备表

准备事项	内容
研究范畴	供应链例外事件管理行为
调查主题	管理者在做出例外事件管理行为时的影响因素以及影响机理
选择调查对象	中高层供应链管理人员
选择调查方法	深度访谈、电话访谈、网络访谈
时间安排	依据访谈方法及访谈对象具体安排

供应链例外事件分为链内事件与链外事件，影响机理也分为作用于节点企业与连接环节，又因行业间供应链例外事件种类差别较大，所以访谈调查中不适宜设置预设条件与背景。这也就决定了，供应链例外事件管理行为访谈调查必须是一种开放式的访谈调查。同时，供应链例外管理过程是一个动态的管理过程，封闭式的访谈无法还原某一事件管理的全部过程。而随着调查的深入程度不同，选择的访谈方式也应不同，如图 7-5 所示。

```
            供应链例外事件特性动态管理过程
              ↓          ↓          ↓
          ┌────────┐ ┌────────┐ ┌────────┐
          │ 深度访谈│ │ 电话访谈│ │ 网络访谈│
          └────────┘ └────────┘ └────────┘
             ▷调查前期   ▷调查中期   ▷调查后期
```

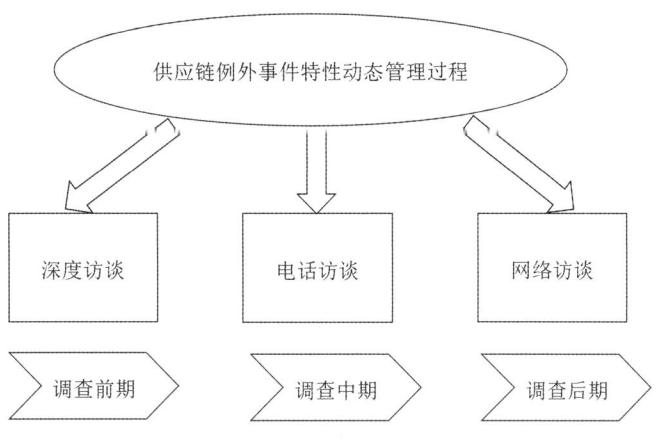

图 7-5　访谈调查方法中的访谈方式选择

在调查前期选取深度访谈作为主要调查方法，可以有效地发掘潜在的问题。供应链例外事件的发生环境和处理背景都比较复杂，且不确定性较高。而深度访谈法非常适于了解复杂、抽象的问题。在调查中期，随着调查主题的不断明确，以及对供应链例外事件的判定与处理过程中的行为差异做进一步的梳理，需要对前期深度访谈中的访谈对象做追踪访问。在这种情况下，深度访谈由于其时间与空间的限制已不能满足调查需要。由此，在调查中期选择电话访谈这一种时空限制较小的深入访谈方式，电话访谈法在增大调查样本的同时，不会削弱调查的针对性。供应链例外事件管理是一个动态的管理过程，其管理行为也复杂多变。在深入访谈中，由于企业和管理人员的个体差别，无法清晰地确定一些影响因素。尤其对影响管理人员管理行为的外部因素无法全面分析，在调查后期，为了突破这一限制，需要对不同企业供应链例外事件管理人员做行为调查，以消除单个企业所造成的调查误差。所以，在调查后期，选择应用较为方便的网络访谈方式。网络访谈也属于间接访谈，通过互联网对例外事件管理人员进行访谈，主要访谈途径有论坛讨论与邮件追踪。

由此可见，在调查研究过程中，要根据不同的事件情况，采用不同的访谈方法，有针对性且有效地得出问题结论，避免因研究方法与问题不匹配而给研究过程带来大量的人力、物力和财力的损失。

资料来源：孙余鸿. 面向供应链例外事件管理行为的访谈调查方法设计[D]. 哈尔滨：哈尔滨工业大学，2011.

思考与练习

1. 找一篇采用询问调查方法的文献，试从中分析为何采用询问调查法，解决了什么问题。
2. 自己设计一份服装行业相关的调查问卷，采用结构式询问的方法。
3. 根据某个研究课题，制定询问调查方案，并同时应用多种询问调查方式。

参考文献

[1] QuestionPro. Market Research: What it Is, Methods, Types & Examples[EB/OL]. https://www.questionpro.com/blog/what-is-market-research/.

[2] LOUIS GRENIER. How to do market research in 4 steps: a lean approach to marketing research[EB/OL]. https://www.hotjar.com/blog/market-research/, 2022-9-13.

[3] Expert market research.Methodology[EB/OL]. https://www.expertmarketresearch.com/methodology.

[4] 秦文力. 大数据背景下的线上、线下混合访问调查方法研究[J]. 统计与决策, 2020(9):6.

[5] 赵盈盈. 服装新产品开发中的市场调查方法研究[D]. 北京：北京服装学院. 2008.

[6] 温兆阳, 肖文陵. 当下服装设计与消费者的新型互动[J]. 设计, 2016(01):134-135.

[7] Chitra Reddy. Structured Interview: Definition, Types, Process, Pros & Cons[EB/OL]. https://content.wisestep.com/structured-interview/

[8] Tegan George and Julia Merkus. Structured Interview | Definition, Guide & Examples[EB/OL]. https://www.scribbr.com/methodology/structured-interview/, 2022-1-27.

[9] Hitesh Bhasin. 13 Projective Techniques used in Market Research[EB/OL]. https://www.marketing91.com/13-projective-techniques-in-research/, 2020-5-5.

[10] 张耀鸿. 网络游戏产业整合营销传播工具应用研究[D]. 上海：复旦大学, 2008.

[11] 魏国清. 访谈法在企业人力资源管理中的应用与建议[J]. 农村经济与科技, 2018, 29(20):141-142.

[12] 李悾. 某企业供应链需求分析人员的胜任力研究[D]. 成都：西南财经大学, 2019.

第 8 章

观察调查法

本章导读 / 内容概要、重点和难点

本章是对观察调查法的全面学习。结合不同的分类,介绍观察法的概念、内容和操作注意事项,以及观察法在市场调查中的作用和重要性、优势和局限性,详细阐述观察法所涉及的各类工具和范围,同时提供各类观察法的实践案例供大家作为应用参考。

本章重点

掌握观察调查法的定义及特征、操作方法及实践应用场景,了解观察调查法对市场营销决策及企业战略的影响和意义。

本章难点

在观察调查法应用的过程中,调查人员需要借助环境、观察对象等特征选择恰当的方式和角度,同时注意实施调查的过程中可能产生的影响,尽可能减少或避免误差,进而保证调查结果的真实性、有效性、科学性。

■ **案例 8-1** "市场那么大，仔细去看看"

"不需要让他们看那些他们已经知道的东西，而是预期之外、他们还不知道自己想要的，呈现他们没有形成的概念，表达他们表达不出的需求。"

这是来自戴安娜·弗里兰（Diana Vreeland）对时尚杂志的见解。

从巴黎到纽约到伦敦，再回到纽约，凭借她超前的眼光和思想，影响了女性刊物的发展：从教人相夫教子，到教大家如何穿衣打扮、活出真我；专栏"Why don't you..."看似脑洞大开，却因为轻松活泼广受欢迎。让身穿比基尼的模特登上杂志封面，在20世纪50年代社会风气保守的美国引起轩然大波；在肯尼迪当选总统之前，邀请肯尼迪夫妇为《时尚芭莎》拍摄一组大片，不同于人们印象中古板的政客形象，照片中年轻的总统候选人夫妇打扮得体又充满朝气，十分拉好感，受到广泛好评。

这位时尚界津津乐道的传奇女性，被誉为20世纪时尚世界权威者，一手打造《时尚芭莎》和"*Vogue*"的黄金时代，建立起独树整个时尚产业的美学观。生于巴黎，青少年时期成长于纽约，随后再迁至伦敦，返回纽约，为时尚杂志撰写专栏，成为时尚编辑，对杂志大胆改革，创造时尚媒体的巅峰，内容涉及多个艺术与时尚领域。得益于丰富的个人经历和对社会多方位的观察，她永远保有对工作的激情和源源不断的创意，发掘旁人无法发现、被主流社会所否定的美，颠覆整个时尚圈，也对时尚产业带来了巨大的影响和推动作用。"我的工作是带给人们他们家里没有的东西，让脑袋去旅行，眼睛去旅行，去没有去过的那些地方。"

资料来源：参考纪录片 *Diana Vreeland: The Eye Has to Travel* (2012) 整理。

时尚市场千变万化，充满了传奇色彩，美是一个永恒和不断被推敲、颠覆、循环的话题，作为时尚市场研究人员，我们是幸运的，我们的工作与美同行，同时也需要秉持专业领域科学严谨的态度去分析和求证，带着敏锐的洞察力收集市场信息，选择合理有效的方法发掘市场上尚未明晰的问题和现象，将有效助益精准挖掘消费需求、制定营销策略和企业竞争力的提升。

8.1 观察调查法的定义和分类

8.1.1 什么是观察调查法？

观察调查法（Observation and Investigation）是调查者结合研究目的，利用自身感官或通过仪器记录观察被调查对象以获取市场信息和资料的方法。

观察调查法属于初级研究中的一种方法。与询问调查法不同的是，观察调查法主要观察人们的行为、态度和情感。它是不通过提问或者交流而系统地记录人、物体或者事件的行为模式的过程。

市场观察调查法通常应用在对实际行动和迹象方面的观察。在市场研究领域，观察调查法是获取直接信息的重要方法，通过对消费者、线下零售终端、线上零售及市场环境等对象展开观察，能够获得丰富的一手资料，成为企业或个人决策的依据。

观察调查法可以根据观察方式、调查人员和被调查人员所处情境设计以及所采用的工具进行分类，基于调查目的和调查内容，调查人员需要选择合适的观察方式。

8.1.2 观察调查法的分类和内容

（1）自然观察法和模拟观察法

基于是否围绕观察对象设置前提条件与情境的前提条件，可以将观察调查法分为自然观察法和模拟观察法两类。

自然观察法指在真实环境、不加以任何人为设置与调节的自然状态下对被调查对象展开信息收集。观察者在他们所感兴趣的行为中没有扮演任何角色，被调查对象也没意识到他们受到观察。观察者意图搜集被调查者最平常的行为举动，这种信息对于做更大范围的相应对象的特征推断最具有可信性，且能够准确反映真实情况，但由于自然状态下被调查对象可能存在的不确定性，将对调查成本、调查结果、收集信息的效率及数量带来影响，需要提前进行时间及成本方面的预估和考量，将调查结果可能存在的不确定性和等待时间纳入调查方案中。

模拟观察法指在按照调查需要进行人为设定的环境中观察被调查对象，进行信息收集。与自然观察法相对应，模拟观察法可控性强，能够快速收集相关数据。经过设计的环境使调查人员能够更好地控制对购物者行为有影响的外在因素，或对此种行为进行解释。此外，模拟环境可以加快观察数据的收集过程。但由于模拟环境与真实环境存在差异，可能会对调查结果带来误差和影响，需要在环境设计和准备阶段做好准备，尽量还原测试环境的真实性。图8-1即在实验室内模拟店铺环境。

图 8-1　实验室内模拟店铺环境示例

（2）伪装观察法和非伪装观察法

基于受访者或被调查对象是否了解自己处于被观察状态这一前提条件，观察调查法可以划分为伪装观察法和非伪装式观察法两类。

伪装观察法要求调查人员在被调查对象不知道自己被观察的情况下实施信息收集，或者故意将自己的观察目的——不是真实的目的，告诉对方以求获得对方的支持和配合。目的在于受访者不会由于观察技术影响或戒备心理而改变原有行为，导致调查结果失真。伪装观察法通常在自然环境状态下进行，例如"神秘顾客"调查等。

小资料：神秘顾客（Mystery Customer）

"神秘顾客"是指进行一种商业调查的经过严格培训的调查员。他（她）们在规定或指定的时间里扮演成顾客，对事先设计的一系列问题逐一进行评估或评定。神秘顾客检测也是观察调查法（伪装观察法）的常见形式之一。

神秘顾客检测最早在美国银行与零售业，用来防止员工偷窃行为；20世纪40年代，"Mystery Shopping"（神秘购物/神秘顾客检测）一词正式出现，并且开始使用这种方法评估客户服务；20世纪70年代与80年代，Shop'n Chek公司普及了神秘顾客检测，为其开拓了广阔的发展空间；20世纪90年代，得益于互联网的发展，神秘顾客检测行业经历了前所未有的快速增长阶段，并取得了公众的认可。

非伪装观察法是被调查对象已知自己是被观察对象的情况下实施的信息收集，有两种一般性的机制会导致数据的偏差。一是观察对象会因为知道自己正被观察，而其行为可能会有所不同。二是观察员的言谈举止也会造成误差。这类观察方法一定程度上可能会影响被调查对象的行为，但能够收集到较为丰富的信息资料。尤其是需要了解被调查对象的购买习惯特征、个人信息等情况时，事先告知并征得受访者同意能够一定程度上获得更为全面深入的信息资料。

（3）直接观察法和间接观察法

基于调查过程中可以获取的信息与调查目标的关联程度，观察法可分为直接观察法和间接观察法。

直接观察法指直接通过观察实际现象或行为获取信息，获得的信息和数据能够直接用于佐证、分析和解释需要了解的现象和问题。直接观察法是对现实存在的、正在发生的对象和行为进行观察，以获取观察对象某一方面的真实社会行为反应的一种观察方式。间接观察法则相反，间接观察是对与观察对象有关的自然物品、行为痕迹等进行观察，以间接了解和反映观察对象在过去某一历史时期所具有的行为特征的一种观察方式。需要对收集到的信息加以推测、判断和转化，才能用于数据分析和回答相关问题，因此，间接观察是对现象的审视，对行为结果的判断。例如餐饮行业通过点餐情况分析各个菜式的受欢迎程度，电商平台通过浏览量和点击收藏等数据分析不同产品的受关注程度等。由于服装消费行为和消费心理往往受到多重因素的影响，在服装领域的市场研究中，常需要将直接观察与间接观察收集的信息数据综合分析应用。

■ 案例 8-2　宜家的布娃娃样子很奇怪？其实是故意的

"那些丑的相当有特色的毛绒玩具，其实都出自全球各地的小朋友之手"（图8-2）。

让孩子动手自己画出梦想中的毛绒玩具的样子，这本身是宜家策划的一场大型绘画比赛游戏。它源自宜家发起的一项"让我们玩在一起（Let's Play for Change）"的活动。孩子们自己设计的毛绒玩具被统称为索古斯卡（SAGOSKATT）系列。这个瑞典词汇翻译过来是"神话般的宝藏"的意思。

如果不想错过孩子们的宝藏，一定记得要向孩子们问一句"为什么"。

比如你会发现2019年的毛绒玩具"彩虹小子"的小脚丫的颜色比中间颜色略深。彩虹的尽头有什么？5岁的中国小男孩会告诉你，那里有彩虹的粉红色的袜子。因为担心冻到彩虹的脚，所以他执意为彩虹画上袜子。

孩子们的设计则全靠脑洞，哪管什

图 8-2　儿童自主设计玩具系列产品

么正常的比例和透视关系。于是就有了看起来奇奇怪怪的"纸片玩偶"。

市场调查的实施方法有很多,儿童在表达能力和思维方式尚未形成完整或成熟体系的前提下,如何探究他们的内心世界,了解他们的想法和喜好,除了询问与交流之外,使用与发挥创造力和动手能力相关的方法获取信息是十分值得借鉴的调查方法之一。

资料来源:IDEAS, I., & New SAGOSKATT soft toys – designed kids, f. (2020). Meet the new soft toys designed for SAGOSKATT 2019.

(4)观察法中的时间与空间序列

根据信息收集所需时间跨度、节奏和调查涉及的范围,观察法可以按照时间和空间序列进行分类。

时间序列观察指在不同时期对调查对象进行观察和信息资料收集,获得连续或有节奏性的记录,进而整理观察资料,了解调查对象的发展变化过程和规律。时间序列观察又称纵向观察,就是在不同的时间段进行观察,取得一连串的观察记录。通过对取得的资料进行分析研究,能了解到调查对象发展变化的过程和规律。例如,观察某商场购物的顾客时,应选择一天当中的不同时间段进行观察。因为不同时间段的消费者往往是完全不同的顾客类型。

空间序列观察又称横向观察。是在同一时间段内对多个被调查对象进行观察,横向观察一定程度上扩大了调查范围,避免针对某一调查对象进行观察的片面性。横向观察是指在某个特定时间内对若干个调查对象所发生的事态同时加以观察记录。横向观察是在一个确定的时间段,观察记录若干被观察对象发生的事件的横切面,通过对横向资料的分析,加大观察范围,能够更加清晰地了解被观察对象之间的差异。

纵横结合观察是对前两种观察的综合,既要观察不同时间段被观察对象的变化,又要观察同一时间段不同被观察对象之间的差异性。纵向和横向结合的观察往往能够获取更为丰富的调查资料,也常与实验调查法结合,按照相应的目标就研究对象展开完整全面的调查。服装领域中关于品牌、商标对顾客影响力调查通常可以使用此法,从纵横两个侧面了解观察对象,进而使观察结果更加可靠。

(5)人工观察和机械观察

根据观察过程中是否借助工具,可以分为人工观察与机械观察两种(表8-1)。

人工观察是指不借助仪器人为地观察。人工观察实施成本较高。其中,对人的行为观察可以分为两种:一是对消费者的购买行为和消费行为进行观察;二是对经营者的行为进行直接或间接的观察。机械观察是需要借助仪器进行观察获取信息的方法。

表 8-1　人工观察和机械观察的比较

方法	优点	缺点
人工观察	非常灵活 高度适用于自然的环境	观察偏差大 分析偏差大
机械观察	观察偏差小 分析偏差适中或偏小	会受到干扰 并不总是适用于自然环境

一般而言，人工观察的实施成本较高，而机械观察的前期投入较高。而对于需要长时间或隐蔽性的观察机械观察更为适用。常用的机械观察有以下几种。

1）行为测量

交通流量计数器。交通流量计数器是用来测量某一特定路段汽车流量的仪器，通过对汽车流量的确定来判断某一路段的目标群数量。交通流量计数器是观察调查法中使用非常普遍的仪器，在营销调查中有多种用途。如户外广告的选址、店铺的选址等。

阅读器观察。阅读器是由 Pretesting 公司发明的，这种仪器看起来像一盏台灯，在阅读器中安装有隐藏式的照相机，它能记录阅读者的阅读习惯，也能通过记录阅读停留的时间来判断杂志广告效果等情况。

收视测量仪。很多市场调查公司在进行电视广告收视率调查时经常使用"人员测量仪"，经用户同意，调查公司将"人员测量仪"连接在用户的电视机和电话线上。同时针对家庭成员设计了不同的按钮，收看者在开始或结束收看节目时只需按收视测量仪上的相应的按钮，这样调查公司就能收集到被调查者收看电视节目的情况，并可统计出不同时段、不同家庭、不同性别、不同年龄段的电视收看等情况。

条码扫描器。利用条码扫描器对商品条形码做记录也是一种普遍应用的方法。商品上条形码经收银机扫描，售出商品的信息会自动地输送到计算机获得统计处理。经营者可以实时地掌握商品的销售状况，也可以借助条码扫描器的记录为产品、促销、价格等决策提供帮助。

网络观察技术。一些调查公司通过网络观察技术跟踪网络用户的行为。Cookie 技术是一种编码的身份识别标志，网络服务器自动设置在受众的计算机硬盘上的软件，它除了用来"识别受众的身份、方便受众以后的访问"外，这种技术还被大量用于调查受众网络使用习惯等情况。如用户花在网上（甚至每个网站）的时间、监视用户的购物等大量的线上行为跟踪。这种技术存在的问题是侵犯了网络用户的隐私，为此一些调查公司建立了互愿的调查小组，即用非伪装电子观察技术来观察某些在线消费者的行为。

2）生理测量

生理测量是通过对被试者生理指标的测量来推断其态度、偏好等心理反应，它是建立在生理反应与特定的认知及情感反应相联系的基础上。

■ **案例 8-3** 可穿戴技术与情绪识别

可穿戴设备被广泛理解为主要是穿戴在人体上的电子设备，是可以融合到衣服中或类似服装的便携设备。可穿戴技术由于其丰富的功能性且便携无创，成为长期情绪识别应用的理想平台。情绪识别可穿戴技术是指情绪识别智能系统集成到可穿戴设备和织物上的先进技术，其与情绪识别监测方法、识别算法以及可穿戴产品技术的发展息息相关。

图 8-3 展示了根据面部肌电图检测面部肌肉的改变来进行情绪识别。

图 8-4 展示了通过移动非侵入式可穿戴传感器测量顾客的皮电信号并综合智能手机上的定位程序了解顾客与商店之间的距离，以此判断用户情绪水平及在购物环境中的满意度。

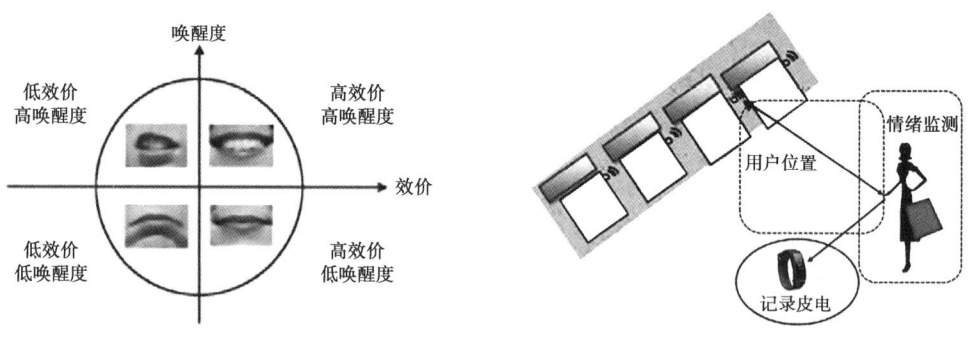

图 8-3 不同情绪下嘴部肌肉差异　　图 8-4 情绪监测系统示意图

资料来源：刘欢欢，王朝晖，叶勤文，陈子唯，郑婧瑾. 可穿戴技术在情绪识别中的应用进展及发展趋势 [J]. 纺织学报，2022，43（08）：197-205.

脑部扫描测量。以前被医院采用的 MRI 技术的一种改良版本——功能核磁共振图像（FMRI）如今被营销者用于调查消费者的情绪和动机。它是通过衡量流经大脑中枢高兴、思考和记忆部分的血流量来测试消费者的情绪和动机。

眼部跟踪设备。利用眼动仪测试广告、产品包装、促销展示或网站最吸引消费者关注的部分，以及他们观看这些部分的时间长短等，以此来判断他们的观看习惯以及对刺激的偏好等。

面部动作编码系统（Facial Action Coding Service，FACS）。为了测量消费者对商业广告的最初反应，调查人员在被测试者的嘴边、眉毛上面及两个手指安置电极，手指上的电极用来监控出汗情况。面部肌肉运动用来反映对被测试者的吸引力，排汗情况反映影响情绪的动力。初始测试结束后，观察员与被测试者交流，同期录像用来辅助分析情绪类型。

瞳孔测量仪。瞳孔测量仪用来测量被观察者的瞳孔直径的变化情况。瞳孔的扩张代表积极的态度、感兴趣和受到刺激；瞳孔的亮度与屏幕的距离保持稳定时，表明人们在注意屏幕上播放的内容。它可以用来测量对广告或其他刺激物的头脑积极的活动等。

声音测量器。通过测量被观察者声音振动频率的变化来监测其感情的变化，回答问题的语调与正常语调的偏差被作为衡量受访者在答案中附加情绪的反应。在声音分析中，首先与被测者进行非感情的谈话，描绘出被测试者在正常情况下说话声音常态曲线，也称基准线；然后再与被测试者所要研究的问题展开对话或展示刺激物。将两种声音做对比分析来了解被测试者对刺激物的反应。

皮肤电阻测量仪。在调查对象身上安置监控电阻的小电极，然后对他们展示广告、包装、广告语等刺激物。该设备的理论基础是呼吸加快等生理变化与情感反应相伴，兴奋导致呼吸加快，从而使皮肤电阻增加，从反应的强度推断调查对象对刺激物感兴趣的程度和态度。

潜意识测量器。潜意识测量器是用来测量被调查者回答问题时需要等待时间的一种仪器，这种仪器实际上是一种时间测量仪，原理在于被调查者回答问题的反应时间与不确定性有关。因此，可以用来测量人们对不同品牌替代品的偏好程度，如果被调查者在两个替代品之间做选择的时间越长，说明他对这两个替代品的偏好程度越相近；反之，如果被调查者在做选择时所花费的时间很短，则说明他明显地偏爱其中某一个品牌。

■ 案例 8-4　可穿戴技术 + 用户观察在服装领域的应用

2006 年 9 月，飞利浦公司推出创意概念服饰 "布贝尔连衣裙（Bubelle Dress）"，并在《时代》杂志的时尚类年度发明排行榜上名列榜首（图 8-5）。

这是一项对"情感感应"领域的探索性研究。飞利浦设计者相信，我们未来的服装应该更加"敏感"，而不是"智能"。布贝尔连衣裙由两层组成，内层包含可以识别人的生物传感器并将它们以颜色投射到第二层，即外层织物上。内层配备的生物识别传感器用以采集体温和出汗量。情绪的变动会引起体温和出汗量的变化，从而改变外层衣服的图案和

图 8-5　飞利浦公司推出的布贝尔连衣裙

颜色，以监测人体情绪变化。当穿着人体处于愤怒或高压状态时，服装会变红，平静时则会变成蓝色。

虽然布贝尔连衣裙看起来很有未来感，但实际上也很有逻辑。我们选择服装不仅是为了保护和功能，而且经常遵循我们的情感和个人个性。"这是因为我们想展示我们的情感和个性"，领导这一项目的飞利浦设计公司的设计师 Lucy McRae 通过布贝尔连衣裙将我们的情感着装规范提升到了一个更高、更具反应性的水平。布贝尔连衣裙会根据我们的情绪状态和个性瞬间改变造型，着装者从一个活动到下一个活动，不需要急于去更衣室。

2009 年开始，艺术家 Daan Roosegaarde 和 V2 实验室共同创作了"亲密关系"（图 8-6a、b），这是一个横跨时尚、可穿戴技术和电子艺术世界的项目，同时探索当代社会中技术与亲密关系之间的关系。该装置由两件高科技连衣裙（Intimacy White 和 Intimacy Black）组成，这两件连衣裙由无线互动技术和智能箔制成，通电后会变透明。Daan Roosegaarde 的"电子皮肤"作为第二层皮肤，将佩戴者的身体转变为界面。时装设计师 Maartje Dijkstra 设计了第一件原型连衣裙 Intimacy White，服装由白色电子箔制成。Anouk Wipprecht 设计了第二件连衣裙 Intimacy Black，它使用了一种升级的电子箔，服装颜色从黑色变成透明。

图 8-6　Daan Roosegaarde 的"亲密关系"连衣裙

亲密关系是由艺术家 Daan Roosegaarde、时装设计师 Maartje Dijkstra 和 Anouk Wipprecht、V2 实验室（Simon de Bakker、Stan Wannet、Piem Wirtz）及 Studio Roosegaard 团队（Peter de Man、João Carneiro）共同参与的一个项目。

资料来源：https://wearabletech.io/news/bubelle-emotion-sensing-dress/、https://daanroosegaarde.net/stories/intimacy、https://v2.nl/works/intimacy.

8.2 观察调查法的实践应用

8.2.1 观察调查法可以解决的问题

(1) 消费者观察

消费者观察是调查人员在商场、超市、展销会等现场秘密跟踪和记录顾客的行为，观察商品和顾客的购买情况，以获取所需信息。观察方式有人员观察和仪器观察两种。人员观察是指调查人员以局外人的身份，利用视觉和听觉到特定的商场观察顾客的流量、行走路线、平均逗留的时间、停步留意商品的时间、对商场各种促销活动的反应、对产品的评价、购物的品种和数量等。仪器观察是指在特定的场所，通过放置仪器对顾客的购买行为进行观察以获取有关信息的调查方法。对消费者的观察主要集中在消费者的特征及行为两个方面，具体观察内容如表8-2。

表8-2 消费者观察的调查内容

项目		内容及说明
消费者特征		年龄估计、性别、衣着特征、手提包数量、有无陪伴
消费者行为	购物路线	绘制购物图路线
	店铺驻足	驻足时间、流动人数
	挑选行为	款式翻看、看标价签、对打折服装的关注、看面料成分、摸面料手感、关注推广活动
	试衣行为	试衣件数、次数、款式、满意情况
	交流行为	与导购、同伴、其他顾客之间的交流情况
	购买行为	购买件数、花费情况、支付方式

(2) 零售管理及店铺形象

神秘人购物主要用于了解店铺的服务和管理水平。它是由受过培训的调查人员装扮成普通购物者，通过实地体验，观察被调查者服务和管理等方面的情况并将体验后的结果记录在事先准备好的表格中提交给调查人员，调查人员根据这些资料，了解本品牌或竞争品牌的服务及管理水平。神秘人购物中常调查的项目如表8-3。

表 8-3 神秘人购物的调查内容

项目		内容及说明
店铺形象	店铺外部	美观度、清洁度、进出的方便程度
	店铺内部	美观度、清洁度、通道的畅通度、货品等摆放整齐度
导购形象	外观形象	衣着得体度、化妆自然度
	态度形象	热情程度、耐心程度、礼貌程度
	专业销售	预留空间、了解需求、介绍货品、鼓励试穿、协助试衣、建议搭配、介绍推广活动
	收银服务	礼貌称呼、询问是否会员、确认货品、告知售后服务、向顾客致谢

（3）网络观察

电子商务的发展使得服装企业也越来越多地涉足该领域，服装的网上店铺竞争越发激烈，观察调查法在服装电子商务上的应用也越显重要，网上观察调查法主要应用包括以下几个方面。

1）用户分析

相关软件能够记录上网者浏览网页时所点击的内容、浏览的时间、不同商品的点击率、广告的点击率、文字信息的点击率等信息。网站还可以对本站的会员(注册者)和经常浏览本站的 IP 地址的记录进行分析，掌握他们上网的时间、点击的内容及浏览的时间，从而了解他们的兴趣、爱好和习惯等。这些观察记录对于了解消费者的需要、地域分布、产品偏好、购买行为等信息，进而改进商品和服务以及网上广告的发布都是非常重要的。

如使用相关软件对微博用户的分析中，可以了解到如性别、年龄、爱好、所在区域、粉丝数、关注数、关注内容等基本信息，同时还能分析出他们对微博的关注时间、转发数、评论数、传播深度与关键传播点等信息，这些对服装企业进行微博营销都有非常重要的作用。

2）店铺分析

分析店铺的信用等级、注册地、店铺风格、产品展示方式、模特等信息。

3）产品分析

分析店铺的产品构成、热销产品、产品量、上架情况、更换频率等。

4）服务分析

销售人员反应速度、态度、服务效率、专业素质、售后服务等情况。

5）销售分析

销售量、销售额、销售次数、订单数、PV、UV、IP、转化率、跳失率、退还率、成交时间、好评率等。

6）竞争品牌分析

对竞争品牌的关注和信息收集往往来自二手数据和资料，或是通过询问调查获取主观意见及用户评价，观察调查法在洞悉竞争品牌及行业前沿方面具有直接高效真实的特点，借助伪装调查、自然观察等方式，了解竞争品牌在营销策略方面的特征，具有很强的参考作用。

7）街头观察

主要用于了解人们的穿着方式、款式、色彩、配饰等的流行，人们穿着的搭配等。观察结果可以帮助企业了解当前的流行趋势，为新产品设计提供依据。

8.2.2 观察调查法的实践应用

观察调查过程大体可分为三个阶段，即准备阶段、实施阶段和观察资料的整理分析（图8-2）。在观察活动中，调查人员所处的角度、时间、方法都将对结果产生影响。

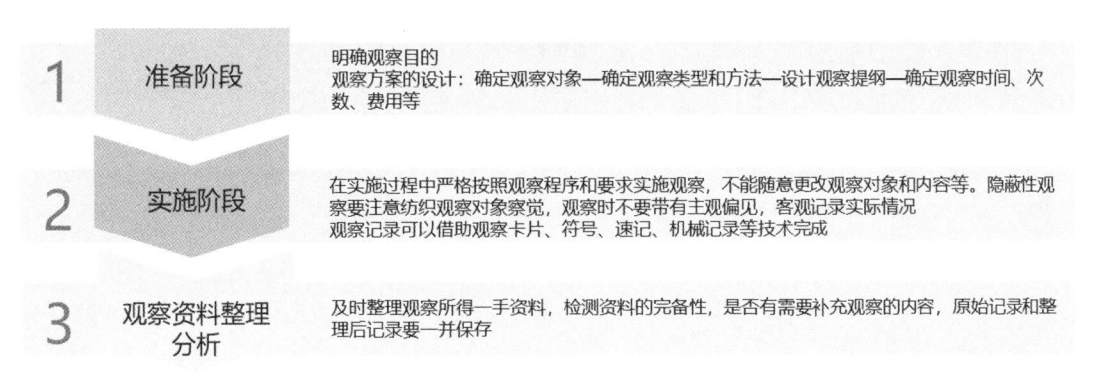

1	准备阶段	明确观察目的 观察方案的设计：确定观察对象—确定观察类型和方法—设计观察提纲—确定观察时间、次数、费用等
2	实施阶段	在实施过程中严格按照观察程序和要求实施观察，不能随意更改观察对象和内容等。隐蔽性观察要注意纺织观察对象察觉，观察时不要带有主观偏见，客观记录实际情况 观察记录可以借助观察卡片、符号、速记、机械记录等技术完成
3	观察资料整理分析	及时整理观察所得一手资料，检测资料的完备性，是否有需要补充观察的内容，原始记录和整理后记录要一并保存

图8-2 观察调查法实践三阶段

> ■ **案例8-5** 服装消费者购物行为的研究方案
>
> 服装消费群体是注重购物体验的群体。购物过程中产生的行为动作和心理反应是影响消费者作出购买决策的最主要的因素之一。
>
> 服装消费者购物行为研究就是从顾客本身出发，通过"计算每次购物中客户的关键性行动"并且"精确地记录客户的每一个细小的举动"，并根据观察情况得出科

学的推论。综合分析这些记录与其他的情况就能得到关于某一特定购物环境以及人们怎样利用这个环境的信息（表8-4）。

表8-4 观察法：记录定点观察购物环境中的消费者情况

地点	阶段	顾客情况		商场情况	
		量化性内容	描述性内容	量化性环境因素	描述性环境因素
商厦外	商厦门前	性别、年龄、陪伴 携带物品	形象 步速	入口地点 时间、人流量	周围环境、天气 交通情况
商厦公共空间	进入走道	进入商厦时间 停留时间	步速变化 目光、手、脚	商场活动 周围人流	入口环境 行走路线
卖场	进入卖场	进入卖场时间	目光、手、脚 步速变化	卖场位置、出货量 卖场面积、导购	门头、人台、橱窗 海报、衣服、音乐
	挑选服装	看服装 拿、摸服装 看、问服装信息 请求导购拿尺码	看款式动作特征 拿服装动作特征 看信息动作特征 询问动作特征	顾客空间的大小 卖场人流量 出样尺码	卖场活动 导购的态度反应 导购的态度和反应 导购态度和效率
	试穿服装	等待试衣间 试穿 照镜子	等待动作特征 等待中的同伴 照镜子动作特征	试衣间数量和使用 卖场椅子数量 镜子的大小数量	试衣间的条件 摆设 镜子有无变形
	决策购买	决定花费时间 直接付款/先继续逛 所花时间	考虑的因素 等待动作特征	 距收银台距离 付款队伍的长短	导购的态度反应 导购是否指引 付款机周围环境
	离开卖场	离开卖场时间 购买数量	目光、手、脚 手提袋的状态		导购的态度反应
商场公共空间	休息 电梯	地点、花费时间 上或下	休息时的行为 电梯中动作	休息地点的位置 电梯的数量和使用	休息地特征 周围环境
商场外	走出商场	走出时间 购买数量和金额	形象 手提袋的状态	出口地点 时间、人流量	出口环境

资料来源：鲁成. 基于自然观察法的服装消费者购买意向的测评 [J]. 东华大学学报（自然科学版），2008，34（2）：169-171.

8.3 观察调查法的优点和不足

观察调查法是服装行业常用的获取一手资料的方法，它具有以下优点：

① 客观、可靠。观察调查法最大的优点就是对被调查者干预小，直接记录调查对象的实际状态，调查结果更加客观和接近实际。

② 不受被观察对象的主观看法和环境的影响。调查时一般无需得到被调查者的同意，多数情况下，也不需要得到其合作。

③ 可以避免许多由于访谈员及询问调查中的问题结构所产生的误差因素。

④ 调查员不会受到被观察对象的意图和回答能力等有关问题的困扰。

⑤ 特别适用于那些无需、无法或无意进行语言交流的调查，如对物品状态的观察。由于服装具有直观可视的特点，观察调查法经常用于服装陈列、流行、穿着方式等的调查。

⑥ 观察调查法具有及时性的优点，它能捕捉到正在发生的现象。

⑦ 简便、易于实施、灵活性强，可随时随地进行调查。

⑧ 适用性强。市场观察调查法基本上是以观察者为主，不要求被调查者具有配合调查的相应能力，如语言表达或文字表达能力，这大大提高了市场观察调查法的适用性。

观察调查法同时也具有以下缺点，在应用时应引起注意。

① 深度不够。最大的缺点是无法了解现象或事件发生的原因和动机，只能说明发生了什么，而不能解释为什么发生，这时需要考虑与其他调查方法结合使用以便弥补。

② 时间长，费用高。为全面客观地反映事实，防止偶然因素的影响，需要用较长时间的观察才能发现某种规律。

③ 对调查人员的业务素质、责任心要求较高。如调查员要有细致、敏锐的观察力，良好的记忆力，还要有必要的专业知识。

④ 观察结果可重复性较低，验证困难。观察到的现象必然会有一定的偶然性，观察结果很大程度上依赖于观察者对即时现象的洞察和把握。

⑤ 观察方法受到时空约束。针对消费者、产品的实地观察主要受到观察场所的营业时间、节假日时间等的约束。在不同的时间点上，消费者流量也会不同，而消费者流量可能直接影响观察者的观察活动，因此观察员应该注意选择合适的时间。

⑥ 大量的观察资料难于数量化。市场观察调查法中搜集的大量的资料都是对事物状况、性质，发展趋势等的直接描述以及观察者的一些感受，难于数量化。这就造成了观察人员之间所搜集的资料无法相互对比和统计，特别是无法证明非结构式观察的可信度。

⑦ 小样本、代表性差。市场观察调查法比较复杂，人、财、力花费都较大，还要有足够的时间，这就决定了采用此法一般不可能有较大的样本量。

⑧ 现在观察到的行为可能不代表未来的行为。

思考与练习

1. 尝试列举服装市场研究和实践中的观察调查案例，试分析使用的是哪一类观察调查法，解决了什么问题。
2. 根据某个研究课题，制定观察调查方案，并同时应用多种观察调查方式。

参考文献

[1] 刘国联. 服装市场调查 [M]. 上海：东华大学出版社，2018.
[2] 赖文燕. 市场调查与预测 [M]. 南京：南京大学出版社，2017.
[3] 杨凤荣. 市场调查方法与实务（第二版）[M]. 北京：科学出版社，2016.
[4] 罗洪群，王青华. 市场调查与预测 [M]. 北京：清华大学出版社，2011.
[5] 卡尔·麦克丹尼尔. 市场调查精要：第八版 [M]. 北京：电子工业出版社，2015.
[6] 陆军，梅清豪. 市场调查（第二版）[M]. 北京：电子工业出版社，2009.
[7] 吕亚荣. 市场调查与预测 [M]. 北京：中国人民大学出版社，2021.
[8] 陈静. 市场调查理论与方法 [M]. 北京：科学出版社，2020.
[9] 马尔霍特拉. 营销调查精要 [M]. 北京：中国人民大学出版社，2016.
[10] 小卡尔·麦克丹尼尔，罗杰·盖茨. 当代市场调查（原书第 10 版）[M]. 北京：机械工业出版社，2017.

第 9 章

实验调查法

本章导读 / 内容概要、重点和难点

本章是对实验调查法的全面学习。结合不同的分类，介绍实验调查法的概念、内容和注意事项，以及实验调查法在市场调查和市场研究中的作用和重要性、优势和局限性，详细阐述实验设计过程中的注意事项、常用术语和变量，各类实验工具和实验调查法的适用范围，同时结合实验调查法市场研究的案例供大家应用参考。

本章重点

掌握实验调查法的定义及特征、操作方法及实践应用场景，了解实验调查法对市场营销决策及企业战略的影响和意义。

本章难点

在实验调查法应用的过程中，合理的实验设计和变量控制十分重要，决定了最终的实验效果、误差和实验结论正确性。如何科学正确地实施市场调查中的营销实验，辨析不同实验能够解决的营销困惑和问题，是实验调查法掌握过程中的难点。

■ **案例 9-1　文化融合，一个美好而残酷的必答题**

　　法国作家奥诺雷·德·巴尔扎克在小说《禁治产》中自创了"中国风"（Chinoiserie）一词，为18世纪在欧洲大陆达到顶峰的东方热潮做了总结。这一语境下的"中国风"是西方根据漂洋过海而来的中国商品对东方世界加以理想化和本土化后的模样。无论是在过去、近代还是当下，大部分西方人对于中国始终缺乏客观的认识，如同雾里看花般，长期在想象中构建着中国风尚。这种误解误读使某些西方设计师在讨好中国消费者的时候适得其反。龙、凤、红灯笼、青花瓷等中国文化图案，这些世界其他地区最容易识别的中国文化元素，并不意味着它们在与中国消费者交流时真的有用。中国消费者已经厌倦了带有浮华色彩的陈词滥调所代表的文化，品牌在不断试错和饱受争议的营销广告和产品中，不断探索着与中国消费者沟通的有效方式。从一连串的"翻车"事件中，西方品牌显然清楚认识到了尊重并严肃对待中国文化及更多与之相关问题的关键性。

　　从2020年七夕的情人节限定系列到2021年春节的新年限定系列，Demna Gvasalia捕捉到了土酷潮流和街头文化的精髓，利用各种本土化元素引发年轻人对于中国乡土文化的回忆与共鸣。对于西方设计师来说，从凭借想象构建中国风尚到主动了解中国本土的亚文化，算得上是一种进步；2019年起，Loewe每年推出《家·承》中国年专题系列短片（图9-1）。从第一季介绍陕西陕派剪纸、贵州贵阳三都蜡染和上海点心大师陆亚明，到第二季记录浙江金华浦江县板凳龙、云南腾冲皮影和山东济南中国结，再到第三季展示安徽黟县渔亭糕、四川崇州道明竹编和陕

a. 红包画面　　　　　　　　　　　　b. 饺子画面

图9-1　Loewe中国年专题系列短片画面截图

西凤翔木板年画，无一不制作精良、诚意满满；Prada 花 6 年时间修缮位于中国上海陕西北路上的百年老荣宅，将其作为品牌在中国举办各类文化活动的场地。自 2017 年 10 月重新建成开幕以后，举办了贾樟柯、李青、刘野等国内艺术家的个展，也有诸如"我曾为何物？"等由国外策展人策划的展览，还发布过 Prada 的新时装，它就像一个容器，中西文化在这里交汇、碰撞再融合，对中国风尚的挖掘早已超出时尚语境。

海外品牌在试错与争议中寻找方向的这些年，将对中国文化的认知、认同、致敬转变为流动且长期的深度对话，使消费者在消费行为中获得情感归属。这是品牌真正触动消费者，表达诚意与尊重的重要方式，同时也是通过一轮又一轮市场实验不断发掘正确方向的过程。

资料来源：WWD 国际时尚特讯相关内容整理。

"实验"作为理论研究和市场实践中的一种重要的探索发现的方法和手段，通过各类实验获取数据、现象等客观真实信息，直观反映存在的差异和问题，对市场研究人员和企业而言，都是非常重要的决策依据和参考资料。

9.1 实验调查法的定义与分类

实验调查法（Experiment Survey）是由市场调查人员根据研究目的的要求，从影响调查问题的诸多因素中根据调查目的需要选取一个或若干个因素，将它们置于一定条件下进行小规模实验并对实验结果展开分析的调查方法。通过实验对比，对市场现象中某些变量之间的因果关系和发展变化过程加以观察分析。

实验调查法是实践和认知的过程，并在调查研究中将两者统一起来。

9.1.1 市场调查实验的实施条件

实验调查法将自然科学中的实验求证理论移植到市场调查中来，在给定条件下，对市场经济活动的内容和变化加以实际验证、调查分析，进而获得市场资料和情报。

从实验调查法的特征或者说功用可以看到，实验调查法的内在机制是因果性的证明，"实验调查通常又称为因果性调查，之所以称之为因果性调查，是由于它有潜能去证明一种变量的变化能否引起另一种变量产生一些预见性变化"。实验调查法要实现两个市场现象（因素）间的关系证明，必须满足以下三个条件：

（1）两个变量间存在相关关系

即 A 与 B 之间存在明显可见的联系。例如，在市场交易中，销售量与价格间存在着明显的负相关关系，通常较低的价格会吸引更多消费者的购买，当然，两个变量相关并不是因果关系的唯一因素，它还需要其他条件，否则就会为虚假相关所迷惑。

（2）两个变量间存在明显的时间顺序关系

即 A 在 B 之前发生，A 可能引起 B。例如，在销售量与价格之间，必须观测到价格的变化发生在销售量变化之前，如果没有前后顺序的观测，就难以推测其间的因果关系。

（3）排除其他可能的原因性因素

影响市场行为的因素是多重的，两个有前后顺序且相关的变量并不说明有因果关系。例如，某企业加大了广告宣传的力度，也提高了销售量，但并不能因此证明是广告提高了销售量，也可能有竞争对手方面的原因，比如，对方提高了价格或撤离了市场，实验调查法的要求是排除其他因素，还原到原始、同等状态条件下，以此证明两变量的因果性关系。

以上三个条件中，最后一个条件最为重要，且在实验调查法中最难满足，在市场调查实践中很难实现完全控制，因此，大多数情境下只需要合理的控制水平，实验性调查是可以实现的。实验的内在机制要求说明，实验调查法是一种更为严格和规范的调查方法，满足这一内在机制也是运用实验调查法的根本前提。

实验调查法可以获取市场情况的一手资料，为预测未来市场和帮助企业制定战略方向和营销决策提供参考；可以主动进行试验试制，并较为准确地观察和分析某些现象之间的因果关系及其相互影响；也可以探索在特定的环境中不明确的市场关系或行动方案，应用范围十分广泛，任何商品在改变包装、设计、价格、广告等因素时，都可以用这种方法先作小规模的实验性改变，以观察顾客的反应，具体包括以下几个方面：

① 产品价格实验。将新定价的产品或重新定价的产品投放市场，对顾客的态度和反应进行测试，了解顾客对这种价格能否接受及接受程度。

② 产品质量、品种、规格、花色、款式、包装等实验。通过实验，看看产品在上述方面是否受顾客欢迎。同时，还要对此进行细分化测试，哪些档次、品种、花色受欢迎，哪些不受欢迎，通过实验，掌握必要的市场信息。

③ 市场饱和程度实验。这是当某类产品出现滞销时，为了查明市场需求是否饱和所做的测试。例如：某地区淋浴器市场销售不景气，现生产一种多功能的淋浴器吸引了大批顾客购买，说明该地区淋浴器市场仍有一定的潜力。

④ 广告效果实验。即将某种产品做广告前和做广告后的销售量进行比较，反映广告

对销售量的影响程度。

9.1.2　市场调查实验基本术语和实施步骤

实验调查法既是一种实践过程，也是一种认识过程，它将实践与认识统一为调查研究过程。实验调查包含如下的基本术语和基本要素。

（1）基本术语

① 实验单位：即实验对象，可以是个人、组织或其他实体，如消费者、店铺、商店等。

② 自变量（X）：也称独立变量，指在实验中实验者能够控制、处理或操纵的，并且其效果可以测量和比较的变量。

③ 因变量（Y）：也称响应变量，是测量自变量对实验单位效果的变量。

④ 外来变量：也称无关变量。除了自变量以外一切影响因变量变化的所有变量，有时会干扰自变量对因变量的影响，在实验过程中要注意对外来变量的控制。

⑤ 实验误差：由于受到外来变量或测量误差的影响而导致的误差。

（2）基本要素

① 实验者：市场实验活动的第一要素，是有目的、有计划的市场实验的主体，没有实验者就无所谓实验。实验者可以是专业的调查机构及其成员，也可以是为了解决自身营销或其他商业行为的企业。

② 实验对象：通过调查实验所要了解、认识的市场现象。实验对象既可以是人（消费者），也可以是物品或者某种市场交易现象，不能简单地认为实验对象只是人，而且即使将人作为实验对象，其所实验的对象也不是人本身，而是人的行为。

③ 实验环境：指使实验活动得以实施必须具备的市场环境和场所。实验环境分为两类，即实验室环境和现场环境。市场实验活动大部分在现场环境中实施，但对于有些需要精确检测消费者意愿的实验，实验室环境也经常被使用。

④ 实验活动：实验法的实施过程。实验检测即在实验活动过程中依据实验设计对实验对象的检验和测定。

（3）实施程序和步骤

实验法的实施程序十分重要，没有正确和流畅的程序，实验法就难以得到贯彻。实验法的程序一般包括以下几个步骤：

① 根据市场调查项目和课题要求，提出研究假设确定实验自变量。这是市场实验法的第一步，要求在实施实验法之前，根据调查的目的先对所要调查的市场现象进行初步的理论分析或做探索性的市场调查，从中提出与所调查的市场现象可能相关的因素，并

在此基础上建立实验假设，实验假设的建立为市场实验提供了明确的方向和指导。

② 进行试验方案设计，确定实验方法。这一步所要做的包括两个部分：一是设定和处理实验所要涉及的变量，包括按照实验假设所要求检测的实验因素（自变量）和其所涉及的市场现象（因变量）；二是确定在实施中所涉及的各项内容，包括实验环境的背景要求、实验的检定方法、实验中的意外事情如何处理，以及排除外来的其他影响因素的方法与方案等。

③ 选择实验对象。实验对象应该具有较高的代表性，一般采用随机方法从全体调查对象（消费者或物品）中选择，当然也要考虑成本。

④ 进行正式实验，严格按照实验设计规定流程实验，对实验结果进行观测、记录。即按照预定程序进行实验并对结果进行观察与记录，使实验总体计划和方案如期展开。实验过程非常重要，必须严格地按照事先设计的程序进行，否则就会使实验活动毁于一旦。进行实验，关键在于两步：第一步，适当地控制进度，保证实验按质按量顺利进行；第二步，仔细做好同步记录，保证记录与实际观察到的现象或行为的一致性。

⑤ 整理分析记录，撰写调查报告。完成实验后，必须尽快对所记录的数据资料进行整理分析，并在此基础上写出调查报告。分析整理过程是实验成效的前提，是调查研究报告价值的基础，分析整理应该经过数据资料的辨别、筛选、对比、归纳（归类）和结论几个步骤，从而得到科学、系统的实验研究成果。

9.1.3 实验调查法的分类

实验方法的设计可以分为多个类型，其中最主要的是控制实验。控制实验，即通过人为控制和改变某些条件，考察某些市场现象之间的因果关系的方法。可以分为以下几种：

（1）事前事后对比实验

1）概念

事前事后对比实验，是指选择若干实验对象作为实验组，通过对实验对象进行实验激发的前后检测对比，得出实验结论。如消费者、商店、商品等，确定一定的实验期限，事先对实验组的基本情况进行详细的了解和记录，然后引入一个实验变量（实验因素），观察实验因素对实验组对象产生的变化，分析比较前后实验组的变化，就能够得到实验因素影响作用的大小。

2）实验程序

选择实验对象（划分为实验组与对照组，并处于相同的市场条件下）—实验前检测—实验施策—试验后检测—实验效果计算。

3）实验效果

（绝对）实验效果＝后检测结果－前检测结果

（相对）实验效果＝（后检测结果－前检测结果）/前检测结果

4）特点

事前事后实验的优点是简单易行，可以从被影响因素的变动中反映出实验控制因素的影响效果；缺点是很难测量出其他非控制因素的影响程度。

■ **案例 9-2** 事前事后实验与分析

某饮料品牌改进饮料产品包装，为了了解包装更换后消费者的喜好和效果，选择 A、B、C 三家超市作为实验对象，实验时间为 2 个月，前 1 个月经销原来的纸盒包装饮料，后 1 个月经销新设计的瓶装饮料，对三个商场改变包装的前一个月和后一个月的销售量进行了检测，得到的实验结果见表 9-1。

表 9-1 实验结果　　　　　　　　　　　　单位：万瓶

经销商场	实验前销量 (Y_0)	实验后销量 (Y_n)	实验效果 ($Y_n - Y_0$)
A　B　C	80　65　60	90　72　63	10　7　3
合计	205	225	20

效果：（绝对）实验效果 = 225－205 = 20 万瓶

（相对）实验效果 =（225－205）/ 205 × 100% = 9.76%

参考实验结果，对包装改进前后在产品销量上的比对，能够得出包装改进后，A、B、C 三个超市中的产品销量均有提升。在实验过程中，对变量的操控是实验设计的重要前提条件，在本例中主要围绕包装这一控制因素展开调查，但无法从结果说明所有销量的提升都是由于包装因素带来的，且 A、B、C 三家超市在实验效果上存在的差异无法仅从包装上归纳原因，一定程度上存在局限性。

（2）实验组与控制组对比实验

1）概念

实验组与对照组对比实验，是指在选择实验组的同时，还选择若干与实验组性质和情况相同的对象组成对照组。实验中只对实验组进行测试，而对照组则不进行测试，然后将实验组与对照组进行对比，得出实验结果。（对照组：是指非实验单位，它是与实验组做对照比较的，又称控制组；实验组：指实验单位。）

2）实验程序

选择实验对象（划分为实验组与对照组，并处于相同的市场条件下）—在相同或相近条件下将选择对象划分为实验组和对照组—对实验组进行实验—分别对实验组和对照组进行试验后检测—测定实验效果。

3）实验效果

实验效果 = 实验组试验后检测结果 − 对照组检测结果

4）特点

实验组与对照组对比实验的优点是采用对照组数据作为比较基础，可以控制其他因素对实验过程的影响；缺点是不能反映实验前后的变化程度。

（3）实验组与对照组前后对比实验

1）概念

实验组与对照组前后对比实验，是指实验组实验前后与对照组实验前后之间进行对比的实验方法。它与单一实验组前后对比实验和实验组与对照组对比实验都不同，是对实验组和对照组都进行对比，再将对比后的实验组和对照组也进行对比，实际上是一种双重对比，从而弥补前两种方法的不足。

2）实验程序

选择实验对象—将选择对象划分为实验组和对照组—对实验组和对照组分别进行实验前检测—对实验组进行实验—对实验组和对照组分别进行实验后检测—测定实验效果。

3）实验效果

实验效果 = 实验组变动量 − 对照组变动量

实验组变动量 = 实验组后检测结果 − 实验组前检测结果

控制组变动量 = 对照组后检测结果 − 对照组前检测结果

4）特点

有对照组的事前事后对比实验的优点是通过实验前后的变化程度对比，既可以测定对照因素对实验过程的影响，也可以测定非对照因素的影响；缺点是应用比较复杂，在进行消费者行为、态度测量时，将会受到调查者、被调查者态度的相互影响和实验前后调查者与被调查者人员变动的影响。

■ **案例9-3** 对照组的事前事后对比实验与分析

某品牌采用对照组与实验组前后对比实验调查法，测定专卖店购物环境对顾客满意度的影响。选择A、B两家相同条件的专卖店进行实验考察。前一个月实验组和对照组均保持原来的环境销售服装，记录销量情况。后一个月将实验组按照计划重新布置购物环境，对照组保持原状，记录销量情况。记录结果如表9-2所示。

表 9-2　实验结果　　　　　　　　　　　　单位：件

组别	前一月销售	后一月销售	变动量	实验效果
实验组	160	180	20	10
对照组	160	170	10	

效果：（绝对）实验效果 =（180－160）－（170－160）= 10

（相对）实验效果 = [（180－160）－（170－160）/160×160] /160×100%

　　　　　　　　= 6.25%

参考实验结果，在实验组中测得绝对和相对实验效果均为正值，且与对照组相较而言，店铺条件相同、销售时长相同的前提下，改变购物环境一定程度上对销售起到了促进作用。

（4）随机对比实验

按随机抽样法选定实验单位所进行的实验调查。当实验单位很多，市场情况比较复杂时，主观判断分析选定实验单位比较困难。这时可以采用随机对比实验，也即采用随机抽样法选定实验单位，从而保证实验结果的准确性。

除了控制实验之外，还有事后分组法、固定样本实验法和模拟实验法等其他的实验方法。其中较常用的是模拟实验法，即根据调查研究需要设计一种与客观存在的市场现象或自然过程相似的模型，然后通过模型间接地调查研究客观存在的各种现象的一种实验方法。如调查人员为了了解人们的购买心理和商品本身对消费者的吸引力，人为地制造一种"抢购"某种商品的局面，试探消费者的反应，从中找到需要的答案。

9.2　实验调查法的设计：实施流程与应用

9.2.1　调查实验设计的原则与思路

如果两种现象之间存在某种因果关系，通过主观经验判断或假设，X是造成Y改变的原因。通过实验验证这种判断或假设能否成立，一般的做法是：

第一，在X没有对Y产生影响时，对Y进行一段时间的观察，得到结果1（例如，在价格不变的条件下，一段时间中皮装的销售量水平）。第二，引入 X 并使 X 对 Y 产生影响（例如，引入价格即调整皮装的销售价格水平）。第三，观察记录 Y 在 X 的影响下发生的变化，得到结果2（价格变化后皮装销售量达到的水平）。第四，将结果1与结果2进行比较，证实 X 对 Y 存在影响的假设是否成立。

但是，研究并不那么简单：

第一，在 X 尚未对 Y 产生影响时，由于观察和实验行为本身对 Y 造成一定影响（销售人员的工作态度对顾客购买意愿的影响，在皮装价格调整前至少在皮装销售前就存在）；第二，在引入自变量 X 后，在 X 对 Y 产生影响的同时，Y 还受其他因素的影响（皮装价格变化的同时气候变化、消费趋势变化等同样存在一定影响）。

此外，实施实验还应该考虑到影响实验有效性的各种因素并加以控制。影响实验有效性的外来变量（即无关变量，指除自变量外一切能影响因变量值的变量）包含如下几种：

① 选择偏差：由于实验单位选择和分组不当引起的偏差，实验组和控制组在实验刺激之前相对因变量存在明显偏差。

② 时间效应：试验期间发生的可能影响因变量的任何外部事件。在实地实验中较难预防和控制。

③ 测试效应：由于处理前后测试时对因变量产生的影响。又分为主测试效应和互动测试效应（先入为主，主观印象的形成）。

④ 回归效应：具有极端行为的目标群体在实验过程中向着行为均值发展的趋势造成的影响。

⑤ 流失效应：实验过程中实验单位的流失而形成的影响（中途退出、拒访或数据遗失）。若出现"流失效应"，则实验群体可能变得不具有代表性，且缺少外部有效性。

对外来影响因素导致的误差可以采取以下控制：

① 随机分组：借助随机数字表或抽签的方法，将实验单位随机分配到各实验组和控制组，实验刺激也随机分配到各组。该方法有利于保证参与实验各组一开始就基本平等。

② 匹配分组：按照一些关键背景变量比较实验单位，使实验组都有相匹配的实验单位。其局限性在于仅能按照少量几个变量进行匹配，匹配变量的选择也比较困难。

③ 统计控制：采用统计分析的方法测量外来变量并修正其影响。近似地排除外来变量的干扰。例如多元回归分析、方差分析等。

④ 实验设计：通过严格的实验设计使外来变量的影响得到有效的控制。

9.2.2 实验调查法应用与结果分析

本节将通过具体研究案例介绍实验调查法在市场研究中的应用以及如何得出相应的结论。

> ■ **案例 9-4**　基于锚定效应理论的网红服装市场营销效果分析
>
> 锚定效应（Anchoring effect），指个体在不确定情境下进行判断时，呈现的一些无关数值信息会影响其随后的数值估计，使其最后估计结果向该初始值的方向接近而产生偏差。现实消费生活中，产品历史价格、广告参考价格、商场促销标语等，都会成为"锚点"而影响消费者的购买决策。锚定效应广泛存在于人们的消费行为中，悄无声息地影响着人们的消费行为。"网红"伴随互联网的发展而产生，随着互联网的变迁，网红的特征也在发生变化。以微博为主要营销和宣传渠道，与目标消费者直接沟通和互动的网红店铺，成为服装市场竞争中的新兴力量。研究者通过观察网红微博配图，发现在图片中身着所售服装的网红通常会配有高价的名牌产品，这便是利用锚定效应进行服装市场营销。
>
> （1）实验目的与研究假设
>
> 实验的目的在于探讨锚点的有无对被试眼动数据所造成的影响情况以及通过配套实验问卷，检验服装周围摆放高档产品以及被网红穿着时，锚定效应是否显著，营销效果是否更好。根据实验目的，本文通过测量消费者的眼动数据、产品态度和购买意愿来衡量服装的营销效果。因此，本次实验的实验假设分为以下两部分：
>
> H1：图片中锚点的有无对被试眼动数据影响显著。
>
> H2：图片中服装周围摆放名牌产品或者被网红穿着时，比服装周围摆放一般产品或者未被网红穿着时，更容易产生锚定效应，营销效果更好。
>
> H2-1：当以网红和名牌包为锚点时，衬衫的价格易被高估，产品态度好，购买意愿强。
>
> H2-2：当以网红为锚点时，牛仔裤的价格易被高估，产品态度好，购买意愿强。
>
> H2-3：当以名牌包为锚点时，T恤的价格易被高估，产品态度好，购买意愿强。
>
> H2-4：当以名牌鞋为锚点时，连衣裙的价格易被高估，产品态度好，购买意愿强。
>
> H2-5：当以名牌包为锚点时，外套的价格易被高估，产品态度好，购买意愿强。

（2）实验方案设计

实验类型：5（服装和锚点类型）×2（锚点：有、无）两因素混合实验设计。服装和锚点组合表见表9-3，实验材料如图9-2。

实验变量：因变量包括眼动指标（平均注视时间、回看数、注视点个数、热区图）、目标服装估价、锚定效应指数、产品态度和购买意愿。自变量包括有无锚点（组间自变量）、不同的服装配以不同的锚定点单品（组内自变量）。

表9-3 服装和锚点组合表

	目标服装	锚点
第一组	衬衫	名牌包 + 网红
第二组	牛仔裤	网红
第三组	T恤	名牌包
第四组	连衣裙	名牌鞋
第五组	外套	名牌包

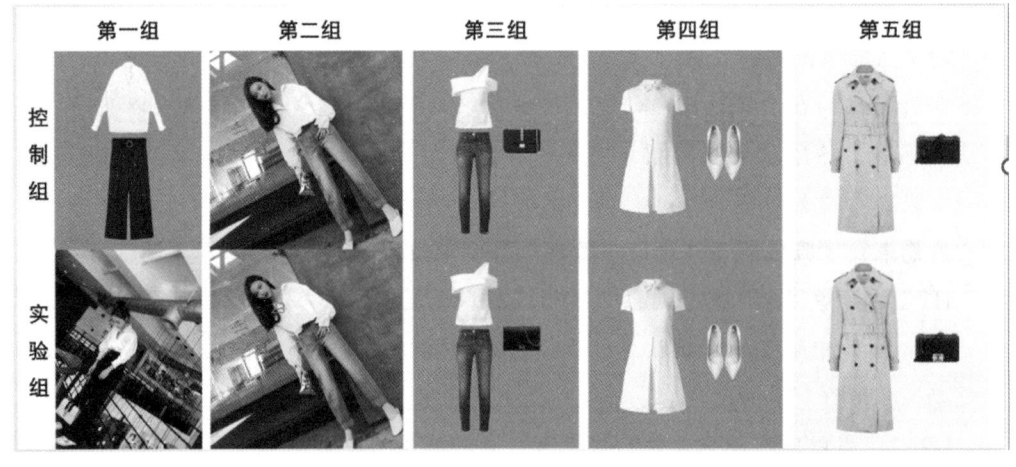

图9-2 服装和锚点类型的实验材料图片

（3）被试选择

实验随机选取被试者60人，其中男生20人，女生40人，年龄在18~25岁（根据实验心理学和统计学的相关研究，样本量超过30即为大样本实验，相关国内外研究普遍采用30人为样本量）。被试者均为在校大学生，裸眼视力或矫正视力均在1.0以上。

被试者被随机分成2组，实验组和对照组。每组均由20名女性和10名男性组成，其中控制组的30名被试者均不认识网红雪梨。

（4）实验程序

实验包括两个部分：眼动追踪实验和行为决策实验。行为决策实验为眼动追踪实验的配套实验，即被试者在观看图片后填写相应的配套问卷。实验流程如图9-3。

（5）实验结果分析

1）热区图分析

从图9-4实验图片热区图分析示意可以看出，实验组图片中锚点（名牌包和网红面部）获得了更多的注视时间和注视点，说明被试者对锚点区域的关注程度深、更感兴趣。而被试者对于有锚点的组的衬衫估价更高，说明出现了锚定效应。

2）AOI区域划分及KPI综合数据分析

研究中对第二至第五组实验材料共8张图片进行AOI区域划分，划分规则是以锚点区域和服装区域为AOI区域。以第二组为例，服装兴趣区眼动指标的分析如表9-4所示。并分别以平均注视时长、回看数、注视点个数为因变量，有无锚点为自变量进行单因素方差分析，结果如表9-5所示。

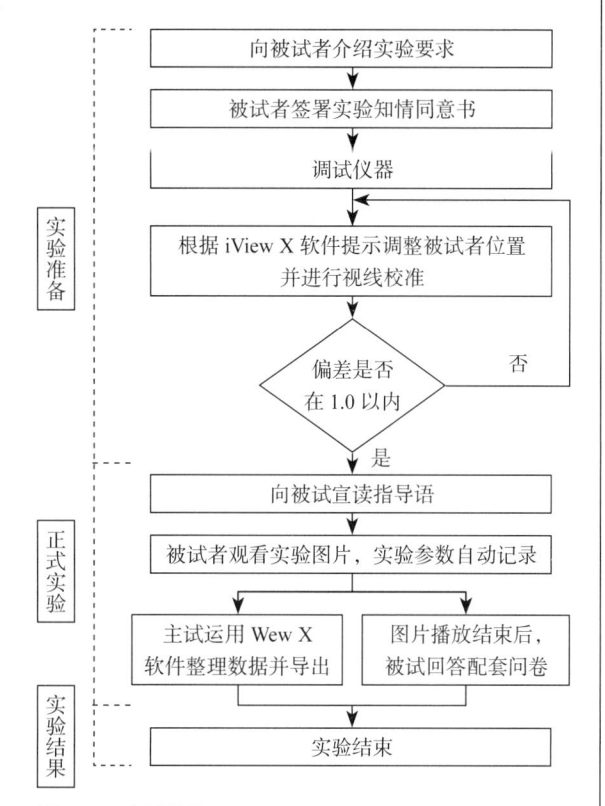

图9-3 实验流程

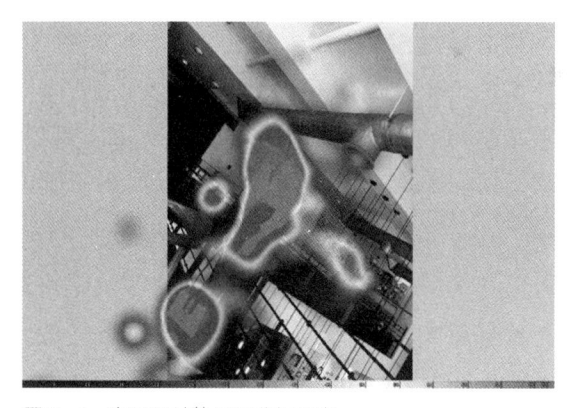

图9-4 实验图片热区图分析示意

表9-4 实验材料服装兴趣区眼动指标描述统计结果示意

	组别	平均值	标准偏差
平均注视时长	对照组	582.333 3	53.500 00
	实验组	552.666 7	25.000 00
回看数	对照组	5.000 0	0.000 00
	实验组	3.333 3	0.500 00
注视点个数	对照组	9.666 7	1.000 00
	实验组	7.333 3	0.500 00

表9-5 实验材料服装兴趣区的眼动指标的方差分析结果示意

源	因变量	III类平方和	自由度	均方	F	显著性
组别	平均注视时长	3 960.500	1	3 960.500	2.271	0.151
	回看数	12.500	1	12.500	100.000	0.000
	注视点个数	24.500	1	24.500	39.200	0.000

在锚点兴趣区上，第二组材料实验组平均注视时长、回看数和注视点个数明显高于控制组，表明实验组对锚点兴趣区更感兴趣、关注程度更深。综合上述对服装兴趣区和锚点兴趣区的KPI综合数据分析，假设H1成立，即图片中锚点的有无对被试眼动数据影响显著。后续结合实验配套调查问卷，对行为决策方面的特征变量展开分析并得出结论，对假设H2及其分假设进行检验。

（6）研究结论与启示

通过实验研究和行为决策数据进行分析和讨论发现，以名牌产品和网红为锚点时，产生锚定效应，消费者对锚点区更感兴趣，但锚点对消费者的产品态度和购买意愿影响不大；以网红为锚点时，产生了锚定效应，消费者对锚点区更感兴趣，对产品态度变差，购买意愿变化不大；以名牌产品为锚点时，产生了锚定效应，消费者对锚点区更感兴趣，对产品态度变好，购买意愿增加。

服装企业在制定营销策略时，应与当前的流行要素相结合，以达到吸引消费者注意，提高品牌形象的目的；服装企业在制定营销策略时应利用品牌锚定效应，将自己的服装品牌与比自己更高档的服装品牌做关联，如战略联盟、推出合作款服装、选取名牌产品给服装做搭配等；服装企业在利用锚定效应进行营销时，并不一定需要选取非常昂贵的锚点,也可选取价格不是非常高,但是象征高品质、高档次的名牌单品,如香水、彩妆、腰带等;服装企业在注重营销的同时也应该努力提高服装的质量,让服装的面料、工艺等都让消费者十分满意,做到实物与图片相符,这样才能让消费者产生信任感,让消费者与企业之间产生黏性。

资料来源:本书作者研究课题"基于锚定效应理论的网红服装市场营销效果分析"。

9.3 实验调查法的优点和局限性

(1)实验调查法的优点

① 调查结果客观、实用,具有较强说服力。实验调查法的结论是通过因果性证明得出的,其推导过程因果关系相对清晰,逻辑性比较严密,而且由于结论系推导得出而非概括得到,表明其具有相对的客观性,人为猜测的痕迹较少,因此具有较强说服力。由于采用科学的实验方法在真实的市场活动中进行实验,可以排除主观估计的偏差;可通过对实验合理设计有效控制实验环境,实验可反复进行。

② 调查方法的运用具有可控性和主动性。调查人员可以主动改变可控实验因素(自变量)来观察其对调查对象的影响大小。调查人员可以人为改变某一因素,来观察此因素对调查对象的影响作用的大小,如在展览会现场即时提出某一商品"降价"来观察消费者的反应,以考察价格因素的影响力等,从而直接掌握第一手原始资料。

③ 探明某些现象间的因果关系。实验调查法通过改变自变量来研究其对因变量的影响程度,进而探究自变量和因变量间的因果关系。通过控制变量,可以使假设影响条件凸显,并验证事先假设影响因素的正确性,从而迅速找到解决市场问题的方法。

(2)实验调查法的局限性

① 实验中的管理控制。实验过程中的外来变量不断变化,部分变量难以进行人为控制,如节假日、季节、天气等,可能会影响实验结果,增加实验控制的难度。在室内实验过程中,要注意特定环境对被试可能造成的心理压力和其他影响。

由于实验调查法有人为因素掺杂其中,容易改变自然的真实状况,从被试者方面说,即使是自愿被试者,其所反映出来的选择是否与原始状况相同还值得怀疑;而从调查人员方面说,还存在人员配合的默契性和合作愿望的问题。同时由于影响市场变化和消费者选择的因素是错综复杂的,有时很难辨别哪一个是主要或最大因素,实验调查法从某种意义上说只能证实某种因素是有效的或有害的,但实际上无法证明哪些因素是"最佳"的。

② 保密性问题。保密问题涉及两个方面：一是为被试者保密，特别是涉及较敏感的问题或消费选择时，如果没有保密措施，将不容易获得自愿被试者；二是实验目的的保密性，现场实验或市场测试往往会暴露特定企业的营销计划和策略，竞争对手容易探知企业的决策思路和措施，以致于有时企业的新创意或新产品尚未推出，市场已经有替代品。

③ 此外，在资源和时间消耗方面，实验开展需要耗费一定时间和产生相应的费用支出。

思考与练习

1. 尝试列举服装市场研究和实践中的实验调查法案例，试分析该实验解决了什么问题？
2. 根据某个研究课题，分析实验操作流程并讨论该实验设计的合理性。

参考文献

[1] 韩光. 市场调查方法的对比研究 [J]. 中国市场，2015(27)：102-103.
[2] 宁秀君. 市场调查与预测（第3版）[M]. 北京：化学工业出版社，2008.
[3] 姚小远，杭爱明. 市场调查：原理、方法与应用 [M]. 上海：华东理工大学出版社，2015.
[4] 殷智红. 市场调查实务 [M]. 北京：北京大学出版社，2016.
[5] Tversky A, Kahneman D. Judgment under Uncertainty: Heuristics and Biases[J]. Science, 1974, 185(4157): 1124-1131.
[6] 沈超红，程飞等. 锚定效应与消费者购买意愿关系研究 [J]. 消费经济，2016，32(02).

第 10 章

量表设计与应用

本章导读 / 内容概要、重点和难点

本章以量表在测量消费者满意度中的应用为启发,介绍了量表的概念及其度量对象,讲解了如何将一个抽象的构念概念化并操作化;随后给出了量表的四个测量层次,并就量表的数据后处理及其信效度评估方式进行了说明;最后从微观和宏观两个角度讨论了量表在实际研究领域中的应用。

本章重点

掌握量表的基本概念、主要层次及其应用,常用量表的形式,量表的数据处理、信度与效度之间的关系及其评估方式。

本章难点

理解量表的适用场景,将量表的四个层次区分清楚;根据本章介绍的有关量表的知识及其常见的结构形式自主开发或构建出信效度良好且适用于特定研究的量表,并对收集到的量表数据进行有效的处理与分析。

■ 案例10-1 顾客是上帝，可上帝是否满意？

2003年，位居世界零售百强前6位的沃尔玛、家乐福、家得宝、麦德龙、克罗格、泰斯克，除了位居第5位的克罗格没有进入中国外，其他都已进入且加快了在中国的发展步伐，气势汹汹逼人。中外零售企业的比较竞争优势、发展趋势及可能的结果，成为政府、企业家和学者十分关心的问题。中国大型综合超市与国外相比究竟有没有差距？差距在哪里？这些都是当时亟待解决的问题。

经文献调查发现，顾客满意度是从消费者角度客观进行评价的手段，并一直被作为判断企业是否具有竞争优势的度量方法，也被作为度量商业经济运行健康状况的晴雨表。于是在2006年，王高、李飞、陆奇斌三人欲对零售额比较居前的20家大型连锁综合超市在全国范围内进行消费者满意度的随机抽样调查。

可是超市消费者的满意度这个变量要如何在研究中呈现呢？很多时候我们对事物的满意度并不是简单的"满意"和"不满意"就能够表达的。就以超市为例，消费者可能对A超市的收银速度、店内环境很满意，认为它的售后服务差强人意，对它的商品价格、停车场地不满意，对它的货品质量极度不满。也就是说，消费者对超市不同方面的满意度不同，而且满意度本身也并不是一个两极化的变量，即消费者对超市的满意度是多层次、多维度的。

在这种情况下，我们用语言文字很难将超市的消费者满意度这个十分复杂的变量以简洁准确的方式表达出来，前面介绍的种种定性研究方法在这个问题面前都变得苍白无力。但是如果超市的顾客满意度这一变量可以用数字来表达，变成一个被量化的值呢？那么我们不就可以确切且清晰地描述各个超市的顾客满意程度，并对它们进行比较分析了吗？

量表就是那个可以将超市的消费者满意度量化的工具，在此研究中，研究者们构建出了如表10-1所示的量表来对超市的消费者满意度进行测量。他们首先把"超市的消费者满意度"细化，变成顾客对购物便利、购物环境、商店设施、人员服务等指标的满意度，并在进行市场调查时让消费者对每个指标进行评分，其中1分为最低，10分最高。这样，他们就将消费者满意度这个抽象复杂、难以描述清楚的概念成功拆解成了一个可以研究和测量的变量。

表 10-1 超市的消费者满意度量表

测量题项	请您对该超市的以下方面打分（1~10）
商店声誉	
购物便利	
购物环境	
商店设施	
人员服务	
店内商品	
价格感知	
结账过程	
商店政策	
售后服务	

参考文献：王高，李飞，陆奇斌. 中国大型连锁综合超市顾客满意度实证研究——基于 20 家大型连锁综合超市的全国调查数据 [J]. 管理世界，2006（06）：101-110.

在医学领域，目前大部分心理疾病的诊断均需要心理测评量表的帮助，而这些心理测量数据也为学者们研究如何更好地治疗心理疾病提供了有力的支持。在人文社科领域，研究者常常需要测量一些抽象层次较高的概念，以及测量人们的态度、看法、意见、性格等主观性较强的内容。由于这些抽象概念和这些主观性的内容方面具有潜在性的特征，另一方面其构成也往往比较复杂，它们一般很难用单一的指标进行测量。因此，研究者在许多促进人类发展和社会经济的研究中都用到了量表来将这些复杂的概念具像化，如营销学者（Aaker，1997）根据西方人格理论的"大五"人格模型（"大五"人格是指用五项人格特征来描述性格，包括责任感、外向性、宜人性、经验开放性和神经质，是目前应用最为广泛且效度最高的人格分类方法）和探索性研究，开发了一个系统的品牌个性量表（见本章附录 1）；社会学学者在研究武汉市经济社会发展中居民生活质量问题时也开发出了城市居民生活质量量表等。而其实在我们的日常生活中，我们也经常会接触到量表，例如我们在每学期末填写的"教师授课水平评价表"，在商场里偶尔会配合商家做的"产品满意度调查"等问卷的主体都是量表。可见，量表在科学研究和生活中都有着广泛的应用，是一种非常有效且重要的测量手段，接下来我们将系统性地学习一些量表的相关知识。

10.1 量表度量什么？

在服装市场调查中，我们常需要测量一些复杂的、主观抽象的概念，如企业的创新能力和社会价值，消费者的态度、看法、意见、评价、价值观等。我们通常把这种需要测量但又无法直接观察的概念称为构念，这些构念往往需要量表来测量，从而变得具象化。

所谓量表（Measurement Scale），就是这样一种测量工具，由多个题项构成，形成一个复合分数，旨在揭示不易用直接方法测量的理论变量的水平。量表是用来对主观的、有时是抽象的态度和概念进行定量化测量的程序，是由一组相关的描述语组成的测量工具。它以反映某一抽象概念的所有观测指标（题项）和相应答案构成的统计表的形式出现。

通常，我们把量表欲反映的潜伏现象或构念称为潜变量，量表是诸多不可直接观测变量（潜变量）的替代。

延伸知识点：潜变量的概念和应用

潜变量有两个主要特征（以父母对孩子成就的期望这一潜变量为例）：首先，它是潜在的，而不是显现的：父母对孩子成就的期望是直接观察不到的；其次，构念是可变的，而不是恒常的，即它的某些方面（例如强度或大小）在变化。父母对孩子成就的期望可能会随时（如婴幼儿期与青少年期）、随地（如在运动场与在教室）、随人（如具有不同背景和职业的父母）、随这些因素的组合以及这些因素和其他因素的组合而变化。

参考文献：风笑天.社会研究方法[M].北京：中国人民大学出版社，2001.

10.2 概念化与操作定义

概念化（Conceptualization）是指出术语具体含义、对某一抽象对象进行清晰定义的过程。操作化是通过构建可以直接观察测量的指标、制定明确的分派数字或符号的规则与程序，将概念转变为变量的过程，包括明确需要搜集的信息以及信息搜集的方法与程序。

■ 案例10-2 服装色彩感知价值的概念化与操作化

对于简单的属性，例如重量，人们通常都有比较清楚的共识。而对于一些比较复杂的概念，例如学者们对消费者所感知到的产品价值（感知价值）就存在多种理解，有学者认为感知价值是质量和牺牲之间的认知权衡；有学者认为它是顾客在购买产品时所感受到的价值等。因此，在测量之前，一定要明确要测量的到底是什么。

例如，现欲对感知价值中的服装色彩感知价值这一变量进行测量，其概念与操作化过程如下：

概念化：曹宵情、鲁成在研究中基于前人对消费者感知价值的研究发现，感知价值是将消费者作为主体，产品或服务作为客体，客体在感觉和知觉上满足主体需要的一种效益关系，是与产品或服务建立的情感联系，是消费者对特定需求获得满足的最终感知。她们最终将服装色彩感知价值定义为消费者通过色彩产生的一系列心理变化，是对产品色彩外观的总体评估。

维度构建：在对概念的定义达成共识后，便要进一步确认某个概念的具体内涵，即该概念应该包括哪几个主要方面（也称维度）。对现有的与感知价值维度及其具体分类相关的研究进行梳理，发现产品的感知价值主要集中于以下六个维度：功能价值、情感价值、社会价值、享乐价值、美学价值和其他维度（如情景价值、认知价值等），其中审美价值和美学价值所包含的内容有重复。曹宵情、鲁成在参考了前人对服装感知价值的研究，并将色彩的特性纳入考虑范围后，认为服装色彩主要呈现出四大维度的感知价值：一是审美价值：服装色彩外观具有美观独特等性质；二是功能价值：如服装色彩的耐用性、保护性等；三是情感价值：服装色彩给消费者积极或消极的心理暗示与情绪状态有关；四是社会价值：包括社会地位的象征、他人赞同等。因此，服装色彩感知价值维度构成分为四个维度，分别为美学价值、功能价值、情感价值和社会价值。

操作化：在确定测量维度后，选取了50名18～35岁的消费者作为焦点访谈的主要对象，把受访者分为5个小组，要求他们围绕四个维度的访谈问题来进行回答，得到了部分初始题项。除了消费者生成的题项之外，她们还借鉴了不少现有的成熟量表，最终形成42个初始题项。

由于42个题项的规模太长，无法在实践中使用，所以不得不减少初始题项集。她们首先将各评价因素制成表格，另外邀请40名消费者和8位工作经验在5年以上的服装色彩领域专家对42个题项中的每个题项进行评级，判断题项适合其各自服装情境中的色彩感知价值维度定义的程度。每个成员按预先约定的标准对各个因素打分，删除评价低的题项后，最终保留了23项。接下来，通过问卷调查的实证研究方式，采用主成分分析法和探索性因子分析法对初始量表的题项进行筛选来对量表进行简化，构建出了含4个维度、12个题项（表10-2）的量表。最后，针对每一个题项再设计"非常不同意""不同意""不确定""同意""非常同意"5个等级，分别对应着1~5分（即李克特型量表，详见10.7）。

表10-2 服装色彩感知价值量表

测量维度	测量题项
美学价值	……是好看的
	……是搭配和谐的
	……有独特的外观
功能价值	……是实用的
	……是持久的
	……有可接受的质量标准
情感价值	……符合我的性格
	……能给我积极的心理暗示
	……增强自我感觉
社会价值	……能体现我的身份
	……能改善他人对我的看法
	会给他人留下好印象

资料来源：曹宵情，鲁成. 色彩感知价值维度构建、简约量表开发与检验 [J]. 丝绸，2020，57（05）：35-41.

10.3 量表的层次

量表携带信息量的多少由低到高可分为4个层次：定类量表、定序量表、定距量表、定比量表，相应地，用这些量表测量的变量被叫做：定类变量、顺序变量、等距变量、等比变量。

（1）定类变量

定类变量（Nominal Scale，又称名义变量）是按照事物的某种属性对其进行分类或分组。其变量取值仅代表类别差异，不能用来指出其他的差异性，不能比较各类之间的大小，也不能在各类间进行计算。

> **样例：定类变量**
>
> 被调查对象的年龄、性别、职业等人口统计学变量，以及是否购买过某品牌服装、是否穿用过某服装等变量均可以用定类变量来测量。

（2）定序变量

定序变量（Ordinal Scale，又称顺序变量）是对事物之间等级或顺序差别的一种测度，可以比较优劣或排序。定序变量比定类变量的信息量多一些，不仅包含类别的信息，还包含次序的信息。但是由于定序变量只是测度类别之间的顺序，无法测出类别之间的准确差值，所以其计量结果只能排序，不能进行算术运算。

> **样例：定序变量**
>
> 如要求被调查对象对某类服装多个品牌按其知名度进行排序回答：A＞B＞C＞D＞E＞F，这个答案具有比较性，但不确定各个品牌知名度的具体差异大小。另外，被调查对象的学历、在某服装品牌购物的频繁程度等变量也可以使用定序变量来测量。

（3）定距变量

定距变量（Interval Scale，又称等距变量）是对事物类别或次序之间间距的测度。其数值不仅能进行排序，而且可准确指出类别之间的差距是多少。定距变量通常以自然或物理单位为计量尺度，定距变量间可以做加法和减法，但不能做乘法和除法。

> **样例：定距变量**
>
> 生活中最典型的定距变量就是温度。
>
> 定距变量在服装市场调查中常常用于调查个人态度、品牌知名度和用户满意度等变量。例如，可以把满意度设定为 1～5，也可以设定为 1～100，还可以设定为 −5～+5，它们是等效的。

（4）定比变量

定比变量（Ratio Scale，又称等比变量）是能够测算两个测度值之间比值的一种计量尺度，它的测量结果同定距变量一样也表现为数值。定比变量与定距变量的差别在于等比变量有一个固定的绝对"零点"，而定距变量没有。比如温度，0℃只是一个普通的温度（水的冰点0℃）并非没有温度，因此它只是等距变量，而重量则是等比变量，因为0 kg就意味着没有重量可言。等比变量就是测量尺度的最高水平，它除了具有其他3种测量尺度的全部特点外，还具有可计算两个测度值之间比值的特点，因此它可以进行加减乘除运算。

> **样例：定比变量**
>
> 在服装市场调查中，可支配收入比这个变量就常常使用定比变量来测量。
> 问题：您每月用于服装的消费占可支配收入的比率是多少？
> 选项：A. 0%～5%　　B. 6%～10%　　C. 11%～15%　　D. 16%～20%
> 　　　E. 21%～25%　F. 26%～30%　　G. 30%以上

总体而言，这四类量表的区别见表10-3。其中，定类变量仅能区别类别，即表示"是/否"关系；定序变量除了可以区别类别，还可以区分次序，即对答案数据进行大小排序；定距变量除了可以区别类别、区分次序，还可以区分距离，即根据答案数据进行加减统计距离；定比变量除了可以区别类别、区分次序、区分距离，还能区分比例，即根据答案数据进行乘除统计比例。

表10-3　量表四个层次总结表

量表	类别区分 (=、≠)	次序区分 (>、<)	距离区分 (+、-)	比例区分 (×、÷)	举例
定类变量	√				年龄、性别、职业等人口统计学变量，以及是否购买过某品牌服装、是否穿用过某服装等变量
定序变量	√	√			被调查对象的学历、在某服装品牌购物的频繁程度、偏好排序、比赛名次、社会阶层等变量
定距变量	√	√	√		个人态度、品牌知名度和用户满意度等变量
定比变量	√	√	√	√	性别比、离婚率、出生率、市场份额等变量

10.4 量表的数据和统计分析

当我们运用量表收集到一批数据资料后,接下来的任务就是要对这些资料进行统计分析。我们将在这节中按量表资料分析的程序,对原始数据的整理、录入,以及统计分析作简要的介绍,有关统计分析方法的更为详细的操作在本书的第 12、13 章。

(1) 数据编码

运用统计分析软件分析调查信息时,需要将信息采用计算机能够识别和统计分析的代码表示,即编码。编码(Coding)是将量表答案信息转换为编码值(如数字)的过程,也就是将各种类别的信息资料用代码来表示的过程。一般来说,研究中会将量表中的每个问题用数字、字母及特殊符号,或者它们之间的组合来表示,而题项的答案则通常被编码为顺序的数字。编码既可以在量表设计的同时就设计好,也可以等调查完成后再进行,前者称为预编码(Pre-coding),后者称为后编码(Post Coding)。详情请见本书第 12 章。

> ■ **案例 10-3** 量表的数据编码示例一
>
> X 服装品牌是一家刚刚成立 1 年的新公司,为调查其消费者的概况及购买意愿,该公司设计了如表 10-4 所示的量表来展开调查,现欲对该量表进行预编码。
>
> 表 10-4　X 服装品牌消费者概况调查量表
>
> | 量表类型 | 测量内容 | 测量题项 | 答案选项 |
> |---|---|---|---|
> | 定类变量 | 调查消费者概况 | 您的性别是什么？ | A. 男　B. 女 |
> | 定比变量 | | 您每月用于服装的消费占可支配收入的比率是多少？ | A. 0%～10%　B. 11%～20%
C. 21%～30%　D. 30% 以上 |
> | 定序变量 | | 下面是您在购买服装时可能会考虑的若干因素,请按重要性升序排序 | A. 设计风格　B. 价格
C. 面料　D. 加工质量
E. 服务态度 |
> | 定距变量 | 消费者购买意愿调查 | 我购买 X 品牌的服装的可能性很大
我愿意尝试购买 X 品牌的服装
我计划购买 X 品牌的服装 | A. 完全不同意　B. 基本不同意
C. 不确定　D. 基本同意
E. 完全同意 |

首先，我们要对被调查者也就是答题者进行编码，在这里我们将被调查者编码为 Res（Respondent），直接用数字依次为各个被调查者编码，即第一个填写量表的人被编码为 1，第二个填写量表的人被编码为 2，以此类推。计算机录入时变量名为 Res，变量数值直接输入数据 1、2、3…即可。

接下来，我们要对量表的题项及其答案进行编码。

定类变量：编码时可以将问题"您的性别是什么？"编码为 Gender，选项"男"编码为"0"，"女"编码为"1"，计算机录入时变量名为 Gender，变量数值直接输入数据 0、1 即可。

定序变量：下面是您在购买 X 品牌服装时可能会考虑的若干因素，请按重要性按升序排序。编码时可以将选项"A. 设计风格"编码为"Item_Style"，选项"B. 价格"编码为"Item_Price"，将选项"C. 面料"编码为"Item_Material"，选项"D. 加工质量"编码为"Item_Quality"，选项"E. 服务态度"编码为"Item_Service"，计算机录入时变量名为 Style、Price、Material、Quality、Service，并按被调查者的排序顺序在变量值处依次输入 1~5 的数值。

定距变量：编码时可以将问题"我购买 X 品牌服装的可能性很大"编码为"PI_1（Purchase Intention_1）"，问题"我愿意尝试购买 X 品牌的服装"编码为"PI_2（Purchase Intention_2）"，问题"我计划购买 X 品牌的服装"编码为"PI_3（Purchase Intention_3）"，选项"完全不同意"编码为"1"，"基本不同意"编码为"2"，"不确定"编码为"3"，"基本同意"编码为"4"，"完全同意"编码为"5"，计算机录入时变量名为 PI_1、PI_2、PI_3，变量数值直接输入数据 1~5 即可。

定比变量：编码时可以将问题"您每月用于服装的消费占可支配收入的比率是多少？"编码为"Income"，选项"0%~10%"编码为"1"，选项"11%~20%"编码为"2"，选项"21%~30%"编码为"3"，选项"30%以上"编码为"4"，计算机录入时变量名为 Income，变量数值直接输入数据 1~4 即可。

按上述过程将量表进行编码，可得到如表 10-5 所示的编码表。

表 10-5　X 服装品牌消费者概况调查量表编码表

量表编码	输出值
Gender	0~1（0—男、1—女）
Income	1~4（1—0%~10%、2—11%~20%、3—21%~30%、4—30%以上）
Item_Style	1~5（按被调查者的排序顺序输入）

量表编码	输出值
Item_Price	1~5（按被调查者的排序顺序输入）
Item_Material	1~5（按被调查者的排序顺序输入）
Item_Quality	1~5（按被调查者的排序顺序输入）
Item_Service	1~5（按被调查者的排序顺序输入）
PI_1	1~5（1-完全不同意，2-基本不同意，3-不确定，4-基本同意，5-完全同意）
PI_2	
PI_3	

也就是说，假设现有一位女性被调查者，其编号为15，她每月用于服装的消费占可支配收入的比率是15%，在购买服装时会考虑的因素按重要性升序排序为：服务态度、面料、加工质量、设计风格、价格。她购买X品牌服装的可能性比较大，很愿意尝试购买该品牌的服装，但并没有具体的购买计划。即她的答案经整理后如表10-6所示，第15号被调查者答案编码见表10-7。

表10-6　第15号被调查者答卷

测量题项	被调查者15号的答案
您的性别是什么？	B.女
您每月用于服装的消费占可支配收入的比率是多少？	B.11%~20%
下面是您在购买服装时可能会考虑的若干因素，请按重要性升序排序	E.服务态度<C.面料<D.加工质量<A.设计风格<B.价格
我购买X品牌的服装的可能性很大	D.基本同意
我愿意尝试购买X品牌的服装	E.完全同意
我计划购买X品牌的服装	C.不确定

表10-7　第15号被调查者答卷编码表

Res	Gender	Income	Item_Style	Item_Price	Item_Material	Item_Quality	Item_Service	PI_1	PI_2	PI_3
15	1	2	4	5	2	3	1	4	5	3

(2)描述性分析

描述性分析是对量表进行分析的第一个步骤,可以对调查所得的大量数据资料进行初步的整理和归纳,以找出这些资料的内在规律——集中趋势和分散趋势。描述性统计量一般包括均值、中位数、众数、方差、四分位表、峰度、偏度、频数,常用 SPSS 中的单变量频数分布分析、列联表分析、多重响应分析等方法实现描述性统计需求。详情请见本书第 13 章。

(3)因子分析

因子分析是指将反映样本某项特征的多个指标变量转为少数几个综合变量的多元统计方法。可以说,因子分析法的核心思想就是降维。对量表做因子分析可以剔除量表中不能够良好反映所测变量的题项,并将一个量表划分成多个维度(因子),建立量表的内部结构,将复杂变量简化。因子分析分为探索性因子分析和验证性因子分析,探索性因子分析的主要目的是找出因子个数,以及各个因子和观测变量之间的相关程度,而验证性因子分析的主要目的是决定事前定义因子的模型拟合实际数据的能力,以试图检验观测变量的因子个数和因子载荷是否与基于预先建立的理论预期一致。探索性因子分析常用 SPSS 中的降维功能实现,验证性因子分析常用 AMOS 软件完成。详情请见本书第 13 章。

(4)相关性分析

相关性分析是指对两个变量之间的关联程度进行分析,通过相关性分析可以明确两个变量之间的关系,通常用皮尔逊(Pearson)相关系数表示。相关性分析常用 SPSS 软件中的双变量相关分析实现。详情请见本书第 13 章。

(5)回归分析

回归分析是指利用数理统计原理,对大量统计数据进行数学处理,并确定因变量与自变量之间的相关关系,建立一个相关性较好的回归方程,并加以外推,用于推测自变量其他取值条件下因变量值。回归分析可以用来检验直接效应、调节效应、中介效应等复杂的变量关系。回归分析常用 SPSS 软件中的线性回归功能、Process 插件以及 AMOS 软件实现。详情请见本书第 13 章。

(6)信度和效度检验

信度(Reliability)即测量的可靠性,是指测量结果的一致性或稳定性。量表的效度(Validity)是指它的题项的有效性程度,即该量表能测出所期望研究概念的程度。详情请见本书第 13 章。

10.5 量表的宏观应用：综合指数评估

综合指数法是指将对评价对象有较强影响的各项评价指标赋予相应的分值和权重，并转化成特定的指数后进行汇总排序，最后根据综合指数和排名来对评价对象的级别进行判定。量表是综合指数法的常见实现方式，例如，澳大利亚迪金大学卡明斯（Cummins）编制的幸福指数量表，它可以被用来全面反映测试对象的幸福程度，其中包括个人幸福指数量表（Personal Well-being Index，PWI）及国家幸福指数量表（National Well-being Index，NWI）。百度指数是以百度海量网民行为数据为基础的数据分享平台。可以被用来研究关键词搜索趋势、洞察网民需求变化、监测媒体舆情趋势、定位数字消费者特征；还可以从行业的角度分析市场特点。Parasuraman、Zeithaml 和 Berry 构建出了"服务质量评价五要素"模型，即有形性、安全性、可靠性、响应性和共情性，称之为"SERVQUAL"量表，它是综合评估服务质量的经典量表，至今仍得到广泛应用（见本章附录 2）。在得到这些综合指数的结果后，咨询机构的研究者们可以对它们进行分析，得到行业的发展现状、前景以及存在问题，写入行业研究报告中。

对于服装产业来说，也有不少研究者开发出了用来对企业进行测评的指标体系（案例 10-3～案例 10-5）。服装行业常见的指数有：纺织工业联合会发布的国内棉花价格指数（图 10-1）、内销价格指数等。研究机构及报告有：欧洲服装和纺织品联合会（EURATEX）、中国纺织工业联合会及其发布的《中国纺织工业发展报告》《中国服装行业经济运行简报》、时尚商业和麦肯锡联合发布的《时尚状况报告》(State of Fashion) 等。

图 10-1 纺织工业联合会发布的国内棉花价格指数

案例 10-4 服装企业运营效率指标体系

效率一般是指能从社会的稀缺资源中获取最多的东西。服装企业的运营效率指的是服装公司在实现自身收入水平的各项经济与管理活动的运营过程中,以尽可能少的资源投入获得尽可能多的产出,推动自身所使用的资源实现最大程度利用的能力。目前,越来越多的产品可由纺织品替代,众多的纺织服装企业走上了联合创新的转型道路,在这种新格局和新形势下,研究当前纺织服装企业的运营效率变化,具有很强的现实意义。随着全球化的发展,纺织服装业结构正逐渐转变为全球分工合作,例如,一个服装品牌可以请法国的设计师来设计服装,在日本制造面料,并最终在劳动力资源丰富的国家制成成衣,这种发展态势也必然对纺织服装企业的运营效率产生了影响。另外,如今全球已迎来工业4.0,智能工厂、智能生产和智能物流等关键词的提出,对劳动密集型的纺织服装业来说,是新的机遇也是新的挑战,其运营效率也随之发生了变化。要研究服装企业的运营效率,我们首先要面对一个问题:如何对当前纺织服装企业的运营效率做出有效的评估呢?

为了解决这个问题,黄河、杨以雄等人通过前期文献梳理和总结,基于先行学者提出的指标,同时考虑数据库中数据的可获得性,构建了服装企业运营效率的5项输入指标和2项输出指标,其具体内容及定义见表10-8。

表10-8 服装企业运营效率指标体系表

输入/输出	指标名称	定义
输入	营运资本	通常显示在公司的资产负债表上,是指总流动资产额减去总流动负债额。一般来说,营运资本高的企业,最终所获得的收益也相对会高
	应收账款	指企业在经营过程中因销售商品或提供服务等业务向购买单位收取的款项,是伴随企业信用销售行为而形成的一项债权。在激烈的市场竞争中,信用销售可有效地促进企业销售表现,特别是在企业销售新产品、开拓新市场时,信用销售更具有重要意义
	员工数	劳动力密集是纺织服装业的主要特征。从原材料生产到产品制造,再到最终的销售和回收,都需要大量劳动力资源。该指标决定了企业规模大小,员工数量越多,理论上创造的价值也越多
	销货成本	主要指与销售的产品直接相关的成本,如与销售的产品直接相关的原材料费、加工和制作费、保险和安全管理费等。成本在较大程度上影响着企业的最终收益

输入/输出	指标名称	定义
输入	营业费用	该指标和销货成本拥有不同的含义,两者表征了企业经营过程中,资源消耗的不同路径。所以在公司的资产负债表上,这2项指标会分开列出。营业费用不一定是与销售产品直接相关的成本,如产品开发费、员工差旅费等。其次,倘若产品没有被售出,而企业为了维持运营,依然需要花费一定的营业费用,如仓库、厂房和门店的日租费等
输出	营业收入	指企业在从事产品销售或提供服务等业务过程中形成的经济收入。一般分为主营业务收入和其他业务收入。本研究中,该指标没有扣除相应的成本值,属于毛收入
	销售净额	指销售总额扣除现金折扣、商业折扣、销货退回等因素后的净额。该指标为净收入,与营业收入指标一起共同度量企业的销售和收益表现

参考文献:黄河,杨以雄.基于数据包络分析的纺织服装企业运营效率评估[J].纺织学报,2017,38(10):138-45.

■ 案例10-5 服装加工型企业客户价值评估体系

2014年,受美国次贷危机和欧洲债务危机的持续影响,后经济危机时代全球消费需求疲软,加之我国劳务和纺织服装原材料成本的不断上升以及人民币升值等诸多因素的影响,造成国内传统外贸服装加工企业普遍存在订单利润空间被压缩、设备产能过剩、熟练工短缺等现象。根据中国海关统计,2012年全国纺织品服装出口总额为2 549.8亿美元,同比增长2.8%,增速为2010年以来的最低点,出口不利形势再次加剧。企业自身难以转变外部环境的影响,唯有苦练"内功"、转型升级才是克服困境的必由之路。转型升级要求企业从事价值链上附加值更高的活动,同时进行精细化管理,通过有效的客户关系管理,维护好重要的战略型客户,开发潜力型客户,必要时放弃非增值型客户,进行集约化、精益化管理,降低企业内部运营成本和外部环境风险。

目前国内相当一部分服装加工企业(成衣供应商)与客户(成衣采购商或服装品牌商)之间仍维持着价格驱动的关系,注重短期目标,虽能与客户间建立一定关系,但不注重关系的维护,一旦受到外来不利因素影响,这种关系就会很轻易地放弃。客户价值是客户关系管理(CRM)的基本思想,通过客户价值管理可以有效提高企业的经营业绩,该理念已被越来越多的企业所接受。客户价值是指企业的重要决策者在客户关系中所感知的收益和支出间的权衡，这种收益和付出既包括货币因素，又包括非货币因素。企业如何对客户价值进行正确量度，进而实行客户分级管理，制定针对不同客户关系的管理和发展策略，合理配置和重组资源，从而提高企业的盈利能力成为了一件值得探讨的事情。

陈炜、杨以雄、章娟等人在前人研究的基础上提出了服装加工型企业客户价值评估体系（表10-9），评估指标体系分为目标层A、准则层B、指标层C共三个层次。C层评价指标分为正向相关指标和负向相关指标，正向相关指标评价值越高，客户评估值也越高；相反，负向相关指标评价值越高，客户评估值越低。他们在提出该评估体系后还以浙江某大型服装加工型企业的梭织服装生产中心为例，进行了实证分析，结果良好。

表10-9 服装加工型企业客户价值评估体系表

A	B层次	C层次	统计口径	属性
客户价值评估 A	盈利贡献 B_1	销售总额 C_{11}	客户年度销售总额	+
		毛利润 C_{12}	客户年度毛利润	+
		毛利润率 C_{13}	毛利润 C_{12} / 销售总额 C_{11}	+
		销售均价 C_{14}	销售总额 C_{11} / 年度销售总件数	+
		订单连续性 C_{15}	业务部、生产部、采购部评价	+
		订单取消损失 C_{16}		−
		赔款比率 c_{17}	客户年度赔款总额 / 毛利润 C_{12}	−
	质量要求 B_2	质量附加要求 C_{21}	品管部、采购部、生产部评价	−
		附加查货比例 C_{22}		−
		无效客户投诉 C_{23}	业务部、品管部、生产部评价	−
	业务要求 B_3	货期紧迫性 C_{31}	业务部、生产部、采购部评价	−
		交货准确性 c_{32}		−
		开发制造柔性 C_{33}	技术部、采购部、生产部评价	−
	潜在成本 B_4	设计开发成本 C_{41}	年设计开发总成本 / 销售总额 C_{11}	−
		沟通成本 c_{42}	业务部、生产部、采购部评价	−
		生产技术风险 c_{43}	技术部、业务部评价	−
	合作水平 B_5	客户忠诚度 C_{51}	业务部、生产部、采购部评价	+
		客户信用度 c_{52}		+
		合作潜力 c_{53}		+
		客户满意度 c_{54}	客户满意度问卷调查	+

A	B 层次	C 层次	统计口径	属性
客户价值评估 A	经营能力 B_6	资产规模 C_{61}	业务部评判	+
		品牌竞争力 c_{62}		+
		发展潜力 c_{63}		+

资料来源：陈炜，杨以雄，章娟. 服装加工型企业客户价值评估体系——基于后经济危机时代的视角 [J]. 技术经济与管理研究，2014，(08)：51-54.

10.6 量表的微观应用：态度和意向测量

10.6.1 心理测量

在社会学及市场研究中，心理量表被广泛地应用在了对各种消费心理、消费者性格特点以及消费者内心状态的测量当中。

消费心理是指消费者在购买、使用和消费商品过程中的一系列心理活动。心理活动是人脑对客观事物或外部刺激的反映，是人脑所具有的特殊功能。消费者在消费过程中的偏好和选择，各种不同的行为方式无一不受其心理活动的支配，例如，消费者是否购买某种商品，购买哪种品牌、款式，何时何地购买，采用何种购买方式以及怎样使用等都和不同消费者的思想、情感、气质、性格、价值观念、思维方式以及相应的心理反应密切相关。这种在消费过程中发生的心理活动就叫做消费心理。消费心理即消费者在购买、使用和消耗商品及劳务的过程中反映出来的心理态势及其规律。常见的消费心理有：从众心理、仰慕心理、自豪心理、炫耀心理、实惠心理、占有心理、享受心理、保值心理、怀旧心理、求异心理、攀比心理、求知心理。下面列出了几个在研究中对消费心理进行测量的例子。

■ **案例 10-6** 炫耀性消费心理量表

早在一百多年前，美国制度经济学家 Veblen 就对上层社会的奢侈品消费心理进行了深入研究，提出了"炫耀性消费"这一重要概念。他将炫耀性消费定义为"通过消费向他人炫示消费者具有的身份、地位和财富，从而为消费者博得荣誉，获得自我满足的消费行为"。此后，炫耀性消费几乎成为与奢侈品消费等同的概念，奢侈品被认为是彰显地位和区隔阶层的重要符号。赵晓煜在前人的研究基础上制作出了如表 10-10 所示的量表用于在研究中测量消费者的炫耀性消费倾向，以进一步分析消费者炫耀性消费心理的成因。

表 10-10　炫耀性消费心理量表

测量题项	测量方式
我想要通过奢侈品消费来彰显自己的经济实力	李克特 5 级量表
我购买奢侈品的目的，更多地是向外界展示自己	
我想要通过奢侈品消费来提高我的社会地位	
我很享受别人在识别出我所持有的奢侈品后，表现出羡慕与赞许的态度	
我希望我所购买的奢侈品易于被外界识别	

资料来源：赵晓煜. 奢侈品消费中的非炫耀性消费倾向研究 [J]. 东北大学学报（社会科学版），2019，21（04）：350-9.

■ 案例 10-7　网络用户社交外表焦虑量表

社交外表焦虑是一种心理问题，是指处于社交环境中的个体因为其他人会对自己外表的缺陷做出评价而产生的焦虑状态。个体自我客体化和社交外表焦虑的一种重要表现形式是将其身体外貌作为衡量个人社会价值的唯一标准。这会导致其更加在意其他人对自身外貌形象的评价，也因此持续性地以外人视角监视着自己的身体外貌。

用户在社交媒体平台上发布着自己身体外貌相关的图片、视频等信息，社交媒体运用自己的话语权所建构和传递的美学理念也掀起着一场新的审美狂潮，各个领域的媒体平台宣传着与常理不符的"标准"身材。因此，在使用社交媒体来获得便利的同时，个人很容易感受到"理想"与现实之间的差距，有些人可能会因为长期对自己的体形不满意而变得焦虑，甚至不惜通过整容等一些高成本行为来缩小与他人的差距，造成了不容忽视的社会风险。这些问题都值得关注、有待解决。

基于以上背景，黄子妍在探究社交媒体的使用对用户的社交外表焦虑的影响时构建了用于测量用户的社交外表焦虑的量表，如表 10-11 所示。

表10-11 网络用户社交外表焦虑量表

测量题项	测量方式
我满足了自己的外貌表现力	李克特5级量表
在拍照时我会紧张	
对于他人的关注,我会产生不安情绪	
我担心外貌会成为不被人喜欢的理由	
我担心自己的外貌缺点被他人议论	
我担心别人认为我的外貌不具有魅力	
我害怕自己的外貌没有吸引力	
我担心外貌会阻碍自己的人生发展	
我发现外貌使我失去了很多机会	
在与他人谈论外貌话题时,我会感到紧张	
我会焦虑他人交谈我的外貌	
我会焦虑自己的外貌达不到他人的要求	
我担心自己的外貌获得他人的负面评价	
我会因为别人发现了我的外貌缺点而不愉快	
我焦虑外貌会成为影响感情的负面因素	
我焦虑外界对我产生消极的外貌评价	

资料来源:黄子妍. 社交媒体使用对女大学生外貌焦虑的影响研究 [D]. 上海:上海外国语大学,2021.

■ 案例10-8 消费者逆反心理量表

现如今,通过给予消费者一定金额的返利来换取好评以提高销售量似乎已经成了电子商务平台约定俗成的一种营销策略:浏览产品介绍页面,"好评返3元现金"的促销字眼赫然在目;打开快递,除了有所购产品外,还会夹杂一张标有"评论有礼""微信红包""晒图有礼""扫微信二维码加好友送礼"等字样的小纸条,同时附加了得到这些优惠所需达到的要求:全五星好评、评论语句必须达到20字以上的字数、必须采用宣扬产品质量的正面措辞、必须晒图等。不可否认,此类返利形式能得到部分消费者的接受从而提升产品好评度以及销售量，但也有部分消费者对此类营销模式表达出了抵触情绪，这些消费者的负面评论使我们发现，并不是所有的消费者愿意遵循网络零售商的消费诱导，部分消费者会产生逆反并宣泄逆反，勇于揭露真相并无惧商家的善后举措，消费者个性特质对心理逆反的程度起着至关重要的作用。因此何种个性特质对消费者心理逆反有影响，如何影响，这些问题亟待解决。

姜逸雯在解决上述问题的过程中在 Hong 氏心理逆反量表的基础上结合实测情境进行改编，分为是否感觉到网络零售商好评返利营销模式限制了自身思维、行为自由；是否对这种好评返利营销模式产生反感、抵触情绪；是否会因抵触情绪做出和商家意愿相反的评价行为；售前售后得到额外利益推荐时的反感程度等四个维度构建了如表10-12所示的量表对消费者的心理逆反进行了测量[37]。

表10-12 消费者逆反心理量表

测量题项	测量方式
这种返利规则会引发我的抵触情绪	李克特5级量表
我会反驳店家想要传达的意愿	
当我自主决策的行为受到限制时，我会觉得愤怒	
我认为店家的这种引导对我来说是一种干扰	
我觉得做出与他人不同的评价（不随大流）是件非常刺激的事情	
当我的自由选择权受到限制时，我会生气	
店家的建议会使我做出相反的决定，表达自己的真实想法	
如果店家强迫我参与这类返利促销，我通常会产生抵触心理，并倾向于选择做与之相反的事情	
意识到用户好评评论是基于返利要求时，我会觉得愤怒，从而不做任何回应	
我喜欢遵循规则，在购买商品前，我希望了解商品的所有信息（品质、价格等），不喜欢任何隐瞒	
此返利要求会让我觉得商家控制我的思维，自由受限	
我喜欢遵循规则，所有购买商品后的额外利益诱惑会让我感到反感	

资料来源：姜逸雯. 好评返利营销模式对网购消费者心理逆反的影响研究 [D]. 上海：东华大学，2017.

10.6.2 多属性态度量表

多属性态度模型由心理学家 Fishbein 在 1963 年提出。Fishbein 认为，人们对客体的态度，可以用下式来表述：

$$A_O = \sum_{i=1}^{n} B_i E_i$$

其中，A_O 的字面意思是人们对客体的整个态度。这里的客体不仅仅指产品或者服务，还可以指企业形象或品牌形象等。

i 的含义是，在消费者的认知中，产品或者服务具有哪些重要的物理属性或者特点。一般而言，产品或者服务的属性很多。如五星级饭店对消费者应该具有的属性包括：方便的交通、合口的饭菜和热情的服务等。应该注意的是，这里的属性存在于消费者的认知中，而不是产品或者服务客观存在的属性。研究表明，由于人类的工作记忆最多能够记住 7～9 个组块的信息。因此，对高度卷入的产品（是指在广泛解决问题行为中，由于消费者要购买不太熟悉且较昂贵的产品，并且购买者不知道或不了解产品的品牌状况以及相关质量、价格因素，势必驱使消费者投入大量时间用于寻找合适的品牌和产品。例如汽车、保险、教育之类的产品或服务），要考察其 7～9 个重要属性；而对于低卷入的产品（例如玩具、小食品、生活日用品等，面对的是那些没有兴趣深入了解产品信息因而不愿意投入较多时间和精力的消费者，消费者的品牌忠诚度较低）而言，要考察 1～3 个重要的属性。

B_i 为客体对属性信念的强度。其含义是，在消费者的认知中，产品的第 i 个属性存在的可能性；也即指消费者对某特定产品或者服务的第 i 个重要属性存在与否的信念强度。

E_i 为属性—利益信念的强度，指消费者对这类客体中某个属性重要性的评价；简单点说，就是消费者认为，在这类产品中，第 i 个属性对自己是有利益的，还是有损害的，程度怎样。

整个态度模型表明，要考察消费者对某个品牌的态度，必须先知道，在消费者的认知中，这类产品应该具有哪些属性或者特点，即确定 i 变量；再确定在消费者的认知中，这些属性对他们的重要程度如何，就是 E_i 变量；然后再确定，在消费者的认知中，某特定品牌的产品在多大程度上具有这些重要的属性，就是 B_i 变量。

■ **案例 10-9** 服装属性态度调查

A 公司和 B 公司都是全球知名的大企业，也是激烈的竞争对手。在 20 世纪 80

年代后期，A公司为了扩大其服装在美国的市场占有率，非常有必要了解消费者对公司品牌的认知态度，以及对竞争对手B公司生产的服装的认知态度。A公司的调查人员采用了态度多属性模型，首先在纽约寻找了50名每周都购买新衣服的女士，组成了5个焦点小组，小组的中心议题是：了解消费者对服装快消品的看法，找到消费者看重的属性特点。在小组讨论结束后，又分别对每个组员进行了深度访谈。这两种定性研究成果丰硕，公司发现，美国的消费者非常重视服装中的三个属性：款式新颖时髦（属性1）、面料舒适（属性2）、做工良好（属性3）。

进一步，研究者编制了结构性量表，其中，以属性1为例，与变量E_i和变量B_i有关的项目：对您而言，您认为服装款式新颖时髦很重要吗？（项目1——E_i）您认为品牌A的服装款式新颖时髦吗？（项目2——B_i）您认为品牌A的服装款式新颖时髦吗？（项目3——B_i）对于第一个项目，使用了-3到+3的7级李克特量表法，项目2和项目3使用了1到7的7级李克特量表法。研究者在美国的主要大城市里对成年人进行了随机抽样，得到了足够大的样本。表10-13是其中两个消费者在量表上的态度得分情况。

表10-13 消费者在不同品牌服装的三个属性上的得分值

消费者编号	属性	品牌A			品牌B		
		B	E	B×E	B	E	B×E
消费者1	属性1	6	+1	+6	5	+1	+5
	属性2	5	+1	+5	5	+1	+5
	属性3	5	+2	+10	7	+2	+14
消费者2	属性1	5	+2	+10	5	+2	+10
	属性2	6	+2	+12	5	+2	+10
	属性3	5	+2	+10	7	+2	+14

表10-14 消费者在不同品牌服装的三个属性上的总得分值

属性	品牌A	品牌B
属性1	16	15
属性2	17	15
属性3	20	28

从表 10-13 中可以看出每个消费者在不同品牌服装的三个属性上的具体态度值，而表 10-14 则说明了这两个消费者在两个品牌的服装的三个属性上总的态度值，也即品牌 A 和品牌 B 服装在该两位消费者认知中的定位情况，即可以得出如下结论：在消费者的认知中，在款式设计和面料选用两个属性特点上，品牌 A 更具有相对竞争优势；而在做工这个属性上，品牌 B 更具有相对市场竞争优势。

10.6.3　行为意向量表

在服装市场调查与研究中，我们还经常需要测量消费者行为意向，其中对消费者购买意愿及行为这一变量的测量需求最为常见。目前大部分研究中的消费者购买意愿量表均脱胎于 1977 年 Baker 等人设计的购买意愿量表（表 10-15），学者们会根据自己的研究背景和情境对其加以修改调整，并运用在实际调查中。

表 10-15　购买意愿量表

测量题项	测量方式
您会尝试使用这个产品吗？ （Would you like to try this product?）	李克特 5 级量表
如果您刚好在商店里看到此款产品，您会购买吗？ （Would you buy this product if you happened to see it in a store?）	
您会主动在商店中寻找此产品并购买吗？ （Would you actively seek out this product in a store in order to purchase it?）	

■ **案例 10-10**　智能服装购买意愿量表

智能服装通过集成纺织科学、材料科学、微电子技术、软件技术和通信技术，在保证服装穿着舒适性的前提下，通过感知人体和环境的变化，为用户提供智能分析、决策支撑和反馈控制。目前，国内学者对智能服装的研发已进行得较为深入，文献也较多，但研究智能服装商业化的文献数量就相对少一些，而且大多是综述性研究。为了解消费者对智能服装的购买意愿以帮助智能服装产业更好地发展，叶晶、裘玉英等人构建了含发现感知有用性、感知易用性、功能性、表现性、美学性、态度、购买意愿 7 个变量在内的消费者智能服装购买意愿模型，并对其展开了实证研究，表 10-16 是他们在测量消费者智能服装购买意愿时所用的量表。

表 10-16　智能服装购买意愿量表

测量题项	测量方式
我会尝试智能服装	李克特 5 级量表
当智能服装可销售时，我有购买意向	
我打算将来购买智能服装	
我会推荐其他人购买智能服装	

资料来源：叶晶，裘玉英，陈亭羽，等. 智能服装购买意愿影响机制实证研究 [J]. 丝绸，2022，59（05）：77-84.

■ 案例 10-11　盲盒重复购买意愿量表

盲盒（Blind Box）是装有动漫影视周边产品或玩偶的盒子，在打开盒子之前，消费者并不知道盒子里面装的是什么。盲盒包括 Molly、Pucky 等娃娃，以及玩具总动员、迪士尼等动漫影视联名盲盒以及邓伦、刘昊然等真实人物形象盲盒。盲盒起源于日本，其中的玩偶称为手办。类似于抓娃娃机和扭蛋机，盲盒具有神秘感和不确定性的特征，再加上以泡泡玛特为代表的盲盒企业定期推出精美的、种类多样的产品，盲盒已经成为年轻消费群体喜爱的潮流玩具和兴趣社交的新媒介。艾媒咨询的数据显示，2020 年盲盒线上消费呈爆发式增长，年增速达 400% 以上，并通过电商平台出口 120 多个国家。作为潮流玩具的代表，盲盒入选了淘宝"2020 年度十大商品"。从企业的视角来看，为了维持品牌活力，企业需要根据目标消费者的特点进行营销创新，满足年轻消费者"好玩、有趣、个性化"的娱乐化消费需求。芬达、迪士尼、天猫小黑盒等企业也开始与泡泡玛特合作，推出联名盲盒来回应年轻消费者对盲盒的喜爱。作为一种新的潮流玩具，消费者为什么会重复购买盲盒？哪些顾客体验成分吸引了消费者重复购买盲盒？盲盒顾客体验如何影响消费者重复购买意愿？闫幸、吴锦峰在研究这些问题的过程中用如表 10-17 所示的量表测量了消费者的盲盒重复购买意愿。

表 10-17　盲盒重复购买意愿量表

测量题项	测量方式
这么购买盲盒	李克特 5 级量表
继续购买盲盒的意愿比较强	
继续购买盲盒的可能性比较大	李克特 5 级量表
期待再次购买盲盒	

资料来源：闫幸，吴锦峰. 盲盒顾客体验对消费者重复购买意愿的影响 [J]. 中国流通经济，2021，35（07）：85-95.

案例 10-12　溢价购买意愿量表

在线品牌社群是一种以互联网为平台的虚拟品牌社区。它将品牌社群的含义进一步扩展到了虚拟网络上，拥有更广泛的参与群体，同时也能为参与社群的消费者提供更多利益。中国互联网络信息中心（CNNIC）公布的报告显示：截至 2014 年 7 月，我国网民规模为 6.32 亿，其中社交网站用户数量达到 2.57 亿，网民中社交网站使用率为 40.7%。该数据表明在线社群已成为我国互联网应用的重要媒介。在这样的背景下，越来越多的产品或服务供应商纷纷引入社群概念，打造品牌沟通平台，提升用户的忠诚度和产品购买意愿。考虑到消费者对特定品牌的溢价购买意愿既体现了品牌态度与品牌行为倾向，也反映了该品牌超出竞争对手的市场价值。因此，提高消费者对品牌的溢价购买意愿，才是在线品牌社群建设的目标。吴朝彦、赵晓培探讨了在线品牌社群应该具备的价值，及其对消费者溢价购买该品牌意愿的影响，以期为企业通过在线品牌社群建设获取溢出价格提供理论依据与实践指导。在研究过程中，他们使用了如表 10-18 所示的量表来测量消费者的溢价购买意愿。

表 10-18　溢价购买意愿量表

测量题项	测量方式
与其他品牌相比，我愿意以更高的价格购买这个品牌的商品	李克特 5 级量表
只有这个品牌的价格提得特别高的时候，我才会选购其他品牌	
我愿意以比其他品牌高很多的价格来购买这个品牌的商品	

资料来源：吴朝彦，赵晓培. 在线品牌社群对消费者溢价购买意愿的影响研究 [J]. 价格理论与实践，2014，（10）：105-107.

10.7 常用量表形式

10.7.1 李克特型量表

李克特型量表（Likert Scale）是最常用的题项形式之一。这种题项的题干是一个陈述句，伴随的选项是对所陈述内容的赞同或认可程度。根据所研究现象和研究目标的不同，选项的个数可以是奇数，也可以是偶数。但无论如何，选项的措辞必须精心设计，从而使各选项的赞同程度大体等距。也就是说，任何两个相邻选项之间赞同程度的差距和其他相邻选项之间赞同程度的差距大体相等。实践中的常用做法之一是配备六个选项："强烈反对""中度反对""有点儿反对""有点儿赞同""中度赞同""强烈赞同"。在以上选项中，还可以再加上一个表示中立态度的中间点选项，常见形式有"既不赞同也不反对"和"同样赞同同样反对"。

10.7.2 语义差异量表

语义差异量表（Semantic Differential Scale）也称为语义分化量表，它主要用来研究概念对于不同的人所具有的不同含义。这种量表最初是美国心理学家奥斯古德等人在他们的研究中使用的。它在研究小政治群体、态度或更一般性的政治问题时特别有用。在社会学、社会心理学和心理学研究中，语义差异量表主要用于文化的比较研究、个人及群体间差异的比较研究，以及人们对周围环境或事物的态度、看法的研究等。典型情况下，意义差别要以一个或多个刺激为参照来使用。例如，如果测量的是态度，那么刺激就可能是像汽车销售员这样的一组人。先确定目标刺激，然后是一串形容词对，每个词对代表一个由形容词定义的内容的两端（例如，诚实与不诚实），在构成反应选项的形容词中间有好多条线段。如案例 10-13 所示：

■ **案例 10-13　销售人员态度量表**

销售人员

诚实 ＿＿＿＿＿＿＿＿＿ 不诚实

寡言 ＿＿＿＿＿＿＿＿＿ 多言

作答时，要求调查对象在选定的线段上作个标记。例如，如果某调查对象认为该销售员极其不诚实，那么他/她就应该在最靠近"不诚实"的那条线段上作个标记。

> 无论是极端观点还是温和观点，都可以通过在相应线段上作标记的形式来表示。
>
> 资料来源：DEVELLIS R F. Scale Development: Theory and Applications [M]. SAGE Publications, 2012.

研究者所选择的形容词可以是双极的（Bipolar），也可以是单极的（Unipolar），具体选择哪一类，始终取决于量表旨在测定的研究问题的逻辑。双极形容词表示两个相反品性的存在，例如"友好"与"敌意"；单极形容词表示某个品性的存在或不存在，例如"友好"与"不友好"。

10.7.3 瑟斯顿量表

瑟斯顿量表，又称"等现间隔量表"（The Scales of Equal Appearing Intervals），由美国心理学家瑟斯顿和契夫在1929年所合著的《观点的确定》一书中首次提出，1931年瑟斯顿在《心理测验的信度与效度》一书中加以确立的。这种量表可以用来将个体态度和意见在一个连续的轴（两端为极值）上划定一个位置。其设计过程比较复杂。首先，调查者需要通过一定的方式广泛收集人们对某个问题的各种看法和意见，并对这些看法和意见逐一审查，整理出至少50条以上乃至200条左右的陈述性语句。瑟斯顿等曾采取这种方法整理出了人们对教会的130余条意见。其次，在被调查者中找出一定数量的评审员，少则20人，多至几百人，让他们根据自己的判断将已整理出来的语句按肯定态度、中立态度、否定态度的顺序，分成若干个等级。一般分为11个等级，也有分为9个或7个等级的。

真正编制一个瑟斯顿量表要比纸上谈论一个瑟斯顿量表难得多，瑟斯顿量表在编制过程中所遇到的困难，往往要超过它可能带来的优点。因此，如果瑟斯顿量表的优点不是研究者所必需的东西，那就可以不用这种方法。

> ■ **案例10-14** 同属顾客对顾客不当行为反应量表
>
> 在市场营销领域长久以来的金科玉律就是"顾客是上帝"。但是顾客有时候的表现并非总是尽如人意，有些顾客可能会故意惹是生非，也可能会辱骂服务人员，或者破坏服务设施，扰乱服务秩序，从而影响其他顾客和服务企业的利益。这些顾客被称为不良顾客（Jay Customer）；称他们的行为为顾客不当行为（Customer Misbehavior）；称受到不良顾客影响的其他顾客为同属顾客（Fellow Customers）。顾

客常常会受到其他顾客不当行为的影响，其他顾客的不当行为不仅会破坏其消费经历，还会导致同属顾客做出各种行为反应。通过大量的访谈，研究者发现，同属顾客在遭遇顾客不当行为时会有各种各样的反应模式：有的会"直斥其非"，制止不当行为；有的会"隐忍不言"，避免惹祸上身；也有人会"助纣为虐"，给其帮助；甚至还会产生"多米诺效应"，导致同属顾客对顾客不当行为的效仿等。

费显政、周航运用瑟斯顿量表编制技术，通过深度访谈、专家小组筛选和瑟斯顿筛选等方法，试图把同属顾客对顾客不当行为的反应模式统一于一个维度——"亲社会行为（Prosocial Behavior，亲社会行为指在社会交往过程中的友好行为，其特点是使自己和他人得到好处，并促进双方和谐关系的实现）强度"来衡量。首先，研究者做了120个访谈，请被访者回忆最近遭遇到的顾客不当行为事件，并描述当时情境中他／她以及其他在场顾客的反应。每个访谈中包含了1～3个顾客不当行为事件，由此得到了200多个情境。从中选出80个有代表性的反应类型和行为意向态度描述语句，作为量表开发的初始语句。这些语句涵盖了前述5种反应模式类型，每种反应模式各有16条语句。第二步，为了保证这80条语句和5种反应类型分类相吻合，而不仅仅是研究者的主观看法，研究者首先进行了2轮专家小组讨论，对语句进行了筛选，剔除那些语意重复、表达不清晰的语句，最终得到30条语句（5种反应模式各有6条语句）。第三步，研究者通过问卷的形式要求被访者对这30条语句所描述的态度行为的亲社会行为强度进行评价打分，计算每条语句得分的中位数、四分位差和方差，并按一定的数据标准对这些语句进行筛选。经过筛选，研究者得到包含11条语句的测量同属顾客应对顾客不当行为反应模式的亲社会行为强度的瑟斯顿量表，最终构建出了如表10-19所示的同属顾客对顾客不当行为反应的瑟斯顿量表。

表10-19　同属顾客对顾客不当行为反应量表

测量题项（按亲社会行为强度降序排列）	同意	不同意
我要伸张正义，不能纵容素质低的人		
大家都没有站出来，我也没有强出头		
请一线员工出面解决问题，制止不良顾客的不当行为		
比较温和地告诉不良顾客其行为的不恰当，善意地劝其改正		
牺牲一点自己的利益来解决不良顾客造成的问题，给大家带来利益		
不良顾客这样会影响很多人，我做出一点牺牲来，能平息这件事就行了		

测量题项（按亲社会行为强度降序排列）	同意	不同意
在心里责备不良顾客，但是没有采取行动来制止其不当行为		
我认为行为对自己影响不大，由于和不良顾客的熟人关系而为其提供一定的帮助		
帮了他（不良顾客）一下，反正我也没什么损失或许还能获得好处		
他这样做居然没有人阻止或指责，我也会这样做或以后也会这样做		
会像不良顾客那样做，既然他们可以这样，我也可以		

瑟斯顿气质量表（Thurstone Temperament Schedule）是由美国心理学家瑟斯顿于1953年编制的测量气质的问卷。共140个题目，可测量活动性、健壮性、冲动性、支配性、稳定性、社会性、深思性七种气质因素。要求被试者以"是"或"否"或"不确定"来回答。此问卷在国际上产生了重要影响，国内最早使用的版本为台湾学者程法泌、高莲云的修订版，1972年由中国行为科学出版社出版。

10.7.4 古特曼量表

古特曼量表（Guttman Scale）又称"累积性量表"，是一种单一向度的态度标尺，是心理学家古特曼（Louis Guttman）于1947年首创的。这种量表由一组提问构成，这些提问所涉及的是同一件或同一类事情，但等级有所不同。被调查者对每项提问仅作肯定或否定的回答。肯定回答"是"，用打"√"等方式表示，否定回答"不是"，用打"×"等方式表示。被调查者对某项提问的肯定反应应该与其他更低等级提问的反应相一致。例如这样一系列问题："您健身吗？""您每周去健身房3次以上吗？""您每周去健身房5次以上吗？"等。就像这个例子一样，在古特曼量表上同意了某个题项，就意味着同意这个题项之前的所有题项。在古特曼量表上的得分，就是所同意的题项中所测水平最高的那个题项所反映的水平。请注意，尽管瑟斯顿量表和古特曼量表都是由不同水平的题项按照水平从低到高排列而成的，但是瑟斯顿量表关注的是对某单个题项的肯定反应，而古特曼量表关注的则是从肯定到否定的转折。古特曼量表现在在研究中已经不太常用。

思考与练习

1. 量表的度量对象是什么？请你说出 5 个服装市场中适合用量表来度量的变量，并对其进行概念化及操作化。
2. 定序量表与定距量表之间的主要区别是什么？
3. 常见的量表形式有哪些？
4. 请设计一份测量消费者冲动性购买行为的量表。

参考文献

［1］ 王高，李飞，陆奇斌. 中国大型连锁综合超市顾客满意度实证研究——基于 20 家大型连锁综合超市的全国调查数据 [J]. 管理世界，2006, 06: 101-110.

［2］ 余靖雯，王敏，龚六堂. 主宰命运还是顺天由命？——内外控人格特征与人力资本投资 [J]. 经济学（季刊），2021, 21(06): 2195-2216.

［3］ AAKER J L. Dimensions of brand personality [J]. Journal of marketing research, 1997, 34(3): 347-356.

［4］ 风笑天，赵延东. 当前我国城市居民的闲暇生活质量——对武汉市 1008 户居民家庭的调查分析 [J]. 社会科学研究，1997, 05: 91-98.

［5］ 涂平. 市场营销研究：方法与应用 [M]. 北京：北京大学出版社，2008.

［6］ DEVELLIS R F. Scale Development: Theory and Applications [M]. SAGE Publications, 2012.

［7］ 风笑天. 社会研究方法 [M]. 北京：中国人民大学出版社，2001.

［8］ DODDS W B, MONROE K B, GREWAL D. Effects of price, brand, and store information on buyers' product evaluations [J]. Journal of marketing research, 1991, 28(3): 307-319.

［9］ GARDIAL S F, CLEMONS D S, WOODRUFF R B, et al. Comparing consumers' recall of prepurchase and postpurchase product evaluation experiences [J]. Journal of consumer research, 1994, 20(4): 548-560.

［10］ KO S, NORUM P, HAWLEY J M. Consumer value structures reflected in clothing advertisements [J]. Journal of Fashion Marketing and Management: An International Journal, 2010.

［11］ 吴菁馨. 消费者对绿色服装感知价值维度的研究 [D]. 北京：北京服装学院，2010.

［12］ 曹宵情，鲁成. 色彩感知价值维度构建、简约量表开发与检验 [J]. 丝绸，2020, 57(05): 35-41.

[13] 张文彤. SPSS 统计分析基础教程 [M]. 北京：高等教育出版社，2017.

[14] 刘国联. 服装市场调查 [M]. 上海：东华大学出版社，2018.

[15] 刘建明. 宣传舆论学大辞典 [M]. 北京：经济日报出版社，1992.

[16] 王博森，施丹. 市场特征下会计信息对债券定价的作用研究 [J]. 会计研究，2014，04: 19-26.

[17] 周常春，和月月，操婷. 政府主导型扶贫模式对乡村旅游发展的影响研究——以云南 3 个民族村寨为例 [J]. 南京财经大学学报，2019，04: 88-97.

[18] 解学梅，左蕾蕾. 企业协同创新网络特征与创新绩效：基于知识吸收能力的中介效应研究 [J]. 南开管理评论，2013，16(03): 47-56.

[19] 徐帮树，杨为民，王者超，等. 公路隧道型钢喷射混凝土初期支护安全评价研究 [J]. 岩土力学，2012，33(01): 48-54.

[20] 李世杰，杨燕妮，黄丽，等. 中文版简易罗伊应对适应量表的信度效度研究 [J]. 中国护理管理，2018，18(06): 66-70.

[21] 解学梅，刘丝雨. 协同创新模式对协同效应与创新绩效的影响机理 [J]. 管理科学，2015，28(02): 27-39.

[22] 王贵海. 基于文献计量与知识图谱的我国阅读疗法研究 [J]. 大学图书馆学报，2020，38(04): 76-86.

[23] PARASURAMAN A, ZEITHAML V A, BERRY L. SERVQUAL: A multiple-item scale for measuring consumer perceptions of service quality [J]. 1988, 1988, 64(1): 12-40.

[24] 白竹，王健，胡晓伟. 城市出租车系统运营效率评价研究 [J]. 交通运输系统工程与信息，2014，14(03): 227-233.

[25] 杨省贵，徐昶，艾璇. 航空公司运营效率研究文献综述 [J]. 重庆交通大学学报（社会科学版），2022，22(02): 31-41.

[26] 黄河，杨以雄. 基于数据包络分析的纺织服装企业运营效率评估 [J]. 纺织学报，2017，38(10): 138-45.

[27] 陈炜，杨以雄，章娟. 服装加工型企业客户价值评估体系——基于后经济危机时代的视角 [J]. 技术经济与管理研究，2014，08: 51-54.

[28] 李晓霞，刘剑. 消费心理学 [M]. 北京：清华大学出版社，2006.

[29] 赵晓煜. 奢侈品消费中的非炫耀性消费倾向研究 [J]. 东北大学学报（社会科学版），2019，21(04): 350-9.

[30] 黄子妍. 社交媒体使用对女大学生外貌焦虑的影响研究 [D]. 上海外国语大学，2021.

[31] 姜逸雯. 好评返利营销模式对网购消费者心理逆反的影响研究 [D]. 东华大学, 2017.

[32] BAKER M J, CHURCHILL JR G A. The impact of physically attractive models on advertising evaluations [J]. Journal of Marketing research, 1977, 14(4): 538-555.

[33] 叶晶, 裘玉英, 陈亭羽, 等. 智能服装购买意愿影响机制实证研究 [J]. 丝绸, 2022, 59(05): 77-84.

[34] 闫幸, 吴锦峰. 盲盒顾客体验对消费者重复购买意愿的影响 [J]. 中国流通经济, 2021, 35(07): 85-95.

[35]] 吴朝彦, 赵晓培. 在线品牌社群对消费者溢价购买意愿的影响研究 [J]. 价格理论与实践, 2014, 10: 105-107.

[36] 贝蒂·H·齐斯克. 政治学研究方法举隅 [M]. 北京: 中国社会科学出版社, 1985.

[37] 费显政, 肖胜男. 同属顾客对顾客不当行为反应模式的探索性研究 [J]. 营销科学学报, 2013, 9(02): 13-38.

[38] BERGIN C, TALLEY S, HAMER L. Prosocial behaviours of young adolescents: A focus group study [J]. Journal of adolescence, 2003, 26(1): 13-32.

[39] 费显政, 周航. 同属顾客对顾客不当行为反应模式研究——瑟斯顿量表的开发 [J]. 中南财经政法大学学报, 2013, 06: 79-85.

附录1 品牌个性量表（英文原文）

性格特点	测量题项	完全不同意（1）	基本不同意（2）	不确定（3）	基本同意（4）	完全同意（5）
Sincerity	Down-to-earth					
	Honest					
	Wholesome					
	Cheerful					
Excitement	Daring					
	Spirited					
	Imaginative					
	Up-to-date					

续表

性格特点	测量题项	完全不同意（1）	基本不同意（2）	不确定（3）	基本同意（4）	完全同意（5）
Competence	Reliable					
	Intelligent					
	Successful					
Sophistication	Upper class					
	Charming					
Ruggedness	Outdoorsy					
	Tough					

附录2 评估服务质量的SERVQUAL量表（英文原文）

DIRECTIONS: This survey deals with your opinions of services. Please show the extent to which you think firms offering services should possess the features described by each statement. Do this by picking one of the seven numbers next to each statement. If you strongly agree that these firms should possess a feature, circle the number 7. If you strongly disagree that these firms should possess a feature, circle 1. If your feelings are not strong, circle one of the numbers in the middle. There are no right or wrong answers—all we are interested in is a number that best shows your expectations about firms offering services.

E1. They should have up-to-date equipment.

E2. Their physical facilities should be visually appealing.

E3. Their employees should be well dressed and appear neat.

E4. The appearance of the physical facilities of these firms should be in keeping with the type of services provided.

E5. When these firms promise to do something by a certain time, they should do so.

E6. When customers have problems, these firms should be sympathetic and reassuring.

E7. These firms should be dependable.

E8. They should provide their services at the time they promise to do so.

E9. They should keep their records accurately.

E10. They shouldn't be expected to tell customers exactly when services will be performed.(-)

E11. It is not realistic for customers to expect prompt service from employees of these firms.(-)

E12. Their employees don't always have to be willing to help customers. (-)

E13. It is okay if they are too busy to respond to customer requests promptly. (-)

E14. Customers should be able to trust employees of these firms.

E15. Customers should be able to feel safe in their transactions with these firms' employees.

E16. Their employees should be polite.

E17. Their employees should get adequate support from these firms to do their jobs well.

E18. These firms should not be expected to give customers individual attention. (-)

E19. Employees of these firms cannot be expected to give customers personal attention. (-)

E20. It is unrealistic to expect employees to know what the needs of their customers are. (-)

E21. It is unrealistic to expect these firms to have their customers' best interests at heart. (-)

E22. They shouldn't be expected to have operating hours convenient to all their customers. (-)

DIRECTIONS: The following set of statements relate to your feelings about XYZ. For each statement, please show the extent to which you believe XYZ has the feature described by the statement. Once again, circling a 7 means that you strongly agree that XYZ has that feature, and circling a 1 means that you strongly disagree. You may circle any of the numbers in the middle that show how strong your feelings are. There are no right or wrong answers—all we are interested in is a number that best shows your perceptions about XYZ.

P1. XYZ has up-to-date equipment.

P2. XYZ's physical facilities are visually appealing.

P3. XYZ's employees are well dressed and appear neat.

P4. The appearance of the physical facilities of XYZ is in keeping with the type of services provided.

P5. When XYZ promises to do something by a certain time, it does so.

P6. When you have problems, XYZ is sympathetic and reassuring.

P7. XYZ is dependable.

P8. XYZ provides its services at the time it promises to do so.

P9. XYZ keeps its records accurately.

P10. XYZ does not tell customers exactly when services will be performed. (-)

P11. You do not receive prompt service from XYZ's employees. (-)

P12. Employees of XYZ are not always willing to help customers. (-)

P13. Employees of XYZ are too busy to respond to customer requests promptly.(-)

P14. You can trust employees of XYZ.

P15. You feel safe in your transactions with XYZ's employees.

P16. Employees of XYZ are polite.

P17. Employees get adequate support from XYZ to do their jobs well.

P18. XYZ does not give you individual attention. (-)

P19. Employees of XYZ do not give you personal attention.(-)

P20. Employees of XYZ do not know what your needs are. (-)

P21. XYZ does not have your best interests at heart. (-)

P22. XYZ does not have operating hours convenient to all their customers. (-)

第 11 章

问卷设计与应用

本章导读 内容概要、重点和难点

本章以问卷调查解决企业实际问题为出发点,介绍了问卷的概念及其应该满足的要求,介绍了其基本的形式结构;随后分述了问卷的两种问题形式的使用方法,即开放问题和封闭问题的适用情况;并总结了问卷设计中的常见错误,如语义模糊、答案带有倾向性、答案罗列不全等;最后就大样本问卷调查的常见调查技术进行了阐述。

本章重点
掌握问卷设计的基本概念、常见结构、设计方法以及大样本问卷的调查技术。

本章难点
理解问卷的适用场合,熟练运用各种问卷结构,懂得主动规避设计错误,根据问卷设计细则独立地设计满足调查目的的问卷。

■ **案例 11-1** 星巴克的创意从哪里来?

自 1996 年开设第一家门店以来,总部位于西雅图的咖啡巨头——星巴克(Starbucks)现在在全球拥有近 30 000 家咖啡店,估值达到惊人的 300 亿美元。这一令人难以置信的增长离不开星巴克对开放式创新的坚持。作为一家公司,星巴克一直非常重视客户的反馈,并根据这些反馈意见不断地改进着他们的产品。在公司成立之初,星巴克主要是靠建议箱、客户调查等简单的方式获取这些宝贵意见。

2008 年,创始人 Howard Schultz 推出了开放式创新平台"我的星巴克创意(My Starbucks Idea)"(图 11-1)。该平台鼓励客户和粉丝们分享他们的想法和建议,以使公司深受喜爱的产品变得更好。

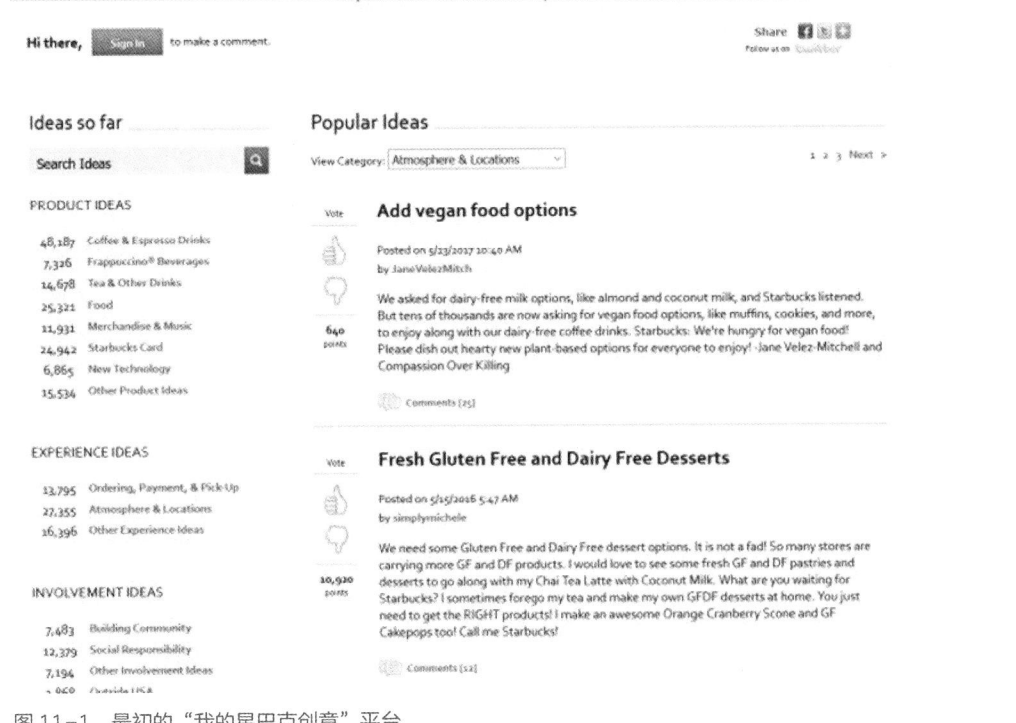

图 11-1 最初的"我的星巴克创意"平台

其运作形式很简单。顾客所要做的就是创建一个个人资料,写下(并分类)他们的建议,然后提交给其他人评论。如果这个想法得到了足够的支持,或者星巴克的管理人员喜欢它的外观,那么它就可以被公司采纳。

"我的星巴克创意"不仅仅是一个花哨的建议框。为了鼓励粉丝群体,星巴克允许用户对他们喜欢的想法进行投票和评论。还有一个公开的排行榜,显示了最敬业的粉丝,以及那些有最流行想法的粉丝。用户还可以看到星巴克"创意合作伙伴"的个人资料,该公司代表负责管理和监控在线讨论,并与客户就他们的建议进行合作。

蛋糕汽水和南瓜香料："我的星巴克创意"的成果

现在，让我们再深入了解一下细节。"我的星巴克创意"平台的结果是什么？这些结果能告诉我们客户驱动的创新是什么？

事实证明，这种开放创新、客户共创和粉丝社区网站的融合非常受人们欢迎。它不仅为星巴克创造了许多伟大的产品创新，而且有助于提高顾客忠诚度。通过积极管理"我的星巴克创意"平台，星巴克吸引了顾客，让他们觉得自己被倾听了。通过推出蛋糕汽水和南瓜香料拿铁等粉丝驱动的创意，星巴克创造了更大的产品多样性。通过关注顾客偏好，星巴克能够保持其市场领导者的地位，即使在食品和饮料这样快速变化的行业也是如此。

"我的星巴克创意"概念是基于一个核心信念：顾客知道他们想要什么。该公司对这一概念的承诺导致粉丝们提交了超过150 000个想法，其中数百个被采纳。这些也不仅仅是普通的建议，其中包括粉丝们最喜欢的榛子玛奇朵。然而，该平台不仅收到了产品建议，还提出了流程改进建议，包括完善星巴克的移动支付系统和提供免费 Wi-Fi。

在5周年之际，星巴克甚至制作了一张漂亮的信息图表来庆祝其成功（图11-2）：

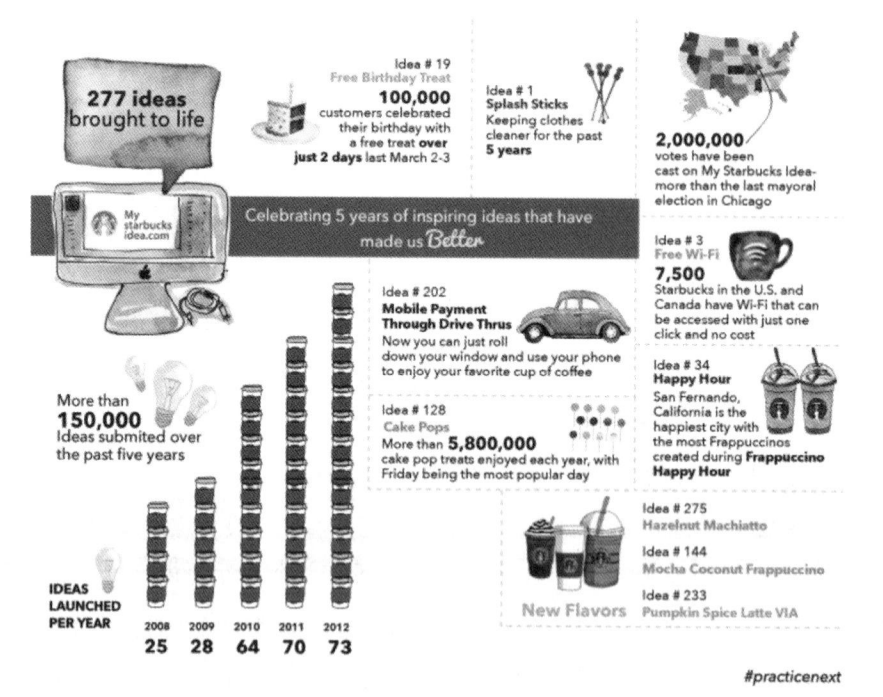

图11-2 "我的星巴克创意"的5周年纪念统计表格

> **"我的星巴克创意"故事尾声**
>
> 尽管 MyStarbucksDeaa.com 既可爱又互动，但仍存在一些问题。这就像一张白板，任何人都可以写下任何想法，无论是否与星巴克有关。对于一个想法是否对星巴克有利，投票并不一定可靠。事实上，社区中的许多人会对已经实施的想法发表负面评论。这些评论有时并不总是与一个想法的优点有关。事实上，有时人们会因为与他们想法的优点无关的原因而被否决，比如语法不好、愤怒的风格、全大写或其他原因。你可以随心所欲地提出一个想法——这并不意味着它在星巴克行不通。因此，2018 年 6 月，MyStarbucksDeaa.com 社区在开放了 9 年后就关闭了。尽管如此，星巴克通过最原始也是最简单的问卷了解了用户对他们的经营建议，获取了大量的用户对其产品的改进创意，成为星巴克了解市场、与客户互动的重要信息通路。
>
> 资料来源：
> LIVESCAULT J.My Starbucks Idea: an Open Innovation Case-Study[EB/OL]. https://www.braineet.com/blog/my-starbucks-idea-case-study, 2023-05-17.
> Starbucks Melody. Starbucks nixes the MyStarbucksIdea community: You can still submit ideas[EB/OL]. http://www.starbucksmelody.com/2017/05/31/starbucks-nixes-mystarbucksidea-community-can-still-submit-ideas/, 2017-05-31.

问卷调查可以被用于了解消费者偏好、品牌消费者构成、品牌知名度、投资方意愿、员工满意度等对于服装企业经营来说十分重要的变量，是市场调查中必不可少的一种研究手段。

调查问卷又称调查表或询问表，是社会调查中用来收集资料的意志工具，是一种由问题或提示构成的市场研究工具，其目的是从被调查者处获取及收集答复，通常是开放式问题和封闭式问题的混合体。

一份好的问卷是调查的灵魂，它决定着调查的质量和结果。问卷问题内容应当与调查目的相一致；问卷的内容应该完备有效，能为调查者提供充分的信息；问卷内容的确定应当保证数据的准确性；问卷的内容应当保证对获取信息分析的可行性；问卷内容的设计应当遵循效率的原则，在满足调查要求的前提下，确定的信息一定要精简。

11.1　问卷设计要考虑哪些问题？

问卷设计工作决不仅仅意味着在纸上写出具体的问题。在正式动手设计问卷之前，研究者还需要进行一定的准备工作，大体包括以下五个方面的内容。

（1）明确调查的总体目标

调查和研究的总体目标是问卷设计的出发点。整个问卷的设计工作都是为达到这一总体目标而进行的。选题阶段的主要任务包括两个方面：一是从市场中存在的大量的现象、问题和焦点中，恰当地选择出一个有价值的、有创新的和可行的调查问题；二是将比较含糊、比较笼统、比较宽泛的调查问题具体化和精确化，明确调查问题的范围，澄清调查工作的思路。

具体而言，问卷设计者可以考虑下列一些问题：问卷的主要目标是什么？研究的假设和关键的变量是什么？根据假设和变量应寻求什么资料？希望以什么样的信息作为结果？研究的类型如何？是一般的描述性研究还是探讨特定变量间关系的解释性研究？研究的样本具有什么样的特征？根据研究的目的和样本的特征，应该采用哪种类型的问卷？问卷的使用方式如何？对于主办者身份、研究目的、调查的匿名性等内容应如何陈述？除了问卷方法外，还应采取哪些辅助方法以弥补问卷方法的不足？除了一般技术上的问题外，还有哪些价值的、伦理的、政治的、道德的、理论的问题需要考虑等。

这些与调查总体目标相关的问题中，有些可以从整个研究的设计中导出，比如研究假设、研究类型等。但更多的还需要问卷设计者在准备过程中逐一作出决定。只有在设计具体问题前对整个调查的总体目标有一个明确的认识，研究者才能在实际设计中做到心中有数、系统周密。

项目调查研究之初，需要根据研究目标收集阅读大量的前人研究报告等文献，学习了解前人在该研究方向所做的研究动态、所采用的研究方法和问卷问题的内容等，从中借鉴和筛选相关的问卷问题，作为问卷问题内容设定的依据。由于这些问题已经被前人在调查研究中使用过，其可操作性更强，可以避免新手自己设计的问卷问题容易出现题意不清晰、语句不通俗等弊端。

（2）了解调查对象的基本情况

无论是哪一种类型的问卷，它们的询问对象始终都是被调查者。因而，我们在设计问卷之前，最好对问卷所要面对的各种对象的基本情况有一些认识。特别是有关被调查者总体的年龄结构、性别结构、文化程度分布、职业结构等社会特征方面有一个大概的了解。如果可能，还可以对被调查对象所生活的社区，以及这种社区中人们的生活方式、风俗习惯、价值标准、社会心理等作一些了解。这种认识和了解对于设计具体的问卷，特别是对问卷中问题的形式、提问的方式、所用的语言等有着极大的帮助。

（3）确定所需要的信息范围

一项具体的社会调查通常主要围绕着某种特定的问题，正是这种特定的问题决定了调查所需要的信息范围。研究者在动手设计问卷以前，应围绕研究的主题对相关文献进行必要的阅读，同时问自己：我所需要的主要是什么样的资料？研究者可以先列出所需资料的纲目，然后反复推敲每一条纲目。确定所需信息范围时所应遵循的总的原则是："先宽后窄，先松后紧"，即在问卷设计初期，先扩大相关问题的范围，尽量覆盖所测量概念或所调查主题的外延，即凡是与这一概念或主题相关的问题都写进来。然后，到了问卷设计的后期，再严格地一一审查，删除那些不太相关的、有所重复的、多余的问题，只留下那些与我们希望测量的概念或希望得到的信息密切相关的问题。

在问卷问题的设立中，一个非常重要的方面是对变量（特征）之间的相互关系的假设。假设某些变量与另外一些变量有某种关系时，可以根据这些假设把相关变量设置在问卷中。如假设消费者的服装消费水平与其对服装的态度、对服装品牌的认知程度以及文化程度、收入水平、职业等存在一定的关系，则可据此设定相应的问卷问题内容。

（4）确定所需的分析方法

在确定所需信息后，我们要决定用于分析这些信息的方法。

例如调查被调查者对某品牌服装的购买情况，可采用频率分布分析方法分析购买过此品牌服装的人数占被调查者总数的比率；调查分析不同类型消费者的服装行为差异可采用交叉分析方法进行分析；调查不同消费群体的服装消费行为差异并验证其差异的显著性可采用均数分析、假设检验的T检验和方差检验等方法进行分析；调查消费者的个人信息、服装消费行为等要素之间的关联性可采用相关分析与回归分析方法进行分析；将调查消费者对服装的态度、选择评价等多因素进行归纳整理时，可采用因子分析和聚类分析等。要按这些分析方法所要求的形式来确定问卷问题的类型和调查方法，保证选择问卷问题的类型和调查方式能够满足调查目的对信息准确度的要求。

设立问卷问题的另一个关键是从数据处理方法的角度来判断需要设立哪些问题。设计调查问卷的最终目的就是为获取有效信息而搜集数据，从而对数据进行整理分析，最终得出结论或是为解决问题提出建议。如果在设计问卷时不考虑数据处理的方法，常常导致许多数据难以得到有效的利用。因此，在确定问卷问题内容时，应该考虑调查完成后数据的处理方法。

（5）确定问卷调查的具体形式

这是一项与整个调查研究设计密切相关的工作。由于不同的问卷调查形式在问卷设计要求、问题表达方式、对被调查者的影响、资料收集的难易程度等诸多方面都有所不同，因而我们在设计具体问卷之前，应该对调查将采取的具体形式作出决定。

11.2 问卷形式结构

经过了探索性工作以后,我们的头脑中已有了研究所涉及的主要问题及答案的基本印象和认识。现在的问题是,我们如何把这些零散的"部件"组装成一份合适的问卷。这里既涉及各种问题的具体表述、答案的安排等方面的内容,也涉及各种问题的前后顺序、整个问卷的逻辑结构、对回答者的心理影响、是否便于被调查者回答等多方面因素。

问卷问题的编排顺序一般遵循以下准则:把能引起被调查者兴趣的问题放在前面,把容易引起他们紧张或产生顾虑的问题放在后面;把简单易答的问题放在前面,把复杂难答的问题放在后面;把被调查者熟悉的问题放在前面,把他们感到陌生的问题放在后面。

问卷的第一部分一般编排相对容易回答的问题、有趣的问题,给被调查者一种轻松、愉快、有吸引力的感觉,以便于他们继续答下去。中间部分应该安排调查的核心问题,即调查者需要掌握的资料,这一部分是问卷的核心部分,应该妥善安排。把相对难回答的问题放到问卷的后面,使被调查者容易进入回答过程。如果把难回答的问题放在问卷的前面,被调查者一看问卷就产生了拒绝回答的情绪,问卷的回收率就会受到影响。结尾部分可以安排一些背景资料,如职业、年龄、收入等。个人背景资料虽然也属于事实性问题,也十分容易回答,但有些问题,诸如收入、年龄等同样属于敏感性问题,因此一般安排在末尾部分。当然在不涉及敏感性问题的情况下也可将背景资料安排在开头部分。

一份完整的调查问卷通常由题目、开头部分、调查主体和背景信息四个部分组成。

(1)题目

题目反映调查研究的主题,使被调查者对所要回答的问题有一个大致的了解,语言要简练,一目了然,能够提高被调查者的兴趣。如"青年人对服装品牌的认知与消费行为调查",调查对象、调查主题清晰简明。

(2)开头部分

主要包括问候语、填写说明,不同的问卷所包括的开头部分会有一定的差别。

1)问候语

问候语也叫问卷说明,其作用是引起被调查者的兴趣和重视,消除调查对象的顾虑,激发调查对象的参与意识,以争取他们的积极合作。一般在问候语中的内容要向被调查者说明以下几个问题:

① 我们是谁：即介绍调查的主办单位或调查者个人的身份。

② 我们要调查什么：即说明调查的内容。

③ 我们为什么进行这项调查：即调查的目的是什么。

④ 我们为什么找您做调查：即要解释研究者是根据什么标准、采取什么方法来选择调查对象的。

⑤ 我们的调查有什么用：即被调查者花时间和精力来填写问卷值不值得。

⑥ 我们的调查会不会损害被调查者的利益：这一点特别重要，一定要清楚地告诉回答者不用填写姓名，我们不需要知道回答者的姓名，我们仅仅只需要他回答的结果。同时，我们关心的也不是某一个人的回答结果，而是所有人的回答结果。只有当被调查者真正明白他不会被认出时，他才有可能做到畅所欲言、说心里话。这种对匿名的说明和对个人资料严格保密的保证也是问候语中不可缺少的内容。

值得注意的是，问候语一方面要反映以上内容，另一方面也要尽量简短。

样例：调查问卷问候语

下面是一份调查问卷的问候语：

"亲爱的女性朋友：您好！我是xx大学xx学院的硕士研究生，本调查的目的是了解现代女性对服装的态度和购买行为，调查数据仅用于研究，您的回答信息绝对不会外传，希望您能根据自己的真实想法，认真回答每一个问题。非常感谢您的合作！"

2）填写说明

填写说明是为了告诉被调查者如何正确地填写问卷，或提示访问员如何正确完成问卷调查工作的语句。它包括对回答者如何填写问卷、如何回答问题的说明，对问卷中某些问题含义的进一步解释；对某些特殊的或复杂的填答形式的举例等。

样例：问卷填写说明

（1）凡符合您的情况和想法的项目，请在旁边的方框口中划"√"，或在_____中填写。希望您每一题都填写或打"√"，不要遗漏。

（2）如果有些题未列出适合您的情况和想法的项目，请在该题的空白处填写您的具体情况和想法，并划上"√"。

（3）每页右边的一行数字和短横线上的数字是上计算机用的，您不必填写。

（3）调查主体

调查问卷的主体部分是调查问卷的核心内容，包括了所要调查的全部问题，由问题和答案组成。这部分内容的质量直接影响了调查的最终结果。

（4）背景信息

除上述内容外，在调查问卷的最后常常还会有被调查者或被调查企业的一些背景信息，通常放在调查问卷的最后，其内容应根据研究内容确定，并非越详细越好。如在消费者调查中，一般包括被调查者的性别、年龄、职业、受教育程度、婚姻状况、家庭人口、经济收入等，这些内容可以了解不同年龄、不同性别、不同文化程度的个体对待被调查事物的态度差异，有针对性地撰写调查报告。又如在企业调查中，一般包括被调查企业的名称、所在地区、所有制形式、企业规模、商品销售状况等，通过这些项目，便于对不同类型、不同地区、不同规模的企业的不同商品的调查资料进行统计分析。

此外，调查者信息是用来证明调查作业的执行、完成和调查人员的责任等信息，并便于日后进行复查和修正。调查者信息一般包括：调查者姓名，调查时间、地点，被调查者当时合作情况等（有些调查问卷中还需要包括被调查者的姓名、地址、电话号码等信息，以便于审核和进一步进行追踪调查）。此外，问卷的结尾部分有时可以加上1～2道开放式题目，给被调查者一个自由发表意见的机会。有的自填式问卷还可以顺便征询一下对问卷设计和问卷调查的看法。

11.3 开放问题还是封闭问题？

调查问卷中最常用的问题是封闭型问题，其次是混合型问题和开放型问题。

（1）开放型问题

开放型问题是一种只提问题，不给具体答案，要求被调查者根据自己的实际情况自由作答的问题类型。也就是说，在回答开放式问题时，被调查者可以用自己的语言随意地发表意见，在问卷上没有已拟定的答案。例如"请问您对XX服装的质量有什么要求和建议？"

开放型问题常常在探测性调查中被采用，它比较适合用于调查受消费者心理因素影响较大的问题，如消费习惯、购买动机、产品质量、服务态度等。开放型问题可以使被调查者充分表达自己的意见和看法。由于这种询问方式事先不提供答案，能使被调查者思维不受束缚，充分发表意见，畅所欲言，从而可以获得较为广泛的信息资料。有时，开放型问题还可提供给研究者始料未及的答案。

（2）封闭型问题

封闭型问题规定了可供选择的答案和固定的回答格式，由被调查者从中选取一种或几种答案作为自己的回答。对于封闭型问题的回答方式要作一些指导或说明。封闭型问题常用的有两项式问题、多项选择式问题、量表式问题。

① 两项式问题：两项式问题又称是非式问题或对比式问题，即只有两种答案可供选择的回答方式。被调查者只能在诸如"是"与"否"，"有"或"无"等两个可能的答案中选择一个。两项式问题设计时要注意"二项选择"是客观存在的，不能凭空臆造。这种问题回答简单，调查结果易于统计归类，但这种问题不能表达出被调查者意见的程度差别。

> **样例：两项式问题**
>
> 问题：您有过购买ＸＸ品牌服装的经历吗？
> 答案选项：A. 有　　　　　B. 无

② 多项选择式问题：多项选择式问题是对一个问题事先列出几个（三个或三个以上）可能的答案，让被调查者根据实际情况，从中选出一个或几个最符合被调查者情况的作为答案。多项选择式问题回答简单，结果易整理，可一定程度上反映出被调查者意见的程度差别。但在设计选择答案时，应列出所有可能出现的答案，避免得到的信息不够全面、客观。

> **样例：多项选择式问题**
>
> 问题：您认为哪些因素是您选择服装时要考虑的？（可多选）
> 答案选项：A. 款式　　B. 色彩　　C. 面料　　D. 做工　　E. 品牌　　F. 价格

③ 量表式问题：量表式问题的含义比较清楚，有利于被调查者正确理解和回答问题，可以避免被调查者由于不理解题意而放弃回答。同时，答案是标准化的，比较容易对答案进行编码和分析，有利于对回答进行统计和定量研究。但量表式问题的设计比较困难，特别是一些比较复杂的、答案很多或不太清楚的问题，很难设计得完整、周全，一旦设计有缺陷，被调查者就无法正确回答问题。其次，量表式问题的回答方式比较机械，没有弹性，难以适应复杂的情况，难以发挥被调查者的主观能动性。最后，被调查者对量表式问题的回答可能产生"顺序偏差"或"位置偏差"，即被调查者选择答案可能与该答案的排列位置有关。有研究表明：对陈述性答案，被调查者趋向于选第一个或最后一个答案，特别是第一个答案；而对一组数字（数量或价格）的回答则趋向于取中间

位置的。针对这种情况,可以准备几种形式的问卷,每种形式的问卷答案排列的顺序都不同,这样就可以减少顺序偏差。量表问题的详细内容和示例可以回顾本书第10章。

(3)混合型问题

混合型问题是指封闭型与开放型问题相结合的问题,是半封闭、半开放的问题类型。这种问题综合了开放型问题和封闭型问题的优点,同时避免了两者的缺点,具有非常广泛的用途。

调查问卷的提问方式多种多样,实际使用的调查问卷中,单纯采用一种类型问题的问卷并不多见,往往是几种类型的问题同时使用。

> **样例:混合型问题**
>
> 问题:您对服装品牌的认知渠道主要通过哪种方式?(如果是选择"其他",请在横线位置详细列出)
> 答案:A.电视　B.报纸　C.杂志　D.网络　E.朋友介绍　F.其他_____

11.4　常见错误

问卷设计出来后,先要通过小规模的预调查,以便于发现问卷初稿所存在的问题,如内容是否被遗漏,问卷是否太长,问题表达是否清晰等。预调查最好采用面谈调查的方法,以便于直接发现问卷的问题。调查问卷中的问题除了封闭型的问题外,还可以多设置一些开放性问题,以便弥补问卷内容的不足。问卷经过1次、2次或更多次的预调查与反复修改后方可定稿正式投入使用。

(1)问题专业性太强

专业性太强是指问题用词过于专业化,让被调查者不容易理解。

> **样例:问题专业性太强**
>
> 错误问题:"下面哪种服装的热湿舒适性最好?"
> 问题的缺陷:一般被调查者对"热湿舒适性"一词不容易正确理解其含义,从而导致回答结果的不可靠或者拒答。
> 改进后的问题:"下面哪种服装让您觉得穿起来最不冷不热、不潮湿且透气?"

问题措辞是指把欲调查的问题用被调查对象能够清晰且轻松准确理解的语言表达出来，这是调查问卷设计最关键且最困难的环节。总体上来说应该陈述简洁、用词准确，注意避免问题的诱导性和专业性，还要考虑到被调查者回答问题的能力和意愿。

（2）问题含糊或有双重含义

所谓问题含糊，即指问题的含义不清楚、不明确，或者有歧义。问题也不能是双重的，即不能在一个问题里同时问两件事情。这种问题有些是由于问卷设计者对所提问题的目的和用意不清楚造成的，有些则是由于表达不当，对问题的用语反复推敲不够造成的。

样例：问题含糊或有双重含义

原问题1：您认为X服装品牌现在最需要 _____？

答案选项：A.全面迅速地改变　　　　B.全面缓慢地改变

C.部分迅速地改变　　　　D.部分缓慢地改变

原问题1的缺陷：什么东西需要变？哪些方面需要变？是X服装品牌的设计风格、定价策略，还是营销方式、服务态度？答案中的"全部"包括哪些方面？"部分"又指哪些方面？全然不知。这样含含糊糊的问题得到的也只可能是含含糊糊的结果。

改进后的问题1：您认为X服装品牌的产品风格现在最需要 _____？

答案选项：A.大幅度调整风格　　　　B.部分调整风格

C.微调产品风格　　　　　D.保持现有风格

原问题2：购买X品牌的服装是否符合您和您家里人的经济水平及消费观念？

答案选项：A.符合　　　　B.不符合　　　　C.说不好

原问题2的缺陷：这个问题不止是双重含义，而是多重含义了。它实际上包含了一批问题——购买X品牌的服装是否符合您的经济水平？购买X品牌的服装是否符合您的消费观念？购买X品牌的服装是否符合您爱人/父母/孩子的经济水平？购买X品牌的服装是否符合您爱人/父母/孩子的消费观念？

改进后的问题2：购买X品牌的服装是否符合您的消费观念？

答案选项：A.符合　　　　B.不符合　　　　C.说不好

（3）问题带倾向性

合格的问卷应该具有客观性，而要做到这一点，就要保证问卷中的每一个问题都是中性的，即不带某种倾向性。如果不注意这一点，往往不能客观地测量回答者的行为和态度，从而使整个问卷的效度和信度受到影响。

> **样例：问题带倾向性**
>
> 　　错误问题：丝绸服装价格太贵，对吗？
> 　　问题的缺陷：否定问句或反意疑问句常带有倾向性，属于暗示丝绸服装价格太贵的带有诱导性倾向的问题。
> 　　改进后的问题：您认为哪种原材料的服装价格最贵？

（4）问题提法不妥

问卷是一种交流的特殊形式，也需要考虑到答卷者的感受。问题需要为被调查者着想，要认清被调查者阅读和答题时候的各种主客观障碍。因此，问卷中，提问方式不妥（如带有冒犯性、挑衅意味或者问题带来的压力）都会让被调查者放弃填写。

> **样例：问题提法不妥**
>
> 　　错误问题：请您判断以下几种说法是否正确……
> 　　问题的缺陷：它多见于考试的试卷，或智力测验、知识竞赛的试卷上。要求回答者"判断正确与否"，就等于把回答者推进考场、对其进行考试一样。毫无疑问，这对回答者的心理是一种巨大的压力。尤其是当回答者遇到不大理解或拿不准的问题时，压力就更大。
> 　　改进后的问题：下列看法您是否同意？（答案中的"正确、错误、不知道"改为"同意、不同意、不一定"）

（5）问题与答案不协调

这是封闭式问卷中常出现的毛病。封闭式问卷中的问题与答案是一个不可分割的整体，两者必须相互协调，密切配合。提什么问题，就应该为这个问题准备全面而恰当的答案，以供回答者选择。简单地说，就是问什么，同时还要考虑应该答什么和可能答什么。既不能出现答非所问的现象，也不能出现答案不全或答案互相包含的现象。

（6）答案设计不合理

作为封闭式问题一部分的答案，除了在与问题的协调上容易出现错误外，在答案的列举上也容易出现各种错误。常见的有下列几种情况。

- 答案不穷尽、不互斥，或者相互之间不处于同一层次、同一方向。可以最后加上一个"其他"选项，要求被调查者说明。
- 有些表示程度、频率的答案处理不够。
- 有些答案内容不合实际，有违常识，或语义含糊。

样例：频率的答案处理不够

形容频率的常用词汇："经常"与"有时"，"较多"与"较少"之间，并没有客观的标准。一个月买三次衣服，有的人认为是"经常"，而另一些人则认为只是"有时"；有些人心目中的"较多"实际上比另一些人心目中的"较少"还少。解决这个问题的方式就是把频率量化，比如可以将"经常"替换为"几乎每天"，"偶尔"替换为"每周一次"，"极少"替换为"每月一次"等。

（7）未考虑被调查者回答问题的能力和意愿

被调查者对问题的回答能力包括对问题的理解能力、记忆能力和对问题所需信息的了解程度等。另外，对于一些敏感性问题或有损于自我形象的问题也很难得到正确的答案。

样例：未考虑被调查者回答问题的能力和意愿

错误问题：请问您近五年来每年的服装消费金额是多少？

问题缺陷：这是一个需要记忆的问题，一般人不大可能清楚地记得每年服装消费的具体数值。所以问题设计时应该保持相对短的时间期限。

改进后的问题：请问您上个月的服装消费金额是多少？

（8）语言方面的问题

在问卷设计中，语言正确通顺、简明易懂是最基本的要求。可是一些设计者在这两点上还未过关，影响了问卷的质量和调查的效果。在语言方面常见的问题主要有三种：

① 语言太书面化，不符合口头语言的习惯。
② 不注意调查对象的文化背景，语言的书生气太重。
③ 语句本身不通顺或不正确（有语病）。

11.5 顺序偏差/逻辑结构

对于问卷调查来讲，调查误差的产生是不可避免的。误差，通常是由系统误差（系统偏误）和随机误差构成的。其中，系统偏误表现为测量工具的不完善而引发的偏误。在问卷调查中，研究者的偏向、被调查者自己的偏向等，都会造成系统偏误。随机误差通常是无法避免的，它是由诸多的随机因素构成的。研究者或被调查者的情绪等都可能造成随机误差。问卷是获取数据的工具，问卷设计质量对于控制误差起着至关重要的作用。评价问卷主要从信度和效度两个方面着手。详情请见本书第 13 章。

11.6 大样本问卷调查技术

11.6.1 问卷前测

在调查项目投放实地之前非常重要的一项质量控制措施就是对设计好的问卷进行测试。遵循一定的程序和技巧，问卷测试可以有效地发现问卷在内容、逻辑、流程等各方面的问题。下面我们重点介绍常见的几种问卷测试的方法。

（1）专家评审

专家评审指邀请各方面的专家基于其专业领域的知识和经验对问卷可能存在的问题进行评估和提出解决方案。一般来说，专家评审应至少包括四个方面的专家：一是与项目主题相关的领域的专家，主要评估问卷对专业概念的表述是否准确、测量的维度是否全面等；二是调查方法专家，主要评估问卷在设计上的科学性与可行性，如问题是否准确、流程是否适用、数据结构是否合理等；三是项目执行专家，主要评估执行过程中可能遇到哪些潜在的问题，如预算的控制、进度的控制、访员的管理等；四是计算机方面的专家，主要评估计算机辅助访问或网络访问中程序实现的难度以及可能存在的问题。

优势：各方专家对问卷存在的潜在问题的识别范围较广，可以覆盖错别字、语病、跳转错误、概念表述错误、数据结构等各方面的错误，快速且成本较低。

劣势：测试的效果取决于专家的水平。只涉及来自专家的意见，而并无来自实际被访者的意见。

（2）焦点小组访谈

焦点小组访谈由一个受过训练的主持人带领 5～10 个被访者组成小组，对特定的调查主题和核心概念进行无结构化的轮流发言及深入讨论，以了解不同被访者对测量概念的理解的差异。

举例来说，一项研究希望了解人们观看和体验艺术表演的情况。在焦点小组访谈中，被访者对如何界定"观看和体验艺术表演"产生了争议，比如，在饭店吃饭时顺便听到了饭店的钢琴演奏算不算？在电视上看艺术表演算不算？调查者可以基于这些发现改进问卷，使问卷中的相关概念的界定和表述更加明确。

焦点小组访谈应尽可能地确保所招募的被访者在背景、经历和认知上的多样性，以发现尽可能多的问题。在访谈过程中，主持人应营造轻松的讨论环境，确保在不偏离主题的前提下所有人都有机会畅所欲言。

优势：方法灵活，成本较低，效率较高。小组的形式可以节省时间，成员间的头脑风暴与深入讨论有利于产生更多意想不到的发现。而当意料之外的想法出现时，小组主持人还可以立马跟进。这种方式可以帮助调查员在短时间内获取更多的信息。收集的信息直接来自与实际调查中的被访者相似的群体。

劣势：测试的效果受到主持人的专业素养、沟通技巧及其在现场的引导与控制的影响。访谈结论仅仅来自一小部分人群，其在多大程度上适用于更广泛的人群需谨慎考虑。

（3）认知访谈

在认知访谈中，访员基于设计好的问卷对测试期选定的被访者进行一对一的访问，以了解被访者如何理解问题和如何完成回答问题的任务。

认知访谈通常使用出声思维的方法（Think Aloud），鼓励被访者用自述的方式将回答问题时头脑中的思考过程描述出来，或使用口头盘问的方法（Verbal Probing），由访员根据被访者的回答进行引导式的、循序渐进式的提问，如要求被访者按照其对问题的理解重新描述一下问题或解释一下问题中的某一个词语、提问被访者在回答过程中有什么困惑、提问被访者是如何得到答案的等。基于认知访谈，调查者可以评估现有问卷的叙述和逻辑是否合理，或被访者在题意理解上是否会出现偏差等，并基于此对问卷做出改进。

认知访谈与焦点小组访谈的目标非常相似，而且与焦点小组访谈一样要求所招募的被访者在背景、经历、认知上尽可能的多样化。但两者不同的是，焦点小组访谈侧重于与被访者综合地、整体地探讨问卷中的一些核心概念，而认知访谈则侧重于发现被访者在回答一道道具体问题时的思维过程与答题策略。

优势：收集的信息直接来自与实际调查中的被访者相似的群体。通过了解被访者在理解和回答问题时的思维过程，可以有效地发现问卷设计中的问题和导致问题的原因。

劣势：成本较高。被访者负担很重，而且并不是所有被访者都能够适应出声思维的方法，也不是所有的问题都能够描述出思维的过程。被访者可能因为需要口头描述其思维过程而有意无意改变原本的答案。访谈的实验室环境与实际收集数据的环境有差异，不一定能发现实际环境中的问题。访谈结论仅仅来自一小部分人群，其在多大程度上适用于更广泛的人群需谨慎考虑。

（4）预调查

预调查指在实际调查前小范围地对整个访问的过程进行预演。预调查通常选用有经验的访员进行访问，访问的数量在15～35人之间，被访者多为方便样本，但尽量保证与实际调查中的被访者的背景相似。除了被访者不是基于概率抽样的方法选出，预调查所使用的问卷以及所有的流程都与即将进行的实际调查一致，这样有利于发现实际数据收集过程中被访者或访员可能出现的问题。

大体来说，预调查的优势是能够模拟真实的数据收集过程，发现真实环境下可能出现的问题，并可以提供定量的可供分析的信息；劣势是成本相对较高，而且数据同样不具有代表性，测试的效果很大程度上取决于被访者多大程度上与实际调查中的被访者相似。

预调查的结果可以通过以下四种方式来进行评估，下面依次介绍以下四种方法：

1）访员汇报

调查者通过访员问卷调查或者访员间小组讨论来获取来自访员的意见。访员汇报的主要内容是他们在整个访问过程中的体验，以及他们实际遇到的或者他们认为可能存在的各种问题。

优势：可以反映问卷给受访者带来的体验和困难，以及访员对导致问题的原因的评估。

劣势：仅适用于有访员参与的面访或者电访调查。信息往往是主观和非系统性的，如对于什么样的问题可以称之为问题，不同的访员的评判标准是不一样的。访员发现问题的能力有差异。比如说，有经验的访员可能会无意识地修正问题中的错误，因而可能根本意识不到问题的存在。

2）被访者汇报

调查者通过在原问卷上添加额外问题或再次联系被访者的方式获取来自被访者的意见。被访者汇报主要用于了解实际访问场景下被访者理解和回答问题的思维过程，以评估所收集的数据在多大程度上符合设计的预期。被访者汇报还可以了解被访者答题的主观体验以及对调查的整体反馈，如问题内容是否太过敏感、调查时间是否太长等。

优势：可以有效地了解实际访问过程中被访者回答问题的思维过程，评估他们在理解和回答问题时可能出现的问题并进行改进。

劣势：添加太多的额外问题会实际改变测量的工具并影响到预调查的流程，使得预调查并不能真正地模拟真实调查的情景，因而这种方法只适用于对一小部分问题进行评估（一般不超过6道问题）。再次联系被访者获取的信息的准确程度依赖于被访者的记忆能力。

3）行为编码

调查者在获得被访者同意的前提下，通过音频的方式全程记录访问的过程，然后对这些音频记录中访员和被访者询问和回答问题的行为进行编码，并统计出调查过程中出现各种问题的频率。其中，对访员行为的编码包括是否正确读出问题、是否对问题进行了改动以及改动程度如何、是否出现跳转错误等，对被访者行为的编码包括是否要求重读问题、是否要求解释问题、是否提供了选项之外的答案、是否打断问题、回答问题的语气是否不太确定等。对于出现频率特别高的问题，调查者应该考虑进行改进。

优势：客观、系统、可复制、可量化的测试结果可以为研究者提供更可信的证据。

劣势：编码只能反映访问过程中出现的问题，却很少能提示问题出现的原因，通常需要结合访员或被访者汇报来识别出产生问题的原因。有些问题不能被很好地观察到，比如只要被访者自己认为自己能够正确理解问卷中的问题，他们在答题行为上便不会有任何异常的体现。

4）统计方法

统计方法建立在预调查的基础上。当预调查的数据量足够大时（一般30人以上），可以采用统计的方法并结合计算机技术来对问卷结果进行客观的评估。

通常来说，检查答案的分布可以得到一些有益的启示。比如说，如果一道问题的大部分的答案都集中在一两个选项，那么这道问题所收集的信息其实是非常有限的，选项的设置很有可能需要重新调整；再比如说，如果一道问题没有人问答，那么研究者可能需要考虑这道问题是否在跳转上存在错误，或者这道问题是否太难以致于被访者无法回答等。

此外，变量间的相关关系是否符合预期也是评估问卷设计的一个依据。如果是网络调查，那么对并行数据（Paradata）（如击键行为、鼠标的移动、答题时间、中途退出等信息）的统计分析也能发现一些问题。比如说，如果大量受访者在某一道题退出访问，那么这道题有可能太过敏感以致于很多人都放弃答题，或者这道题在编程上存在问题以致于很多人在答到此题时主动或被迫退出（如加载速度过慢）。再比如说，如果某道题的答题时间过长，那么可能这道题回答的难度过大。

优势：对于调查者评估问卷数据的质量能够提供非常有用的信息。基于已有的预调查数据进行统计方法的评估，成本是相对低廉的。

劣势：数据不具有代表性，其所提供的信息的价值取决于被访者多大程度上与实际调查中的被访者相似。除以上常用的问卷测试方法外，针对一些具体的测试目标还有别的一些具体的测试方法，此处不再一一介绍。总的来说，各种方法有各自的侧重点，我们可以根据项目的具体情况着重选择其中一种或几种测试方法。同时，由于各种方法都有其局限性，我们建议在经费许可的条件下，尽可能地采取多种测试方法，以互相补充，尽可能多地发现问题。

11.6.2 反转问题

我们知道，设计量表的时候每一个题目都是为了测量某一个构念，如果一个题目的高分代表该构念的水平较高，就是正向问题；反之就是反转问题。所以在问卷后期进行编码处理时，反转问题的答案赋值应与正向问题相反。注意，并不是说包含否定的表述就是反转问题。

被调查者对问卷的反应是存在偏差的，常见的偏差有：默许偏差（Acquiescence Bias），被试更倾向于同意所有题目或者作出积极的评价。社会赞许偏差（Social Desirability Bias），被试倾向于按照社会所期许的方式作出反应。

除此之外，还可能存在一些比较"粗心"的被试，不认真看题目做判断，而是根据某种习惯倾向作出回答。尤其是当问卷设计比较单调或重复时，被试持续看到相似度高的题目，会容易感到疲倦，因此也比较可能采取偷懒的回答方式。因此在心理测量学领域中，很多学者开始建议正反转问题混合使用的方法。

反转问题的优点：能够帮助筛选出不认真作答的被试。如果不论是积极的还是消极的描述，被试全部都选择了认同，就可能存在不认真回答的嫌疑。正反转问题混合会消耗被调查者更多的认知资源，因此可以让他们更加投入，减少习惯反应。不管是对默认好评还是默认差评的被调查者，正反向题混合都可以降低这种习惯反应的影响。

反转问题的弊端：反转问题与正向问题测量的常常不是同一种特质。很多量表进行因子分析的时候会发现反转问题很容易自己聚合为一个因子，而且反转问题对量表的信效度的影响仍存在争议，所以现在会在研究中使用反转问题的学者已经越来越少了。反转问题容易导致误解，相对于正向问题来说，反转问题的表述相对比较难理解。并且在题目含义的解释上可能存在问题，我们无法确定被调查者是否正确理解了反转问题，比如，我没有不开心其实并不等于我开心。

反转问题的使用建议：如果要使用反转问题，需要遵循下面的 5 项原则：

① 反转问题适用于需要求和的量表。因此对于每个题目测量一个独立维度的量表，不应使用反转问题。

② 平衡使用正向问题和反转问题。

③ 反转问题题目要尽量做到语义清晰，符合日常的语境。有观点认为反转问题之所以常常成为独立的因子，可能就是因为有些反转问题设置不符合自然语境。

④ 不要包含双重否定。双重否定会增大题目理解的难度。

⑤ 考虑目标被试的教育水平是否能够理解反转问题。

11.6.3　甄别题

甄别题是为了保证被调查者确实是调查产品的目标消费群体而设计的一组问题。它一般包括对个体自然状态变量的排除，对产品适用性的排除、对产品使用频率的排除、对产品评价有特殊影响状态的排除和对调查拒绝的排除 5 个方面。

例如，假设现在我们的研究目的是获得有关为老年残疾人设计的功能性服装的反馈，这意味着我们只想调查老年人中的残疾群体。那么就可以提出以下两个调查筛选问题："您是否是残障人士？""您的年龄是否在 60 岁以上？"任意一题的回答是"否"的被调查者都不符合我们的调查标准，我们将取消他们的调查资格，而其余的被调查者则需要继续填写问卷。

思考与练习

1. 一张好的调查问卷应该满足哪些特点？请课后搜集 2 张你认为比较好的服装企业发布的调查问卷，并分析其设计优缺点。
2. 调查问卷中的问题有哪两种形式？分别适用于什么调查目的？
3. 请你设计一份调查服装品牌忠诚度的问卷。（品牌自定）

参考文献

[1] 刘国联. 服装市场调查 [M]. 上海：东华大学出版社, 2018.

[2] 风笑天. 社会调查中的问卷设计 [M]. 天津：天津人民出版社, 2002.

[3] 调查家. 问卷收集前, 如何进行有效的问卷测试？[EB/OL]. (2020-10-10)[2023-05-17]. https://www.jianshu.com/p/d1831812ebe6.

[4] UX2017. 到底要不要用反向题？[EB/OL]. (2017-08-20)[2023-05-17]. https://www.jianshu.com/p/375044c6 2589.

[5] 中科易研. 问卷设计与统计分析——初识问卷设计[EB/OL]. (2021-12-09)[2023-05-17]. https://baijiahao.baidu.com/s?id=17184770639830012861&wfr=spider&for=pc.

第 12 章

调查数据的整理

本章导读 // 内容概要、重点和难点

本章介绍了服装市场调查中数据整理的重要性,通过数据整理可以发现新的资料信息,提高服装市场原始资料的价值,发现前期调查中的不足和失误。

本章重点

通过调查所获得的数据都是关于个体的有关属性与特征的表现,这些数据零碎而不系统,分散而无条理,还不能概括和描述所要研究现象总体的数量特征,也不能直接据之分析现象总体的本质特征与统计规律。所以,在对调查数据进行分析之前,必须根据分析研究的目的和要求,对其进行系统的加工与整理。这一阶段的工作是联系数据调查与数据分析的中间环节,在整个调查研究过程中具有重要的地位。

本章难点

由于服装行业的特殊性,定性、定量的分析方法在以往的调查研究中,往往以叠加混合使用的方式使用,所以本节主要针对调查数据整理环节当中,定性数据编码转化和定量问卷调查前期数据的数据审核、数据分类、数据编码、资料录入、数据清洗和变量转换六个环节展开。

12.1 调查数据整理的必要性及原则

12.1.1 数据整理的含义

数据整理，就是根据调查研究的目的与任务，运用科学的方法，将调查所获得的原始数据进行审核汇总与初步加工，使之系统化和条理化，并以图表的方式集中显示数据特征的工作过程。

数据整理在整个调查研究过程中具有很重要的作用和地位：

第一，数据整理全面地检查了调查数据的质量，保证了调查数据的有用性。由于各种主客观原因，通过调查所获得的原始数据难免会出现虚假、差错、缺损、余冗等现象。因此，只有对调查数据进行科学的整理与审核，捡漏与补缺，去伪存真，去粗取精，才能保证调查数据的真实性、准确性、完整性和有用性，从而保证整个调查研究工作的质量，达到调查研究的目的。

第二，数据整理是数据分析的基础。数据分析的目的是揭示所要研究现象总体的数量特征和统计规律，而通过调查所获得的原始数据是关于总体中若干个体的分散的、零碎的数据资料，只有通过汇总整理，使原始数据系统化、条理化、综合化，才能在此基础上对数据进行分析和研究。数据整理的质量如何，直接关系到数据分析的质量，关系到服装市场调查研究能否科学、客观地认识事物和现象。

第三，数据整理是积累和保存资料的客观要求。通过调查获得的原始数据，既是对现象进行分析研究的客观依据，又是对今后研究同类现象的重要参考资料。只有通过数据整理，才能使原始资料具有真实性、可靠性和有用性，才能使原始调查数据具有长期保存和利用的价值。

第四，数据整理可以发现前期调查过程中的不足和失误。在前面的调查过程中，由于调查设计的不全面、调查过程的不精确等问题，会出现诸如调查员虚假采访、收集到错误或残缺的信息等现象。在对原始资料数据的处理过程中，就可以发现这些错误，及时更正，为下一步深入的研究提供可靠、适用的分析资料。

12.1.2 数据整理的原则

数据整理是连接数据调查与数据分析的桥梁和纽带，为了达到数据整理的目的和作用，使整理出来的数据符合数据分析的需要，数据整理应该遵循如下原则：

（1）真实性原则

真实性原则是指数据整理必须最大限度地保证原始数据的真实性。这有两方面的含义：一是在数据整理之初，必须严格审核原始数据的真实性，对于审核出来的不真实的数据应该坚决加以剔除，对于缺失的数据应采取相应的补救措施；二是在数据整理的各个中间环节，应根据调查研究的目的和要求，合理地选择整理方法和技术，不能因为整理方法不当，而造成原始数据的真实性受到严重的损害。例如，在分组整理时，如果确定的组距过大，必然损害原始数据的真实性。

（2）准确性原则

准确性原则是指数据整理必须保证整理出来的数据事实清楚、数据准确，不能含糊不清、模棱两可甚至相互矛盾。如果整理出来的数据不准确，则据此所作的数据分析就不可能得出准确、科学的结论。

（3）科学性原则

科学性原则是指数据整理应根据调查研究的目的和要求以及数据本身的性质，合理地选择科学的方法和技术，对原始数据进行系统的加工和处理，使之能够满足研究的需要。调查研究的目的和要求不同，数据整理所使用的方法也会有所不同。例如，如果研究的目的是要分析居民的收入水平对消费水平的影响，则在分组整理时，应该对居民的收入水平进行分组，并计算各收入组的平均消费水平。数据的性质不同，采用的整理方法也会有所区别。例如，累计频数和累计频率，适合于定序数据，而不适合于定类数据。

（4）目的性原则

目的性原则是指数据整理的目标应符合调查研究的目的和要求。数据整理的内容很丰富，层次也有高低之分。数据整理要达到什么目标，层次是高是低，是简单还是复杂，在很大程度上取决于调查研究的目的和要求。只要整理的结果能够满足研究的需要，整理结果具有较好的系统性和条理性就可以了，而不必刻意去追求形式。

（5）适用性原则

当前是信息爆炸的时代，服装行业从外部环境收集到的信息量巨大，且类型各异，数据资料的处理就是要把与调查主题相关的资料筛选出来，并将其整理，以适用于行业协会、企业市场部门、咨询机构、产业园区和科研园所等适用的资料。同时，作为下一步研究分析的资料准备。选择适用的分析方法，也是当前数据整理环节需要正确适配的必要环节。当前数据分析方法和分析工具众多，每种方法有其局限性和针对性，选择合适的方式方法，是当前服装市场分析调查设计前期中非常重要的一个环节。只有采取了有效适合的分析方法和工具，保证数据质量，才能挖掘出深层的、潜藏在数据后的市场故事。

（6）一致性原则

主要是针对被调查者对问题的回答前后是否一致。目前服装行业面临多重的行业竞争、突发公共事件、政策调控、隐形公关危机等现象影响，大多的调查研究是针对某一时间截面或某一特殊事件来观测被调查者的看法态度问题。所以在做调查问卷和访谈时，需关注是否会受到这一"动态"事件调查波及（如疫情带来的公共卫生问题、偷拍主播公信力丧失问题等），这就需要调查人员深入调查，探究原因，保持结果的真实可信。

12.2 数据整理的步骤

数据整理的步骤见图 12-1。

数据审核 → 数据分类 → 数据编码 → 数据录入 → 数据清洁 → 变量转换

图 12-1 数据整理的步骤

12.2.1 数据审核

这是数据整理的第一步。为了保证调查数据的质量，也为了保证整个调查研究的质量，在数据整理之初，必须对原始数据的真实性、准确性和完整性进行严格的审核。对收集上来的调查问卷和访谈资料首先进行审核，调查资料的精准度也客观反映了问卷结构逻辑、选项跳转和缺失等问题。数据审核一般从以下三个方面展开：

（1）审核的内容

完整性审核：审核应包括被调查企业或调查群体是否都已被调查，问卷或调查表内的各项目是否都填写齐全，即调查是否有无回答或项目无回答。当前大部分网络问卷可以设置全部填写才能提交的选项，而线下问卷调查中偶尔出现漏填，或者部分题目让被调查者不愿填写、不想回答等情况出现，抑或者是由于调查者疏忽导致问卷收集不完整。出现以上这些问题时，应该及时查漏或当场请被调查者及时补充题项，服装市场调查过程中数据收集环节是受项目规划时间所限，故保证数据完整尤为重要。

正确性审核：正确性审核主要是考察口径、计算方法、计量单位等是否符合要求，剔除审核发现的不可靠的资料，使资料更加准确。例如，问卷中调查的是消费者每月光顾服装品牌门店的次数，而被调查者填的是每周光顾次数。调查者需明确调查主题、指标和题项，对市场调查项目熟知。

真实性审核：在调查员面访过程中，会出现受访者有意或无意的不真实地回答调查问题的现象，这是访谈和问卷调查中经常出现的一种情况，而且这些回答会有些有强烈的主观色彩，多数情况下很难发现和鉴别。因此要求审核人员对待这种问题时应该十分谨慎。

一致性审核：审核被调查者前后的回答是否一致，有无逻辑错误。例如，某被调查者说他在前一天晚上看见了某短视频广告，后面又说自己前一天晚上没刷过短视频。调查人员在审核调查问卷时，可能发现某一被调查者的回答前后不一致，或者一个资料来源的数字与其他资料来源数字不一致，这就需要调查人员深入调查，探询原因，剔除不实资料，使之完整、真实、可信。

及时性审核：主要是看被调查单位是否都按规定日期填写和送出，填写的资料是否为最新资料，切勿将失效、过时的信息引入服装市场调查中。此外应剔除无关的资料。

（2）审核的方法

经验判断：根据已有经验，判断数据的真实性、准确性。例如，如果被调查者的年龄填为122岁，根据经验判断，填写有误。又如，某街头小服装店营业面积为700平方米，根据实际观测判断，与事实不相符。

逻辑检查：根据调查项目之间的内在联系和实际情况，对数据进行逻辑判断，看是否有不合情理或前后矛盾的情况。例如，某服装企业基层员工学历填写"研究生"，年龄填写为"20岁"，经过调查后发现无研究生学历的员工。又如，某消费者前面填写的不了解快时尚品牌，后面却说"经常逛ZARA、H&M店铺"，显然有逻辑问题。

计算审核：计算审核是对数据资料的计算技术和有关指标之间的相互关系进行审查，主要审查各数字在计算方法和计算结果上有无错误。常用的计算检查方法有加总法、对比法、平衡法等。例如，在个人的消费收支结构调查中，服饰类每月总支出大于月收入，这种情况肯定是错误的。

12.2.2 数据的分类

数据的分类是针对服装市场信息的性质、特点、用途等进行的归类处理，以利于进一步的数据处理和分析。由于服装市场调查所获得的信息资料十分复杂，对它们进行适当的分类处理有着重要的作用，有利于人们清楚地认识各种数据资料的内容，使调查人员能够更加有效地管理和分析这些原本分散、复杂、类别各异的数据，同时有利于形成系统化的信息数据，便于以后加工处理和资料分析。

数据资料分类首先要进行的工作是设计分类表，要根据市场调查的目的和实际工作的情况，制定资料分类的依据和标准。根据内容、时间、地点的不同可将相同的信息资料规划为一类,这些类别称为"母类",在同一母类中再划分出来的类别称为"子类"。这样依此类推就形成了一个类别系统。服装市场调查中的资料分类表就是在这个系统的基础上设计出来的。

在服装市场调查中具体的数据和分类工作中,一般按照如下过程进行:首先,是资料的划分,就是将收集的数据进行细致正确的划分,保证这些数据信息可以准确地编进它们所属的类别,不会出现误差;其次,是将这些数据编入分类表中适合于它们的类别;最后,将这些资料进行互相对比、分析和参照,因为有些信息的性质比较复杂,编入某一个类别不能充分反映它的实际内涵,通过这一过程的处理,可以将信息之间、类别之间的相互联系、相互补充的关系整理出来。

总之,在服装调查实践中(前文也提到)数据资料主要有量化和非量化两种,这两种性质的资料的分类方法也有所不同。

(1)定性资料的分类

定性资料的分类是根据研究目的、主题和统计分析的需要,确定分类标准,进行分类汇总。但分类时应注意:分类的标准是简洁和互斥的,每个回答只能放在一个间隔里;分类涵盖所有可能的回答,经常使用"其他"来包括没有给出的答案选择;对开放性问题,一般不要求被调查者从备选答案中做选择,而是由研究人员根据研究的实际需要来分类;分类前要看是否存在定量的问题。

(2)定量资料的分类

在实际的调查中,许多问题问卷本身就已经对答案进行了分类,并转化成了定量的形式;但当问题的答案是一个具体的数值时,就需要根据调查分析的需要按答案显示的规律选择合适的标准进行归类。

一般情况下,数据的分类要注意以下几个方面的问题:

① 分类各标准之间要相互排斥和全面涵盖,以方便被调查者回答。例如,分类为 3 000~4 000 元 / 月、4 000~6 000 元 / 月、6 000~8 000 元 / 月,这样就使工资大于 8 000 元 / 月、小于 3 000 元 / 月或者正好等于 4 000 月 / 月和 6 000 元 / 月的调查对象无法进行编码分类。

② 分类标准应该根据调查研究目的、主题和统计分析的要求而定。

③ 分类间隔要使最常出现的答案在中间。例如,如果预调查和前期资料中发现,很多的消费者关于服饰类月支出的调查数据是 600 元和 1 200 元,那么分类的间隔应该是 500 元~1 000 元和 1 001 元~1 500 元,而不能使用 500 元~900 元或 801 元~1 500 元。

④ 分类间隔要尽量多。因为如果分类多,就可以减小综合的难度;分类少或太粗略,都可能影响分析的精确程度。

12.2.3 数据的编码

编码是在分类的基础上用数字代表类别。使用多项选择或二分法问题常常采用预先编码法为类别编码,比如询问被调查者的年龄时,将可能的答案预先列出并编码;同样的问题,如果采用填空式问题,例如"您的年龄",则无法预先编码,只能用事后编码法。

案例12-1问卷中大部分题项选用了预前编码法,只有第2、3、6题选用了事后编码法。

■ **案例12-1** 长三角休闲裤市场调查——消费者问卷(部分问卷)

1. 您是否居住在长三角地区?
   A. 是　　　　B. 否
2. 您曾经穿着过下列哪些品牌的休闲裤?(可多项选择)

南极人		花花公子		美特斯邦威		唐狮	
优衣库		森马		杰克琼斯		语克	
迈特优		太平鸟		朗普罗		H&M	
GXG		ZARA		罗蒙		的魅	
雅羊人		马克华菲		思莱德		UR	
乐町		英爵伦		MMOPTOP		迎步	
其他							

3. 您最喜欢下列哪些品牌的休闲裤?(按1、2、3…排序)

南极人		花花公子		美特斯邦威		唐狮	
优衣库		森马		杰克琼斯		语克	
迈特优		太平鸟		朗普罗		H&M	
GXG		ZARA		罗蒙		的魅	
雅羊人		马克华菲		思莱德		UR	
乐町		英爵伦		MMOPTOP		迎步	
其他							

4. 您所穿休闲裤的尺码为？

A. M   B. L   C. XL   D. XXL   E. 3XL   F. 4XL

5. 您是否乐意购买新品牌的休闲裤？

A. 很乐意   B. 一般   C. 不乐意

6. 您最喜欢以下哪五种面料的休闲裤？

全棉	涤棉	亚麻	棉麻	丝麻	真丝	羊毛

涤纶	牛仔布	灯芯条	人造棉	桃皮绒	混纺羊毛	其他

7. 您每年平均购买几件休闲裤？

A. 2 件以下   B. 2～5 件   C. 6～10 件

D. 10 件以上

8. 您的年龄

A. 20 岁以下   B. 21～30 岁   C. 31～40 岁

D. 41～50 岁   E. 51～60 岁

9. 您的职业

A. 党政机关干部   B. 机关事业单位公务员   C. 专业技术人员、医生

D. 教师   E. 厂长、经理   F. 公司企业管理干部

G. 个体经营者   H. 企业职工   I. 学生

J. 个体经营者   K. 其他_____

10. 您的月收入

A. 1 000 元以下   B. 1 001～3 000 元   C. 3 001～5 000 元

D. 5 001～7 000 元   E. 7 001～9 000 元   F. 9 001～11 000 元

G. 11 000 元以上

事后编码遵循下述步骤：

① 列出所有答案。

② 将所有有意义的答案列成频数分布表。

③ 从调查目的出发，确定可以接受的分组数。

④ 根据拟定的分组数，对整理出来的答案进行挑选归并。原则是：保留频数多的答案，归并频数少的答案，以"其他"来概括那些难以归并的答案。这一工作最好先由多

个人分别来做，然后合到一起进行核对、讨论，最终形成统一意见。

⑤ 根据分组结果指定编码规则，进行编码。

编码的工作需要计算机和统计软件完成，常常把文字资料转化成科学计数的数据，所以在录入数据之前，需要制定一套规则，即编码明细表，以减少录入错误。编码明细表是一份说明问卷中各个问题的答案（即变量）与电脑数据文件中的字段、数码位数以及数码之间一一对应关系的文件，也叫编码簿。有了编码明细表，可以方便录入数据并在必要时查看电脑文件中符号与数字的含义。案例12-2是根据服装市场调查中的一些问题所编制的编码明细表的部分内容。

■ **案例12-2** 编码明细表

Q1. 请问您的家庭目前有下列还贷支出吗？

Q1_1 房贷　　　1 有　　　2 无　　　99 拒答

Q1_2 车贷　　　1 有　　　2 无　　　99 拒答

Q2_3 其他一般消费还贷　　1 有　　　2 无　　　99 拒答

Q2. 您所居住的城市：

1 = 一线城市（如：北京、上海、广东、深圳）

2 = 二线城市（如：杭州、南京、重庆、昆明）

3 = 三线城市

4 = 四线城市

Q3. 您现在的工作状态：

1 = 工作

2 = 离退休

3 = 在校学生

4 = 家务

5 = 待业

6 = 失业

7 = 丧失劳动能力

77= 其他

88= 不知道

99= 没回答

Q4. 您家 2022 年的总收入比 2021 年的变化

1= 增加了很多

2= 增加了一些

3= 没变化

4= 减少了一些

5= 减少了很多

8= 不知道

9= 没回答

Q5. 请根据您对该品牌休闲裤的网络印象感知做出判断：

	1= 非常不同意	2= 不同意	3= 不太同意	4= 比较同意	5= 同意	6= 非常同意
Q5_1 该品牌网页的图片风格很吸引我						
Q5_2 该品牌网页提供详细产品信息						
Q5_3 该品牌网页设计风格让人印象深刻						
Q5_4 该品牌所属网站很可靠						
Q5_5 该品牌所属网站操作便捷						

12.2.4 数据的录入

研究人员利用 SPSS 软件对数据进行分析，需要建立在 SPSS 数据文件之上，因此建立 SPSS 数据文件、定义变量、将数据格式化、输入数据、调用数据文件和存储数据是研究人员经常需要重复进行的活动。

（1）建立 SPSS 数据文件

将调查获得的数据输入 SPSS 数据文件中，第一步是要建立 SPSS 数据文件。操作方法是打开 SPSS，输入数据，然后点击图中"文件（F）"菜单，就可得到如图 12-2 所示的画面。点击"保存"或"另存为（A）"就会出现一个对话框，让使用者为文件命名。在文件命名完成并储存以后，这个 SPSS 数据文件就建立起来，并随时可以调用了。

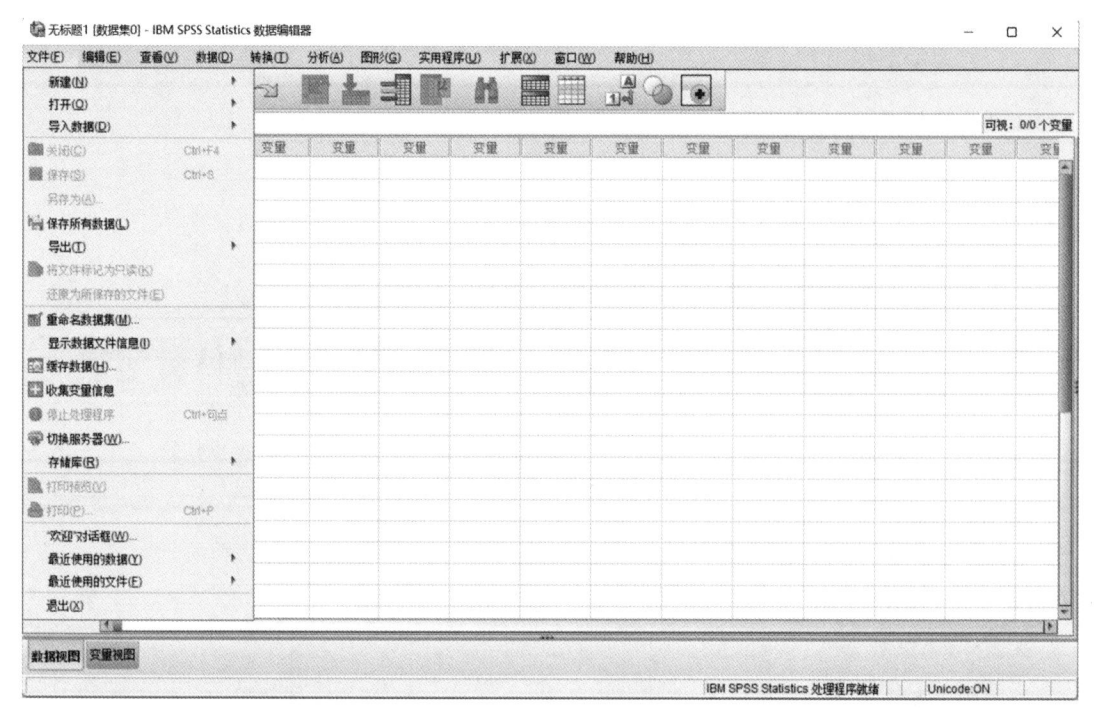

图 12-2 建立 SPSS 数据文件

（2）定义变量和将数据格式化

在正式进行数据录入之前，一般需要先逐个定义变量和将数据格式化。具体的操作方法如下：先激活数据编辑窗口，出现如图 12-2 所示的画面，然后，在画面的下部点击"变量视图"按钮，会出现如图 12-3 所示的画面。其中，在二维表格的上方是 10 个键，用于定义变量和将数据格式化。它们分别是名称（定义变量名称）、类型（定义变量类别）、宽度（定义变量宽度）、小数（定义变量值的小数位数）、标签（定义变量标签）、值（定义变量的重要性）、缺失（定义缺失值）、列（定义数据排列方式）、对齐（定义对齐格式）和度量标准（定义量表种类）。第三步，根据需要为变量命名、设定标签和将数据格式化。

图 12-3 中变量的定义及其数据的格式化，使用分析北京居民生活满意度时的数据（扫二维码下载"数据 12-1 北京居民生活满意度.sav"文件），其中各个变量已用标签的形式解释，如 gender 代表性别，c2 代表"这一年您的心情愉快吗"。计算机会根据默认值自动生成一个变量，如 var00001，并且自动将输入的数据格式化。不过，最好还是自己定义变量和将数据格式化，因为这样会更符合自己对于数据分析的需要。

图 12-3　定义变量和将数据格式化

（3）输入数据

定义好变量并格式化数据之后，即可向数据编辑窗口键入原始数据。用鼠标点击图 12-4 中的"数据视图"键，回到数据编辑窗口。数据编辑窗口的主要部分是一个电子表格，横向以 1，2，3，…，n 表示第 1，2，3，…，n 行；纵向表示第 1，2，3，…，m 个变量（或事前定义的变量名）。行列交叉处是保存数据的空格，称为单元格。鼠标移入电子表格内用右键点击某一单元格，该单元格就被激活；也可以按方向键上下左右移动来激活单元格。单元格被激活后，使用者即可向其中输入新数据或修改已有的数据。图 12-4 显示的是一个已输入数据（部分）的数据编辑窗口。其中的数据是在分析北京居民生活满意度的影响（参见本书附的"数据 12-1 北京居民生活满意度.sav"文件）时采用的。关于调查过程中出现数据缺失的情况，在图 12-3 中的"变量视图"对话框中点击

"缺失"钮,"缺失值"对话框,有四个可选项。关于这些选项的功能与应用,请参看相关参考书。

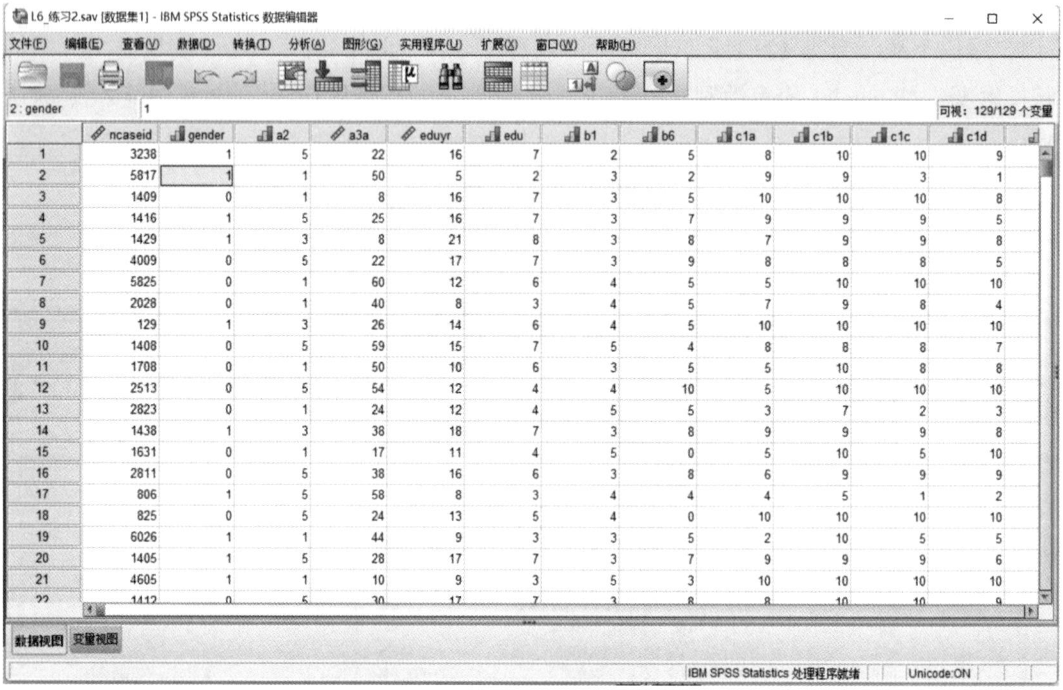

图 12-4 数据输入

（4）调用数据文件

在应用 SPSS 软件进行数据分析时,可以调用多种不同格式的数据文件。具体而言,SPSS 软件系统支持如下格式的数据文件:

① SPSS：SPSS for WINDOWS 版本的数据文件,后缀为 .sav；

② SPSS/PC+：SPSS for DOS 版本的数据文件,后缀为 .sys；

③ SPSS Portable：SPSS 的 ASCII 格式的机器码,可用于网络传输,后缀为 .por；

④ Excel：微软公司电子表格的数据文件,后缀为 .xls；

⑤ Lotus：莲花公司电子表格的数据文件,后缀为 .w*；

⑥ SYLK：扩展格式电子表格的 ASCII 格式,后缀为 .slk；

⑦ dBASE：数据库的数据文件,后缀为 .dbf；

⑧ Tab-delimited：以空格为分隔的 ASCII 格式的数据文件,后缀为 .dat。

调用的操作步骤如下：先选 File 菜单的 Open 命令项,再选 Data 项；在弹出 Open Data File 对话框后,使用者确定盘符、路径、文件名后点击 OK 按钮,即可调入需要的数据文件。

(5)存储数据

在进行数据输入或分析的过程中，无论何时（如完成统计后、未做任何分析前或数据未输完之时），使用者均可将数据文件保存起来，以便于再使用。比如，可以用于下次追加数据，也可以用于进行其他的统计分析，还可以转换成其他格式的数据文件

操作步骤如下，先选文件（P）菜单的"另存为（A）"命令项，弹出"将数据另存为"对话框；在确定盘符、路径、文件名以及文件格式后点击，即可保存数据文件。通过点击"保存类型"框的下箭头，使用者可见格式后点击"保存"。文件保存为如下格式：

SPSS（*.sav），即 SPSS for Windows 版本的数据格式；

SPSS／PC＋（*.sys），即 SPSS for DOS 版本的数据格式；

SPSS Portable（*.por），即 SPSS for Windows 版本的 ASCII 码数据格式；

Tab-delimited（*.dat），即用空格分割的 ASCII 码数据格式；

Fixed ASCII（*.dat），即混合 ASCII 码数据格式；

Excel（*.xls），即 Excel 的数据格式；

·1-2-3 Rel 3.0（*.wk3），即 Lotus 3.0 版本的数据格式；

·1-2-3 Rel 2.0（*.wk1），即 Lotus 2.0 版本的数据格式；

1-2-3 Rel 1.0（*.wks），即 Lotus 1.0 版本的数据格式；

·SYLK（*.slk），即扩展方式电子表格的数据格式；

·dBASE IV（*.dbf），即 dBASE IV 版本的数据格式；

·dBASE II（*.dbf），即 dBASE III 版本的数据格式；

dBASE II（*.dbf），即 dBASE II 版本的数据格式。

12.2.5 数据的清洁

（1）数据的一致性检查和逻辑检查

在审核阶段需要进行初步的一致性审核，主要采用手工形式，此阶段的一致性检查主要通过计算机进行，可以将清洗阶段的审核更加广泛全面。一致性检查的内容主要包括变量的取值是否超过合理范围、有无逻辑错误以及有无极端值。

变量取值如果超出合理范围是不允许的，必须给予校正。例如，在要求消费者填写满意度的7级量表中，表达满意度的选项为1～7，用9表示缺失值，如发现出现0、8这样的数字，就说明超出了取值范围，那么用9表示0和8这样的缺失值。所以在数据手工录入和编写阶段，经常使用 SPSS、SAS、STATA 等软件对每个变量进行定义汇编，从而可以清楚地分辨出每个变量是否超出了取值范围。对于超出范围的变量取值，应对原

始问卷或访谈记录进行修正。

数据清洗阶段的逻辑检查就是查看数据有无逻辑错误。例如，在调查顾客对线下某品牌时装店服务满意程度时，可让被调查者对 A、B、C、D 四家门店服务满意程度打分，四项分值总数为 100 分。被调查者小明认为：A 店铺服务满意程度 80 分，B 店铺服务满意程度 80 分，C 店铺服务满意程度 0 分，D 店铺服务满意程度 10 分。如出现这种错误时，需要通过额外的题项看被调查者是否真的对 C 和 D 店铺确实不满意，如不存在上述逻辑检查问题，这种情况可能是由于小明在对打分信息填报存在理解错误。

（2）缺失数据值的处理

对于缺失值的处理，从总体上来说分为删除存在缺失值的个案和缺失值插补。对于主观数据，人将影响数据的真实性，存在缺失值的样本的其他属性的真实值不能保证，那么依赖于这些属性值的插补也是不可靠的，所以对于主观数据一般不推荐插补的方法。插补主要是针对可靠性有保证的客观数据。

删除含有缺失值的个案：主要有简单删除法和权重法。简单删除法是对缺失值进行处理的最原始方法。它将存在缺失值的个案删除。如果数据缺失问题可以通过简单地删除小部分样本来达到目标，那么这个方法是最有效的。当缺失值的类型为非完全随机缺失的时候，可以通过对完整的数据加权来减小偏差。把数据不完全的个案标记后，将完整的数据个案赋予不同的权重，个案的权重可以通过 Logistic 或 Probit 回归求得。如果解释变量中存在对权重估计起决定性因素的变量，那么这种方法可以有效减小偏差。如果解释变量和权重并不相关，它并不能减小偏差。对于存在多个属性缺失的情况，就需要对不同属性的缺失组合赋不同的权重，这将大大增加计算的难度，降低预测的准确性，这时权重法并不理想。

可能值插补缺失值：它的思想来源是以最可能的值来插补缺失值比全部删除不完全样本所产生的信息丢失要少。在数据挖掘中，面对的通常是大型的数据库，它的属性有几十个甚至几百个，因为一个属性值的缺失而放弃大量的其他属性值，这种删除是对信息的极大浪费，所以产生了以可能值对缺失值进行插补的思想与方法。常用的有如下几种方法。

① 均值插补。如果缺失值是定距型的，就以该属性存在值的平均值来插补缺失的值；如果缺失值是非定距型的，就根据统计学中的众数原理，用该属性的众数（即出现频率最高的值）来补齐缺失的值。

② 利用同类均值插补。同类均值插补的方法都属于单值插补，不同的是，它用层次聚类模型预测缺失变量的类型，再以该类型的均值插补。假设 $X=(X1, X2, \cdots, Xp)$ 为信息完全的变量，Y 为存在缺失值的变量，那么首先对 X 或其子集行聚类，然后按缺失个案所属类来插补不同类的均值。如果在以后统计分析中还需以引入的解释变量和 Y 做

分析，那么这种插补方法将在模型中引入自相关，给分析造成障碍。

③ 极大似然估计在缺失类型为随机缺失的条件下，假设模型对于完整的样本是正确的，那么通过观测数据的边际分布可以对未知参数进行极大似然估计（Little and Rubin）。这种方法也被称为忽略缺失值的极大似然估计，对于极大似然的参数估计实际中常采用的计算方法是期望值最大化（Expectation Maximization，EM）。该方法比删除个案和单值插补更有吸引力，它有一个重要前提：适用于大样本。有效样本的数量足够大以保证 ML 估计值是渐近无偏的并服从正态分布。但是这种方法可能会陷入局部极值，收敛速度也不是很快，并且计算很复杂。

④ 多重插补。多重插补的思想来源于贝叶斯估计，认为待插补的值是随机的，它的值来自于已观测到的值。具体实践上通常是估计出待插补的值，然后再加上不同的噪声，形成多组可选插补值。根据某种选择依据，选取最合适的插补值。

12.2.6 变量的转换

根据数据分析的需要，在分析前可能要对现有的变量进行一定的修改或生成新变量。常见的方式有：

（1）变量重新定义

某些分析方法可能对变量的数学特性有一定的要求，因此可能要改变数据的测量水平。我们在做量化的数据分析时，常常将数据尺度划分为 4 种测量类型——定类变量、定序变量、定距变量和定比变量。具体来看，本节对这 4 种测量数据类型做简单比较（表12-1），详情可回顾本教材第 10 章。

例如，进行交叉表或列联表分析时，必须先将某变量（收入）划分为高、中、低三组。另外，同测度内有时需要再分组，如搜集服装企业员工资历数据（如年龄），将年龄分为若干年龄组，但实际分析中分组过细反而不便于分析，因而要把小类合并为大类进行分析。

表 12-1 定类、定序、定距、定比四种变量维度甄别

测量类型	类型说明	测量维度的区别和联系
定类变量（低维）	每一种不同的数字或符号代表着不同的类别或标记	只有类别属性之分，无大小、程度之分，如性别、民族、地区等
定序变量（低维）	每一种数字或符号代表着有序的选项，但各选项之间不必是等距关系	能够依照操作定义的明确特征而排列等级大小、高低、先后的次序，如满意程度、质量高低等

续表

测量类型	类型说明	测量维度的区别和联系
定距变量（高维）	除了具有定类尺度和定序尺度的特征以外，还要求尺度上的间距代表测量的特征的量的间距	定距尺度没有绝对的零点，其中的"零"只是一个相对的位置，而不代表"没有"，如温度、智商等
定比变量（高维）	数字的赋值能够代表选项的所有算术特征的一种度量方法	其取值除了具有类别、次序、间距的属性以外，还可以构成一个有意义的比率。在定比尺度中，"零"表示真正的"一无所有"，如年龄、收入、销量、得分等

资料来源：编者根据东华大学研究生课程《实验设计与多变量分析》教案内容进行整理。

（2）量纲化处理方法

在进行数据分析时，数据具有单位是非常常见的，比如说 GDP 可以以亿作为单位，也可以以百万作为单位，那么此时就会出现由于单位问题导致的数字大小问题；这种情况对于分析可能产生影响，因此需要对其进行处理，但是处理的前提是不能失去数字的相对意义，即之前数字越大代表 GDP 越高，处理后的数据也不能失去这个特性，类似这样的处理我们统称为量纲化。

也或者计算距离，数字 1 和 2 的距离可以直接相减得到距离值为 1；另外一组数据为 10 000 和 20 000，两个数字直接相减得到距离值为 10 000。如果说距离数字越大代表距离越远，那么明显的 10 000 大于 1，但这种情况仅仅是由于数据单位导致的，而并非实际希望如何，因此就需要进行量纲化处理。

量纲化有很多种方式，但具体应该使用哪一种方式，并没有固定的标准，而结合数据情况或者研究算法，进行聚类分析、因子分析时，必须消除量纲的影响，要在分析前先把变量标准化，根据具体方法和规则，选择最适合的量纲化处理方式，SPSSAU 共提供 12 种量纲化处理方法（表 12-2）。

表 12-2　SPSSAU 的 12 种量纲化处理方法

类型	意义	公式
标准化（S）	让数据变成平均值为 0，标准差为 1	（X−Mean）/Std
中心化（C）	让数据变成平均值为 0	X−Mean
归一化（MMS）	让数据压缩在【0，1】范围内	（X−Min）/（Max−Min）
均值化（MC）	以平均值作为标准进行对比	X/Mean
正向化（MMS）	让数据压缩在【0，1】范围内	（X−Min）/（Max−Min）

续表

类型	意义	公式
逆向化（NMMS）	让数据压缩在【0，1】范围内，且数据方向颠倒	(Max−X)/(Max−Min)
区间化（Interval）	让数据压缩在自己希望的范围内	将数据压缩在 a 和 b 之间，默认分别是 1 和 2。a+(b−a)×(X−Min)/(Max−Min)
初值化（Init）	数据除以第 1 个数字	X/该列第 1 个不为空的数据
最小值化（MinS）	以最小值作为标准进行对比	X/Min
最大值化（MaxS）	以最大值作为标准进行对比	X/Max
求和归一化（SN）	数据表达总和的比例	X/Sum(X)
平方和归一化（SSN）	数据表达平方和的比例	X/Sqrt[Sum(X^2)]

备注：表格中，X 表示某数据，Mean 表示平均值，Std 表示标准差，Min 表示最小值，Max 表示最大值，Sum 表示求和，Sqrt 表示开根号。

本节给出前 4 种较为常用的变量转换方法的计算公式和计算场景。

（1）标准化（S）

标准化是一种最为常见的量纲化处理方式。

其计算公式为：(X−Mean)/Std。

此种处理方式会让数据呈现出一种特征，即数据的平均值一定为 0，标准差一定是 1。针对数据进行了压缩大小处理，同时还让数据具有特殊特征（平均值为 0，标准差为 1）。

在很多研究算法中均有使用此种处理，比如聚类分析前一般需要进行标准化处理，也或者因子分析时默认会对数据标准化处理。

比如聚类分析时，其内部算法原理在于距离大小来衡量数据间的聚集关系，因此默认 SPSSAU 会选中进行标准化处理。

除此之外，还有一些特殊的研究方法，比如服装市场营销部分论文中，经常进行中介作用，或者调节作用研究时，也可能会对数据进行标准化处理。

（2）中心化（C）

中心化这种量纲处理方式可能在社会科学类研究中使用较多，比如进行中介作用，或者调节作用研究。

其计算公式为：X−Mean。

此种处理方式会让数据呈现出一种特征，即数据的平均值一定为 0。

平均值为 0 是一种特殊情况，比如在社会学研究中就偏好此种量纲处理方式，调节作用研究时可能会进行简单斜率分析，那么平均值为 0 表示中间状态，平均值加上一个标准差表示高水平状态；也或者平均值减一个标准差表示低水平状态。

（3）归一化（MMS）

归一化的目的是让数据压缩在【0，1】范围内，包括两个边界数字 0 和数字 1；

其计算公式为（X−Min）/（Max−Min）。

当某数据刚好为最小值时，则归一化后为 0；如果数据刚好为最大值时，则归一化后为 1。归一化也是一种常见的量纲处理方式，可以让所有的数据均压缩在【0，1】范围内，让数据之间的数理单位保持一致。

（4）均值化（MC）

均值化在综合评价时有可能使用，比如进行灰色关联法研究时就常用此种处理方式；

其计算公式为 X/Mean，即以平均值作为单位，用全部数据均去除以平均值。

需要特别说明一点是，此种处理方式有个前提，即所有的数据均应该大于 0，否则可能就不适合用此种量纲方式。

12.3 使用 EXCEL 做数据处理分析

在市场调查过程中，使用表格来管理数据是一种比较常见和有效的方法。Excel 是微软公司 Office 办公组件中用于数据管理的电子表格软件。电子表格软件使用起来简捷方便，是数据资料信息处理的常用软件。Excel 在基于行与列组成的二维表格中处理数据，能完成从数据输入到数据编辑、格式编排、数据计算，一直到输出直观反映数据之间关系的图表，打印出表格的整个处理过程。

12.3.1 EXCEL 的功能

（1）工作表管理

Excel 提供了极其强大的工作表格操作手段，在一张空白的工作表上，用户可以随意地设计自己的报表，可以将一张现成的报表进行多种多样的修改。在 Excel 里，进行页面布局和表格设计是很容易的，用户可以利用缩放功能放大或者缩小工作表，以便对表格进行精细的调整或浏览全图。Excel 不仅具有桌面出版软件所有的格式化功能，而且包括一个内置拼写检查器，通过这个检查器，用户可以对其输出的表格质量充满信心，不必为偶然的拼写错误而担忧。此外，用户还可以利用 Excel 的打印预览功能，在开始打印前从屏幕上看到打印的效果。打印预览时，用户可以对预览的内容进行放大或缩小，以便仔细观察字符或图形位置的细节部分。用户还能在进行打印预览时对行列重新定位或改变打印使用的页边距。

（2）图表管理

Excel 可根据工作表中的数据迅速生成图表，并进行各种文字、图案、色彩、位置、尺寸等方面的编辑和修改。Excel 提供了 14 类 100 多种基本的图表，包括柱形图、饼图、条形图、面积图、折线图、气泡图以及三维图。图表能直观地表示数据间的复杂关系，同一组数据用不同类型图表表示也很容易改变，图表中的各种对象，如标题、坐标轴、网络线、图例、数据标志、背景等能任意进行编辑，图表中可添加文字、图形、图像。总之，利用图表向导可方便、灵活地完成各种图表的制作。

利用 Excel 的"图表向导"来创建数据表格极为方便，用户可以随意选择 Excel 提供的多种图表格式，"图表向导"会引导用户执行创建图表的过程，通过简单的几步就可以完成数据表格的创建。

在市场调查中，调查者可以在一个工作表里嵌入一个图表，还可以从相同的或不同的工作表中提取数据来创建图表。当对数据进行修改时，这些嵌入的图表也会随之被更改，这样就使用户在对一个工作表进行任何页面布局设计时，可以对多张工作表或图表进行定位。调查者也可以用同样的方式来对这些工作表或图表进行页面布局设计，然后用桌面出版系统输出数据分析报告。

（3）数据库管理

数据库管理是 Excel 富有特色的功能。保存在工作表内的数据都是按照相应的列和行存储的，这种数据结构加上 Excel 提供的有关处理数据库的命令和函数，使得 Excel 具备了组织和管理大量数据的能力，因而使得 Excel 的用途更加广泛。对于存放在 Excel 里的数据，用户不必进行任何编程，就可以对数据进行检索、分类和筛选等操作，而且操作十分简单。Excel 还具有与其他不同格式的数据库进行链接的能力，这样，在 Excel 中，用户同样可以检索存储在大型设备或局域网服务器上大型数据库中的数据。

（4）数据分析

Excel 除了可以做一般的计算工作以外，更可以做大量的分析与决策方面的工作，帮助用户进行优化和配置资源。Excel 比其他电子表格提供了更多的分析工具。它包括几百个预定义的内置函数，这些函数可以通过增加"分析工具库"得到扩展。"分析工具库"也是一个 Excel 提供的加载宏。如果某个调查任务要求进行扩展的统计或者需要财务方面以及投资方面的分析计算时，那么在安装 Excel 时也要同时安装上"分析工具库"加载宏。

（5）连接和合并

通常情况下，每项工作在一个工作表内执行即可，早期的工作表软件都只能在一张工作表上执行。但在市场调查当中有时需要同时用于多个工作表。运用 Excel 可以很容易地将工作表连接起来进行汇总工作。在 Excel 内，一个工作簿可以存放多个工作表、图形，每个工作簿文件最多由 255 张工作表组成。

12.3.2　EXCEL 的主窗口

Excel 启动成功后，出现如图 12-1 所示的界面，这个窗口实际上由两个窗口组成：Excel 应用程序窗口和当前打开的工作簿窗口。

（1）标题栏

Excel 主窗口最上面的一行称标题栏，显示当前应用程序名和工作簿名，如图 12-1 中的"Microsoft Excel-Book1"；用鼠标拖动标题栏可在屏幕上移动主窗口的位置。

（2）菜单栏

菜单栏在标题栏的下方，也称主菜单栏。其中包含"文件""编辑""视图""插入""格式""工具""数据""窗口""帮助"9 个菜单项。大多数 Excel 操作命令包含在以上各菜单的子菜单中。

（3）常用工具栏

常用工具栏位于菜单栏的下方，其中包含许多命令按钮。用鼠标单击某一按钮，便会执行该按钮所对应的功能。例如，要打开一个文件，只需用鼠标单击"打开"按钮（即左边的第二个按钮）即可。

如果不知道某一个按钮所代表的功能，将鼠标指针指向该按钮，便会在按钮旁弹出一条简明注释，显示该按钮的功能。

常用工具栏可以显示在屏幕上，也可以被隐藏。为了方便用户操作，Excel 提供了 20 多种工具栏，每种工具栏可以显示在屏幕上，也可以被隐藏。

（4）格式工具栏

格式工具栏位于常用工具栏下方，利用该栏中的按钮，可以设置文本的字体、字号大小及其修饰，设置数据的对齐格式及颜色等。

（5）编辑栏

编辑栏用于显示工作表中当前单元格的地址及数据。编辑栏最左边为"名称框"，显示当前单元格的地址，当向工作表当前单元格输入数据或进行数据修改时，在编辑栏中出现"取消"、"输入"和"编辑公式"三个按钮，并将输入的数据或公式显示在编辑栏的右边。

其中，单击"取消"按钮将放弃用户的输入或修改，单击"输入"按钮将确认用户的输入和修改，单击"编辑公式"按钮将出现"公式选项板"，帮助用户输入函数和建立公式并进行计算。

（6）工作区

工作区位于编辑栏的下方，是由工作表区、滚动区和工作表标签组成。工作表是一个巨大的表格，有 65 536 行，其中行号在工作表的左端，从上到下顺序为 1，2，3，…，256，共 256 列，列号在工作表的上端，从左到右的顺序用 A，B，C，…，Z，AA，AB，AC，…，ZZ 表示。单元格地址用其所在的列号和行号描述，如单元格 C7 表示位于第 C 列第 7 行的单元格。

每个工作表有一个名字，称为标签。缺省情况下，一个工作簿中有 3 个工作表，其工作表标签分别为 Sheet1、Sheet2、Sheet3。任一时刻，工作区只显示一个工作表，该工作表称为当前工作表。当前工作表的标签被高亮度显示。在工作区的右边和下边各有一个滚动条，分别称为垂直滚动条和水平滚动条。滚动条上的矩形称为滚动块，用鼠标拖动滚动块能快速移动窗口在工作表中的位置。在垂直滚动条和水平滚动条的两端有微动按钮，用鼠标单击可缓慢移动窗口；通过滚动块或微动按钮可使窗口在工作表中水平或垂直滚动，以查看整个工作表的内容。

在水平滚动条的右边有工作表标签和工作表滚动按钮，单击最左边的 Sheet1 标签，将第一个工作表选择为当前工作表；单击 Sheet3 标签，将第三个工作表选择为当前工作表。如果当前工作簿中有更多的工作表又没有显示出来，可通过标签滚动按钮使其滚出，再选择为当前工作表。在垂直滚动条的微动按钮上面有一条水平窗口分割线，拖动水平窗口分割线可以将窗口分割为上下两个窗口，在两个窗口里可以分别显示工作表中的不同区域。在水平滚动条的微动按钮右边有一个垂直窗口分割线，拖动垂直窗口分割线可以将窗口分割为左右两个窗口。

（7）状态栏

状态栏位于应用程序底部，状态栏显示选定命令或按钮功能，以及当前工作表的状态。如果当前单元格准备接受数据，状态栏显示"就绪"；如果当前单元格输入数据，状态栏显示"输入"；如果修改当前单元格中的数据，状态栏显示"编辑"。

12.3.3 EXCEL 的常见数据处理方法实例

本节将使用 EXCEL 办公软件对数据处理常见的方法举例，具体地从散点图（相关分析）、饼图（描述统计分析）、柱形图（环比分析）、折线图（趋势分析）角度展开数据整理和分析的实操应用。

■ 案例 12-3　网上直通车与销售额相关分析——散点图

随着信息化时代的发展，网上销售成为一种时尚。在网上销售的过程中，平台直通车可以说是众多竞争手段中效果最为明显的一种。平台直通车对销售额的影响有多大呢？我们可以先画散点图，再计算相关系数。

某网店为了提高销售额，在平台开通了半个月的直通车。开通直通车的时间内，销售额的变化数据如图 12-5 所示。

（1）打开实例的原始文件分析服装广告投入对销售额的影响（扫二维码下载"数据 12-2 服装广告投入对销售额的影响.xlsx"），选中单元格区域 B1:C16，切换到【插入】选项卡，在【图表】组中单击【插入散点图或气泡图】按钮（图 12-6）。

（2）在弹出的下拉列表中选择【散点图】选项（图 12-7）。

（3）在工作表中插入一个散点图（图 12-8）。

（4）为了提高图的可读性，可以对其进行简单设置。在图表标题文本框中插入散点图标题"直通车与销售额相关性分析"（图 12-9）。

（5）选中图表标题，切换到【开始】选项卡，单击【字体】组右下角的【对话框启动器】按钮

日期	直通车费用	销售额	站外推广费用
2019/6/1	¥4,028.30	¥11,054.50	¥1,298.60
2019/6/2	¥4,086.30	¥10,631.90	¥1,337.70
2019/6/3	¥4,106.20	¥10,724.10	¥1,332.90
2019/6/4	¥4,108.30	¥10,849.20	¥1,348.20
2019/6/5	¥4,189.20	¥10,893.20	¥1,406.20
2019/6/6	¥4,203.60	¥11,040.50	¥1,394.00
2019/6/7	¥4,305.40	¥11,114.20	¥1,466.00
2019/6/8	¥4,423.50	¥12,365.70	¥1,389.00
2019/6/9	¥4,456.50	¥11,425.40	¥1,503.00
2019/6/10	¥4,486.20	¥11,561.30	¥1,406.00
2019/6/11	¥4,523.20	¥11,562.30	¥1,523.00
2019/6/12	¥4,556.20	¥11,863.20	¥1,436.00
2019/6/13	¥4,682.30	¥12,386.20	¥1,389.00
2019/6/14	¥4,786.20	¥12,462.30	¥1,435.00
2019/6/15	¥5,023.20	¥12,536.20	¥1,506.00

图 12-5　销售额变化数据

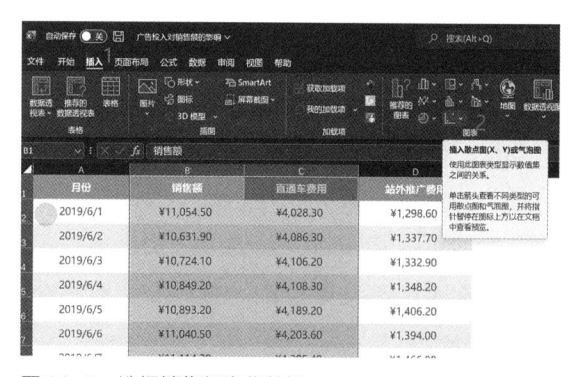

图 12-6　选择销售额变化数据

图 12-7　选择销售额选择散点图类型

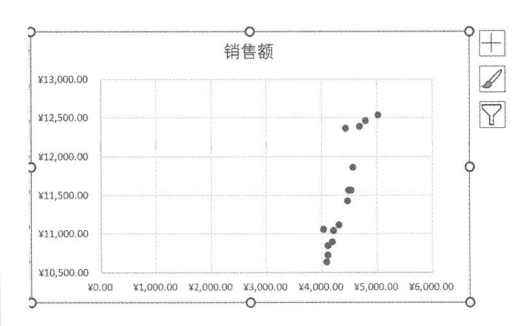

图 12-8 插入散点图

图 12-9 插入散点图标题

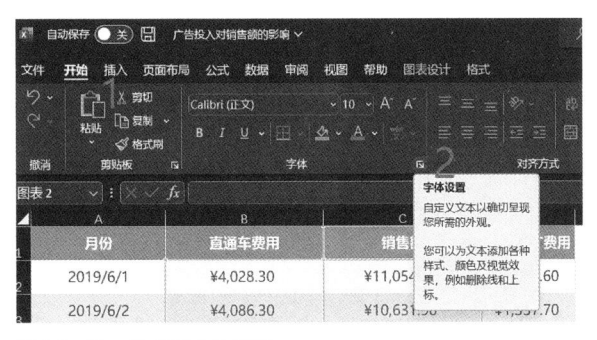

图 12-10 散点图字体设置

（图 12-10）。

（6）弹出【字体】对话框，切换到【字体】选项卡，在【中文字体】下拉列表中选择【微软雅黑】选项，在【字体样式】下拉列表中选择【加粗】选项（图 12-11）。

（7）切换到【字符间距】选项卡，在【间距】下拉列表中选择【加宽】选项，在【度量值】微调中输入【1】磅（图 12-12）。

图 12-11 散点图字体调整

图 12-12 散点图字符间距设置

第 12 章 调查数据的整理

（8）设置完毕，单击【确定】按钮，返回图表，即可看到图表标题的设置效果（图12-13）。

（9）散点图表示的是因变量随自变量而变的大致趋势，因此两个坐标轴的数值没必要一定要从0开始，在对直通车与销售额进行相关分析时，为了使变化趋势看起来更明显，可以将X轴最小值设置为4 000。选中X轴，单击鼠标右键，在弹出的快捷菜单中选择【设置坐标轴格式】菜单项（图12-14）。

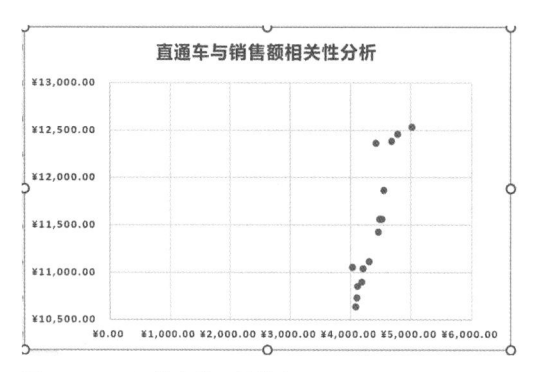

图12-13 调整字体后的散点图

图12-14 散点图坐标轴格式

图12-15 调整散点图坐标轴

（10）弹出【设置坐标轴格式】任务窗口，在【坐标轴选项】组中将【边界】的【最小值】设置为【4 000】（图12-15）。

此时散点图的趋势看起来就比较明显了。通过看散点分布，可以看到相关的点几乎呈直线上升，这就是高度相关的典型分布（图12-16）。

（11）为了看得更清楚，可以在散点图上添加趋势线，单击图表右侧的【图表元素】按钮，在弹出的下拉列表中勾选【趋势线】复选框（图12-17）。

（12）添加趋势线后y轴的最小值变成了0，导致散点图的趋势感弱了不少，可以按照前面的方法，将y轴的最小值设置为【10 000】（图12-18）。

（13）设置完毕，再看散点图，散点都分布在趋势线的周围，直通车与销售额是高度相关的，通过散点图看数据相关性更加直观清晰（图12-19）。

接下来，使用CORREL函数计算相关系数，具体操作步骤如下。

（14）选中单元格B18，切换到【公式】选项卡，在【函数库】组中单击【其他函数】按钮，在弹出的下拉列表中选择【统计】【CORREL】函数选项（图12-20）。

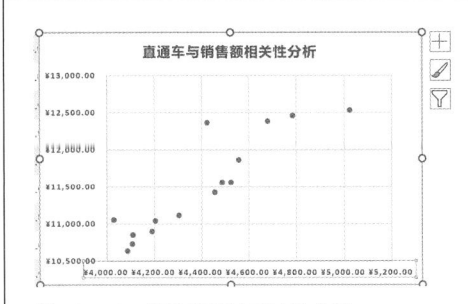

图 12-16　调整坐标轴后的散点图

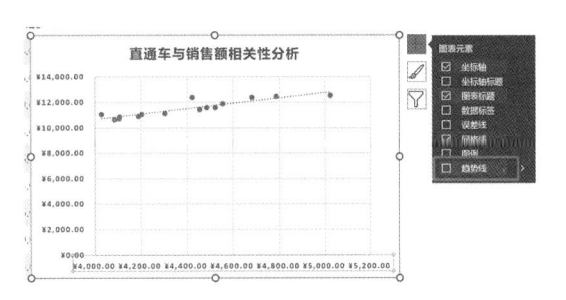

图 12-17　在散点图上添加趋势线

图 12-18　再次调整散点图坐标轴

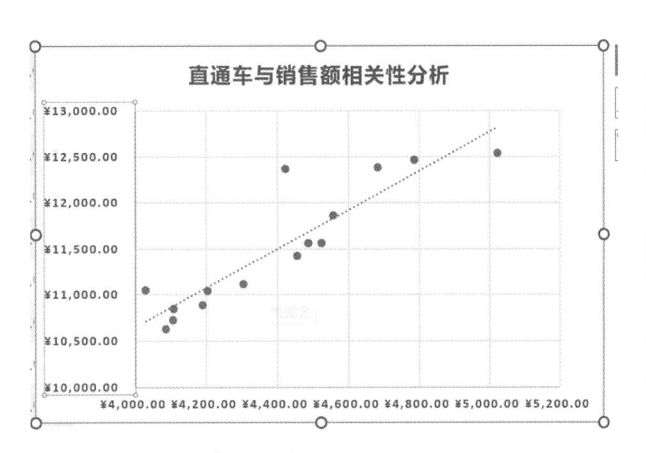

图 12-19　增加趋势线后的散点图效果

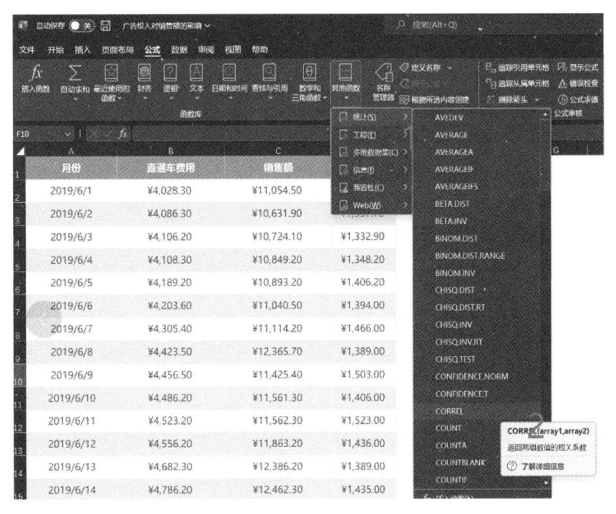

图 12-20　使用统计函数

第 12 章　调查数据的整理　241

（15）弹出【函数参数】对话框，在第1个参数文本框中选择输入单元格"B2:B16"，在第2个参数文本框中选择输入单元格"C2:C16"（图12-21）。

图12-21　选择单元格

（16）单击【确定】按钮，返回工作表，即可得到相关系数。

■ 案例12-4　时尚企业结构分析——饼图

时尚企业想在行业中立足，其商品必须在市场上占有一定的份额。公司的商品在市场上的份额与公司的商品组成相关。无论是判断商品对公司的贡献值还是公司商品在市场上的占有率，需要对时尚企业进行结构分析，通常会涉及使用EXCEL中的一些重要功能及数据处理分析的方法。

例如，作为一个时尚产品销售公司，公司的产品在市场上的占有率决定了公司的市场地位。公司在拓展市场的时候，市场份额是一个重要的参考指标。下面以一个具体实例来分析公司市场份额，图12-22所示是某时尚公司4个主产品的销售额与本市同类产品销售额的统计数据。

	市场销售总额（万元）	本公司（万元）	其他公司（万元）	结构指标
服装	32,039.40	1,719.65	30,319.75	
箱包	22,618.14	1,134.06	21,484.08	
珠宝	61,277.76	3,503.40	57,774.36	
手表	46,831.86	2,281.55	44,550.31	

图12-22　某时尚公司4个主产品的销售额与本市同类产品销售额的统计数据

下面根据这些数据来计算2020年该时尚企业各类产品在全市市场上的份额，具体操作如下。

（1）打开本实例的原始文件分析公司所占份额（扫二维码下载"数据12-3 公司所占份额分析.xlsx"），在单在弹出的下拉列表中选择【三维饼图】选项。在单元格E2中输入计算结构指标的公式"＝C2/B2"（图12-23）。

图12-23 计算数据

（2）按【Enter】键完成输入，得到服装的结构指标（图12-24）。

	A	B	C	D	E
		市场销售总额（万元）	本公司（万元）	其他公司（万元）	结构指标
	服装	32,039.40	1,719.65	30,319.75	5.37%
	箱包	22,618.14	1,134.06	21,484.08	
	珠宝	61,277.76	3,503.40	57,774.36	
	手表	46,831.86	2,281.55	44,550.31	

图12-24 计算数据结果

（3）将单元格E2中的公式不带格式地填充到单元格区域E3:E5中，计算其他几种产品的结构指标（图12-25）。

	A	B	C	D	E
		市场销售总额（万元）	本公司（万元）	其他公司（万元）	结构指标
	服装	32,039.40	1,719.65	30,319.75	5.37%
	箱包	22,618.14	1,134.06	21,484.08	5.01%
	珠宝	61,277.76	3,503.40	57,774.36	5.72%
	手表	46,831.86	2,281.55	44,550.31	4.87%

图12-25 计算数据全部结果

（4）为了更直观地显示公司各类产品的销售额在全市销售额总量中所占的比重，可以使用饼图来展示。单击"本公司"数据系列，在弹出的快捷菜单中选择【设置数据系列格式】菜单项。选中单元格区域C1:D2，切换到【插入】选项卡，在【图表】组中单击【插入饼图或圆环图】按钮（图12-26）。

（5）在弹出的下拉列表中选择【三维饼图】选项（图12-27）。

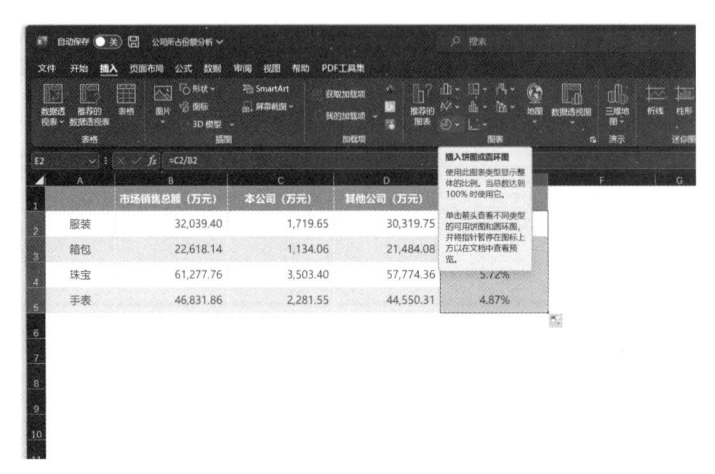

图12-26 插入图片形式

图12-27 选择饼图类型

（6）在工作表中插入一个三维饼图（图12-28）。

（7）默认插入的饼图的各个组成部分是连在一起的，为了突出显示公司服装销售额所占的份额，可将其从饼图中分离出来。单击"本公司"系列，在弹出的快捷菜单中选择【设置数据系列格式】菜单项（图12-29）。

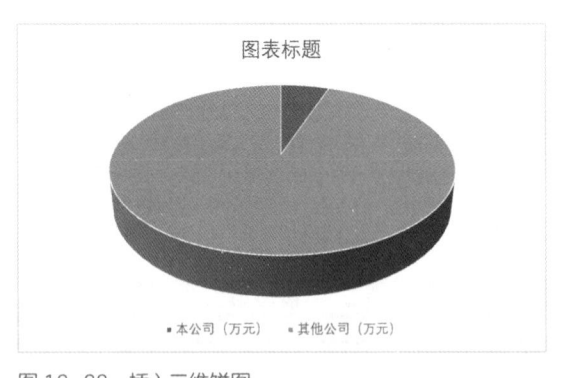

图12-28 插入三维饼图

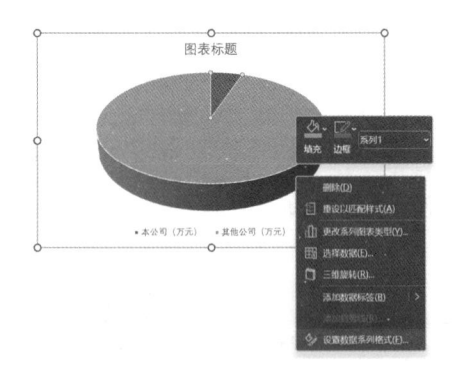

图12-29 为饼图设置数据系列格式

（8）弹出【设置数据系列格式】任务窗格，在【系列选项】组中，将【饼图分离】设置为【10%】（图12-30）。

本公司数据系列与饼图分离，效果如图12-31所示。

（9）由于饼图默认第一扇区的开始位置在上方，所以该公司份额部分在上方，感觉不太突出。为了使该公司份额部分突出显示，可以适当调整饼图第一扇区的开始位置。在【设置数据点格式】任务窗格的【系列选项】组中，在数据系列上添加数据标签。将【第一扇区开始角度】设置为【145°】（图12-32）。

（10）该公司份额部分已经移动到了饼图的右下方，明显感觉突出了（图12-33）。

图12-30 为饼图设置扇区格式

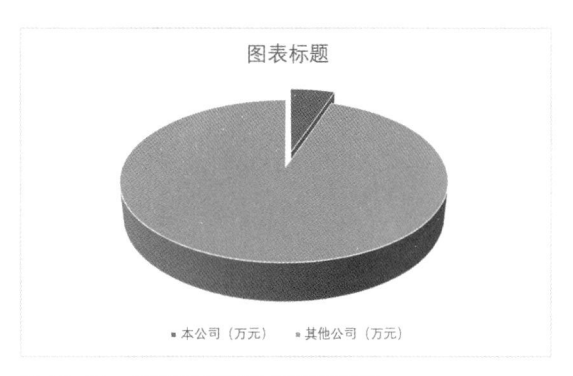

图12-31 设置扇区格式后的饼图效果

图12-32 设置扇区起始位置

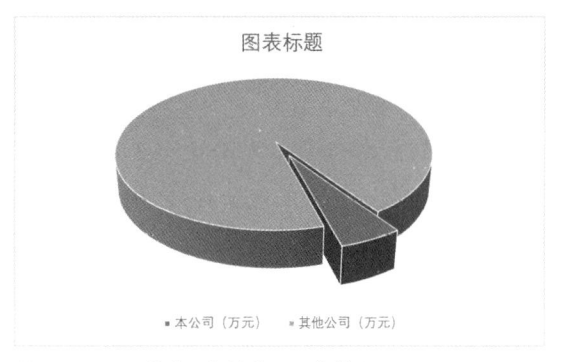

图12-33 调整扇区起始位置后的饼图

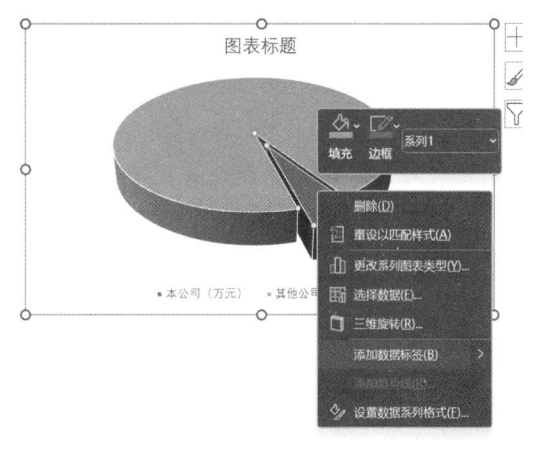

（11）从图表中无法一眼看出该公司份额的比重，还需为饼图的数据系列添加数据标签。选中图表的两个数据系列，图表标题单击鼠标右键，在弹出的快捷菜单中选择【添加数据标签】菜单项（图12-34）。

（12）在数据系列上添加数据标签。默认插入的数据标签是数据系列的值，此处要的是比重，需要更改数据标签。在数据标签上单击鼠标右键，

图12-34 为饼图添加数据标签

第12章 调查数据的整理 245

在弹出的快捷菜单中选择【设置数据标签格式】菜单项（图12-35）。

（13）弹出【设置数据标签格式】任务窗格，在【标签选项】组中，选择标签包含的内容。由于此处需要查看的是该公司份额的比重而不是具体的金额，因此需要包含百分比，所以应该取消勾选【值】复选框，勾选【百分比】复选框（图12-36）。

图12-35　饼图设置数据标签格式1

图12-36　饼图设置数据标签格式2

将饼图中的数据标签由值更改为百分比（图12-37）。

（14）在当前图表中，看到数据系列的比重为5%时，需要根据颜色看一下图例才能知道是该公司份额的比重，为了查看方便，可以在数据标签中添加系列名称。在【设置数据标签格式】任务窗格的【标签选项】组中，勾选【类别名称】复选框（图12-38）。

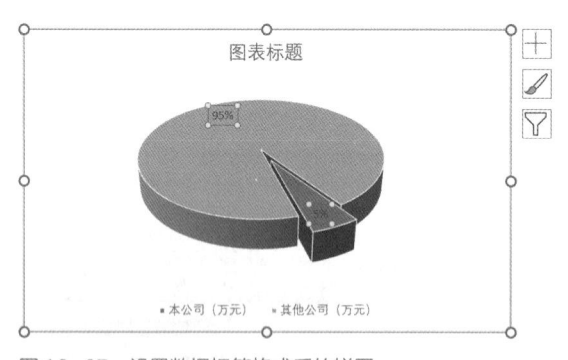

图12-37　设置数据标签格式后的饼图

图12-38　饼图设置系列名称

（15）将类别名称和百分比同时显示在数据标签中。选中图例，按【Delete】键将其删除（图12-39）。

（16）图表中默认的图表标题不能表达图表的内容，需要将其更改为可以表达图表内容的标题。例如当前图表表现的是服装的份额占比,可以将图表标题更改为"服装的份额占比",并设置其字体格式(图12-40)。

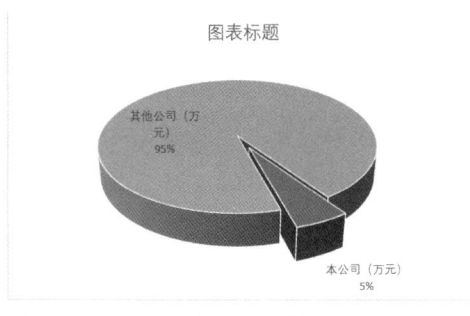

图 12-39　设置系列名称后的饼图 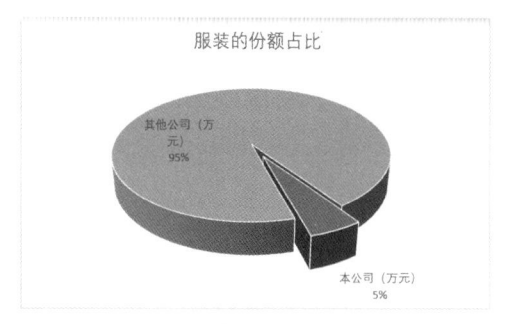　　　　图 12-40　设置图表名称后的饼图

(17)图表的结构基本调整完成,可以再对图表的颜色进行适当调整美化,使图表与工作表的整体更加契合(图12-41)。

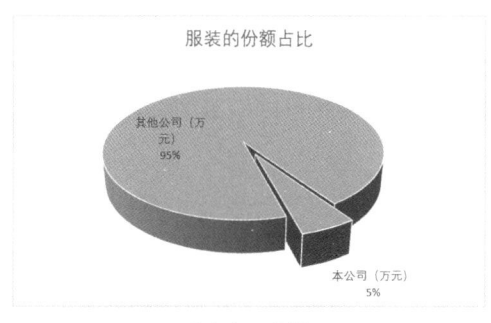

图 12-41　设置图表颜色后的饼图

可以按照相同的方法制作时尚企业其他品类的份额占比。

■ 案例 12-5　环比分析图表——簇状柱形图

通常我们会使用簇状柱形图协助观察数据的集中离散趋势问题,在服装市场调查中,我们收集到了服装企业的销售数据后,可利用环比分析(对比销售额大小的分析,Excel中可使用簇状柱形图进行可视化实现)来展示数据。但需要注意的是,环比分析对比的是不同年份相同月份之间的销售额,所以数据源的格式应该是以月份为行标题,年份为列标题。具体操作步骤如下。

(1)切换到"2017~2019年销售统计表"工作表(扫二维码下载"数据12-4 2017~2019年销售统计表.xlsx"),根据图表对源数据的要求,制作如图12-42所示的数据源。

（2）选中数据源区域中的任意一个单元格，切换到【插入】选项卡，在【图表】组中单击【插入柱形图或条形图】按钮（图12-43）。

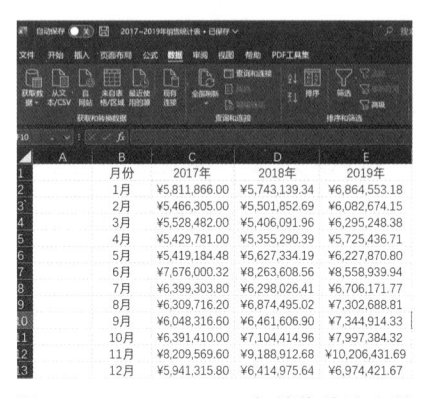

图12-42　2017~2019年销售统计表数据源

图12-43　插入柱形图或条形图

（3）在弹出的下拉列表中选择【簇状柱形图】选项（图12-44）。

（4）在工作表中插入一个簇状柱形图（图12-45）。

图12-44　选择簇状柱形图

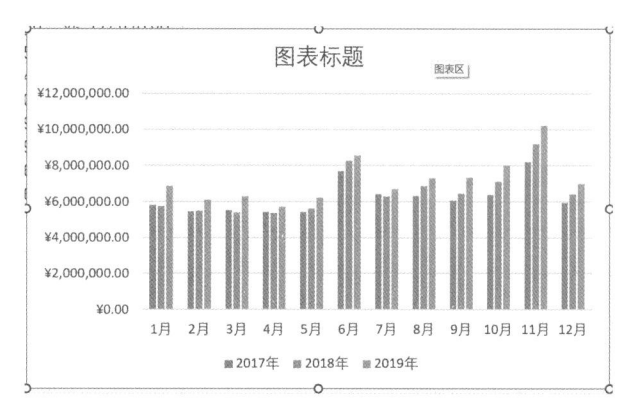

图12-45　初始的簇状柱形图

（5）对插入的柱形图进行简单美化。设置图表中文字的字体，选中图表，切换到【开始】选项卡，在【字体】组中的【字体】下拉列表中选择【微软雅黑】选项（图12-46）。

（6）设置图表标题。在图表标题文本框中输入新的标题"近3年销售统计图表"（图12-47）。

（7）选中输入的图表标题，切换到【开始】选项卡，单击【字体】组右下角的【对话框启动器】按钮（图12-48）。

（8）弹出【字体】对话框，切换到【字体】选项卡，在【字体样式】下拉列表中选择【加粗】选项（图12-49）。

图12-46 簇状柱形图调整字体

图12-47 簇状柱形图输入标题

图12-48 打开字体对话框启动器

图12-49 选择字体

（9）设置完毕，单击【确定】按钮，返回图表。在数据系列上单击鼠标右键，在弹出的快捷菜单中选择【设置数据系列格式】菜单项（图12-50）。

（10）弹出【设置数据系列格式】任务窗格，单击【系列选项】按钮，将【系列选项】组中的【间隙宽度】调整为【100%】（图12-51）。

（11）单击【关闭】按钮，返

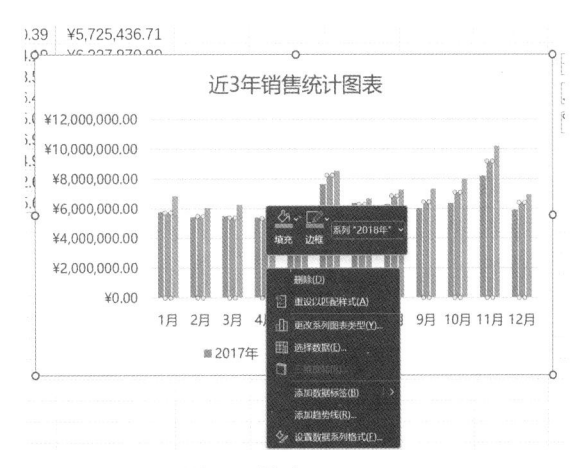

图12-50 设置数据系列格式

第12章 调查数据的整理 249

图 12-51 调整间隙宽度

回工作表，选中数据系列"2017年"，切换到【图表工具】栏的【格式】选项卡，在【形状样式】组中单击【形状填充】按钮的后半部分，在弹出的颜色库中选择一种合适的颜色，例如选择【金色，个性色4，淡色40%】选项卡（图 12-52）。

（12）依次选中数据系列"2018年"和"2019年"，分别将其设置为【灰色，个性色3，淡色40%】和【橙色，个性色2，淡色40%】，效果图 12-53 所示。

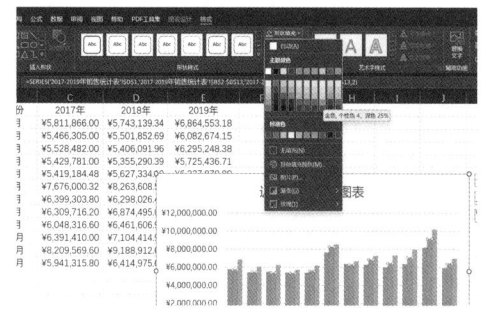

图 12-52 调整颜色

图 12-53 调整后的簇状柱形图

■ 案例 12-6　销售走势图表——折线图

如果要看某个时间段内的销售走势，使用柱形图就不合适了，而要使用折线图，折线图是趋势分析中最常用的一种图表。在制作近3年的销售走势图表时，横坐标应该是日期且日期应该是包含年和月的，所以需要先将源数据表的年和日合并到一列。具体操作如下。

（1）切换到"2017年～2019年销售统计表"工作表（扫二维码看本书所附"数据12-4 2017～2019年销售统计表.xlsx"），选中C列，单击鼠标右键，在弹出的快捷菜单中选择【插入】菜单项（图 12-54）。

（2）选中列的前面插入新的一列（图 12-55）。

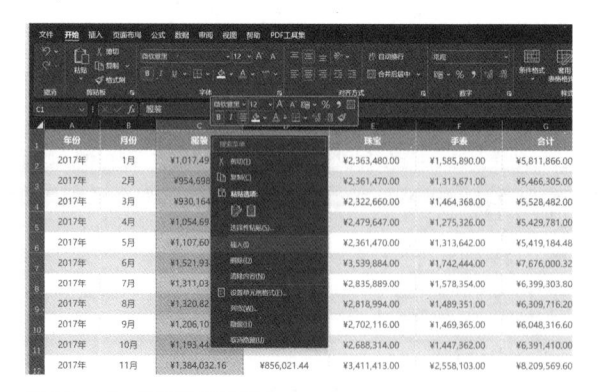

图 12-54 在工作表中插入

（3）在单元格C1种输入列标题"日期",然后在单元格C2种输入公式"=A2&B2",输入完毕,按【Enter】键即可(图12-56)。

图12-55 在工作表中插入新列

图12-56 在表格中填入日期

（4）将单元格C2中的公式不带格式地填充到单元格区域C3:C37中(图12-57)。

（5）选中单元格区域C1:C37和H1:H37,切换到【插入】选项卡,在【图表】组中单击【插入折线图或面积图】按钮(图12-58)。

图12-57 在表格中填入全部日期

图12-58 插入折线图或面积图

（6）在弹出的下拉表中选择【带数据标记的折线图】选项(图12-59)。

（7）在工作表中插入一个带数据标记的折线图(图12-60)。

（8）对插入的折线图进行简单美化。设置图表中文字的字体,选中图表,切换到【开始】选项卡,在【字体】组中的【字体】下拉列表中选择【微软雅黑】选项(图12-61)。

第12章 调查数据的整理

（9）设置图表标题。删除图表标题中的"合计"，再输入新的标题"2017~2019年销售走势图"（图12-62）。

图12-59　选择带数据标记的折线图

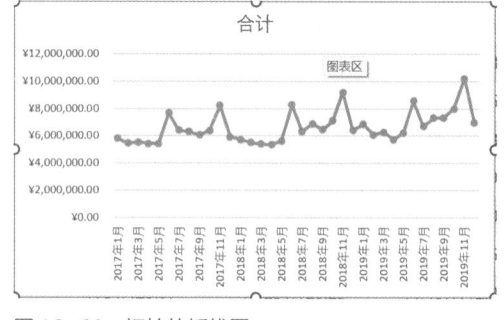

图12-60　初始的折线图

图12-61　调整字体

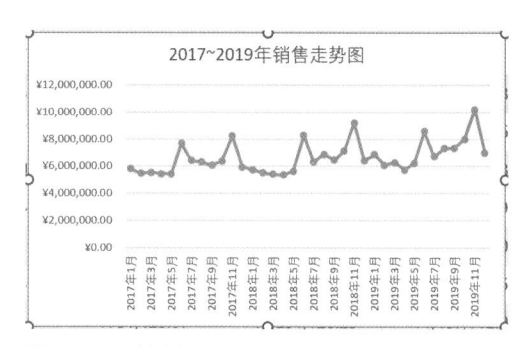

图12-62　输入标题

（10）选中输入的图表标题，切换到【开始】选项卡，单击【字体】组右下角的【对话框启动器】按钮（图12-63）。

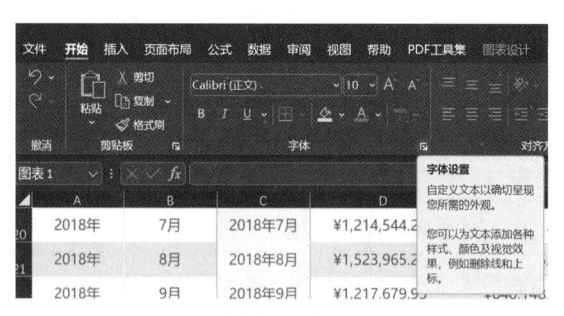

图12-63　启动字体对话框启动器

（11）弹出【字体】对话框，切换到【字体】选项卡，在【字体样式】下拉列表中选择【加粗】选项（图12-64）。

（12）切换到【字符间距】选项卡，在【间距】下拉列表中选择【加宽】选项，在【度量值】微调框中输入【1】磅（图12-65）。

图 12-64 选择字体

图 12-65 调整字符间距

（13）设置完毕，单击【确定】，返回图表。目前横坐标轴的坐标值是间隔显示的，如果想要使横坐标轴按月连续显示，可以设置坐标轴格式。在横坐标轴上单击鼠标右键，在弹出的快捷菜单中选择【设置坐标轴格式】菜单项（图12-66）。

（14）弹出【设置坐标轴格式】任务窗格，单击【系列选项】按钮，在【标签】组中选中【指定间隔单位】单选钮，并将指定间隔单位设置为【1】（图12-67）。

（15）设置完毕，在图表中单击数据系列，【设置坐标轴格式】任务窗格自动切换成【设置数据系列】任务窗格。单击【填充与线条】按钮，然后单击【填充颜色】按钮，在弹出的颜色库中选择一种与表格颜色同系列的颜色，例如选择【金色，个性色4，淡色40%】选项（图12-68）。

（16）单击【标记】选项，在【填

图 12-66 设置坐标轴格式

图 12-67 设置间隔单位

图 12-68 调整颜色

第 12 章　调查数据的整理　253

充】组中单击【填充颜色】按钮,在弹出的颜色库中选择一种合适的颜色,例如选择【深红】选项,在【边框】组中选中【无线条】单选钮(图12-69)。

(17)设置完毕,单击【关闭】按钮关闭任务窗格。从折线图(图12-70)中可以看出,每个月的销售额波动较大,从中不太容易看出长期的变动趋势。此时,可以为折线图添加一条趋势线,以便查看长期变化趋势。

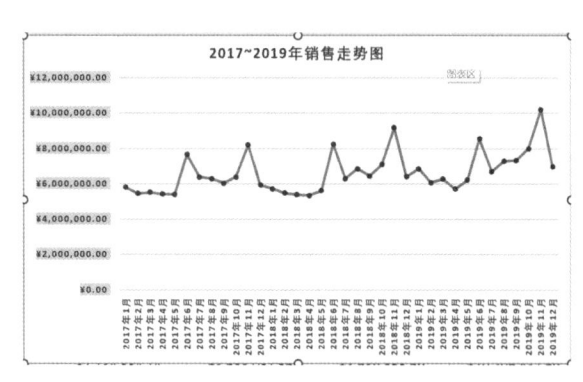

图12-69 调整边框　　图12-70 调整后的折线图

(18)选中图表,单击图表右上角的【图表元素】按钮在弹出的下拉列表中勾选【趋势线】复选框(图12-71)。

(19)添加【趋势线】以后,一眼就可以看出趋势线是呈上升状态的,由此可以判断近3年的销售额也是呈上升状态的(图12-72)。

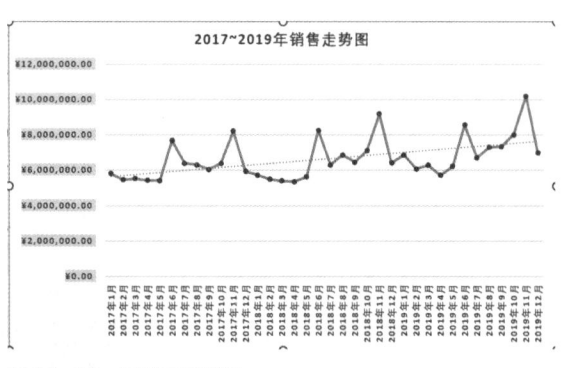

图12-71 添加趋势线　　图12-72 最终的折线图

思考与练习

1. 简述统计软件 SPSS 和 Excel 做数据整理的特点。
2. 简述 Excel 界面主窗口的构成。
3. 通过实际应用，了解和掌握 SPSS 软件对调查数据进行整理分析的基本操作。

第 13 章

常用数据分析方法

本章导读 / 内容概要、重点和难点

数据分析是服装市场调查与研究的一个步骤，与其他步骤相配合才能获得可信的结果。本章将围绕服装专业本、硕学习阶段的简单分析方法，详细介绍数学推导和验证步骤，以及分析技巧和适用条件并作演示操作。

本章重点

明确数据分析与量表性质的关系；使用自己的语言描述数据分析工具；描述统计和推断性统计分析的特点。

本章难点

使用相关分析工具进行数据分析，并正确解释分析结果；使用回归分析工具进行数据分析，并正确解释分析结果；使用因子分析工具进行数据分析，并正确解释分析结果；进行 Z 检验、t 检验、卡方检验和 F 检验，并正确解释其内涵。

13.1 数据分析方法概述

13.1.1 单变量、双变量和多变量分析方法

单变量分析是数据分析中最简单的形式，其中被分析的数据只包含一个变量。单变量分析的主要目的是描述数据并找出其中存在的模式。单变量分析包括描述统计和推断统计两个方面。描述统计在于用最简单的概括形式反映出大量样本所容纳的基本信息，如中心趋势或离散趋势。例如，2023年我国规模以上服装企业的平均营业收入描述了集中趋势。统计推断则是从样本来推断总体的情况，主要包括区间估计和统计假设检验。例如，对2024年我国居民人均服装消费预估适宜采用区间估计法。

双变量分析目标是确定两个变量之间是否存在关系，测量它们之间的预测或解释的能力。双变量统计分析技术主要包括：相关分析、回归分析和方差分析等。例如，研究服装品牌的内容营销对消费者购买意愿影响时适合采用回归分析法。

多变量分析是研究三个或更多变量之间关系的分析方法。多变量的分析有两种情形：一是关注一个因变量与若干个解释变量之间的关系，二是关注若干个因变量与若干个解释变量之间的关系。根据目标，有多种方法可以执行多变量分析，常见的主要包括：偏相关分析、多元回归、因子分析、聚类分析、判别分析和结构方程模型等。例如，服装企业在研究多个因素对总营收的影响作用时适合采用多元回归分析法。

13.1.2 描述性统计与推断性统计

描述性统计是对调查总体所有变量的有关数据进行统计性描述，主要包括数据的频数分析、集中趋势分析、离散程度分析以及一些基本的统计图形。

推断性统计是研究如何利用样本数据来推断总体特征的统计方法，具体来说是用概率来决定某两组（或若干组）数据之间存在某种关系的可能性，并由样本特征来推断总体特征的统计方法。

13.1.3 量表

量表是一种测量工具，它试图定量化测量主观的、抽象的概念，对事物的特性变量可以用不同的规则分配数字，因此形成了不同测量水平的测量量表，又被称为测量尺度。详见本书第10章。

■ 案例13-1　女性主义认同综合量表

女性主义认同综合量表（The Feminist Identity Composite，简称FIC）用以测量女性对自身女性身份以及女性群体的态度。FIC量表是迄今为止使用率最高、最受到人们公认的女性主义认同量表。FIC量表采用李克特5级量表，共有33个项目。

该量表是为了测量女性对于自身女性身份以及对女性群体的态度，根据实际情况对下列陈述的看法作出的评定（非常不符合、比较不符合、不确定、比较符合和非常符合）。

1. 我乐于做一名传统女性。
2. 我与我的女性朋友们都对男人们对待女性的方式感到愤怒。
3. 我对一些女性艺术家（及她们的作品）很感兴趣。
4. 我对一些女性研究很感兴趣。
5. 我以前从来没有意识到，直到最近我才发觉自己作为女性在社会上经历着压迫和歧视。
6. 我觉得自己是被哄骗着去相信了社会对于女性的看法与观念。
7. 我一想到身边一些男性对待我的方式就觉得很生气。
8. 男性在社会上有很多优势，所以他们会因此而反对男女平等。
9. 我渐渐开始意识到存在性别歧视的社会究竟是怎样的。
10. 我很遗憾自己以前也常常存在着一些性别歧视态度。
11. 我对（一些）女性音乐人很感兴趣。
12. 我对（一些）女作家很感兴趣。
13. 我享受作为一名强大女性所体验到的骄傲和自信。
14. 我谨慎地选择自己的"事业"，来为争取更多人的平等而努力。
15. 我不仅要感谢女性同胞，也感谢为争取更多的机会与平等而努力的所有人。
16. 在与男性的来往中，我总是在警惕是否因为自己是女性就受到歧视。
17. 随着信念的成长，我意识到重视一位女性的个人价值，比将她们单单视为女性群体的一员更重要。
18. 我很自豪可以成为一名能干的女性。
19. 我觉得我已经将自己的女性特质与我独特的个人品质融为一体了。
20. 我已经把女性身份以及女人味融入到我独特的个性当中。
21. 我很庆幸，女性不会像男性那样被期待去做某些较危险的工作，如建筑工程类工作。

> 22. 我非常关注男性和女性是否在所有方面都有平等的机会。
> 23. 如果婚后我的丈夫在外省有一份工作，那么我有义务随他过去以支持他的事业。
> 24. 我认为传统的"男主外、女主内"的家庭会更加幸福。
> 25. 如果能够在女性平权运动中发挥我的才能，那么我将非常满足。
> 26. 为了创造一个没有性别歧视、人人平等的社会，我愿意做出一些个人牺牲。
> 27. 我感到特别开心的一件事是，男人们会因为我是一名女性而在拥挤的公交车上给我让座，或者为我开门。
> 28. 某种程度上，我参与的几乎所有活动都是因为我渴望一个平等的社会。
> 29. 我赞同"男性应该是男性化的，而女性应该是女性化的"这种说法。
> 30. 在我关注的女性话题方面，我是一个公正的发言人。
> 31. 我想大多数女人都会认为成为一名妻子和一位母亲是最有成就感的事情。
> 32. 我想努力提高女性的地位。
> 33. 我致力于一项事业，它为所有人创造一个更公平公正的世界。
>
> 资料来源：Fischer A R, Tokar D M, Mergl M M, et al. Assessing Women's Feminist Identity Development: Studies of Convergent, Discriminant, and Structural Validity[J]. Psychology of Women Quarterly, 2000, 24(1).

13.2 描述统计分析

统计分析的目的是研究调查总体的数量特征。SPSS统计软件在服装市场调查中常用的描述统计方法有频数分析、描述性统计分析、列联表分析和多重响应等。上述的分析方法通常有两种实现方式：一是通过计算数值来反映数值的基本统计特征；二是通过绘制图形来直观展现数据的分布特点。

13.2.1 频数分析

频数分析（Frequencies）是SPSS描述性统计分析中较为常用的方法之一，通过频数分析可以得到详细的频数表以及数据的平均值、最大值、最小值、方差、标准差、极差、平均数标准误、偏度系数和峰度系数等统计量，还能通过分析得到想要的统计图。

■ 案例 13-2　消费者身高特征分布

扫二维码下载"数据 13-1 某品牌女装的 50 位女性消费者的身高.sav"中，为分析经常购买某品牌女装的 50 位女性消费者的身高分布特征，计算平均值、最大值、最小值、标准差、变异系数等统计量，并绘制频数表和直方图，在 SPSS 中的操作过程如下：

步骤 1：打开主操作界面。打开 SPSS 软件，运行【分析】→【描述统计】→【频率】，弹出【频率】对话框，如图 13-1 所示。

步骤 2：选择变量。在【频率】对话框左侧的变量列表框中，选取【身高】变量，点击移入右侧的【变量】列表框中，如图 13-2 所示。

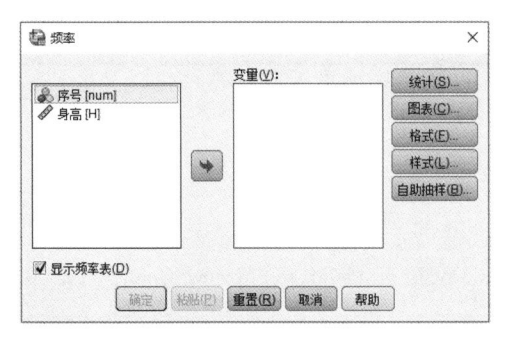

图 13-1　频率模块对话框 1

图 13-2　频率模块对话框 2

图 13-3　频率：统计对话框

步骤 3：选择输出统计量。单击对话框右侧的【统计】按钮，弹出【频率：统计】对话框，如图 13-3 所示。

在【百分位值】选项组中勾选【四分位数】和【分割点】复选框。

在【集中趋势】选项组中勾选【平均数】、【中位数】、【众数】、【总和】复选框。

在【离散】选项组中勾选【标准差】、【方差】、【范围】、【最小值】、【最大值】和【标准误差平均值】复选框。

在分布选项组中勾选【偏度】和【峰度】复选框。

选择完毕后，单击【继续】，返回到主操作窗口。

步骤 4：选择输出图形。单击对话框右侧的【图标】按钮，弹出【频率：图表】

对话框，如图 13-4 所示。在【图表类型】选项组中勾选【直方图】，并选择正态曲线，然后单击【继续】按钮，返回到操作窗口。

步骤 5：完成操作。单击【确定】按钮，输出分析结果。

分析结果解读如下：

从表 13-1 中可知，有效样本数为 50 个，该 50 位女性消费者的平均身高为 162.56 厘米，标准差为 3.159，最大值为 170 厘米，最小值为 156 厘米。

图 13-4　频率：图表对话框

表 13-1　描述性统计结果

	N（个）	均值（厘米）	标准差	偏度		峰度		最大值（厘米）	最小值（厘米）
	统计量	统计量	统计量	统计量	标准误	统计量	标准误	统计量	统计量
身高	50	162.56	3.159	0.086	0.337	−0.330	0.662	156	170

表 13-2 为频数分布表，该表给出了这 50 位女性消费者身高的频数分布。该表从左到右分别是有效的样本值、频率、频率占总数的百分比、累计百分比。

表 13-2　频数分布表

	身高（厘米）	频数	频率（%）	累积百分比（%）
有效	156	1	2.0	2.0
	157	2	4.0	6.0
	158	3	6.0	12.0
	159	3	6.0	18.0
	160	4	8.0	26.0
	161	5	10.0	36.0
	162	7	14.0	50.0
	163	6	12.0	62.0
	164	5	10.0	72.0
	165	5	10.0	82.0
	166	4	8.0	90.0
	167	2	4.0	94.0
	168	1	2.0	96.0
	169	1	2.0	98.0
	170	1	2.0	100.0
	总计	50	100.0	

图 13-5 是该 50 位女性消费者身高的带正态曲线的直方图。从该图中可以看出消费者身高近似服从正态分布并且集中趋势是集中在 163 厘米。

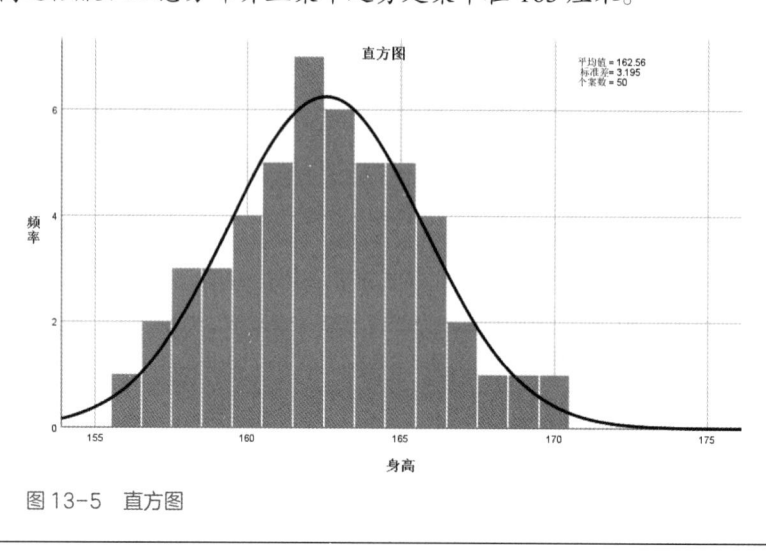

图 13-5 直方图

13.2.2 描述性统计分析

SPSS 中的描述性分析（Descriptives）就是计算并输出相关的描述性统计指标。通过描述性分析，可以得到由原始数据转化成的标准化取值，并且可以将标准化值以变量的形式存入数据库，以便于进一步分析。通过描述性分析，主要可以得到平均值、最大值、最小值、方差、标准差、极差、平均数标准误、偏度系数、峰度系数等统计量。

■ 案例 13-3 "双十一"女装品牌销售情况分析

扫二维码下载"数据 13-2 某年度'双十一'活动中 60 家定位相似的女装品牌的销售情况.sav"为例，为了了解该年度"双十一"活动中这 60 家定位相似的女装品牌的销售情况，对其活动期间的销售额进行描述性统计分析。

2. 操作步骤

步骤 1：打开主操作界面。选择菜单栏中的【分析】→【描述统计】→【描述】命令，弹出【描述】对话框，如图 13-6 所示。

步骤 2：选择分析变量。在对话框

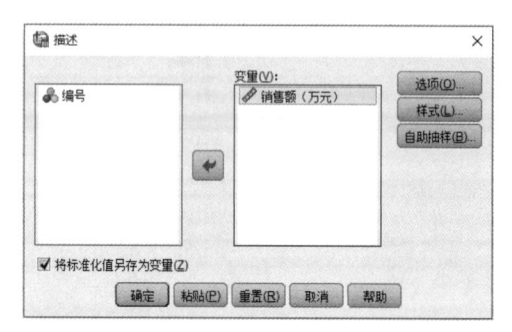

图 13-6 描述对话框

左侧的变量列表框中，选择【销售额（万元）】变量，点击➡移入右侧的【变量】列表框。

步骤3：保存标准化变量。勾选【将标准化值另存为变量】复选框。

步骤4：计算描述性统计量。单击对话框右侧的【选项】按钮，在弹出的【描述：选项】对话框中勾选【平均值】、【总和】、【标准差】、【最小值】、【最大值】、【标准误差平均值】、【峰度】、【偏度】复选框，如图13-7所示。单击继续。

步骤5：完成操作。单击【确定】按钮，输出分析结果。

由描述统计表（表13-3）可知，该分析中有效个案数为60个，最小值为118，最大值为450，平均值为294.37，均值标准误差为13.03。

图 13-7 描述选项对话框

表 13-3 描述统计表

	N	最小值	最大值	合计	均值		标准偏差	偏度		峰度	
	统计	统计	统计	统计	统计	标准误差	统计	统计	标准误差	统计	标准误差
销售额（万元）	60	118.00	450.00	17 662.00	294.366 7	13.031 53	100.941 83	-.261	0.309	-1.065	0.608
有效个案数	60										

13.2.3 列联表分析

列联表分析又称交叉分析，在服装市场调查的调查结果分析中，列联表分析可以对非数值性的变量进行分析，并通过交叉列联表分析两两变量间的相关性。

■ **案例 13-4** 消费者购买运动服的考虑因素

以本书附件（扫二维码下载）"数据13-3不同性别的消费者在购买运动服时所考虑的因素.sav"为例。为了分析不同性别的消费者在购买运动服时所考虑的因素，

图 13-8 交叉表对话框

在 SPSS 中的操作过程如下：

步骤 1：打开主操作界面。选择菜单栏中的【分析】→【描述统计】→【交叉表格】命令，弹出【交叉表】对话框，如图 13-8 所示。

步骤 2：选择变量。在对话框左侧的变量列表框中，选择【您更看重运动服的哪个性能】变量，点击 → 移入右侧的【行】变量列表框中；选择【性别】变量，移入【列】变量列表框中。

步骤 3：选中绘制簇状条形图。选中【显示簇状条形图】复选框，可以输出反映列联表中各单元内的频数的条形图。

步骤 4：选择统计量。单击对话框右侧的【统计】按钮，弹出【交叉表：统计】对话框，勾选【卡方】复选框，如图 13-9 所示，单击继续。

图 13-9 统计对话框　　图 13-10 单元格显示对话框

步骤 5：选择输出的单元格的输出类型。单击【单元格】按钮，弹出【交叉表：单元格显示】对话框，如图 13-10 所示。在【计数】选项组中选中【实测】和【期望】复选框；在【百分比】选项组中选中【行】、【列】和【总计】复选框，选择完毕后，单击继续。

步骤 6：完成操作。单击【确定】按钮，输出分析结果（表 13-4）。

表 13-4　不同性别对运动服性能的重视差异统计结果

运动服性能		性别		总计
		女性	男性	
颜色	选择运动服颜色人数（人）	6	8	14
	人数比例（%）	42.9%	57.1%	100.0%
	占总人数的百分比（%）	1.5%	2.0%	3.5%

		性别		总计
		女性	男性	
款式	选择运动服款式人数（人）	34	13	47
	人数比例（%）	72.3%	27.7%	100.0%
	占总人数的百分比（%）	8.5%	3.3%	11.8%
舒适性	选择运动服舒适性人数（人）	66	52	118
	人数比例（%）	55.9%	44.1%	100.0%
	占总人数的百分比（%）	16.5%	13.0%	29.5%
质量	选择运动服质量人数（人）	40	74	114
	人数比例（%）	35.1%	64.9%	100.0%
	占总人数的百分比（%）	10.0%	18.5%	28.5%
性价比	选择运动服性价比人数（人）	59	48	107
	人数比例（%）	55.1%	44.9%	100.0%
	占总人数的百分比（%）	14.8%	12.0%	26.8%
总计	选择人数（人）	205	195	400
	人数比例（%）	51.2%	48.8%	100.0%
	占总人数的百分比（%）	51.2%	48.8%	100.0%

注：Pearson Chi-Square=22.365；*Sig*=0.000；*n*=400

分析结果解读如下：

从表13-4中可知，在95%的置信水平之下，不同性别的消费者对运动服性能的重视存在显著差异（Pearson Chi-Square = 22.365，$P<0.001$）。

从百分比上看，共有3.5%的人注重运动服的颜色，其中男性占42.9%，女性占57.1%，女性略高于男性；共有11.8%的人注重运动服的款式，其中男性占27.7%，女性占72.3%，表明女性明显比男性更重视款式；共有29.5%的人注重运动服的舒适性，其中男性占44.1%，女性占55.9%，女性略高于男性；共有28.5%的人注重运动服的质量，其中男性占64.9%，女性占35.1%，男性比女性更注重质量；共有26.8%的人注重运动服的性价比，其中男性占44.9%，女性占55.1%，女性略高于男性。从图13-11中更能直观地看出不同性别之间对于运动服性能的重视差异。

图 13-11 列联表分析条形图

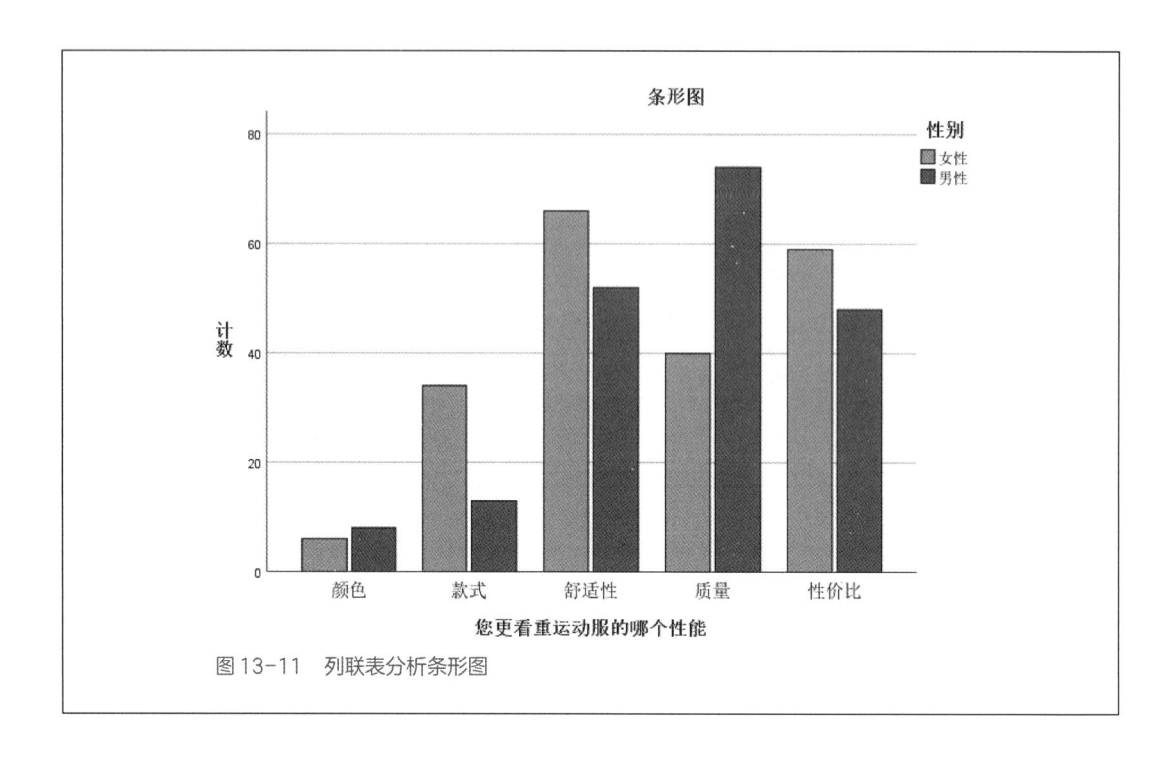

13.2.4 多重响应

多重响应分析又称多重应答分析或多选择应答分析，通常用于对多项选择形成的变量进行分析。

■ 案例 13-5 为孩子购买童装考虑的面料性能

以本书附件（扫二维码下载）"数据 13-4 为孩子购买童装时考虑的面料性能.sav"为例，对于多选题问项"您在为孩子购买童装时考虑的面料性能"，在 SPSS 中的操作过程如下：

步骤 1：定义多重响应集。选择菜单栏中的【分析】→【多重响应】→【定义变量集】命令，弹出【定义多重响应集】对话框，如图 13-12 所示。

步骤 2：选择变量。在对话框左侧的变量列表框中，选中【吸湿透气】、【柔软亲肤】、【安全不过敏】、【耐脏耐磨】、【色泽持

图 13-12 多重响应对话框

久】、【易去污】、【不易起球】、【不易变形】、【弹力好】，点击➡移入右侧的【集合中的变量】变量列表框中。

步骤3：设置多重响应集。在下方的【将变量编码为】选项组中选择【二分法】为编码方法，并在【计数值】中输入1。然后在【名称】和【标签】文本框中分别输入【面料性能】和【Fabric Property】。单击【添加】按钮，将定义好的多重响应变量选入【多重响应集】列表框中。

图13-13 多重响应频率对话框

步骤4：完成多重响应集定义。单击【关闭】按钮。

步骤5：设置多重响应分析方法。选择菜单栏中的【分析】→【多重响应】→【频率】命令，弹出【多重响应频率】对话框，如图13-13所示。

步骤6：选择变量集。从左侧的【多响应集】列表框中选中【面料性能】，点击➡移入右侧的【表格】列表框中。

步骤7：完成操作。单击【确定】按钮，输出多重响应分析结果。

在表13-5中，总计指的是应答次数，在该案例中是1 102次。其中响应百分比为个案数除以总计的百分比（如15%=165÷1 102×100%）；个案百分比为选择该选项的个案数除以总有效个案总数的百分比（如50.8%=165÷325×100%），通常该数据只作参考。从表13-5中可知，消费者在为孩子购买童装时考虑面料的柔软亲肤、安全不过敏、色泽持久、吸湿透气、耐脏耐磨的百分比分别为19.0%、16.3%、16.0%、15.0%、10.3%。其余各项百分比都较低，说明消费者在为孩子购买童装时主要考虑面料的柔软亲肤、安全不过敏、色泽持久、吸湿透气、耐脏耐磨这几个方面的性能。

表13-5 购买童装时优先考虑的因素选择结果

选项	响应		个案百分比
	个案数	百分比	
吸湿透气	165	15.0%	50.8%
柔软亲肤	209	19.0%	64.3%
安全不过敏	180	16.3%	55.4%
耐脏耐磨	113	10.3%	34.8%

选项	响应		个案百分比
	个案数	百分比	
色泽持久	176	16.0%	54.2%
易去污	99	9.0%	30.5%
不易起球	57	5.2%	17.5%
不易变形	23	2.1%	7.1%
弹力好	80	7.3%	24.6%
总计	1 102	100%	339.1%

注：个案数 = 325

13.3 统计推断分析 / 多元统计分析

13.3.1 信度及效度检验

在涉及服装市场绝大多数的问卷调查中，经常会使用量表反映或评价被调查者的主观感受，而在进行分析量表的结果之前，需要对其进行计量认证，验证量表本身的可靠性和准确性，也就是我们所说的信效度检验。举一个简单的例子，当使用体重秤称量一个人的体重之前，需要确认体重秤是否可靠，称量的结果是否准确，对体重秤的评价对应的就是问卷调查中对量表的信效度检验。

信效度检验包括信度检验和效度检验两个方面。信度检验指的是对量表结果的可靠性进行检验，重复测量时结果的一致性程度较高，也就意味着可靠性及可重复性越高的量表，越不受外部环境如时间、地点的干扰，更能反映实际情况，通俗地讲则是研究样本是否真实回答问题，测试受访者是否好好答题。效度检验则是指检测量表的有效性，反映的是把要测量的目标准确地检测出来的程度，具体而言，是研究题项是否有效地表达研究变量或者维度的概念信息，研究题项设计是否合适，即测试调查者是否科学设计问题，或者题项表示某个变量是否合适。无论是信度还是效度，对量表而言都十分重要，是研究过程中必不可少的重要环节，只有信效度达到一定的数值时，对问卷结果的分析才有意义。接着前文举的例子，用体重秤称量一个人的体重时，连续 5 次测量同一个人，结果并不相同，这种情况叫没有信度，也就是测量结果不能重复，不可靠；若连续测 5 次，每次的结果都是 10 kg，则表明本次测量过程有信度，但没有效度；换一个体重秤，测量5次,每次都显示60 kg,则是同时具有信度和效度。另外,信度和效度之间的关系表现为效度高,则信度一定高;但信度高,效度却不一定高。例如想要通过问卷测量一个消费者的消费水平,准确地测量出其经济水平(收入等)并不能反映出相应的消费水平。

(1) 信度检验

根据问卷的内容选择不同信度系数进行测算,常用的信度系数有六种:重测系数(Test-retest Reliability)、复本信度(Alternate Form Reliability)、折半信度(Split-half Reliability)、库得-理查森信度(Kuder-Richardson Reliability)、评分者信度(Inter-scorer Reliability)、科隆巴赫信度系数(Cronbach's α,简称α系数)。

重测系数主要运用于事实型问卷,即短时间内受试者的状况如性别、兴趣爱好不发生变化,对每个受试者用同一问卷先后测验两次,两次测验得分的相关系数为重测系数。与重测系数不同,复本信度让被试者一次填写两份问卷复本,计算两复本的相关系数。折半信度(也叫分半信度,将问卷题目分成对等的两份并计算其总分,这两部分总分的相关系数即为折半信度系数,这种方法适合于测验没有复本且只能实施一次的情况。库得-理查森信度应用相对较少,主要用于计算是非题的同质性信度,是计算所有可能的折半信度的平均数。评分者信度的考察方法为随机抽取等量的问卷,由两位评分者按规则打分,然后根据每份问卷的分数计算相关系数。科隆巴赫信度系数(α系数)由李·克隆巴赫在1951年提出,是运用最广泛、社会科学研究中最常使用的信度检验方法。它克服了部分折半法的缺点,用于评价问卷的内部一致性,也就是量表中各题项得分间的一致性,主要适用于态度、意见型问卷或量表。α系数的取值在0到1之间,越接近1,问卷的信度越高,内部的一致性也越好,其系数值对应的信度水平如表13-6所示。一般来说,量表的α系数最好在0.8以上,在0.8~0.9时说明量表信度非常好;在0.7~0.8时表示量表具有相当的信度,可以接受;若α系数不超过0.6,一般认为内部一致信度不足。需要注意的是,分量表的α系数在0.6以下或总量表的α系数在0.8以下,需要考虑重新修订量表或增删题项。

表13-6 α系数值对应的信度水平

α 系数值	信度水平
< 0.6	信度不足,不可接受
0.6 ~ 0.7	信度较弱
0.7 ~ 0.8	具有相当的信度
0.8 ~ 0.9	信度较好
> 0.9	信度非常好

■ 案例 13-6　信度检验实战步骤

在电商直播服装消费者冲动购买的问卷调查中，为了确定问卷数据内部一致性和可靠性，要对问卷中量表的信度进行验证，该量表包括6个方面，共24道题目，首先打开或导入所取得的数据文件（扫二维码看本书附件"数据13-5 电商直播服装消费者冲动购买调查.sav"）。

步骤1：如图13-14所示，选择【分析】—【刻度】—【可靠性分析】；

步骤2：弹出如图13-15对话框，将量表题项所涉及的变量放入题项框，模型选择【Alpha】，即科隆巴赫系数，点击【统计】；

图13-14　选择工具

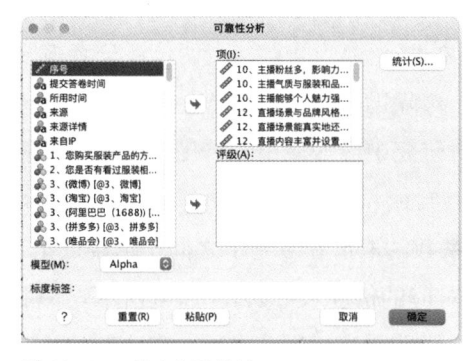

图13-15　信度分析菜单

步骤3：弹出图13-16所示可靠性分析的对话框，在描述框内勾选【项目】、【标度】、【删除项后的标度】以及其他统计所需的项目，点击【继续】后回到上一级，点击【确定】。

在输出文档中可以查看信度分析的结果，如图13-17所示。

图13-16　可靠性分析

案例处理摘要主要是显示问卷数据有无缺失值，若存在缺失值，需要查看原始数据并考虑剔除。可靠性统计表明本问卷的 α 系数 =0.967＞0.8，整体量表的信度非常好，说明问卷内部可靠性与稳定性较好，代表"电商直播服装消费者冲动购买"的调查数据结果一致性较好，可以推广，进而做后续的数学分析或者是相关模型分析。

个案处理摘要

		个案数	%
个案	有效	234	100.0
	排除a	0	.0
	总计	234	100.0

a. 基于过程中所有变量的成列删除

可靠性统计

克隆巴赫Alpha	项数
0.967	24

图 13-17　信度分析结果

（2）效度检验

效度反映的是测量单边偏离真实值的程度，即测量工具或方法的准确性，主要分为内容效度（Face Validity）、准则效度（Criterion Validity）和结构效度（Construct Validity）。

内容效度又称表面效度、逻辑效度，指问卷设计内容涵盖目标测试变量不同内涵领域的程度。例如，对一件服装的优劣评价需要从材质、版型、工艺等方面考察，如果设计的问卷缺少了其中一个甚至几个方面，就存在内容效度问题。内容效度可以采用逻辑分析法（专家法）、统计分析法、经验推测法（实验检验）进行评价。

准则效度又称效标效度、预测效度，反映的是测验预测个体在某种情境下行为表现的有效性程度。具体而言，准则效度指一个变量测试的结果与选用的标准变量之间相互关联的程度，根据已知的确定的某种理论，选取一种指标或测量工具作为准则，然后分析问卷题项与准则的联系，若问卷题项与准则显著相关或问卷题项对准则的不同取值、特性表现出显著差异，则为有效题项。准则效度可以用相关分析法、差异显著性检验法、命中率法和预期表法来评价。

结构效度从概念和变量的构成方面来考虑测量的效度，指的是测量结果体现出来的某种结构与测值之间的对应程度，也就是实验值与理论值的一致性程度。结构效度的评价可以采用相融效度法、区分效度法、因子（因素）分析法，其中因子分析法被认为是最理想的方法。因子分析法主要通过在量表中提取一些公因子，这些公因子代表了量表的基本架构，然后测验变量或题项在公因子上的负荷量，从而考察问卷是否能测量出设计问卷时的假设。

因子分析法有三个步骤：

首先，通过KMO值和巴特利特球形检验确定量表是否适合做因子分析，一般来说，*KMO*值越接近1，则意味着变量之间的相关性越强，越适合做因子分析，大于0.6则可以做因子分析，具体的*KMO*值对应适合做因子分析的程度如表13-7所示。另外，还需要满足巴特利特球形检验对应的概率P值小于0.05（置信区间为95%时）。

表13-7　*KMO*值对照表

KMO 值	适合做因子分析的程度
< 0.5	不可接受
0.5～0.6	不太合适
0.6～0.7	一般
0.7～0.8	中等
0.8～0.9	较适合
> 0.9	非常适合

第二步是考察累计方差贡献率，可以理解为抽取出的公因子对所有变量的代表性，通常考察旋转后的累积方差贡献率，当其达到50%以上时，则证明抽取出的这几个因子可以解释原变量的绝大部分信息，可以接受。在市场研究中，旋转后的累积方差贡献率能超过50%就可以接受了；若达到70%，则证明良好；80%～85%则是达到了理想状态。

最后一步是旋转因子分析，是因子分析的核心内容，研究如何在样本数据的基础上提取和综合因子，也就是将原有变量综合成少数几个因子，以便在进一步的分析中用较少的因子代替原有变量参与数据建模。考察指标有两个：共同度和因子载荷系数。共同度表示各变量所含信息能被所提取主成分（公因子）解释的程度，主要是为了确定因子和题项的对应关系，在实际应用中，大于0.6即视为解释能力较强。第二个是因子载荷系数，反映了原变量与某个公因子的相关程度，通常大于0.4，则表示题项和因子的关系比较密切，将原有变量综合为少数几个因子后，根据具体内容给其命名，使因子具有命名解释性，利于进一步的分析。

以上三种量表分析中的效度类型，往往反映出效度的不同方面，具体的选用需要根据问卷的内容及预期来判断。一般来说，服装市场调查主要涉及的是人的主观心理感受，所以经常通过评价其结构效度来判断量表是否符合预期。效度分析的实例详见13.3.6中的因子分析部分。

13.3.2 单变量数据分析

对于单变量数据分析的方法主要有参数估计与假设检验两大类。本节简要介绍一下参数估计中的区间估计以及假设检验中的 Z 检验、t 检验与卡方检验。

1）区间估计

（1）区间估计

在了解区间估计前我们首先需要认识一下参数估计。参数估计是统计推断的一类重要问题，是根据总体中所抽取的样本来对总体分布中的未知参数进行估计的过程，根据形式分为点估计与区间估计。

点估计是利用样本数据的某些参数对总体的未知参数进行估计的方法，其结果是一个具体的值。大多数情况下这个未知的参数是平均值或比例，比如说某服装厂某批布料的平均质量或某批衬衫的合格率。

区间估计是在点估计的基础上，通过估计样本数据得到一个能代表未知参数的合理取值范围，而不是具体的某个值，这个取值范围就是我们常听到的置信区间。而得到置信区间后我们还会给出总体的未知参数落入这一区间的可能性大小，被称为置信度或置信水平，一般用 $1-\alpha$ 来表示，α 被称为显著性水平。通常情况下，α 取 0.05，也就是置信水平为 0.95。

可以用一个简单的例子来解释：某服装厂想要得到一批刚生产出的夹克衫的产品合格率，而每件都进行测试的话不利于后期的销售，因此可以利用第 4 章所提到的抽样方式选出一批样本，通过对样本进行测试并将得到的数据进行分析，最终估计出该批夹克衫的合格率有 95% 的可能位于 97.5% 到 98.5% 之间。其中的 97.5% 到 98.5% 就是该区间估计的置信区间，并且称 97.5% 和 98.5% 为置信下限与置信上限。95% 则是该置信区间的置信水平，此时显著性水平 α 为 0.05。通常情况下，当置信区间越小时，可信度就越低；当可信度越高时，置信区间也越大。

（2）区间估计的计算步骤

在区间估计中，当总体符合正态分布时，常见的区间估计场景有以下几种。

先对有关参数作符号规定，设给定置信水平为 $1-\alpha$，设 $X_1, X_2, \cdots, X_n$ 为总体 $N(\mu, \sigma^2)$ 的样本，样本均值为 $\bar{X}$，样本方差为 S^2。

第一种情况：总体方差 σ^2 已知，估计均值 μ。

使用标准正态分布求解，由上述条件推出公式：

$$\sum_{i=1}^{n} X_i \sim N(n\mu, n\mu^2) \qquad \text{公式 13-1}$$

转化为标准正态分布，即

$$\bar{X} \sim N(\mu, \sigma^2/n) \qquad \text{公式 13-2}$$

置信水平为 1-α，根据标准正态分布的上分位点，有

$$P\left(-z_{\alpha/2} < \frac{\bar{X} - \mu}{\sigma/\sqrt{n}} < z_{\alpha/2}\right) = 1 - \alpha \qquad \text{公式 13-3}$$

解得均值的置信水平为 1-α 的置信区间为

$$\bar{X} - \frac{\sigma}{\sqrt{n}}z_{\alpha/2} < \mu < \bar{X} + \frac{\sigma}{\sqrt{n}}z_{\alpha/2} \qquad \text{公式 13-4}$$

第二种情况：总体方差 σ^2 未知，估计均值 μ。

使用 T 分布求解，由正态分布与 t 分布的关系，有

$$\frac{\bar{X} - \mu}{S/\sqrt{n}} \sim t(n - 1) \qquad \text{公式 13-5}$$

置信水平为 1-α，根据 t 分布的上分位点，有

$$P\left(-t_{\alpha/2} < \frac{\bar{X} - \mu}{S/\sqrt{n}} < t_{\alpha/2}\right) = 1 - \alpha \qquad \text{公式 13-6}$$

解得均值的置信水平为 1-α 的置信区间为

$$\bar{X} - \frac{S}{\sqrt{n}}t_{\alpha/2} < \mu < \bar{X} + \frac{S}{\sqrt{n}}t_{\alpha/2} \qquad \text{公式 13-7}$$

第三种情况：总体均值 μ 未知，估计方差 σ^2。

使用卡方分布求解，由正态分布与卡方分布的关系，有

$$\frac{(n - 1)S^2}{\sigma^2} \sim \chi^2(n - 1) \qquad \text{公式 13-8}$$

置信水平为 1-α，根据卡方分布的上分位点，注意这里的下标与上面有些区别，因为卡方分布的密度函数不对称。

$$P\left(\chi^2_{1-\alpha/2}(n - 1) < \frac{(n - 1)S^2}{\sigma^2} < \chi^2_{\alpha/2}(n - 1)\right) = 1 - \alpha \qquad \text{公式 13-9}$$

解得均值的置信水平为 1-α 的置信区间为

$$\frac{(n - 1)S^2}{\chi^2_{\alpha/2}(n - 1)} < \sigma^2 < \frac{(n - 1)S^2}{\chi^2_{1-\alpha/2}(n - 1)} \qquad \text{公式 13-10}$$

■ **案例13-7** 置信区间实例分析

某服装纽扣制造厂生产西服纽扣,从长期实践中知道,纽扣直径X可以认为服从正态分布。从某天生产的纽扣产品中随机抽取7个,测得直径为(单位:毫米):14.6,15.1,14.9,14.8,15.2,15.1。若已知整体方差σ^2为0.06,试求该天纽扣平均直径μ的置信区间(α取0.05)。

解:依题意$X \sim N(\mu, 0.06)$,根据上文的结果,可以得到其置信区间为$\left(\bar{X} \pm \frac{\sigma}{\sqrt{n}} z_{\alpha/2}\right)$。

其中,$\bar{X}=(14.6+15.1+14.9+14.8+15.2+15.1)/6=14.95$,$\sigma^2=0.06$,查表得知$Z_{\alpha/2}=1.96$,于是最终的置信区间为$\left(14.95 \pm \frac{\sqrt{0.06}}{\sqrt{6}} \times 1.96\right)=(14.95 \pm 0.196)=(14.75, 15.15)$。

2)Z检验、t检验、卡方检验

同样的,在介绍三者之前我们有必要先了解什么是假设检验。假设检验是统计推断的另一类重要问题,是基于一定的假设条件,由样本推断总体的一种方法。与参数估计中通过样本数据估计未知参数的过程不同,假设检验是先对总体的某个参数的值作出一个假设,然后根据样本提供的数据进行统计运算,最后根据运算结果对原有假设进行验证,是该接受还是拒绝。

(1)假设检验的基本步骤

① 提出原假设,确定检验方式。
② 计算检验统计量,确定临界值。
③ 确定P值,作出结论。判断依据如表13-8所示。

表13-8 P值与结论关系表

P值	差异显著程度	是否拒绝
$P \leqslant 0.05$	差异显著	拒绝原假设
$P > 0.05$	差异不显著	接受原假设

(2)Z检验是什么

Z检验属于假设检验中参数检验的一种,是一般用于样本容量较大(>30)的均值差异性检验的方法。原理是运用标准正态分布的理论来推断差异发生的概率,从而比较两个平均值的差异是否显著。当总体方差 σ^2 已知时，验证总体的均值 μ 是否与某一期望值 μ_0 相等时，用 Z 检验。

（3）Z 检验的计算步骤

第一步：提出原假设。

假设有3种形式：双侧检验：H_0：$\mu=\mu_0$；左侧检验：H_0：$\mu\geq\mu_0$；右侧检验：H_0：$\mu\leq\mu_0$。

左侧检验与右侧检验被统称为单侧检验。

第二步：计算统计量 Z 值。

$$Z = \frac{\bar{X} - \mu_0}{\sigma/\sqrt{n}} \quad \text{公式 13-11}$$

其中，$\bar{X}$ 是样本均值；μ_0 是总体的均值；σ 是总体的标准差；n 是样本容量。

当 α 取 0.05 时，临界值 $Z_{\alpha/2} = 1.96$，$Z_\alpha = 1.645$。

第三步：确定 P 值，依据表 13-9 给出的 Z 值与 P 值关系表做出判断。

表 13-9　Z 值与 P 值关系表

α 取值	单侧/双侧	|Z|	P 值	统计结论
0.05	单侧	＜ 1.645	＞ 0.05	接受 H_0
	双侧	＜ 1.96		
	单侧	≥ 1.645	≤ 0.05	拒绝 H_0
	双侧	≥ 1.96		

■ **案例 13-8**　Z 检验实例分析

一批棉纺织面料，要求断裂强度不低于 10 N，现从一批这种面料中抽取 25 件，测得其断裂强度的平均值为 9.5 N，已知该批面料服从标准差 $\sigma = 0.1$ N 的正态分布，试在显著性水平 $\alpha = 0.05$ 下确定这批面料是否合格。

解：断裂强度低于 10 N 即为不合格，我们假设 H_0：$\mu_1 \geq \mu_0$，为单侧检验。

计算统计量 Z 值：$Z = \dfrac{\bar{X} - \mu_0}{\sigma/\sqrt{n}} = \dfrac{|9.5 - 10|}{0.1/\sqrt{25}} = -2.5$，

查表得知 $Z_{\alpha=0.05} = 1.645$，而 $|Z| = 2.5 > 1.645$，

因此拒绝 H_0，这批面料不合格。

(4) t 检验是什么

t 检验与 Z 检验十分相似，只不过 t 检验是针对样本量较小（≤30）且总体方差 σ^2 未知时的情况。因为绝大多数情况下样本总体的方差 σ^2 是未知的，因此相对于 Z 检验，t 检验的应用更为广泛。

(5) t 检验的计算步骤

第一步：提出原假设。t 检验同样有三种假设形式，即：

双侧检验：H_0：$\mu = \mu_0$；左侧检验：H_0：$\mu \geq \mu_0$；右侧检验：H_0：$\mu \leq \mu_0$。

第二步：计算统计量 T 值。

$$t = \frac{\bar{X} - \mu_0}{S/\sqrt{n}}$$ 公式 13-12

其中，$\bar{X}$ 是样本均值；μ_0 是总体的均值；S 是样本的标准差；n 是样本容量。

当 α 取 0.05 时，双侧检验临界值为 $t_{\alpha/2}(n-1)$，单侧检验临界值为 $t_\alpha(n-1)$。

第三步：确定 P 值，依据表 13-10 给出的 t 值与 P 值关系表做出判断。

表 13-10　t 值与 P 值关系表

α 取值	单侧/双侧	|Z|	P 值	统计结论
0.05	单侧	$< t_\alpha(n-1)$	> 0.05	接受 H_0
	双侧	$< t_{\alpha/2}(n-1)$		
	单侧	$\geq t_\alpha(n-1)$	≤ 0.05	拒绝 H_0
	双侧	$\geq t_{\alpha/2}(n-1)$		

■ 案例 13-9　t 检验实例分析

据调查某市高校女大学生每年花销在服饰化妆品上的总额为 3.3 千元，从其中一所高校随机抽选 35 名女同学，调查知其每年花销平均为 3.42 千元，标准差为 0.4 千元，问该学校女学生服饰化妆品年花销是否符合该市标准？

解：由题目可知为双侧假设，我们假设 H_0：$\mu_1 = \mu_0$，

计算统计量 t 值：$t = \dfrac{\bar{X} - \mu_0}{S/\sqrt{n}} = \dfrac{3.42 - 3.30}{0.40/\sqrt{35}} = 1.77$，

查表得知临界值 $t_{\alpha/2}(n-1) = 2.032$，而 $|t| = 1.77 < 1.645$，故 $p > 0.05$，因此接受 H_0，该学校女学生服饰化妆品年花销符合该市标准。

（6）卡方检验是什么

卡方检验是一种用途很广的计数资料的假设检验方法。它属于假设检验中的非参数检验，主要用于两个分类变量之间的关联性分析。通俗地讲，卡方检验就是检验两个变量之间有没有关系，比方说检验男生与女生是否在经常购买服装这件事上有区别，不同城市的消费者对奢侈品牌服装的花销是否有显著差异等。

对于单变量数据进行分析时，通常会遇到两个变量的构成比之间的比较，此时就需要采用四格表资料的卡方检验。为了方便理解，我们以例题的形式具体阐述四格表资料的卡方检验的计算步骤。

■ **案例 13-10**　四格表资料的卡方检验计算步骤：

为了调查男生与女生是否在经常购买服装这件事上有区别，我们随机采访了113名学生，调查结果如表13-11所示。

表13-11　调查结果

性别	经常购买	不经常购买	合计	经常购买所占比例 %
男	52	19	71	73.24
女	39	3	42	92.86
合计	91	22	113	80.33

52、19、39、3四个数据是整个表中的基本资料，也是调查结果的最直接数据，其余数据均是由此推算出来的，这个四格资料表就被称为四格表，或称2行2列表。从四格表数据我们可以推出男生与女生中经常购买服装的比例分别为73.24%和92.86%，两者的差别可能是抽样误差所致，亦可能是男生与女生在此事上确实有差别。我们可通过卡方检验来验证其差异是否有统计学意义，检验的基本公式为：

$$X^2 = \sum \frac{(A-T)^2}{T}$$ 公式13-13

式中 A 为实际数，以上四格表中的四个数据就是实际数。T 为理论数，是根据假设检验推断出来的，即男生与女生中经常购买服装所占的比例并没有不同，差别仅是由抽样误差所致。

检验步骤：

（1）建立原假设：H_0：$\pi_1 = \pi_2$；$\alpha = 0.05$

计算理论数（TRC），计算公式为：

$$TRC = \frac{nR \times nC}{n} \qquad \text{公式 13-14}$$

式中 TRC 是表示第 R 行 C 列格子的理论数，nR 为理论数同行的合计数，nC 为与理论数同列的合计数，n 为总例数。则

第 1 行 1 列：71×91/113=57.18

第 1 行 2 列：71×22/113=13.82

第 2 行 1 列：42×91/113=33.82

第 2 行 2 列：42×22/113=8.18

可与原四格表实际数合并成表 13-12。

表 13-12　合并后的新四格表

性别	经常购买	不经常购买	合计
男	52（57.18）	19（13.82）	71
女	39（33.82）	3（8.18）	42
合计	91	22	113

（2）计算卡方值

按公式代入：

$$卡方 = \chi^2 = \sum \frac{(A-T)^2}{T}$$

$$= \frac{(52-57.18)^2}{57.18} + \frac{(19-13.82)^2}{13.82} + \frac{(39-33.82)^2}{33.82} + \frac{(3-8.18)^2}{8.18}$$

$$= 0.47 + 1.94 + 0.79 + 3.28 = 6.48$$

（3）查卡方值表求 P 值

在查表之前应知本题的自由度。卡方检验的自由度 $v=$（行数-1）（列数-1），则该题的自由度 $v=$（2-1）（2-1）=1，查卡方界值表，找到 $\chi^2_{0.05}(1) = 3.84$，而本题卡方 = 6.48，即卡方 > $\chi^2_{0.05}(1)$，此时 $P < 0.05$（当所求卡方小于临界值时相反），差异有显著统计学意义，按 $\alpha = 0.05$ 水准，拒绝 H_0，可以认为男生与女生在经常购买服装这件事上有区别。

通过以上例子我们可以对卡方检验有一些理解：若各理论数与相应实际数相差越小，卡方值越小；如两者相同，则卡方值必为零，而卡方永远为正值。

13.3.3 双变量数据分析

(1) 简单相关分析与简单回归分析

现实世界中,所有事物的运动都与它周围的事物相互联系。因此,反映客观事物运动的各种变量之间也必然存在一定的关系,通常这种关系可以分为两类:确定性的函数关系和不确定性的相关关系。

1) 确定性的函数关系

确定性的函数关系反映的是客观事物之间的严格依存关系。它是指对于某一变量的每一个数值,都有另一变量的确定值与之对应,并且这种关系可以用一个数学表达式反映出来,记为 $y=f(x)$。例如,某件服装产品的销量和价格之间的函数关系是一次函数,则销量 y 与价格 x 之间存在着确定性的函数关系 $y=kx+b$,其中 k 和 b 是常数。

2) 不确定性的相关关系

不确定性的相关关系反映的是客观事物之间非严格、不确定性的依存关系,可以记为 $y=f(x,\varepsilon)$,其中 ε 代表随机影响因素。例如,时尚潮流产品与企业未来销售情况之间的关系。一般来说,越符合当前潮流的产品其受欢迎程度越高,企业由此获利的可能性就越大,但企业能否盈利还受其他因素的影响,故两者之间并不存在确定性函数关系,仅仅呈现出某种趋势。

不确定性的相关关系具有如下特点。

① 客观事物之间在数量上确实存在一定的内在联系。

② 客观事物之间的数量依存关系不是确定的,具有一定的随机性。

当然,变量之间确定性的函数关系和不确定性的相关关系并不是绝对的,在一定的条件下两者可以相互转化。对本来确定的函数关系,如考虑测量误差,其函数关系往往会以相关关系表现出来;对不确定性的相关关系,如果认识深刻,能够把影响变量变动的所有其他因素全部控制不变,则原来的不确定性相关关系也可以用函数关系去近似描述。

相关分析与回归分析是研究变量之间不确定性相关关系的重要方法,但两者之间存在明显不同。

① 相关分析主要分析现象间相互依存关系的性质和密切程度,但不能说明变量间相关关系的具体形式;回归分析则能具体测定变量之间相关关系的数量形式。

② 相关分析研究的变量都是随机变量,不分自变量和因变量;回归分析研究的变量首先明确哪些是自变量,哪些是因变量,并且自变量是确定的普通变量,因变量是随机变量。

综上所述,相关分析和回归分析是研究客观事物之间相互依存关系的两个不可分割的方面。在实际工作中,一般先进行相关分析,由相关系数的大小决定是否需要进行回归分析。在相关分析的基础上,建立回归模型,以便进行推算、预测。

(2)简单相关分析

相关分析是研究现象之间是否存在某种依存关系,并探讨具体有依存关系的现象的相关方向以及相关程度,用适当的统计指标描述。它是分析客观事物之间关系的定量分析方法。相关分析可以分为线性相关和非线性相关。线性相关又分为正线性相关和负线性相关。

要想判别变量之间有无相关关系,可以绘制相关图,以便直观地判断变量之间相关的方向、程度等。若想准确地度量变量之间的相关程度,则需采用各类相关系数。比较常用的相关系数有 Pearson(皮尔逊)相关系数、Spearman(斯皮尔曼)相关系数和 Kendall(肯德尔)相关系数三种类型。

以 Spearman(斯皮尔曼)相关系数为例。Spearman 相关分析实质上是一种基于秩分的等级相关。由于待分析的数据不满足正态分布,不能直接使用 Pearson 相关系数。因此,在相关分析中引入了秩分,借助秩分实现 Pearson 相关性检验。即先分别计算两个序列的秩分,然后以秩分值代替原始数据参与公式 13-15 的计算过程。由于两个序列的秩分值都被限制在 $1 \sim n$,对于公式 13-15 可以简化成公式 13-16 的形式。

$$\text{相关系统} \quad r = \frac{\sigma_{xy}^2}{\sigma_x \sigma_y} = \frac{\sum[(X_i - X)(Y_i - Y)]}{\sqrt{\sum(X_i - X)^2}\sqrt{\sum(Y_i - Y)^2}} \quad \text{公式 13-15}$$

其中 σ_{xy}^2 是指两个数据序列 X 和 Y 的协方差,即度量两个随机变量协同变化程度的方差。在概率论和统计学中,协方差用于衡量两个变量的总体离差水平,记为两个变量距其均值的内积之累加和。

$$\text{相关系统} \quad r = 1 - 6\sum \frac{(X_i - Y_i)^2}{n^3 - n} = 1 - \frac{6\sum(X_i - Y_i)^2}{n^3 - n} \quad \text{公式 13-16}$$

Spearman 相关分析适用于自变量顺序等距或等比例、检验变量为非正态分布或不明分布的定序型和定距型变量。参与 Spearman 相关性检验的数据序列通常来自对同一组样本的多次测量或不同视角的测量。

在 Spearman 相关分析中,一般能得到两个数值。一个是相关系数,它反映两列数据的关联性水平和方向;另一个是检验概率,即两列数据没有相关的可能性。当检验概率 <0.05 时,表示两列数据间存在相关性。

案例 13-11 Spearman 相关性分析实战步骤

例如在研究消费者在电商直播下的服装消费情况时,可以借助 SPSS 软件对消费者的"月可支配收入"和"月度电商平台服装消费额"之间的相关性进行分析。具体操作步骤如下:

首先,打开 SPSS,扫二维码下载"数据 13-5 电商直播服装消费者冲动购买调查.sav",进入"数据视图"状态。

然后,利用【分析】—【非参数检验】—【旧对话框】—【1. 样本 K-S】命令启动样本的分布形态检验,把变量"月可支配收入"和"月度电商平台消费额"送入【检验变量】列表框,以检验其正态性,最终得到如图 13-18 所示的检验结果。从检验结果可知,"月可支配收入"和"月度电商平台服装消费额"这两个变量的 K-S 检验的检验概率值均小于 0.05,故它们都不满足正态分布。

单样本 Kolmogorov-Smirnov 检验

		您的月度可支配收入大概是多少?	您的月度电商平台消费中,服装类产品消费额大概是多少?
N		234	234
正态参数 a,b	均值	1.86	1.48
	标准差	1.105	.845
最极端差别	绝对值	.287	.381
	正	.287	.381
	负	-.218	-.286
Kolmogorov-Smirnov Z		4.387	5.830
渐近显著性(双侧)		.000	.000

a. 检验分布为正态分布。
b. 根据数据计算得到。

图 13-18 检验数据序列的正态性

第三,利用菜单【分析】—【相关】—【双变量】命令,启动"双变量相关"对话框,并进行如图 13-19 所示的设置。本设置表示对"月可支配收入"和"月度电商平台服装消费额"进行 Spearman 相关性检验。

最后,单击【确定】按钮,获得如图 13-20 所示的检验结果。

由于"月可支配收入"和"月度电商平台服装消费额"这两个变量不满足正态分布,因此在本例中对这两个变量的相关性检验采取了 Spearman 相关性检验。从图 13-20 可知,"月可支配收入"和"月度电商平台消费额"之间的相关性检验概率为 0.00,说明这两个变量显著性相关,由于其 Spearman 相关系数为 0.361,说明两者存在相关性,但相关性水平不高。

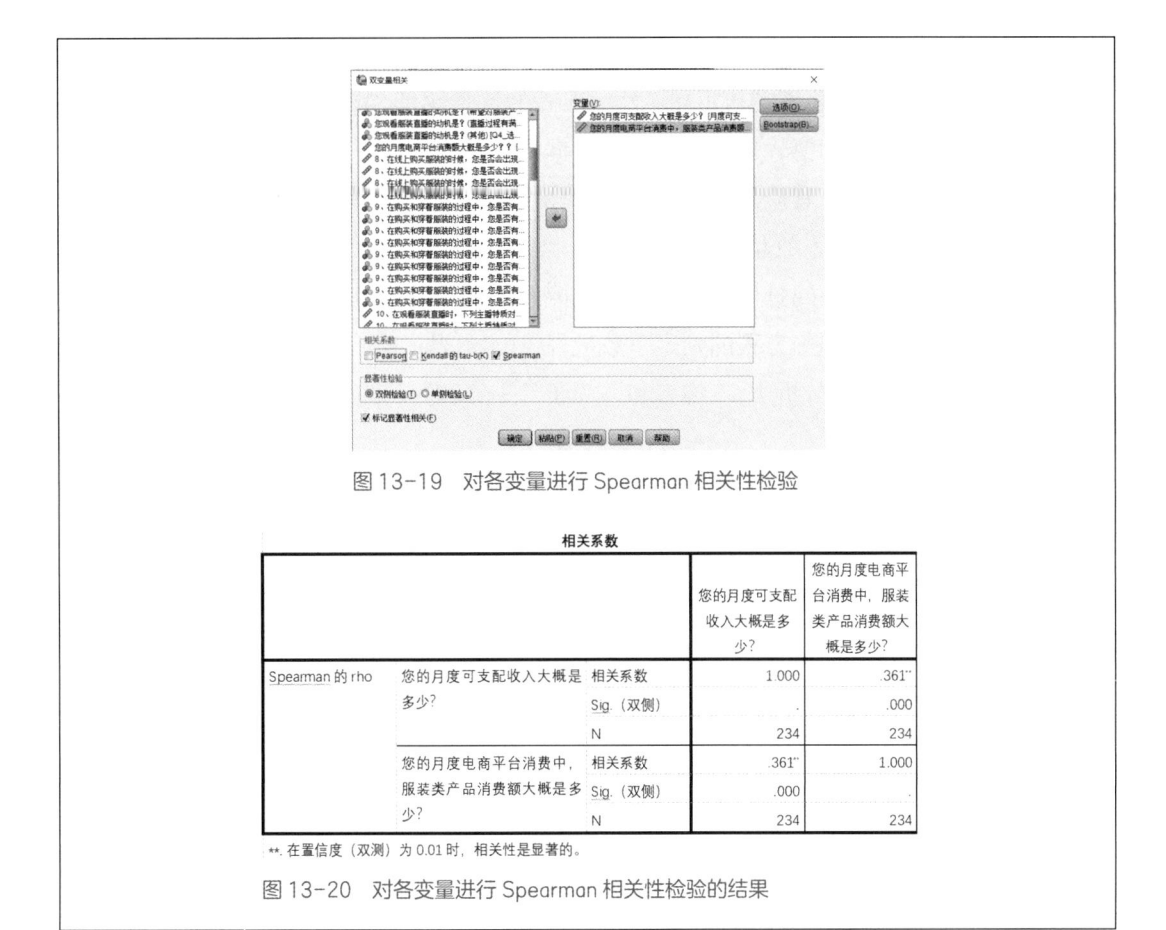

图 13-19　对各变量进行 Spearman 相关性检验

相关系数

			您的月度可支配收入大概是多少?	您的月度电商平台消费中,服装类产品消费额大概是多少?
Spearman 的 rho	您的月度可支配收入大概是多少?	相关系数	1.000	.361**
		Sig.(双侧)	.	.000
		N	234	234
	您的月度电商平台消费中,服装类产品消费额大概是多少?	相关系数	.361**	1.000
		Sig.(双侧)	.000	.
		N	234	234

**. 在置信度(双侧)为 0.01 时, 相关性是显著的。

图 13-20　对各变量进行 Spearman 相关性检验的结果

（3）简单回归分析

只有两个变量 x 和 y 的线性回归分析称为简单线性回归分析或一元线性回归分析，其模型式一般为：$y=Bx+C$。线性回归的过程就是把各个自变量和因变量的个案值带入到回归方程式中，通过逐步迭代与拟合，最终找出回归方程中的各个系数，构造出一个能够尽可能体现自变量与因变量关系的函数式。在一元线性回归分析中，回归方程的确立就是逐步确定唯一自变量的系数和常数，并使方程能够符合绝大多数个案的取值特点。

回归分析的目标是找到与观测值最接近的回归方程式，在线性回归中，残差应该满足正态分布，而且全体个案的残差之和为 0。

为真正地衡量回归方程的回归值与观测值的差距，在回归分析的评价中，通常使用全部残差的平方之和表示残差的度量，而以全体回归值的平方之和作为回归的度量。

为了能够比较客观地评价回归方程的质量，人们引入了判定系数 R^2 的概念。

$$判定系数 \quad R^2 = \frac{\sum 回归值_i^2}{\sum 回归值_i^2 + \sum 残差_i^2} \qquad 公式\ 13\text{-}17$$

在公式 13-17 中，判定系数（R^2）反映了回归值的平方和在回归分析中所占的比例。判定系数的值在 0～1，其值越接近 1，表示残差的比例越低，即回归方程的拟合程度越高，回归值越能贴近观测值，更能体现观测数据的内在规律。

在线性回归分析中，其质量评价的关键指标主要有以下几个方面。

① 判定系数。判定系数是"回归值（即预测值）的平方和"与"回归值平方和＋残差平方和"的比值，反映的是回归方程与观测值的贴近程度，即回归方程的质量。

在一般的应用中，回归方程的判定系数最好＞0.6，表示回归方程有较好的质量。

② 均方和。在回归分析中，"均方和"等于"平方和"与自由度的比值，即均方和 ＝ $\frac{平方和}{自由度}$。在线性回归分析中，常见的"均方和"有"残差值均方和"与"回归值均方和"（即预测值的均方和，等于全体回归值的平方和与自由度的比值）。

③ 回归方程的 F 值。F 值是回归分析中反映回归效果的重要指标，它以回归值均方和与残差值均方和的比值来表示，即 $F=\frac{回归值均方和}{残差值均方和}$。在一般的线性回归分析中，F 值应该在 3.86 以上，否则此回归方程可以被认为是不良方程。

④ 回归方程中的 T 值。T 值是回归分析中反映每个自变量作用力的重要指标。在回归分析时，方程中的每个自变量都有自己的 T 值，T 值以相应自变量的偏回归系数与其标准误差的比值来表示，即 $T=\frac{本自变量的偏回归系数}{偏回归系数的标准误差}$。在一般的线性回归分析中，$T$ 的绝对值应该在 1.96 以上，否则表示此自变量对方程的影响力很小，应尽可能将其从方程中剔除。

⑤ 回归方程的检验概率（Sig 值）。在线性回归表格中，除了上述 4 个常见评价指标外，还会输出回归方程的检验概率值（Sig 值）。共有两种类型：整体 Sig 值和针对每个自变量的 Sig 值。整体 Sig 值反映了整个方程的影响力，而针对每个自变量的 Sig 值则反映了该自变量在回归方程中没有作用的可能性。因此，在整体 Sig 值＜0.05 时，才表示回归方程是有影响力的。另外，只有在自变量的 Sig 值＜0.05 时，才可以认为该自变量是有足够影响力的。

■ 案例 13-12　回归分析实战步骤

例如在研究消费者在电商直播下的服装消费情况时，可以借助 SPSS 软件对消费者的"月度电商平台消费额"和"月度电商平台服装消费额"之间的关系进行分析，在过程中构造出回归方程，并评价回归分析的效果。具体操作步骤如下：

首先，打开 SPSS，扫二维码下载"数据 13-5 电商直播服装消费者冲动购买调查.sav"，进入"数据视图"状态。

其次，利用菜单【分析】—【回归】—【线性】命令，启动"线性回归"对话框，如图 13-21 所示。把变量"月度电商平台服装消费额"添加到【因变量】列表框中，把变量"月度电商平台消费额"添加到【自变量】列表框中。

图 13-21 "线性回归"设置对话框

最后，单击【确定】按钮，启动线性回归过程，获得如图 13-22 所示的分析结果。

输入/移去的变量b

模型	输入的变量	移去的变量	方法
1	您的月度电商平台消费额大概是多少？？		输入

a. 已输入所有请求的变量。
b. 因变量：您的月度电商平台消费中，服装类产品消费额大概是多少？

模型汇总

模型	R	R方	调整R方	标准估计的误差
1	.595a	.354	.351	.681

a. 预测变量：(常量)，您的月度电商平台消费额大概是多少？。

Anovab

模型		平方和	df	均方	F	Sig.
1	回归	58.915	1	58.915	127.173	.000a
	残差	107.478	232	.463		
	总计	166.393	233			

a. 预测变量：(常量)，您的月度电商平台消费额大概是多少？？。
b. 因变量：您的月度电商平台消费中，服装类产品消费额大概是多少？

系数a

模型		非标准化系数		标准系数	t	Sig.
		B	标准误差	试用版		
1	(常量)	.599	.090		6.662	.000
	您的月度电商平台消费额大概是多少？？	.449	.040	.595	11.277	.000

a. 因变量：您的月度电商平台消费中，服装类产品消费额大概是多少？

图 13-22 线性回归结果

> 从表格"系数"中，可以获得本回归分析的"非标准化系数"，得到两个系数：常数0.599、"月度电商平台服装消费额"的一次项系数0.449。因此，可以获得线性回归方程：$Y = 0.599 + 0.449X$。在此方程中Y代表"月度电商平台消费额"，X代表"月度电商平台服装消费额"。
>
> 虽然获得了回归方程，但在"模型汇总"表格中，可以看出"R方"值为0.354，表示此回归方程的影响力较小。

（4）方差分析

方差分析（Analysis of Variance，简称ANOVA），又称"变异数分析"，最早由R. A Fisher在其1923年发布的一篇文章中提出，所以也称为"F检验"，主要用于试验数据的分析，检验方差相等的多个正态总体均值是否相等，来判断分类型变量对数值型变量是否有显著影响。在方差分析中，要考察的指标称为试验指标，影响试验指标的条件称为因素或因子，因素所处的状态称为水平，每个因素水平下得到的样本数据称为观测值。另外，根据影响试验指标条件的个数，可以将方差分析分为单因素方差分析、双因素方差分析和多因素方差分析。

方差分析的基本思想：确定因素不同水平下均值之间的方差，将所有试验数据所组成的全部总体的方差作为一个估计值，再考虑同一水平下不同试验数据对这一水平均值的方差，由此计算出由所有实验数据所组成的全部数据的总体方差的第二个估计值，通过比较这两个估计值来确定因素不同水平均值间的差异大小。

进行方差分析时需要确认实验资料满足三个基本假设：观测值来自于服从正态分布总体的随机样本；各总体的方差相同，即具备总体方差齐性；各总体相互独立。这些假设都是为了保证方差分析对各总体分布是否有显著差异的推断可以转化成对各总体均值是否存在显著差异的推断，若不满足以上基本假设，则需要将数据进行转换再进行方差分析。

1）单因素方差分析

若一项实验中只研究一个因素不同水平间计量变量的比较，就称为单因素方差分析。

在单因素方差分析中，通常使用统一的数据描述方式，如表13-13所示。其中A表示因素，因素有k个水平，分别表示为A_1，A_2，$\cdots$，A_k；观测值记为x_{ij}（$i=1, 2, \cdots, k; j=1, 2, \cdots, n$），表示第$i$个水平的第$j$个观测值。

表 13-13 单因素方差分析的数据描述规范

观测值	因素（i）			
	A_1	A_2	…	A_k
1	x_{11}	x_{21}	…	x_{k1}
2	x_{12}	x_{22}	…	x_{k2}
…	…	…	…	…
n	x_{1n}	x_{2n}	…	x_{kn}

方差分析可以分为三个步骤：提出假设、确定检验统计量、决策分析。

第一步，提出假设。通常假设检验因素的 r 个不同水平总体的均值相等，表达为：

$$H_0: \mu_1 = \mu_2 = \cdots = \mu_r, \; H_1: \mu_r \text{不全相等}$$

H_0 即为因素对实验指标影响程度的原假设，H_1 为其备选择假设；μ_r 则表示因素第 r 个水平的均值。

第二步，确定检验统计量。根据方差分析的基本思想，可以将 F 比作为检验统计量，建立如表 13-14 所示的方差分析表。

表 13-14 单因素方差分析的方差分析表

方差来源	平方和	自由度	均方	F 比
组间	SSB	$r-1$	MSB	$F = \dfrac{MSB}{MSE}$
组内	SSE	$n-r$	MSE	
总和	SST	$n-1$	—	—

表中，SSB 为组间平方和，反映了自变量对因变量的影响，称为因子效应或自变量效应；SSE 为组内平方和，反映了除自变量外其他因素对因变量的影响，称为残差效应；SST 为总误差平方和，反映的是自变量和残差变量的共同影响，因此 $SST = SSB + SSE$。具体的计算公式如下：

$$SSB = \sum_{i=1}^{k} \sum_{j=1}^{n_i} (\bar{x}_i - \bar{x})^2 \qquad \text{公式 13-18}$$

$$SSE = \sum_{i=1}^{k} \sum_{j=1}^{n_i} (x_{ij} - \bar{x}_i)^2 \qquad \text{公式 13-19}$$

$$SST = \sum_{i=1}^{k} \sum_{j=1}^{n_i} x_{ij}^2 - n\bar{x}^2 \qquad 公式\ 13\text{-}20$$

(i=1，2，…，k；j=1，2，…，n)

其中，$\bar{x}_i$ 为因素第 i 个水平的样本均值，$\bar{x}$ 为所有观测值的总平均值。

MSB 为组间误差的均方，MSE 为组内误差的均方。具体的计算公式如下：

$$MSB = \frac{SSB}{k-1} \qquad 公式\ 13\text{-}21$$

$$MSE = \frac{SSE}{n-k} \qquad 公式\ 13\text{-}22$$

F 是为检验不同因素水平对试验指标是否有影响的检验统计量，即：

$$F = \frac{MSB}{MSE} \sim F(k-1, n-k) \qquad 公式\ 13\text{-}23$$

第三步，决策分析。将统计量的值 F 与给定的显著性水平 α 的临界值 F_α 进行比较：若 $F \geq F_\alpha$，拒绝原假设 H_0，表明均值之间的差异是显著的，即不同水平（总体）之间的差异显著；若 $F < F_\alpha$，则证明原假设 H_0 成立，不能认为不同水平之间的差异显著，即因素对因变量无显著影响。

■ 案例 13-13 单因素方差分析实战步骤

在电商直播服装消费者冲动购买的问卷调查中（本书所附数据文件"数据 13-5 电商直播服装消费者冲动购买调查.sav"），为了探究不同"学历"对"在观看服装直播中，我会不经过太多考虑而产生购买行为"是否存在差异，其中"学历"为分类型变量，"在观看服装直播中，我会不经过太多考虑而产生购买行为"题项采用的是李克特 5 级量表，为连续型变量，考虑采用单因素方差，通过 SPSS 分析软件进行分析。

步骤 1：首先打开问卷调查的数据集，如图 13-23 所示，选择【分析】—【比较平均值】—【单因素 ANOVA 检验】；

步骤 2：弹出窗口如图 13-24，然后将因变

图 13-23 选择工具

量"在观看服装直播中,我会不经过太多考虑而产生购买行为"移到右侧"因变量列表",将自变量"学历"移到右侧"因子"框中;

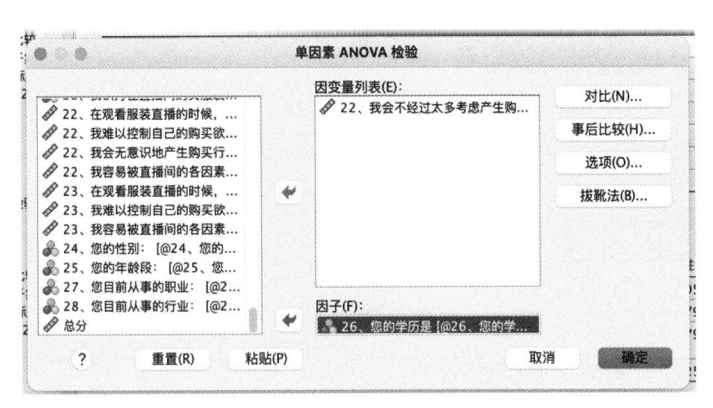

图 13-24 单因素方差分析检验菜单

步骤4:选择【选项】,如图13-25所示,勾选【描述】和【方差齐性检验】,点击【继续】回到上一窗口;

步骤5:点击【事后比较】,如图13-26,根据需要选择所需的方法,点击【继续】回到主窗口;点击【确定】开始分析。

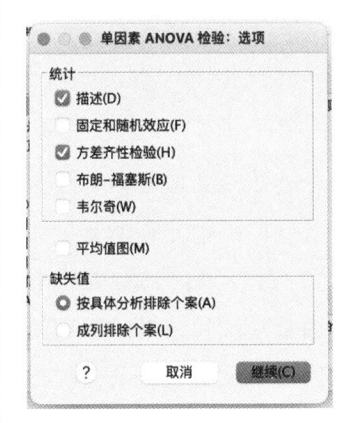

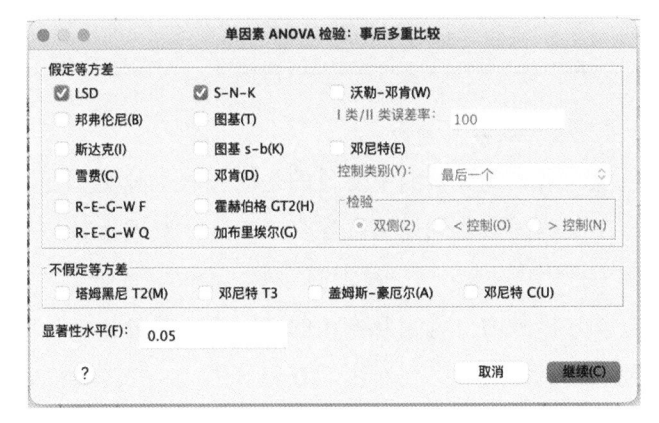

图 13-25 选择工具

图 13-26 单因素方差分析检验

分析结果如图13-27所示,四种不同学历的3个核心基本统计量(个案数、平均值、标准差)见描述表格,显示高中及以下学历均分为1,专科学历均分为-0.64,本科学历均分为-0.99,研究生及以上学历均分为-0.06。看似有一定差异,但有可能是误差导致的,因此需要进行检验。如图13-27所示的方差齐性检验表格,基于平均值的显著性,表明四组方差相同,可继续进行方差分析。然后根据图13-27中的第三个表格进行 ANOVA 方差分析，表中显示 $F=2.009$，$P=0.101$，表明四组不同学历对"在观看服装直播中，我会不经过太多考虑而产生购买行为"不存在差异。

描述

22、我会不经过太多考虑产生购买行为

	个案数	平均值	标准 偏差	标准 错误	平均值的 95% 置信区间 下限	平均值的 95% 置信区间 上限	最小值	最大值
高中及以下	8	1.00	3.423	1.210	-1.86	3.86	-3	5
专科	11	-.64	3.295	.993	-2.85	1.58	-3	4
本科	162	-.99	2.981	.234	-1.46	-.53	-3	5
研究生及以上	53	-.06	3.213	.441	-.94	.83	-3	5
总计	234	-.70	3.085	.202	-1.09	-.30	-3	5

方差齐性检验

		莱文统计	自由度 1	自由度 2	显著性
22、我会不经过太多考虑产生购买行为	基于平均值	1.844	3	230	.140
	基于中位数	1.349	3	230	.259
	基于中位数并具有调整后自由度	1.349	3	227.693	.259
	基于剪除后平均值	2.023	3	230	.111

ANOVA

22、我会不经过太多考虑产生购买行为

	平方和	自由度	均方	F	显著性
组间	59.088	3	19.696	2.099	.101
组内	2158.369	230	9.384		
总计	2217.457	233			

图 13-27　单因素方差分析输出结果

2）双因素方差分析

双因素方差分析的主要目的是研究两个分类型变量对一个连续型变量的影响是否显著，以及两因素之间是否存在交互效应。双因素方差分析涉及到的两个分类型变量往往被称为行因素（Row）和列因素（Column），而根据两因素是否存在相关关系，又把双因素方差分析分为：无交互作用的双因素方差分析——即两个因素对试验结果的影响是相互独立的；以及有交互作用的方差分析——除了行因素和列因素对试验数据的单独影响外，两个因素的互相搭配还会对结果产生一种新的影响。例如，在调查不同"地区""颜色"对服装产品销量的影响时，若不同地区的消费者对某种颜色有不同于其他地区的特殊偏爱，这种情况就是两种因素互相存在交互作用；反之则是无交互作用。由于有交互作用的双因素方差分析在服装市场调查中的应用较不广泛，因此本书仅对无交互作用的双因素方差分析做出介绍。

在双因素方差分析中，假设行因素有 r 个水平，记作 A_1、A_2、$\cdots$、A_r，列因素有 k 个水平，记作 B_1、B_2、$\cdots$、B_k，行因素和列因素的每一个水平都可以搭配成一组，且每种搭配下试验指标总体服从正态分布 $N(\mu_{ij}, \sigma^2)$，因此至少需要有 $k \times r$ 个观测值，记为 x_{ij}

($i=1, 2, \cdots, k$; $j=1, 2, \cdots, n$)。同单因素方差分析一样，双因素方差分析也需要使用统一的数据描述格式，如表 13-15 所示。

表 13-15 双因素方差分析的数据描述规范

		列因素				平均值 $\bar{x}_{i*}$
		B_1	B_2	...	B_k	
行因素	A_1	x_{11}	x_{12}	...	x_{1k}	$\bar{x}_{1*}$
	A_2	x_{21}	x_{22}	...	x_{2k}	$\bar{x}_{2*}$
	...	...	...	...	...	...
	A_r	x_{r1}	x_{r2}	...	x_{rk}	$\bar{x}_{r*}$
平均值 $\bar{x}_{*j}$		$\bar{x}_{*1}$	$\bar{x}_{*2}$	...	$\bar{x}_{*k}$	$\bar{\bar{x}}$

表中，$\bar{x}_{i*}$ 是行因素第 i 个水平下各观测值的平均值；$\bar{x}_{*j}$ 是列因素第 j 个水平下各观测值的平均值；$\bar{\bar{x}}$ 是全部 $k \times r$ 个样本数据的总平均值。其具体的计算公式如下：

$$\bar{x}_{i*} = \frac{\sum_{j=1}^{k} x_{ij}}{k} (i = 1, 2, \cdots, r) \qquad 公式 13-24$$

$$\bar{x}_{*j} = \frac{\sum_{i=1}^{r} x_{ij}}{r} (j = 1, 2, \cdots, k) \qquad 公式 13-25$$

$$\bar{\bar{x}} = \frac{\sum_{i=1}^{r} \sum_{j=1}^{k} x_{ij}}{kr} (i = 1, 2, \cdots, r, j = 1, 2, \cdots, k) \qquad 公式 13-26$$

同单因素方差分析相同，可以分为提出假设、确定检验统计量、决策分析三个步骤进行分析。

第一步，提出假设。无交互作用的双因素方差分析通常分别考虑两个因素对试验指标的影响，因此可提出两个假设：

H_{0r}: $\alpha_1 = \alpha_2 = \cdots = \alpha_r$，$H_{1r}$: α_r 不全相等
H_{0c}: $\beta_1 = \beta_2 = \cdots = \beta_k$，$H_{1c}$: β_k 不全相等

H_{0r} 为行因素对试验指标影响程度的原假设，H_{1r} 为其备择假设；H_{0c} 为列因素对试验指标影响程度的原假设，H_{1c} 为其备择假设。α_i 为行因素第 i 个水平的均值；β_k 为列因素第 j 个水平的均值。

第二步，确定检验统计量。为检验 H_{0r}、H_{1r} 是否成立，可参考单因素方差分析构造

统计量的方法，建立如表 13-16 所示的方差分析表。

表 13-16　双因素方差分析的方差分析表

方差来源	平方和	自由度	均方	F 比
行因素误差	SSR	$r-1$	MSR	$F_r = \dfrac{MSR}{MSE}$
列因素误差	SSC	$k-1$	MSC	$F_c = \dfrac{MSC}{MSE}$
随机误差	SSE	$(k-1)(r-1)$	MSE	—
总误差	SST	$kr-1$	—	—

表中，SSR 为行因素误差平方和，SSC 列因素误差平方和，SSE 为随机误差平方和，SST 为总误差平方和，四者的关系为 SST = SSR + SSC + SSE。具体的计算公式如下：

$$SSR = \sum_{i=1}^{r}\sum_{j=1}^{k}(x_{i*} - \bar{\bar{x}})^2 \qquad 公式 13-27$$

$$SSC = \sum_{i=1}^{r}\sum_{j=1}^{k}(x_{*j} - \bar{\bar{x}})^2 \qquad 公式 13-28$$

$$SSE = \sum_{i=1}^{r}\sum_{j=1}^{k}(x_{ij} - \bar{x}_{i*} - \bar{x}_{*j} - \bar{\bar{x}})^2 \qquad 公式 13-29$$

$$SST = \sum_{i=1}^{r}\sum_{j=1}^{k}(x_{ij} - \bar{\bar{x}})^2 \qquad 公式 13-30$$

(i=1, 2, ⋯, r; j=1, 2, ⋯, k)

MSR 为行因素误差的均方，MSC 为列因素误差的均方，MSE 为随机误差的均方。具体的计算公式如下：

$$MSR = \frac{SSR}{r-1} \qquad 公式 13-31$$

$$MSC = \frac{SSC}{k-1} \qquad 公式 13-32$$

$$MSE = \frac{SSE}{(k-1)(r-1)} \qquad 公式 13-33$$

F_r 和 F_c 则是为检验行因素和列因素对试验指标是否有影响的检验统计量，显然 $F_r \sim F[r-1, (k-1)(r-1)]$，$F_c \sim F[k-1, (k-1)(r-1)]$。

第三步，决策分析。将统计量的值 F 与给定的显著性水平 α 的临界值 F_α 进行比较，作出对原假设 H_{0r}、H_{0c} 的决策：若 $F_r \geq F_\alpha$，拒绝原假设 H_{0r}，表明均值之间的差异是显著的，即所检验的行因素对观察值有显著影响，否则则无显著影响；若 $F_c \geq F_\alpha$，拒绝原假设 H_{0c}，表明均值之间有显著差异，即所检验的列因素对观察值有显著影响，否则则无显著影响。

案例 13-14 双因素方差分析实战步骤

某服装公司对其推出的某经典款服装的 4 个不同颜色在 5 个地区的销售情况进行了调查，用于分析服装颜色和销售地区对销售量的影响，具体统计数据如表 13-17 所示。若各颜色的经典款服装在各地的试验指标服从方差相同的正态分布，试分析颜色和地区对此经典款服装的销售量是否有显著的影响（$\alpha \rightarrow 0.05$）。

表 13-17 5 个地区某经典款服装 4 种颜色的销售数据

		地区					平均值 $\bar{x}_{i*}$
		A 地	B 地	C 地	D 地	E 地	
颜色	黑	234	225	212	188	171	206
	白	175	226	190	194	228	203
	藏青	183	220	247	205	199	211
	土褐	189	208	196	220	217	206
平均值 $\bar{x}_{*j}$		195	220	211	202	204	206

解：由题意做出以下假设和备择假设

H_{0r}：$\alpha_1 = \alpha_2 = \alpha_3 = \alpha_4$，$H_{1r}$：$\alpha_1$、$\alpha_2$、$\alpha_3$、$\alpha_4$ 不全相等

H_{0c}：$\beta_1 = \beta_2 = \beta_3 = \beta_4 = \beta_5$，$H_{1c}$：$\beta_1$、$\beta_2$、$\beta_3$、$\beta_4$、$\beta_5$ 不全相等

经计算可得此经典款销售情况的方差分析结果如表 13-18。

表 13-18 方差分析表

方差来源	平方和	自由度	均方	F 比
行因素	170.55	3	56.85	0.10
列因素	1 418.80	4	354.70	0.65
误差	6 549.20	12	545.77	—
总和	8 138.55	19	—	—

查表得 $F_\alpha[r-1, (k-1)(r-1)] = F_{0.05}[r-1, (k-1)(r-1)]$
$$= F_{0.05}(3, 12) = 3.49,$$
$F_\alpha[k-1, (k-1)(r-1)] = F_{0.05}[k-1, (k-1)(r-1)]$
$$= F_{0.05}(4, 12) = 3.26。$$

由于 $F_r = 0.10 < 3.49$，故接受原假设 H_{0r}；$F_r = 0.65 < 3.26$，故接受原假设 H_{0c}。即颜色和地区都对此经典款服装的销售无显著影响。

由于此方式涉及的计算量较大，则考虑在 Excel 中实现方差分析。

步骤 1：首先将表 13-18 的数据导入 Excel，如图 13-28 所示。

图 13-28　数据导入

步骤 2：依次点击【数据】—【数据分析】，出现如图 13-29 所示对话框，选择【方差分析：无重复双因素方差分析】，点击【确定】。

步骤 3：出现图 13-30 的对话框，在输入区域中输入所需分析的数据，并且输入要求的值，选择要输出的工作表类型，点击【确定】。

图 13-29　选择工具　　　　　　　　　图 13-30　工具操作步骤

输出结果如图 13-31，SS、df、MS、F 分别对应误差平方和、自由度、均方、F 比。

由分析结果可知 $F_r = 0.104\,165\,39 < 3.49$，故接受原假设 H_{0r}；$F_r = 0.649\,911\,44 < 3.26$，故接受原假设 H_{0c}。即颜色和地区都对此经典款服装的销售无显著影响，与前文结果一致。

	A	B	C	D	E	F	G	H
1	方差分析：无重复双因素分析							
2								
3	SUMMARY	观测数	求和	平均	方差			
4	行 1	5	1030	206	682.5			
5	行 2	5	1013	202.6	546.8			
6	行 3	5	1054	210.8	585.2			
7	行 4	5	1030	206	177.5			
8								
9	列 1	4	781	195.25	700.25			
10	列 2	4	879	219.75	68.25			
11	列 3	4	845	211.25	654.25			
12	列 4	4	807	201.75	197.583333			
13	列 5	4	815	203.75	619.583333			
14								
15								
16	方差分析							
17	差异源	SS	df	MS	F	P-value	F crit	
18	行	170.55	3	56.85	0.10416539	0.95605197	3.49029482	
19	列	1418.8	4	354.7	0.64991144	0.63776771	3.25916673	
20	误差	6549.2	12	545.766667				
21								
22	总计	8138.55	19					

图 13-31　方差分析结果

13.3.4　多变量数据分析

（1）偏相关分析

相关分析是研究两个变量的共同变化的密切程度，但有时出现相关的两个变量又同时与另外的一个变量相关。在这三个变量中，有可能只是由于某个变量充当了相关性的中介作用，而另外的两个变量并不存在实质性的相关关系。这种情况导致数据分析中出现"伪相关"现象，造成伪相关现象的变量被称为"桥梁变量"。

在数据的相关性分析中，为了摒弃桥梁变量的影响力，发现变量内部隐藏的真正相关性，人们引入了偏相关分析的概念。偏相关分析就是在剔除控制变量的影响下，分析指定变量之间是否存在显著相关性。

在数据的相关性分析中，偏相关分析的处理思路通常是把怀疑存在关联性的变量加入到 SPSS 的相关性检验变量表中，以检查它们之间的相关性水平。在验证了数据内部存在相关性并且怀疑可能存在桥梁变量时，则可以将桥梁变量作为控制变量，重新进行相关性分析，检查在排除了桥梁变量的影响力之后，分析其他变量之间是否存在关联性。

案例 13-15　偏相关分析实战步骤

例如在研究消费者在电商直播下的服装消费情况时，可以借助 SPSS 软件对消费者的"月可支配收入"、"月度电商平台消费额"和"月度电商平台服装消费额"之间的相关性进行分析，并探索本案例中是否存在桥梁变量。具体操作步骤如下：

步骤 1：打开 SPSS，扫二维码下载"数据 13-5 电商直播服装消费者冲动购买调查 .sav"，进入"数据视图"状态。

步骤 2：利用【分析】—【非参数检验】—【旧对话框】—【1. 样本 K-S】命令，分析待测变量"月可支配收入"、"月度电商平台消费额"和"月度电商平台服装消费额"的分布形态。

步骤 3：利用菜单【分析】—【相关】—【双变量】命令，启动"双变量相关"对话框，并进行如图 13-32 所示的设置。本设置表示对"月可支配收入"、"月度电商平台消费额"和"月度电商平台服装消费额"进行 Pearson 相关性检验。

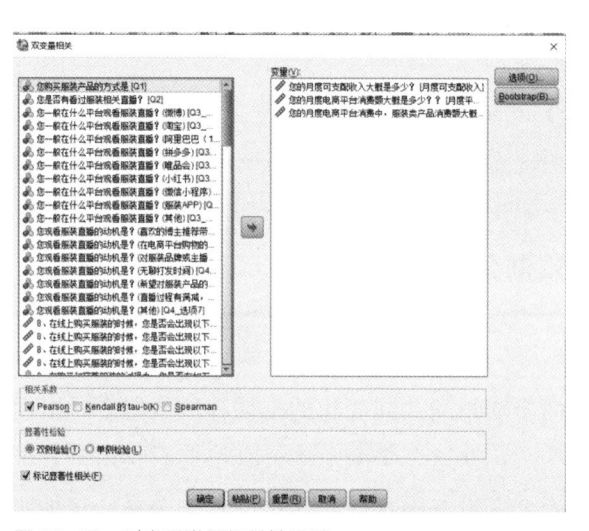

图 13-32　对变量进行相关性设置

步骤 4：单击【确定】按钮，启动相关性分析过程，获得如图 13-33 所示的检验结果。

步骤 5：从图 13-33 可知，"月可支配收入"、"月度电商平台消费额"和"月度电商平台服装消费额"之间的相关性检验概率均为 0，表示这三个变量之间都存在显著相关性。此时可怀疑"月度电商平台消费额"是桥梁变量，因为变量"月度电商平台消费额"的存在，导致了另外 2 个变量之间存在着高度相关性。为此进行以"月度电商平台消费额"作为控制变量的偏相关分析。

相关性				
		您的月度可支配收入大概是多少？	您的月度电商平台消费额大概是多少？	您的月度电商平台消费中，服装类产品消费额大概是多少？
您的月度可支配收入大概是多少？	Pearson 相关性	1	.432**	.284**
	显著性（双侧）		.000	.000
	N	234	234	234
您的月度电商平台消费额大概是多少？	Pearson 相关性	.432**	1	.595**
	显著性（双侧）	.000		.000
	N	234	234	234
您的月度电商平台消费中，服装类产品消费额大概是多少？	Pearson 相关性	.284**	.595**	1
	显著性（双侧）	.000	.000	
	N	234	234	234

**. 在 .01 水平（双侧）上显著相关。

图 13-33　多对变量的相关性分析结论

步骤 6：利用菜单【分析】—【相关】—【偏相关】命令，启动"偏相关"对话框，进行如图 13-34 所示的各项配置。

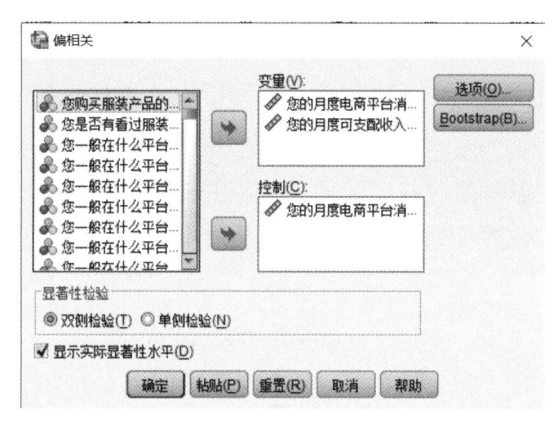

图 13-34　偏相关分析的配置界面

步骤 7：在图 13-34 中完成了各项配置后，单击【确定】按钮就立即启动了偏相关分析过程，获得了如图 13-35 所示的结果。

通过这个输出结果可知，在本次偏相关性分析中，以"月度电商平台消费额"作为控制变量的情况下，"月可支配收入"和"月度电商平台服装消费额"之间的相关性检验概率值为 0.574，此值>0.05，说明"月可支配收入"和"月度电商平台服装消费额"之间不存在相关性。这表明"月可支配收入"和"月度电商平台服装消费额"之间的显著相关是由"月度电商平台消费额"引起的，"月度电商平台消费额"在"月可支配收入"和"月度电商平台服装消费额"之间起着桥梁作用，它确实是一个桥梁变量。

相关性			您的月度电商平台消费中，服装类产品消费额大概是多少？	您的月度可支配收入大概是多少？
控制变量				
您的月度电商平台消费额大概是多少？	您的月度电商平台消费中，服装类产品消费额大概是多少？	相关性	1.000	.037
		显著性（双侧）	.	.574
		df	0	231
	您的月度可支配收入大概是多少？	相关性	.037	1.000
		显著性（双侧）	.574	.
		df	231	0

图 13-35　偏相关分析的分析结果

13.3.5　多元回归分析

（1）多元线性回归分析

多元线性回归分析，就是对只有一个因变量但包含多个自变量的回归分析，其目标是找出一个具有多个自变量的一元方程式，并力图以此方程式较准确地表达原始数据中相关变量之间的内在规律。

多元线性回归的任务就是寻找多元回归方程并对方程的质量进行评价，并最终获得有效的回归方程。与一元线性回归相比，多元线性回归的最大特点就是有多个自变量参与回归分析过程，其绝大多数理论与操作方法都和一元线性回归分析相同。

在多元线性回归分析中，对自变量的筛选主要从两个方面考虑，分别为系统决定自变量去留的规则、自变量进入方程的顺序。

1）对自变量的筛选考虑一：系统决定自变量去留的规则

在多元线性回归中，"自变量能否进入到方程中""自变量凭什么留在方程中"是多元线性回归分析成败的基本问题。

在 SPSS 中的线性回归分析的"选项"对话框中，系统提供了 2 种标准来实现对自变量的筛选，如图 13-36。

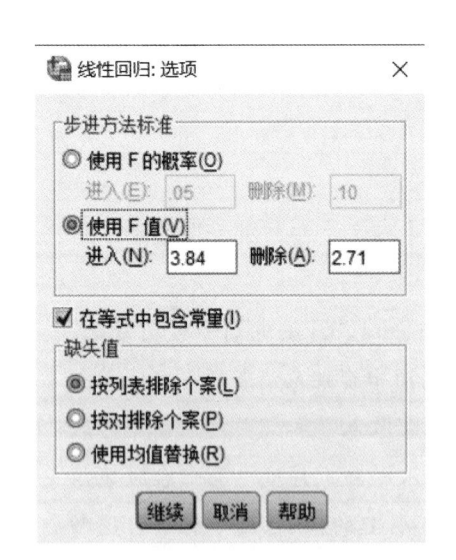

图 13-36　"线性回归：选项"对话框

① 基于方差分析的检验概率实施自变量筛选

在方差分析中，若其检验概率 <0.05，则表示因素对结果有显著影响。因此，可指定自变量进入方程的检验概率界值为 0.05，自变量从方程中剔除的检验概率界值为 0.10。即对于待进入方程的自变量，若方差分析的检验概率 <0.05，则此变量可进入方程；对于已经处于方程内的自变量，若方差分析的检验概率 >0.10，则此变量从方程中剔除。

基于检验概率值确定自变量的去留，是 SPSS 的默认回归方式。在此方法下，系统默认的自变量进入方程的标准是 <0.05，自变量退出方程的标准是 >0.10，如图 13-37 所示。若用户有特殊需求，也可修改这两个值，但是要注意，这两个值不可重合，进入标准应小于退出标准。

② 基于方差分析的 F 值实施自变量筛选

在方差分析中，F 值是衡量因素对因变量影响力的重要指标。除了使用方差分析的检验概率来决定自变量的去留，还可以借助 F 值来决定自变量的去留。

在图 13-36 中，若选中【使用 F 值】单选框，则表示根据方差分析的 F 值决定自变量的去留。由于 F 值越大，自变量对结果的影响力就越大。故系统默认为自变量进入方程的对应 F 值应 >3.84，自变量退出方程的对应 F 值应 <2.71。若用户有特殊需求，也可修改这两个值，但是要注意，这两个值不可重合，进入标准应远大于退出标准。

2）对自变量的筛选考虑二：自变量进入方程的顺序

① 强行全体进入

强行全体进入简称为"进入"。对用户提供的所有自变量回归方程全部接纳，不检验进入值和移出值，这种方式构造的回归方程包含全部自变量，对于方程的质量和自变量的影响力需要根据输出结果人工判定。

② 正向进入

正向进入简称为"向前"。对于用户提供的所有自变量，系统计算出所有自变量与因变量的相关系数，每次从尚未进入方程的自变量组中选择与因变量具有最强正或负相关系数的自变量进入方程，然后检验此自变量的影响力，直到没有进入方程的自变量都不满足进入方程的标准为止。

③ 反向剔除

反向剔除简称为"向后"。对于用户提供的所有自变量，先让它们全部强行进入方程，再逐个检查，剔除不合格变量（即影响力最差的、达不到最低标准的变量），直到方程中的所有变量都不满足移出条件为止。在这种方式下，若所有自变量的影响力都很低，则可能全部自变量都被排除，导致回归方程式失败。

④ 逐步进入

逐步进入简称为"逐步"。是 Forward 与 Backward 方法的组合。基本思路是：先检查不在方程中的自变量，把 F 值最大且满足进入条件的自变量选入方程中，接着对已经进入方程的自变量，查找满足移出条件的自变量将被移出方程。在这种方式下，若所有自变量的影响力都很低，则可能无法创建出合格的回归方程式。

逐步进入方式是一种比较智能化的方式，工作效率也比较高，是最为常用的方法。

⑤ 强行剔除

强行剔除也叫一次性剔除方式，是通过一次检验剔除全部不合格变量。这种方式不能单独使用，通常建立在前面已经构造出初步的回归方程的基础上，与前面的其他筛选方法结合使用。因此，尽管它是一种比较高效的方法，但使用得很少。

■ **案例 13-16**　回归分析实战步骤

例如在研究消费者在电商直播下的服装消费情况时，可以借助 SPSS 软件对消费者的"性别"、"年龄"、"月度电商平台消费额"与"月度电商平台服装消费额"之间的关系进行分析。

如果可以，在过程中构造出回归方程，并评价回归分析的效果。具体操作步骤如下：

步骤 1：打开 SPSS，扫二维码下载"数据 13-5 电商直播服装消费者冲动购买调查 .sav"，进入"数据视图"状态；

步骤 2：利用菜单【分析】—【回归】—【线性】命令，启动"线性回归"对话框，如图 13-37 所示。把变量"月度电商平台服装消费额"添加到【因变量】列表框中，把变量"性别""年龄""月度电商平台消费额"添加到【自变量】列表框中；

步骤 3：在右侧中部的"方法"组合框中，选择自变量的筛选方式为"进入"；

步骤 4：单击【确定】按钮，启动线性回归过程，获得如图 13-38～图 13-41 所示的分析结果。

在回归分析中，由于各自变量的取值范围并不完全相同，因此通常借助非标准化系数构造非标准化的回归方程式，以便能在回归方程中直接使用原始数据

图 13-37　"线性回归"设置对话框

表中的变量值。本案例中，由表格"系数"可以得到这个模型的非标准化系数依次为 0.792、0.453、-0.027、-0.060，故可以构造出回归方程式：$y = 0.792 + 0.453X_1 - 0.027X_2 - 0.06X_3$。在此公式中，$y$ 代表"月度电商平台服装消费额"，X_1 代表"月度电商平台消费额"，X_2 代表"性别"，X_3 代表"年龄"。且该回归模型的"R方"值为 0.361，表示该回归方程式的质量较差，影响力较小。并且由表格"系数"可知，"性别"和"年龄"的 Sig 值分别为 0.823 和 0.110，都大于 0.05，说明这两个变量对因变量没有显著性影响，其对应的 t 值分别为 -0.224、-1.606，同样也说明了这一点，故应该将这两个变量从回归模型中剔除。然后对自变量"月度电商平台消费额"和因变量"月度电商平台服装消费额"重新进行一元线性回归分析，详细步骤见"简单回归分析"部分。

输入/移去的变量[b]

模型	输入的变量	移去的变量	方法
1	您的年龄段：SEX, 您的月度电商平台消费额大概是多少？	.	输入

a. 已输入所有请求的变量。
b. 因变量: 您的月度电商平台消费中，服装类产品消费额大概是多少？

图 13-38　"输入/移去的变量"输出表格

模型汇总

模型	R	R方	调整 R方	标准 估计的误差
1	.601[a]	.361	.353	.680

a. 预测变量: (常量), 您的年龄段, SEX, 您的月度电商平台消费额大概是多少？

图 13-39　"模型汇总"输出表格

Anova[b]

模型		平方和	df	均方	F	Sig.
1	回归	60.126	3	20.042	43.378	.000[a]
	残差	106.267	230	.462		
	总计	166.393	233			

a. 预测变量: (常量), 您的年龄段, SEX, 您的月度电商平台消费额大概是多少？
b. 因变量: 您的月度电商平台消费中，服装类产品消费额大概是多少？

图 13-40　"Anova"输出表格

模型		非标准化系数		标准系数	t	Sig.
		B	标准误差	试用版		
1	(常量)	.792	.244		3.248	.001
	您的月度电商平台消费额大概是多少?	.453	.040	.601	11.250	.000
	SEX	-.027	.120	-.012	-.224	.823
	您的年龄段	-.060	.037	-.085	-1.606	.110

a. 因变量:您的月度电商平台消费中,服装类产品消费额大概是多少?

图 13-41 "系数"输出表格

（2）二元 Logistic 回归分析

二元 Logistic 回归分析是针对因变量为二分变量的回归分析,即研究中的被解释变量并不是常用的定距变量,而是仅有两种状态的二分变量。二元 Logistic 回归分析的目标是找到能够影响因变量取值的因素,并构造出回归方程,然后借助回归方程对新个案进行运算,判定个案的最终选择。

由于二元 Logistic 回归分析的因变量为二元变量,取值范围只有两种状态,即 0 或 1,不便于直接计算残差值,所以从理论上来讲是无法直接使用一般多元线性回归模型建模的,但是如果借助普通多元线性回归模型 "$y = b_0 + b_1x + \cdots + b_nx_n$" 解释该研究问题,则在大量个案的情况下,所获得的因变量的均值将是因变量取 "真"值时的概率。因此,可以把因变量取值为 1 的概率作为新的因变量,把二元回归分析转化为针对新变量的普通多元线性回归。

由于在二元回归模型中,因变量取值为 1 的概率 P 值应在 $0 \sim 1$。在借助普通多元线性回归模型解释二元回归中的概率 P 时,模型中的因变量与概率值之间的关系是线性的,然而在实际应用中,这个概率值与因变量之间往往是一种非线性关系。例如,在一定的条件范围内,购买新服装的概率与收入增长情况成正比。但这种情况并不稳定,经常是在收入增长初期,购买新服装的概率增长得比较缓慢。当收入增长到一定水平后,购买新服装的概率会迅速增长,但当收入增长到某个数额后,购买新服装的概率仍会增长,但增长速度已经逐渐变缓。在数学上,这一规律与著名的"增长函数"吻合。为此,统计学家认为应对概率 P 进行必要的转化,使之符合常规的线性模型。如公式 13-34 所示。

$$\text{logit } P = b_0 + b_iX_i \qquad \text{公式 13-34}$$

借助增长函数的理论,最终形成了如公式 13-35 所示的面向概率 P 的回归模型。

$$P = \frac{1}{1 + \text{Exp}(-(b_0 + b_iX_i))} \qquad \text{公式 13-35}$$

公式 13-35 就是 Logistic 函数，它是在增长函数的基础上，针对二元回归中的概率 P 值所做的专门变形。

对于公式 13-35 中的回归模型，若拓展到多元线性回归公式"$y = b_0 + b_1x + \cdots + b_nx_n$"，就形成了针对二元变量的多元回归分析。

Logistic 回归方程的参数求解采用极大似然估计法，它是基于总体的分布密度函数来构造一个包含未知参数的似然函数，并求解在似然函数值最大情况下的未知参数的估计值，在这一原则下得到的模型，其产生的样本数据的分布与总体分布相近的可能性最大。因此，似然函数的函数值实际上也是一种概率值，它反映了在所确定的拟合模型为真时，该模型能够较好地拟合样本数据的可能性，故似然函数的取值也为 0～1。

在 Logistic 回归分析中，对回归系数的判定统计量是 Wald 统计量。Wald 统计量的原理与普通线性回归分析中的 T 值概念相似。其数学定义是：$Wald_i = (B_i/SE_i)^2$。其中 B_i 代表第 i 个有效自变量的回归系数，而 SE_i 是第 i 个回归系数的标准误差。Wald 值越大，表示回归系数的影响力越显著。

二元 Logistic 回归分析也是一种多元回归分析，在面临多个自变量时，同样存在自变量的筛选标准和自变量进入方程的顺序问题。

（3）系统决定自变量去留的规则

1）采用极大似然估计的方法（"LR"方式）

似然估计检验的原理是通过分析模型中自变量的变化对似然比的影响，来检验增加或减少自变量的值是否对因变量有统计学上的显著意义。极大似然估计方法是二元 Logistic 回归分析的默认方法。

2）采用 Wald 检验方法（"Wald"方式）

这是一种类似 t 检验的自变量筛选方式。根据二元数据处理的特点，人们对 t 检验的算法进行了扩展，提出了 $Wald_i = (B_i/SE_i)^2$ 统计量，通过检查 Wald 统计量的强度，以确定相对应的自变量能否进入方程。

3）采用比分检验方法（"比分"方式）

在已经设计好的回归模型的基础上增加一个变量，并假设新变量的回归系数为 0。此时以似然函数的一阶偏导和信息矩阵的乘积作为比分检验的统计量 S。在样本较大时，S 服从自由度为检验参数个数的卡方分布，然后借助卡方分布的原理对自变量实施判定。

（4）自变量进入回归方程的顺序

1）直接进入

直接进入就是所有自变量一次性全部纳入到回归方程，在最终的回归方程中，应该包含全部自变量。该方式的最大缺点是对于方程的质量和自变量的影响力需要根据输出结果人工判定。

2）逐个进入

逐个进入法的基本思路是对于给定自变量，按照其检验概率 P 的显著性程度选择"最优"的自变量，把它依次加入到方程中，然后按照选定的筛选技术进行自变量的判定。在 SPSS 的二元 Logistic 回归分析中，对于自变量的筛选，在"向前"方式下，分别有"条件"、"LR"和"Wald"三种筛选技术。

3）逐个剔除

逐个剔除方式的基本思路是对于给定自变量，先全部进入方程，按照其检验概率 P 的显著性程度依次选择"最差"的自变量，把它从方程中剔除。在 SPSS 的二元 Logistic 回归分析中，对于自变量的剔除，在"向后"方式下，也分别有"条件"、"LR"和"Wald"三种筛选技术。

对于二元回归分析，其回归方程的质量判定可以从两个方面考察：其一，回归方程能够解释变量变差的程度；其二，由回归方程计算出的预测值与实际值之间的吻合程度。

在二元 Logistic 回归分析中，衡量其拟合程度高低的指标是二元回归分析的判定系数，它叫"Cox & Snell R 方"统计量，这是一个与普通线性回归中的判定系数"R 方"作用相似的统计量。但是，由于 Cox & Snell R 方的取值范围不易确定，因此在使用时并不方便。为了解决 Cox & Snell R 方的取值范围不易确定的问题，SPSS 引入了"Nagelkerte R 方"统计量，它是对 Cox & Snell R 方的修正，其取值范围为 0～1。

Nagelkerte R 方的值越接近 1，则表示二元回归方程的拟合度越高。

在二元 Logistic 回归分析中，对于纳入方程的每个自变量，都可以计算其 Wald 值（相当于线性回归分析中的 T 值）。利用 Wald 值，可以判定该自变量对回归方程的影响力，通常 Wald 值应＞2。另外，与 Wald 值配套的检验概率 Sig 值也能发挥同样的作用，以 Sig 值＜0.05 作为回归系数具有显著影响力的标准。

在实际应用中，二元 Logistic 回归分析适用于需要对只有"是""否"两种选择的结论给予解释的研究，即研究中的被解释变量是仅有 2 种状态的二分变量。例如在研究消费者在电商直播下的服装消费情况时，可以借助 SPSS 软件，将消费者"是否观看服装类直播"作为因变量，将"性别"、"月度电商平台消费额"与"月度电商平台服装消费额"作为自变量开展回归分析。如果可以，在回归分析过程中构造出回归方程，并评价回归分析的效果。

13.3.6 因子分析

（1）因子分析的意义

在研究实际问题时往往希望尽可能多地收集相关变量，以期能对问题有比较全面、完整的把握和认识。例如，对高等学校科研状况的评价研究，可能会收集诸如投入科研活动的人数、立项课题数、项目经费、经费支出、结项课题数、发表论文数、发表专著数、获得奖励数等多项指标；在学生综合评价研究中，可能会收集诸如基础课成绩、学科基础课成绩、专业课成绩等各类课程的成绩以及获得奖学金的次数等。收集这些数据需投入许多精力，虽然它们能够较为全面、精确地描述事物，但在实际数据建模时，这些变量未必能真正发挥预期的作用，"投入"和"产出"并非呈合理的正比，反而会给统计分析带来许多问题，可以表现在：

① 计算量的问题。由于收集的变量较多，如果这些变量都参与数据建模，无疑会增加分析过程中的计算工作量。虽然现在的计算技术已得到迅猛发展，但高维变量和海量数据的计算仍是不容忽视的问题。

② 变量间的相关性问题。收集到的诸多变量之间通常会存在或多或少的相关性。例如，高校科研状况评价中的立项课题数与项目经费、经费支出等之间会存在较高的相关性；学生综合评价研究中的学科基础课成绩与专业课成绩、获得奖学金的次数等之间也会存在较高的相关性。

变量间信息的高度重叠和高度相关会给统计方法的应用设置许多障碍。例如，多元线性回归分析中，如果众多变量间存在较强的相关性，即存在高度的多重共线性，那么会给回归方程的参数估计带来许多麻烦，致使回归方程参数不准确甚至模型不可用等。类似的问题还有许多。

针对上述问题，最简单和最直接的解决方案是削减变量个数，但这必然会导致信息丢失和信息不全面等问题产生。为此，人们希望探索一种更有效的解决方法，它既能大幅减少参与数据建模的变量个数，同时也不会造成信息的大量丢失。因子分析正是这样一种能够有效降低变量维数，并已得到广泛应用的分析方法。

（2）因子分析的特点与概念

因子分析是研究如何以最少的信息丢失将众多原有变量浓缩成少数几个因子，并使因子具有一定的命名解释性的多元统计分析方法。通常，因子有以下几个特点：①因子个数远远少于原有变量的个数。②因子能够反映原有变量的绝大部分信息。③因子之间的线性关系不显著。④因子具有命名解释性。

因子分析中的重要概念有因子载荷、公因子方差、因子的方差贡献。因子负载是连接观测变量和公因子的纽带，等于公因子和观测变量之间的相关系数。公因子方差（也叫变量共同度）是观测变量中由公因子决定的比例，公因子的方差越大，变量能被因子说明的程度越高。因子贡献率是每个公因子所解释的方差占所有变量总方差的比例。

因子分析的理论操作步骤在 13.3.1 效度检验部分已有相应解释，此处不再赘述。

■ **案例 13-17 因子分析实战步骤**

某服装品牌想调查消费者观看其直播间时的内心感受，于是自制调查表对 234 名消费者进行了调查，并扫二维码下载"数据 13-5 电商直播服装消费者冲动购买调查 .sav"进行分析，探索消费者观看直播间时的内心活动。

实战步骤

步骤 1：【分析】→【降维】→【因子分析】，如图 13-42 所示，将 A 到 O 中的 15 个观测变量放入变量框中；

步骤 2：描述，勾选【系数与 KMO】；

步骤 3：提取，先默认特征值大于 1，看效果，若提取信息量不高，增加提取的主成分数量；

步骤 4：旋转，如图 13-43 所示，选择"最大方差法"，并勾选"载荷图"。

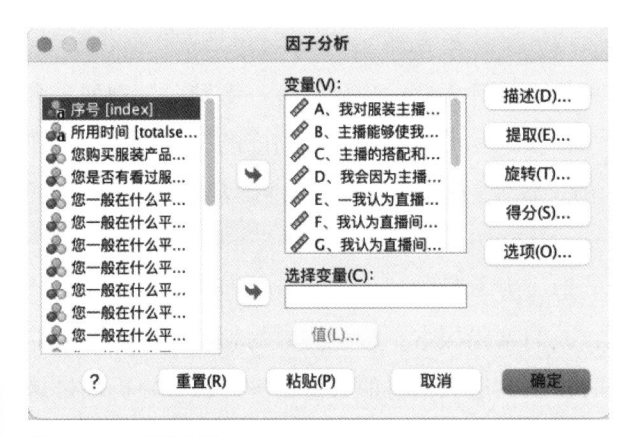

图 13-42 因子分析

图 13-43 因子旋转

结果解读

（1）因子分析条件：$KMO = 0.919 > 0.5$，$P = 0.000 < 0.05$，适合进行因子分析，如图 13-44。

（2）提取公因子：由图 13-45 可以发现按照特征值大于 1，可以提取 3 个主成分，可解释总方差为 86.27%，对于市场调查类项目，总方差高于 80% 已经很理想，于是就决定提取 3 个公因子。

图 13-44 KMO 检验

Total Variance Explained

Component	Initial Eigenvalues			Extraction Sums of Squared Loadings			Rotation Sums of Squared Loadings		
	Total	% of Variance	Cumulative %	Total	% of Variance	Cumulative %	Total	% of Variance	Cumulative %
1	8.262	55.077	55.077	8.262	55.077	55.077	5.925	39.500	39.500
2	3.382	22.544	77.621	3.382	22.544	77.621	3.835	25.567	65.067
3	1.297	8.649	86.270	1.297	8.649	86.270	3.180	21.203	86.270
4	.488	3.250	89.520						
5	.415	2.765	92.285						
6	.275	1.835	94.120						
7	.257	1.712	95.832						
8	.226	1.509	97.340						
9	.192	1.282	98.623						
10	.167	1.115	99.737						
11	.017	.113	99.850						
12	.010	.065	99.915						
13	.006	.043	99.958						
14	.004	.023	99.981						
15	.003	.019	100.000						

Extraction Method: Principal Component Analysis.

图 13-45　总方差解释

Rotated Component Matrix[a]

	Component		
	1	2	3
K、我认为直播间的价格比日常价格更低	.974	.164	.139
L、直播间的优惠活动会吸引我观看	.973	.168	.139
M、直播间的限时活动和优惠活动会刺激我的消费欲望	.972	.165	.151
J、我对直播间的优惠机制很满意	.972	.171	.146
N、我会因为直播间的优惠价格和限时活动产生冲动消费行为	.969	.148	.175
O、我会因为不时地优惠券发放和观看时长奖励等持续观看直播	.968	.145	.167
G、我认为直播间的布置给人亲近舒适的感觉	.162	.885	.235
I、直播页面的设计合理,操作方便	.122	.866	.202
F、我认为直播间的产品介绍和服务十分周到	.223	.833	.223
E、一我认为直播间的布局场景十分清晰整齐	.184	.801	.312
H、我被直播场景和氛围吸引,希望持续观看	.125	.671	.435
B、主播能够使我对不在购买计划内的服装产品产生兴趣	.202	.196	.868
D、我会因为主播对服装产品的介绍和展示产生冲动购买行为	.231	.253	.825
C、主播的搭配和介绍让我有消费的欲望	.156	.393	.772
A、我对服装主播的喜爱度和满意度越高,我在直播间待的时间越久	.083	.323	.759

Extraction Method: Principal Component Analysis.
Rotation Method: Varimax with Kaiser Normalization.

a. Rotation converged in 5 iterations.

图 13-46　旋转后成分矩阵

（3）公因子命名解释：如图 13-46 所示，可知公因子 1 上含有 K、L、M、J、N、O，都和直播间优惠折扣有关，我们称为"优惠因子"；公因子 2 上有 G、I、F、E、H，都和直播间场景有关，称之为"场景因子"；公因子 3 上含有 B、D、C、A，都和直播间主播特征有关，称之为"主播因子"。也就是说，消费者在观看售卖服装产品的直播间时，其心理活动主要分为三方面：直播间优惠折扣、直播间场景和直播间主播。

（4）载荷图：从图 13-47 可以发现 15 个观测变量自然聚成 3 类，分别对每一类作 X 轴、Y 轴、Z 轴的垂线。我们发现 K、L、M、J、N、O 在公因子 1 上具有较大载荷；G、I、F、E、H 在公因子 2 上具有较大载荷；B、D、C、A 在公因子 3 上具有较大载荷。

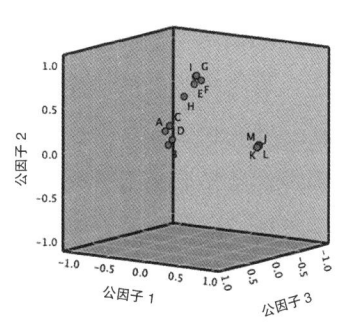

图 13-47　载荷图

13.3.7 聚类分析

聚类分析是一种建立分类的多元统计分析方法，它能够将一批观测（或变量）数据根据其诸多特征，按照在性质上的亲疏程度在没有先验知识的情况下进行自动分类，产生多个分类结果。同类内部个体特征具有相似性，不同类间个体特征的差异性较大。常见的聚类方法有层次聚类和 K-Means 聚类等。

应用聚类分析方法进行分析时应注意以下几点：

第一，所选择的变量应迎合聚类的分析目标。聚类分析是在所选变量的基础上对样本数据进行分类，因此分类结果是各个变量综合计量的结果。在选择参与聚类分析的变量时，应注意所选变量是否迎合聚类的分析目标。

例如，如果希望依照学校的科研情况对高校进行分类，那么可以选择参加科研的人数、年投入经费、立项课题数、支出经费、科研成果数、获奖数等变量，而不应选择诸如在校学生人数、校园面积、年用水量等变量。因为它们不能迎合聚类的分析目标，分类的结果也就无法真实地反映科研分类的情况。

第二，各变量的变量值不应有数量级上的差异。聚类分析是以各种距离来度量个体间的"亲疏程度"的。数量级将对距离产生较大的影响，从而影响最终的聚类结果。在聚类分析之前，应首先消除数量级对聚类的影响。消除数量级影响的方法较多，其中标准化处理是最常用的方法之一。

第三，各变量间不应有较强的线性相关关系。聚类分析是以各种距离来度量个体间的"亲疏程度"的。从各种距离的定义来看，所选择的每个变量都会在距离中做出"贡献"。如果所选变量之间存在较强的线性关系，能够相互替代，那么计算距离时同类变量将重复"贡献"，在距离中占有较高的权重，因而使最终的聚类结果偏向该类变量。

■ 案例 13-18 聚类分析应用举例

聚类分析在统计分析的各应用领域得到了广泛的应用，"物以类聚"问题在经济社会研究中十分常见，例如市场营销中的市场细分和客户细分问题。某服装品牌实体店收集了顾客人口特征、消费行为和喜好方面的数据，并希望对这些顾客进行特征分析。可从顾客分类入手，根据顾客的年龄、职业、收入、消费金额、消费频率、喜好等变量对顾客进行分组。这时采用聚类分析方法便可从数据自身出发，充分利用数据进行顾客的客观分组，使诸多特征有相似性的顾客能被分在同一组内，而不相似的顾客能被分到另一些组中。

再如，学校里有些学生会经常在一起，关系比较密切，而他们与另一些学生却

> 很少来往，关系比较疏远。究其原因，可能会发现经常在一起的学生，他们在家庭情况、性格、学习成绩、课余爱好等方面有许多共同之处，而关系较疏远的学生在这些方面有较大的差异。为了研究家庭情况、性格、学习成绩、课余爱好等是否会成为划分学生小群体的主要决定因素，可以从有关这些方面的数据入手，对学生进行客观分组，然后比较所得的分组是否与实际分组吻合。这里对学生的客观分组也可采用聚类分析方法。

13.3.8 判别分析

判别分析是在分组已知的情况下，根据已经确定分类的对象的某些观测指标和所属类别来判断未知对象所属类别的一种统计学方法。判别分析首先需要对研究的对象进行分类，然后选择若干对观测对象能够较全面描述的变量，接着按照一定的判别标准建立一个或多个判别函数，使用研究对象的大量资料确定判别函数中的待定系数来计算判别指标。对一个未确定类别的个案只要将其代入判别函数就可以判断它属于哪一类总体。

在企业营销中，营销人员可通过已有的客户特征数据（如消费金额、消费频次、购物时长、购买产品类目等），预测当前的消费者属于哪种类型的顾客（款式偏好型、偏重质量型、价格敏感型等），并根据其特点有针对性地采取有效的营销手段。除此之外，判别分析还可以与聚类分析结合使用，比如服装品牌在想要发放不同等级的优惠券之前，可以通过此方法判断过往消费者是否具有较好的消费能力。

13.3.9 结构方程模型

结构方程模型（Structural Equation Modeling，简称为 SEM）是一种基于观察变量协方差矩阵，对潜在变量之间的因果关系模型进行估计和检验的高级统计分析方法。它可以将两个或多个结构模型联合起来，以实现对多元关系进行建模的统计框架，从而解决相关性分析中无法得到的因果关系以及区别直接和间接作用。

运用 SEM 进行数据统计分析的一般流程为：
① 建立理论模型，根据理论模型设定变量间的关系；
② 设定模型；
③ 判断模型识别情况；
④ 明确模型变量的测量，即调查问卷；
⑤ 收集数据；

⑥ 初始分析（缺失值、离群值的处理，标准化等）；

⑦ 估计模型参数；

⑧ 评估模型拟合情况；

⑨ 修正模型；

⑩ 结论撰写。

思考与练习

1. 为了恰当地选择分析方法，应考虑哪几个方面的问题？
2. 常用的描述中心趋势的数值有哪几个？各自的适用情况如何？
3. 常用的描述离散程度的数值有哪几个？各自的适用情况如何？
4. 阅读书中提供的案例文献和数据后，添加使用新的因变量和自变量，对数据进行分析，建立方程。

参考文献

［1］ 盛骤，谢式千，潘承毅编．浙江大学《概率论与数理统计》(第4版) [M]．北京：高等教育出版社，2008．

［2］ 广旭．卡方检验概述 [EB/OL]．http：//www.360doc.com/content/20/0216/14/47452922_892456610.shtml．

［3］ 陈启杰，江晓东．市场调查与预测（第4版）[M]．上海：上海财经大学出版社，2014．

［4］ 岳欣．市场调查、分析与预测 [M]．北京：北京邮电大学出版社，2010．

［5］ 马秀麟，姚自明．数据分析方法及应用——基于SPSS和EXCEL环境（第3版）[M]．北京：人民邮电出版社，2018：163-209．

第 14 章

调查报告撰写与汇报

本章导读 / 内容概要、重点和难点

市场调查报告是市场调查研究成果的集中体现，反映市场调查内容及工作过程，并提供调查结论和建议。一份好的市场调查报告应该有完整的结构和详略得当、层次分明的内容。本章将系统介绍调查报告的分类用途、逻辑架构、内容形式、撰写的注意事项，帮助读者掌握研究报告撰写过程中的技术和艺术。

本章重点

掌握调查报告的各种形式、应用场景，调查报告的结构及撰写要求。

本章难点

语言表达和图表的应用对调查成果的呈现极为重要，调查报告的内容安排和逻辑结构展现了调查人员的思路和调查的全过程；此外，图文并茂，合理的版式和视觉效果也在一定程度上体现了调查人员（团队）的专业素养和审美能力。

> **案例 14-1** "有限时间内可以多精彩"——电梯法则的故事
>
> 麦肯锡公司曾为一家重要的大客户做咨询。咨询项目结束后,对方的董事长在电梯里遇见了麦肯锡的该项目负责人,该董事长问这位负责人:"你能现在把结果说一下吗?"由于没有事先做准备,该项目负责人也无法在电梯从30层到1层的30秒时间内把问题叙述清楚,麦肯锡公司因此失去了这一个重要客户。自此以后,麦肯锡创建了"30秒电梯法则",要求公司的员工全部掌握这种方法。
>
> 30秒电梯法则是麦肯锡独创的一种极度高效的表达法则,它要求员工凡事都要在30秒内就把结果表达清楚。麦肯锡认为,通常人们只能记住123,而记不住456,因此,叙述任何事情都要归纳在三条以内。这就是著名的"30秒电梯法则"。

调查报告是市场调查成果呈现的载体,无论是文字、图表还是交流过程中的汇报材料整理,极大程度地展现了撰写人员的逻辑性、系统性,要求在有限的篇幅中提炼要点与关键性内容,突出重点,进行信息的有效传递和表述,使受众对所调查的问题有全面系统的理解和认知。调查报告的撰写是市场调查工作最后的阶段,对管理决策有着非常重要的作用和意义。本章将就市场调查报告撰写与设计展开详细介绍。

14.1 调查报告的内容与结构

市场调查报告是调查成果的表现形式,通过文字、图表等形式将调查结果表达出来,使人对所调查的问题有全面系统的理解和认知,调查报告的撰写是市场调查工作最后的阶段,对管理决策有着非常重要的作用和意义。

14.1.1 调查报告的基本要求和作用

调查报告的作用:
① 将市场信息传递给决策者;
② 完整地表述调查结果;
③ 衡量和反映市场调查活动质量高低的重要标志;
④ 能够发挥参考文献的作用;
⑤ 可作为历史资料反复使用。

在撰写调查报告时，每一节的内容都要突出重点、详略得当，且各部分之间的逻辑关系要强，要将整个调查的基本过程清清楚楚地展示在阅读者的面前。调查报告的撰写逻辑如下：

① 背景：通过收集到的数据资料，了解调查背景。

② 提出问题：经过对收集到的数据资料进行归纳总结，提炼出所要调查的问题，明确调查目标。

③ 分析问题：利用相关软件对资料进行数据分析，使用图表将分析过程可视化，方便阅读者理解。

④ 解决问题：通过分析得出调查结论，针对所调查的问题给出合理的解决方案。

14.1.2 市场调查报告的内容和结构

（1）市场调查报告的内容

一份市场调查报告从内容上分，大致可以分为三部分，即基本情况、分析与结论、措施与建议。

基本情况：介绍清楚调查目的、方法、步骤、时间等说明信息，以及调查对象基本情况和调查结果的描述与解释说明，可以用文字、图表、数字辅助说明。对情况的介绍要详尽而准确，为下一步做分析、下结论提供依据。

分析与结论：对所调查问题的实际材料进行科学的分析，找出导致问题出现的原因及各方面因素的影响，透过现象看本质，得出对调查对象的明确结论。

措施与建议：通过对调查资料的分析、研究，对市场情况有了明晰的认识；针对市场矛盾和调查中发现的问题提出建设性的意见和建议，供阅读者参考。

（2）调查报告的结构

市场调查报告的结构没有统一的标准，但是调查报告要把市场信息传递给决策者的功能是不能改变的。长期实践中，调查报告逐渐已形成了常规的格式，许多企业都会形成具有自身特色的报告格式。市场调查报告通常包括前文（导语）、正文和附录三个主要部分具体如下：

1）标题页

标题页单独占用一张纸，内容包括市场调查报告的标题，委托方、调查方的项目负责人（撰写调查报告者），提交报告的日期等。如果报告属于机密的，应该在标题页的某处写清楚。

标题必须准确揭示报告的主题思想，做到题文相符。标题要简单明确，高度概括。好的标题，有画龙点睛的作用，对阅读者具有较强的吸引力。标题的形式一般有以下三种：

① 直叙式标题。简明扼要、直观地反映调查意向或指出调查地点、调查项目。

② 观点式标题。直接阐明调查者的观点、看法，或对事物做出判断、评价。这种标题既表明了调查者的态度，又揭示了主题，具有很强的吸引力，但通常要加副标题才能将调查对象和内容表达清楚。

③ 提问（设问）式标题。以设问、反问等形式，突出问题的焦点和尖锐性，吸引阅读者阅读、思考。这类题目比较尖锐，具有较大的吸引力，属于揭露问题的调查报告类型。

■ **案例14-2** 不同的标题形式在研究报告中的应用

a. 直叙式标题　　　　b. 直叙式标题　　　　c. 表明观点式标题

d. 设问（提问）式标题　　　　e. 观点式标题

图14-1　研究报告标题页和标题

如图14-1中来自各研究咨询机构（埃森哲、WGSN、贝恩咨询）的报告标题示例，研究报告的标题无论以何种方式表述，其关键都在于能够使读者一目了然地掌握报告核心内容和价值体现，同时便于行业领域有针对性地获取准确信息，同时，提问式和引导式的标题更适用于提供行业建议和参考，在探索性和因果关系调查当中，引起关注和好奇。

2）目录

提交调查报告时，如果涉及的内容和页数很多，为了便于阅读，应把各项内容用目录或索引形式标记出来，使阅读者对调查报告的整体框架有一个具体的了解。目录是报告中完整反映各项内容的一览表，包括题目、大标题、小标题、附录及各部分所在的页码等，特别短的报告可免去此项。一般来说，目录的篇幅不宜超过一页。

3）摘要

摘要就是为那些没有大量时间阅读整个报告的使用者（特别是高层管理人员）或者由于阅读者不具备太多的专业知识，只想尽快得到调查分析报告的主要结论，以及进行怎样的市场操作而准备的。摘要具体包括四个方面的内容：

① 简要说明调查目的。

② 介绍调查对象和调查内容，包括调查时间、地点、对象、范围、调查要点及所要解答的问题。

③ 简要介绍调查研究的方法。

④ 简要说明调查结论与建议。

一般来讲，调查报告的摘要书写有以下一些要求：从内容上讲，要做到清楚、简洁和高度概括，其目的是让阅读者通过阅读摘要，不但能了解本项目调查的全貌，同时对调查结论也有一个概括性的了解；从语言文字上讲，应该通俗、精炼，尽量避免使用生僻的字句或过于专业性、技术性的术语。摘要一般在完成报告后写。

4）正文

正文是调查报告的核心部分，一般由开头、主体、结束语三部分组成。这部分包括整个市场调查的详细内容，如调查使用方法、调查程序、调查结果等。对调查方法的描述要尽量讲清是使用何种方法，并提供选择此种方法的理由。

在正文中，相当一部分内容应是数字、表格，以及对它们的解释、分析，要用最准确、恰当的语句进行描述性分析，结构要严谨，推理要有一定的逻辑性。在正文部分，一般必不可少地要对自己在调查中出现的不足之处说明清楚，不能含糊其辞。在必要的情况下，还需将不足之处对调查报告的准确性有多大程度的影响分析清楚，以提高整个市场调查活动的可信度。调查报告正文的行文应当严谨、规范，不必追求华丽的词藻，如果某些词可能引起阅读者的误解，则应当尽量避免出现，而采用更接近人们日常习惯的用语。与其他公文文体不同，调查报告应当不厌其详，对于所有调查中获得的数据资料都应当给予反映。调查报告正文的三个部分分述如下：

① 开头。即引言部分，参见前面引言的写法。

② 主体。属于论述部分：第一，论述部分的重点。论述部分是调查报告的核心，它决定着整个调查报告质量的高低和作用的大小。论述部分的重点是通过调查了解到的事

实，分析说明被调查对象的发生、发展和变化过程；调查的结果及存在的问题；提出具体的意见和建议。第二，论述部分的写法。由于论述一般涉及的内容很多，文字较长，有时也可以用概括性或提示性的小标题突出文章的中心思想。第三，论述部分的主要内容。论述部分大致可分为基本情况部分和分析部分两部分内容。基本情况部分要真实地反映客观事实，对调查资料和背景资料做客观的介绍说明；或者是提出问题，其目的是要分析问题。分析部分是调查报告的主要部分，在这一部分，要对数据资料进行质和量的分析，通过分析，了解情况、说明问题和解决问题。

③ 结束语。结束语一般就是调查的结果，要求简短、切中要害，使阅读者既可以从中大致了解调查的结果，又可从后面的本文中获取更多的信息。

5）结论

结论是阅读者最为关注的部分，应根据调查结果总结结论，并结合企业或客户情况提出其所面临的优势与困难，提出解决方法，即建议。结论的几种表现形式：

① 概括全文。综合说明调查报告的主要观点，深化文章的主题。

② 形成结论。在对真实资料进行深入、细致的科学分析的基础上，得出报告结论。

③ 提出看法和建议。通过分析，形成对事物的看法，在此基础上，提出建议或可行性方案。结论与建议的语言要求简明扼要，使阅读者明确题旨，加深认识，可以参考正文中的信息对建议进行判断、评价，能够启发阅读者思考和联想。结论与建议要和正文部分的论述紧密对应，不可以提出无证据的结论，也不要没有结论性意见的论证。同时，这部分内容要具有可行性和可操作性，且有应用价值。

6）附件

附件是与调查过程有关的各种数据资料的总和，这些内容不便在正文中涉及，但在阅读正文或者检验调查结果的有效性时，需要参考这些数据资料。附件中的主要内容包括访谈提纲、调查问卷、观察记录表、受访者信息、谈话记录、复杂的统计表、参考资料等。

> ■ **案例14-3** 调查报告关键性结构示例
>
> 一份结构完整的调查报告的结构应该包括标题、摘要、导语、目录、正文、结论和附件（图14-2～图14-5）。

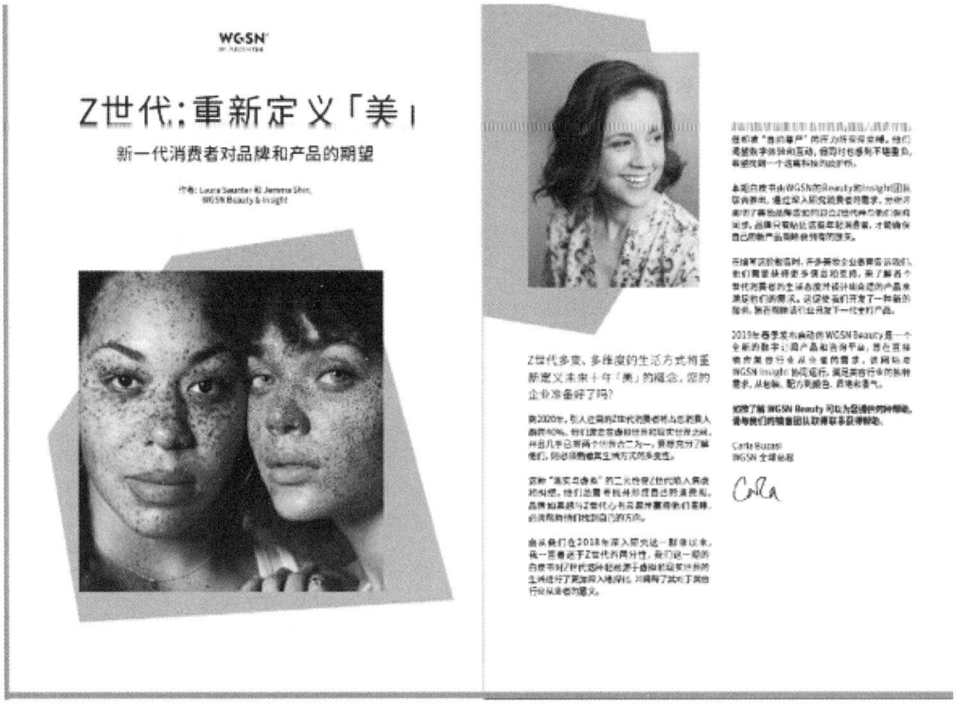

图 14-2 调查报告的标题、摘要和导语

图 14-3 调查报告的目录

图 14-4 调查报告的正文

图 14-5 调查报告的结论和附件资料列表

资料来源：WGSN 研究报告《新一代消费者对品牌和产品的期望》。

14.1.3 调查报告撰写的注意事项

撰写市场调查报告需要遵守以下几条原则：

① 实事求是。市场调查报告是在对调查所获基本情况进行分析的基础上对市场发展趋势作出预测，从而实现对有关部门和企业领导的决策行为提供参考依据，因而关系到企业未来决策和行为的正确性，所以从调查的实施过程到调查报告的撰写完成，整个流程都必须严格把关，实事求是，不可杜撰、增减数据，做出的预测必须有理有据，严格考究。

② 集思广益。收集资料的过程中要多途径收集信息，多角度看待问题，积极与他人沟通交流，力求调查报告逻辑清晰、内容完善。

③ 突出重点。调查报告应目标明确，避免数据堆砌、表达不清、主题不明。

④ 结论明确。阅读市场调查报告的人，一般都是忙碌的企业经营管理者或有关机构负责人，因此，撰写市场调查报告时，要力求条理清楚、言简意赅、易读好懂。

14.2 研究报告的形式与表达

14.2.1 市场调查报告的分类

（1）按照涉及内容分类

按其所涉及内容含量的多少分为综合性市场调查报告和专题性市场调查报告。综合性市场调查报告反映的是整个调查活动的全貌，详尽说明调查结果及其发现（包括调查概况、样本结构、基本结果、对不同组群的分析、主要发现等）。专题性市场调查报告则是针对某个具体问题而撰写的报告。

（2）按照调查对象分类

按调查对象不同分为关于市场供求情况的市场调查报告、关于产品情况的市场调查报告、关于消费者情况的市场调查报告、关于销售情况的市场调查报告以及关于市场竞争情况的市场调查报告。

（3）按照表述方式分类

按表述方式的不同分为陈述型市场调查报告和分析型市场调查报告。

（4）按照报告性质分类

按报告性质的不同分为普通调查报告、研究性调查报告、技术报告。

（5）按照报告呈递形式分类

按报告呈递形式的不同分为书面调查报告和口头报告。

多数调查报告可能仅以书面形式呈递，但有时阅读者更希望通过口头报告来了解调查结果，避免阅读大量文字。口头报告与听众直接交流，以较短的时间说明需要研究的问题，生动、具有感染力，给对方留下深刻的印象，而且口头报告具有灵活性，可以根据具体情况对报告内容、时间做出必要的调整。在做口头汇报之前，需要准备：汇报提要（为听众准备）；视觉辅助工具（PPT/影像资料的设计）；完整调查报告（辅助，备用）。同时需要准备好详细的演讲提纲，使用通俗易懂的语言、清晰的图形表达和条理清晰的内容组织结构，注意报告时的方法和表达，力求使听众理解报告内容。报告完毕后，应积极回答听众的问题，交流沟通，解决疑问。

14.2.2 研究报告的技术

毋庸置疑，大量的数据、记录和调查结果很难吸引人们的注意力。但调查报告又必须包括这些内容，使调查过程真实可信、调查结果清楚明白。为了有效地传达思想概念，兼顾美学与功能，直观地传达关键的信息，从而实现对于复杂晦涩的数据的深入洞察，我们可以通过数据可视化即借助图形化的手段，清晰有效地传达与沟通信息，还能够提高分析效率。

数据可视化，是关于数据视觉表现形式的科学技术研究。其中，这种数据的视觉表现形式被定义为，一种以某种概要形式抽提出来的信息，包括相应信息单位的各种属性和变量。它是一个处于不断演变之中的概念，其边界在不断地扩大。数据可视化主要指的是利用图形、图像处理、计算机视觉以及用户界面，通过表达、建模以及对立体、表面、属性以及动画的显示，对数据加以可视化解释。

（1）常见软件工具

做数据可视化，需要软件工具的帮助。市场上数据可视化工具很多，好坏参差不齐，比较优秀的有以下几种：

1）Excel

Excel 是一款经典的数据可视化工具。Excel 可以创建专业的数据透视表和基本的统计图表。Excel 最大的特点就是简洁方便，它内置了较为全面的图表样式和丰富的设置选项，操作逻辑简单易懂，便于用户掌握。

但 Excel 也有缺点，一是它不能支撑大数据量的数据可视化，二是它内置的图表在样式、颜色、线条上都只能选默认的，更改自由度低。

2）Tableau

Tableau 是全球知名度很高的数据可视化工具，支持多人协作。可以通过 Tableau 软件、网页，甚至移动设备来随时浏览已生成的图表，或将这些图表嵌入到报告、网页或软件中。

3）Power BI

Power BI 是微软开发的商业分析工具，可以很好地集成微软的 Office 办公软件。用户可以自由导入任何数据，如文件、文件夹和数据库，并且可以使用 Power BI 软件、网页、手机应用来查看数据。

4）Echarts

Echarts 是基于 Java 实现的开源可视化库，可以流畅运行在 PC 和移动设备上，兼容当前绝大部分浏览器，底层依赖轻量级的矢量图形库 ZRender，提供直观、交互丰富、可高度个性化定制的数据可视化图表。

Echarts 支持在绘制完数据后再对其进行操作，这一特性可以让用户在图表之间拖动一部分的数据并得到实时的反馈。

（2）常见图表

合理地利用图表可以帮助读者更好地理解报告内容，同时也能够提高报告的可读性。调查报告中的图表应该有标题，标明计量单位。如果采用了已公布的资料，应该注明资料出处。对于过长的表格，可在调查报告中给出它的简表，详细的数据列在附录中。我们将调查报告中常见的图表进行简单的介绍。

1）散点图

散点图在报表中不常用到，但是在数据分析中较为常见。散点图通过坐标轴，表示两个变量之间的关系，绘制它依赖大量数据点的分布。

散点图需要两个数值维度表示 X 轴、Y 轴，可以用来探究两个指标之间是否存在关系。散点图直观清晰，数据量越大，结果越精确。

2）折线图

折线图可观察数据的趋势，折线图一般使用时间维度作为 X 轴，数值维度作为 Y 轴。当我们想要了解某一维度在时间上的规律或者趋势时，就可以使用折线图。

3）柱形图

柱形图常用于多个维度的比较和变化。文本维度 / 时间维度通常作为 X 轴。数值型维度作为 Y 轴。柱形图至少需要一个数值型维度，可以通过颜色区分类别。但柱形图不适用于对比维度过多的情况。

柱形图还有许多丰富的应用。例如堆积柱形图、瀑布图、横向条形图、横轴正负图等。直方图是柱形图的特殊形式，它的数值坐标轴是连续的，专用于统计，表达的是数据分布情况。

4）地理图

一切和空间属性有关的分析都可以用到地理图，比如各地区销量、某商业区域店铺密集度等。

地理图一定需要用到坐标维度，可以是经纬度，也可以是地域名称（例如上海市、北京市）。坐标维度既能细到具体某条街道，也能宽到世界各国范围。

除了经纬度，地理图的绘制离不开地图数据，POI 是很重要的要素。POI 是"Point of Information"的缩写，可以翻译成信息点，每个 POI 包含四方面信息，名称、类别、经度纬度、附近的酒店饭店商铺等。借助 POI，才能按地理维度展现数据。

5）饼图

饼图经常表示一组数据的占比。可以用扇面、圆环，或者多圆环嵌套。商务类的汇报中应用较多。饼图擅长表达某一占比较大的类别，但是不擅长对比。30% 和 35% 在饼图上凭肉眼是难以分辨出区别的。当类别过多时，也不适宜在饼图上表达。

6）雷达图

也叫蛛网图，在商务、财务领域应用较多，适合用在固定的框架内表达某种已知的结果，常见于经营状况、财务正常程度的表达中。

例如对企业财务进行分析，可划分出六大类：销售、市场、研发、客服、技术、管理。通过雷达图可绘制出预算和实际开销的维度对比，结果清晰明了。

7）箱线图

箱线图能准确地反映数据维度的离散（最大数、最小数、中位数、四分数）情况。凡是离散的数据都适用箱线图。线的上下两端表示某组数据的最大值和最小值。箱的上下两端表示这组数据中排在前 25% 位置和 75% 位置的数值。箱中间的横线表示中位数。例如在互联网电商分析过程中，针对某商品每天的售出情况（该商品被用户最多购买了几个，大部分用户购买了几个，用户最少购买了几个），箱线图就能很清晰地表示出上面的几个指标以及变化。

8）热力图

以高亮形式展现数据。最常见的例子就是用热力图表现道路交通状况。热力图可以用于网站/APP 的用户行为分析，将浏览、点击、访问页面的操作以高亮的可视化形式表现。热力图需要位置信息，比如经纬度坐标、屏幕位置坐标。

9）关系图

关系图依赖大量的数据，可以展现事物相关性和关联性，比如社交关系链、品牌传播，或者某种信息的流动。例如，分析微博的传播链：它是经由哪几个大 V 分享扩散开来，大 V 前又有谁分享过等，以此为基础可以绘制出一幅发散的网状图，分析病毒营销的过程。

10）矩形树图

相对于不适合表达过多类目数据的柱形图，矩形树图可以很好地解决这个问题，它直观地以面积表示数值，以颜色表示类目。电子商务、产品销售等涉及大量品类的分析，都可以用到矩形树图。

11）桑基图

桑基图常表示信息的变化和流动状态，可以绘制出用户活跃状态的变化。

例如 Google 网站分析中的用户行为和流量分析，能够清楚地展示出用户从哪里来，去了哪个页面，在哪个页面离开，最后停留在哪个页面等信息。

■ **案例 14-4** 调查报告中的各类图表应用

图表是调查报告中最常见的表达方式，合理地选择图表类型，能够准确表达数据特征和报告关键性内容，同时，适当地切换图表形式和构图，也能够从视觉美感上为调查加分，避免视觉疲劳。图表制作与设计是科学与艺术综合应用的一项活动。图 14-6 至图 14-9 列举了行业研究报告和课程调查报告中的图表应用范例。

注：GMV指交易额；*GMV仅考虑当日交易；**2019年"黑色星期五"（11月29日）当天的线上销售额约74亿美元，人民币兑美元汇率为7:1
资料来源：国泰君安分析师报告；Adobe Analytics；前瞻资讯；CNBC；TechCrunch；Statista；贝恩分析

图 14-6　柱形图 + 折线图：直观展现和比较数据变化特征

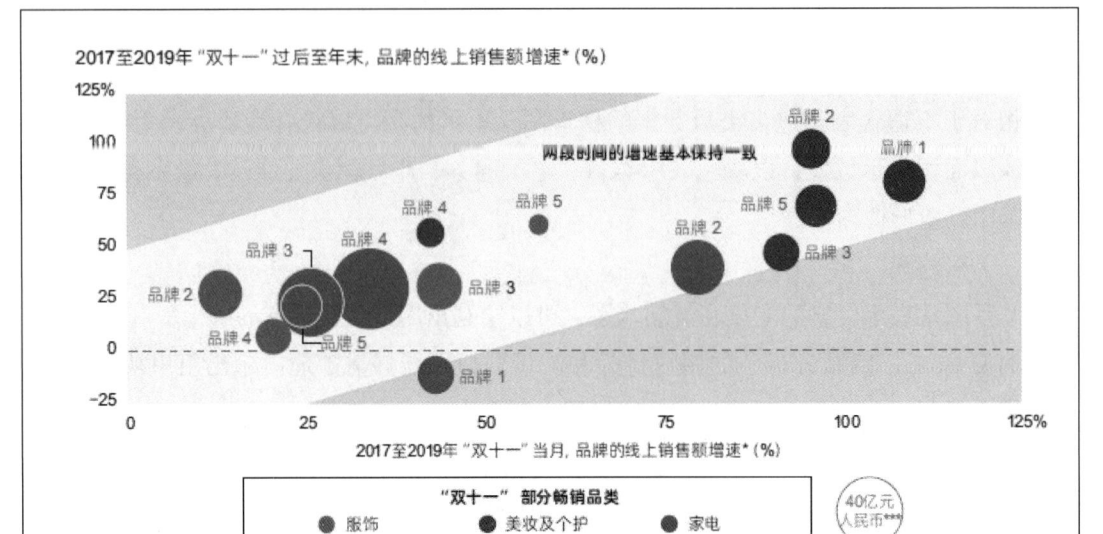

2017至2019年"双十一"过后至年末，品牌的线上销售额增速*(%)

两段时间的增速基本保持一致

"双十一" 部分畅销品类
● 服饰 ● 美妆及个护 ● 家电

40亿元人民币***

2017至2019年"双十一"当月，品牌的线上销售额增速*(%)

注：*2017年11月、2018年11月、2019年11月之后8个月(12月至次年7月)品牌天猫和淘宝渠道线上销售额的复合年增长率(CAGR)；**2017年11月、2018年11月、2019年11月品牌天猫和淘宝渠道线上销售额的CAGR；***气泡大小基于2019年11月品牌天猫和淘宝渠道的线上销售额
资料来源：淘数据；贝恩分析

图 14-7 气泡图：不同特征项目之间的比较和关系分析

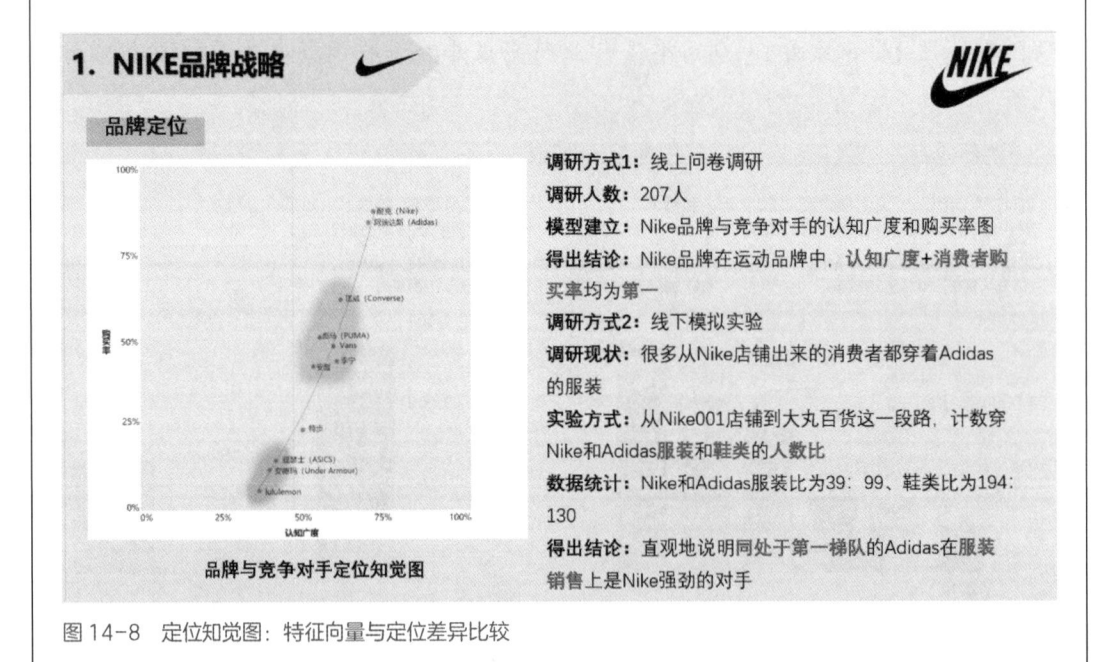

1. NIKE品牌战略

品牌定位

品牌与竞争对手定位知觉图

调研方式1：线上问卷调研
调研人数：207人
模型建立：Nike品牌与竞争对手的认知广度和购买率图
得出结论：Nike品牌在运动品牌中，认知广度+消费者购买率均为第一
调研方式2：线下模拟实验
调研现状：很多从Nike店铺出来的消费者都穿着Adidas的服装
实验方式：从Nike001店铺到大丸百货这一段路，计数穿Nike和Adidas服装和鞋类的人数比
数据统计：Nike和Adidas服装比为39：99、鞋类比为194：130
得出结论：直观地说明同处于第一梯队的Adidas在服装销售上是Nike强劲的对手

图 14-8 定位知觉图：特征向量与定位差异比较

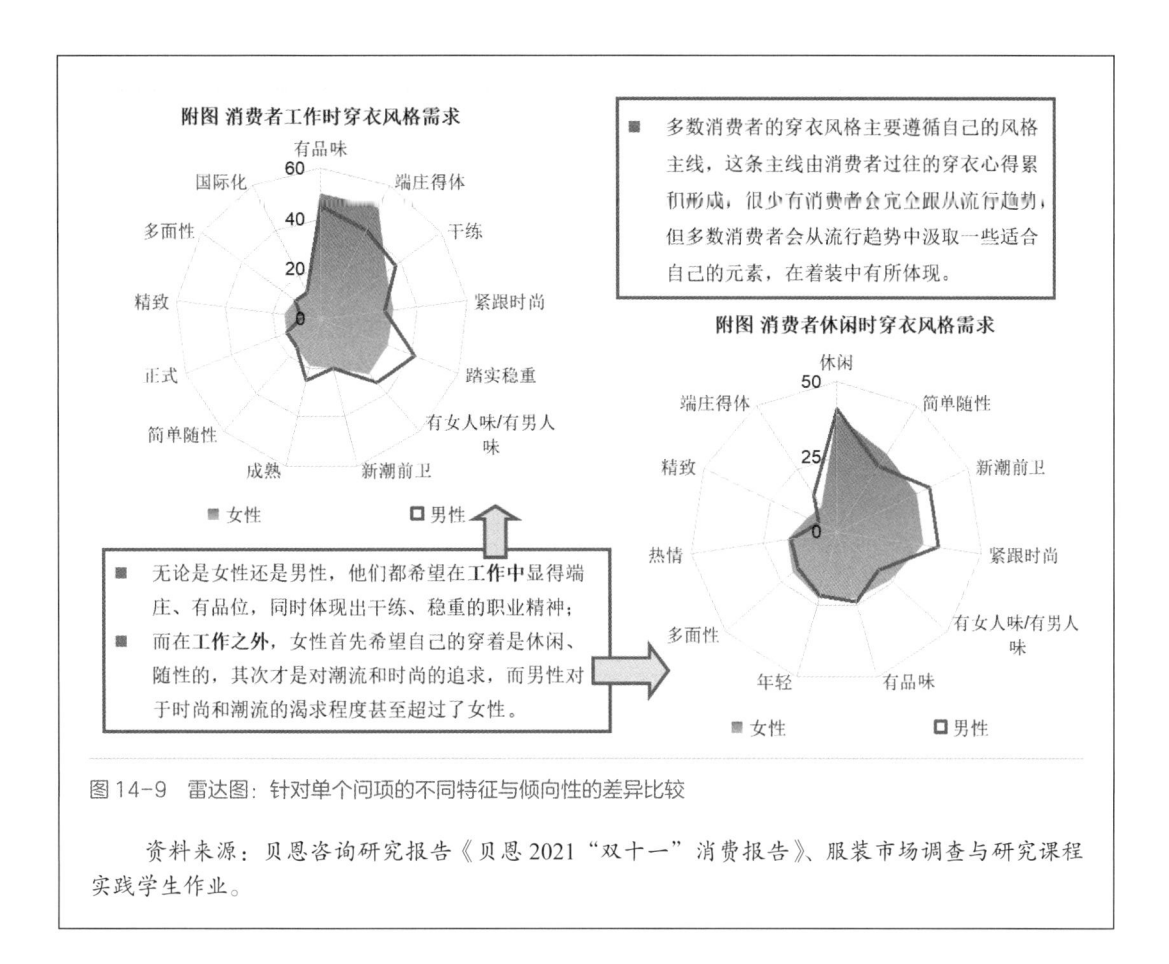

图 14-9 雷达图：针对单个问项的不同特征与倾向性的差异比较

资料来源：贝恩咨询研究报告《贝恩2021"双十一"消费报告》、服装市场调查与研究课程实践学生作业。

14.2.3 研究报告的艺术

（1）图文

研究报告中不止需要逻辑清晰的文字内容，还应包含直观明了的图片、表格和图表等图像信息，帮助读者更好地理解和掌握研究结果。图片应具备清晰度高、尺寸适宜、格式规范等特点，以便于被读者方便地查看和理解。表格和图表的排版应简洁美观，具备一定的视觉效果，应用图表的注意事项有：

① 选择合适的图表类型：不同类型的数据适合不同类型的图表，例如，柱状图适合比较数量，折线图适合呈现趋势，饼图适合呈现比例等。选择合适的图表类型可以使数据更加清晰明了。

② 简化图表：过于复杂的图表会让读者难以理解。因此，我们应该尽可能简化图表，删除不必要的元素，突出重点信息，提高可读性。

③ 标签和注释：标签和注释可以帮助读者更好地理解图表，特别是在呈现复杂数据

时，标签应该清晰、简洁，并且与图表元素相关联，注释则应该提供更多的解释。

④ 颜色选择：颜色可以提高图表的可视性，但选择错误的颜色也可能使图表难以理解。因此，应该选择适合阅读的颜色，突出重点信息，同时尽量减少颜色的数量，避免视觉混乱。

（2）版面

研究报告的版面设计应考虑到内容结构的层次性和连贯性，使得文章版面整洁美观，呈现出专业的视觉效果。

① 明确风格：在设计版面之前，需要明确报告的主题，整个报告的版面设计应该保持风格的统一性，以便读者更好地理解和接受信息。

② 结构清晰：整个报告的结构应该明确，各个部分之间应该有清晰的分隔线和标题，方便读者快速浏览和定位所需信息。适当留白可以增强版面的整洁感和美感。

③ 字号字体：报告中的文字应该选择易读的字体，如宋体、微软雅黑等，字号应该根据段落层次和重要程度进行适当调整。

④ 色彩搭配：色彩的搭配要尽可能地简洁明了，整个报告的主色调也要协调统一，以增强视觉冲击力和美感。

⑤ 图表配合：市场调查研究报告通常会配合大量的图表和数据来支撑报告的结论，这些图表需要具有一定的美感和清晰度，且需要与文本相互配合，让读者一目了然。

⑥ 突出重点：报告中应该将重点部分突出显示，比如通过加粗、变大或使用不同的颜色等方式。

（3）设计

研究报告的设计应注重个性化和创新性，可以通过颜色、线条、形状、背景等方式，营造独特的风格和氛围。合理的设计可以增加报告的美感和可读性，有利于读者的接受和记忆。设计的过程中应尽量符合研究报告的主题，以避免产生视觉与内容不协调的情况。设计的四大原则如下：

① 对比：要避免页面上的元素太过相似。如果元素（字体、颜色、大小、线宽、形状、空间等）不相同，那就干脆让它们截然不同，要让页面引人注目，对比通常是最重要的一个因素，它能使读者首先看这个页面。

② 重复：让设计中的视觉要素在整个作品中重复出现。可以重复颜色、形状、材质、空间关系、线宽、字体、大小和图片等，这样一来，既能增加条理性，还可以加强统一性。

③ 对齐：每个元素都应当与页面上的另一个元素有某种视觉联系，避免出现杂乱无章的现象，这样能建立一种清晰、整洁、有条理的形象。

④ 亲密性：彼此相关的项应当靠近，归组在一起。如果多个项相互之间存在很近的

亲密性，它们就会成为一个视觉单元，而不是多个孤立的元素，这有助于组织信息，减少混乱，为读者提供清晰的结构。

（4）视觉

视觉是研究报告中最为重要的方面之一，报告的视觉效果对于读者的阅读体验和信息理解至关重要，使用适当的颜色、清晰的字体以及恰当的留白，合理地安排报告的布局等可以增加报告的可读性和吸引力。

研究报告的视觉元素应与研究主题相呼应，如文本和图片的配合应以视觉引导为主，以提高视觉效果和内容的可读性。同时，在视觉呈现的过程中应考虑到读者的习惯和感受，适当使用适合不同受众的图片和符号。

■ **案例 14-5** 调查报告中的图文与视觉传达

图 14-10 调查报告封面和目录设计：契合主题，风格轻松活泼

图 14-11 调查报告内容设计：节奏与留白

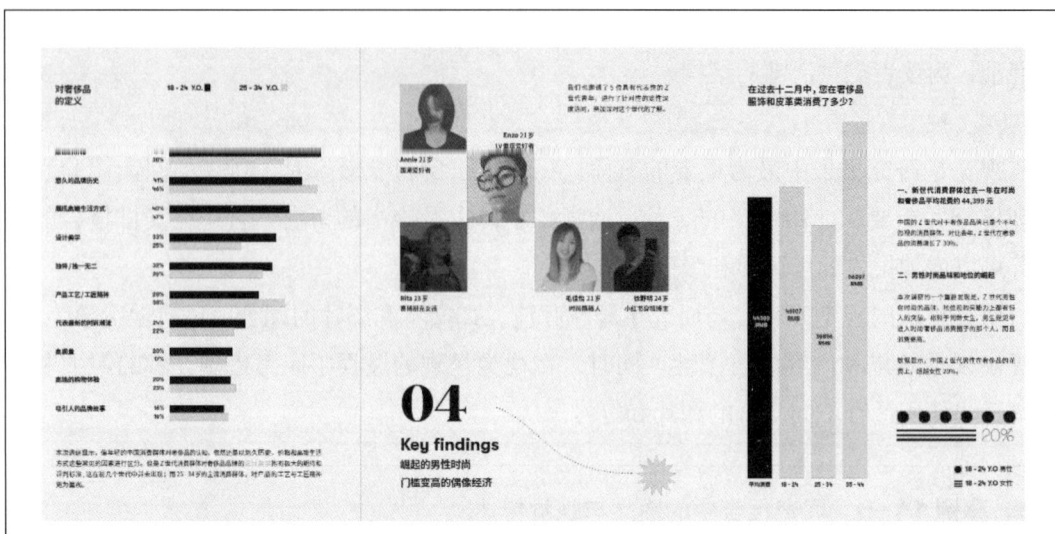

图 14-12 调查报告内容设计：图表和观点的多种呈现方式

资料来源：VogueBusiness China《解码新中国 Z 世代消费观》研究报告。

■ **案例 14-6** 结合市场调查课程主题的调查报告

结合课程要求，调查基于传统节假日、西方节假日、非节假日及个人与集体的庆祝背景，运用二手资料调查、定性调查（如深入访谈）、定量调查（如问卷调查）方法，分析各地区 Z 世代群体于庆祝中幸福感程度表现，并归纳其在庆祝过程中的真正需求和喜好。

研究对象为 Z 世代（1995—2010 年出生），涵盖从职场新人、大学本科到初中生的广泛群体。分西南、东北、华东、华中、华北、华南、西北七个区域维度展开。

通过调查得到的主要研究结论如下：

（1）相比于单独庆祝，Z 世代更倾向于集体庆祝。结交同好、与亲朋好友相伴能够让 Z 世代群体感到强烈的参与感。Z 世代重视庆祝中的融洽交流与个人喜好的彼此包容，这让他们能够感受到群体归属感，在庆祝需求中占据主要部分。

（2）作为存在秩序观念的一代人，各地区 Z 世代都表现出对于带有强制性的团体社交、没有话语权的庆祝活动、持续输出消极态度的同行者的强烈反感。

（3）考虑到对仪式感的需求，Z 世代往往会选择在外就餐作为庆祝的重要计划之一。

（4）良好的庆祝氛围与环境能提供 Z 世代舒适、愉悦的庆祝心情，而心情的舒适与否取决于是否满足 Z 世代人群的心理预期。

（5）Z 世代在各类庆祝中娱乐方式多元且向现代化方式靠近，但其对传统节日的文化习俗保留同样十分重视。同时，Z 世代也更希望在各类庆祝活动中能以更富有创造性的方式参与进去，将中西方庆祝方式相融合，通过互联网 KOL 推荐或身边友人的创意思想展现不一样的庆祝活动。

（6）Z 世代热衷于庆祝，但不以庆祝作为惯例。他们所需的庆祝通常处于两个阶段之间的缓冲期，随缘参与于平日生活不同的活动，能够在较长期压力下舒缓心情，增强生活的趣味感，而不是将庆祝作为必选，机械化重复非必要活动。

调查报告完整内容参见图 14-13～图 14-28。

图 14-13　报告标题

图 14-14　研究方法和路径

图14-15　调查结论

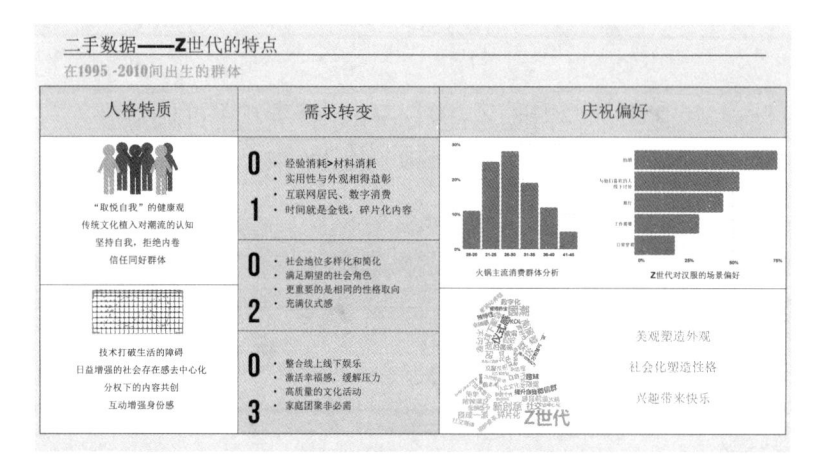

图14-16　二手资料收集：Z世代的特点

图14-17　二手资料收集：Z世代拥有自己的权力

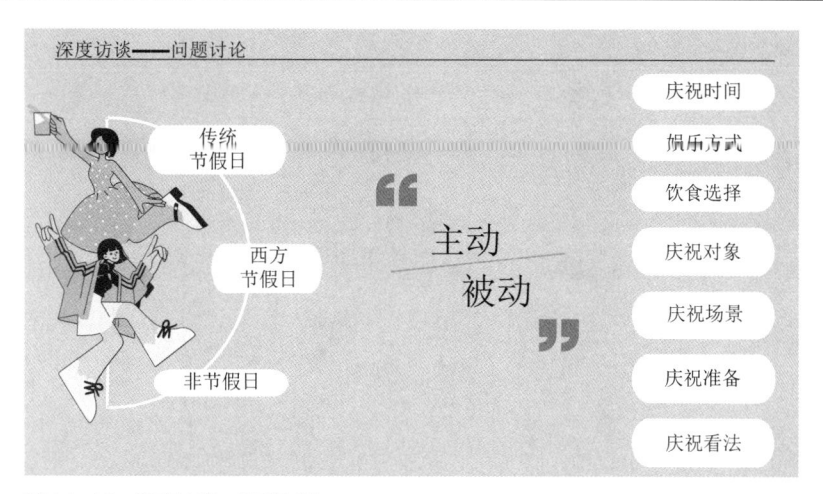

图 14-18 深度访谈：问题讨论

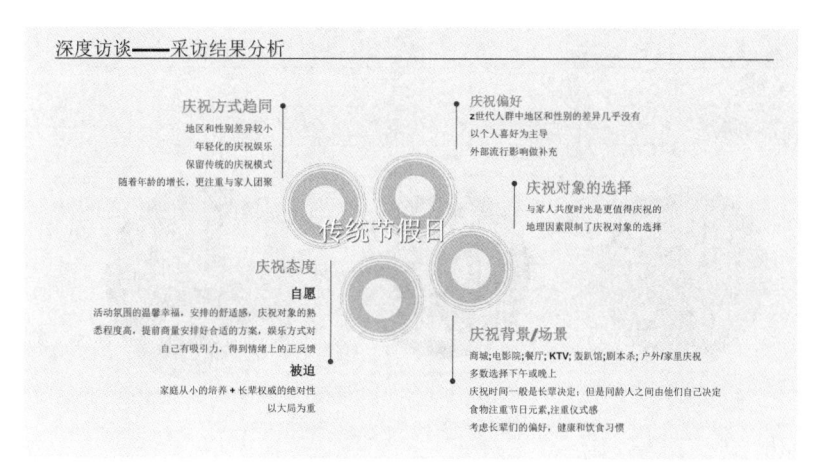

图 14-19 深度访谈——采访结果分析（传统节假日）

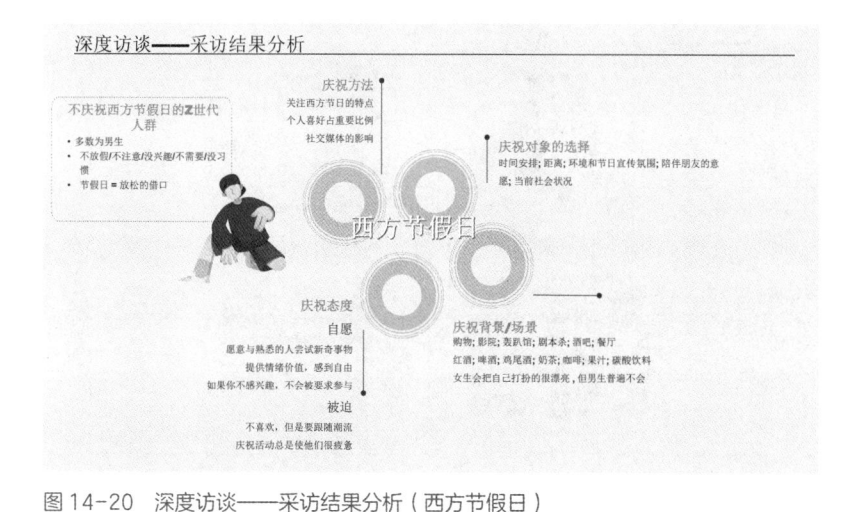

图 14-20 深度访谈——采访结果分析（西方节假日）

图14-21 深度访谈：问题的总结

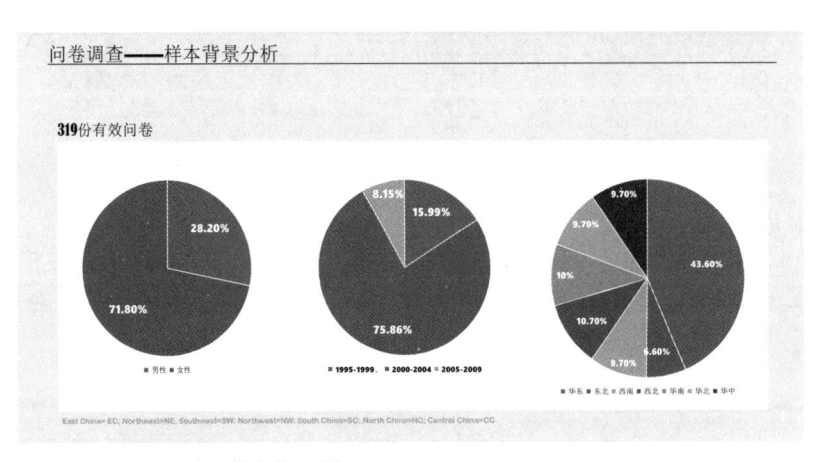

图14-22 问卷调查：样本背景分析

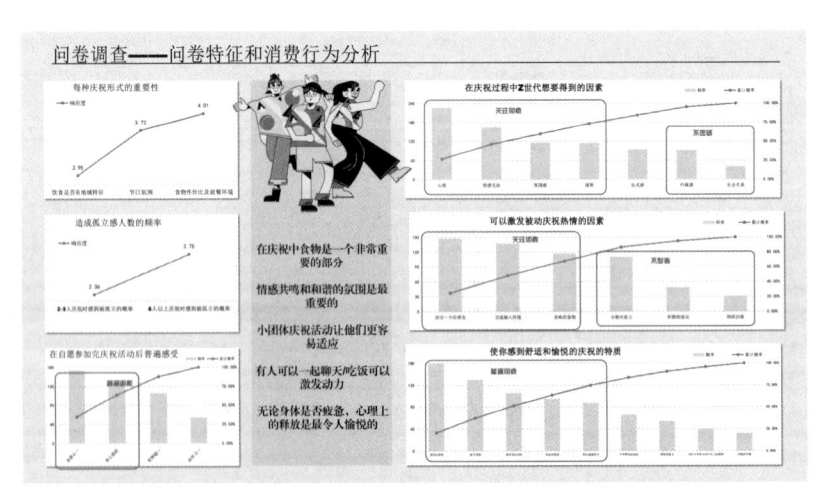

图14-23 问卷调查：问卷特征和消费行为分析

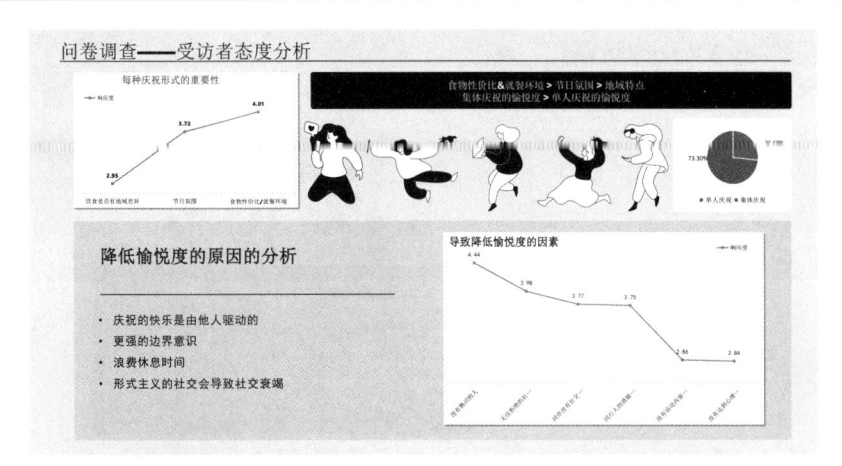

图 14-24　问卷调查：受访者态度分析

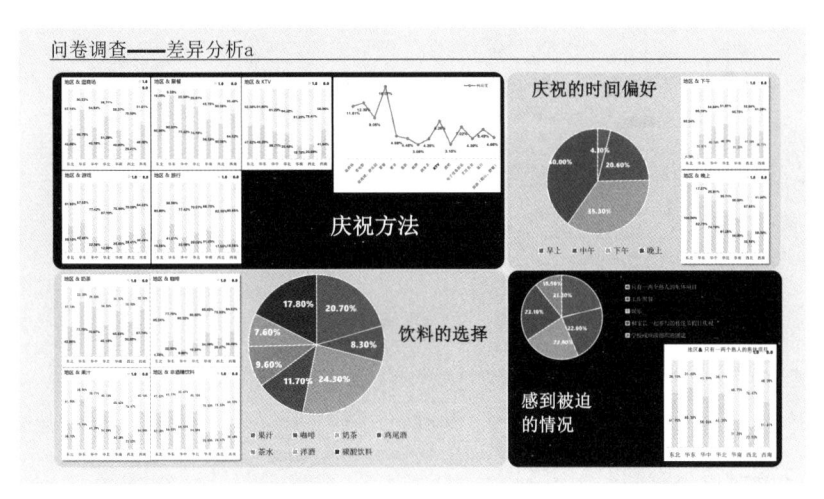

图 14-25　问卷调查：差异分析 a

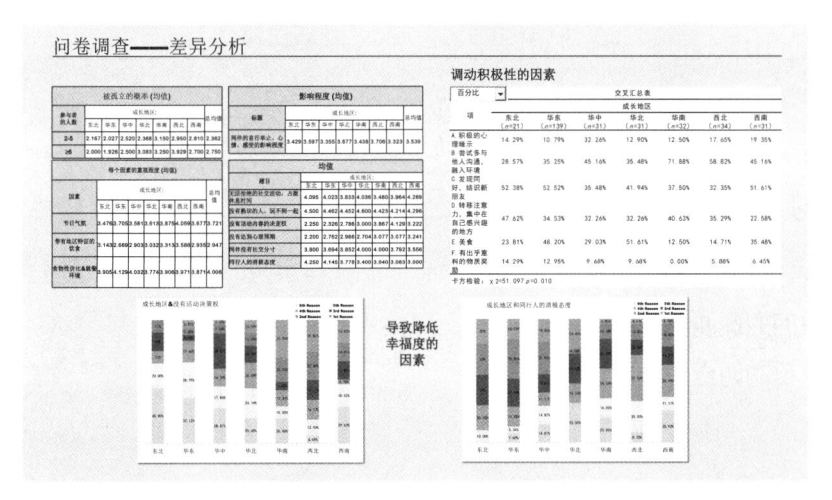

图 14-26　问卷调查：差异分析 b

第 14 章　调查报告撰写与汇报

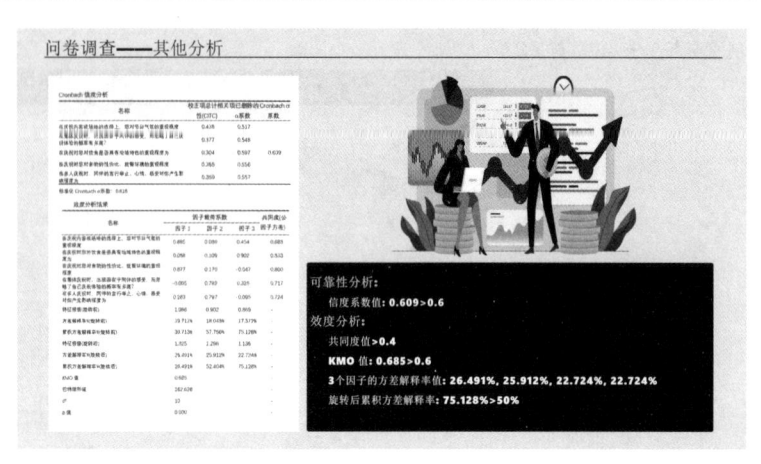

图 14-27　问卷调查：其他分析

图 14-28　结论

资料来源：东华大学服装市场调查与研究课程学生作业（2022 年）。

思考与练习

1. 查找并阅读公开发布的不同类型调查报告，尝试分析其在内容结构、撰写逻辑、版面设计等方面的优点与不足。
2. 尝试就自己的调查活动制作调查报告。

参考文献

[1] 楼红平，涂云海. 现代市场调查与预测 [M]. 北京：人民邮电出版社，2012.

［2］肖苏，张建芹. 市场调查与分析 [M]. 北京：人民邮电出版社，2017.

［3］姚小远，杭爱明. 市场调查：原理、方法与应用 [M]. 上海：华东理工大学出版社，2015.

［4］数据可视化 [EB/OL]. 百度百科. [2023-03-28]. https://baike.baidu.com/item/%E6%95%B0%E6%8D%AE%E5%8F%AF%E8%A7%86%E5%8C%96/1252367.

［5］数据分析和可视化必备的 5 个工具，你用过几个？[EB/OL]. 知乎专栏./2023-03-28. https://zhuanlan.zhihu.com/p/364424194.

［6］王若军. 市场调查与预测（第 2 版）[M]. 北京：中国人民大学出版社，2004.

［7］数据可视化：你想知道的经典图表全在这 [EB/OL]. 知乎专栏./2023-03-27. https://zhuanlan.zhihu.com/p/24168144.

［8］Williams R. 写给大家看的设计书（第 4 版）[M]. 北京：人民邮电出版社，2016.